Problem- und Ressourcenanalyse in der Sozialen Arbeit
Eine Einführung in die Systemische Denkfigur und ihre Anwendung
Kaspar Geiser

Problem- und Ressourcenanalyse in der Sozialen Arbeit

Eine Einführung
in die Systemische Denkfigur
und ihre Anwendung

Kaspar Geiser

4. überarbeitete Auflage

interact · Luzern
Lambertus Verlag GmbH · Freiburg i. Br.

Bibliografische Information der Deutschen Bibliothek

Die Deutsche Bibliothek verzeichnet diese Publikation in der Deutschen Nationalbibliografie; detaillierte bibliografische Daten sind im Internet über http://dnb.ddb.de abrufbar.

© 2009 interact Luzern

4. überarbeitete Auflage

HSA Hochschule für Soziale Arbeit Luzern

Fachhochschule Zentralschweiz

Gestaltungskonzept: Atelier Cyan Luzern

Satz und Druck: UD Print Luzern

Papier: Perlentrend Recycling

ISBN 978-3-906413-66-2

ISBN 978-3-7841-1895-6 (Lambertus-Verlag)

Kaspar Geiser
ist Prof. FH, dipl. Sozialarbeiter HFS und Dozent an der Hochschule
für Soziale Arbeit Zürich. Seine Lehrbereiche sind Problem-
und Ressourcenanalyse sozialer Probleme, Professionalisierung und
die Integration von Theorie und Handeln (u. a. allgemeine
Handlungstheorie).

Publikationen, u. a. «Aktenführung in der Sozialarbeit» mit
Ruth Brack.
Referate und Weiterbildungsseminare für Praktikerinnen und
Praktiker im In- und Ausland.

Inhaltsübersicht

Seite

Einführung A

21

Praxis, Theorie und Modell Sozialer Arbeit B

35

Analyse des Individuums C

93

Soziale Beziehungen besser verstehen D

151

**Austauschbeziehungen –
idealtypisch horizontal strukturierte soziale Systeme** E

187

**Machtbeziehungen –
idealtypisch vertikal strukturierte soziale Systeme** F

203

Bewertung von Fakten als Probleme und als Ressourcen G

251

**Anwendungen –
Illustrationen zum Nutzen der Systemischen Denkfigur** H

289

Schlussbemerkungen I

331

Anhang   335
Verzeichnis der Abbildungen und Tabellen   377
Literatur   381
Sachregister   393

Inhaltsverzeichnis

Seite

13   Geleitwort von Prof. Dr. Rita Sahle, Leipzig, zur 2. Auflage

14   Geleitwort von Prof. Dr. Rita Sahle, Leipzig

16   Vorworte zur 2. und zur 3. Auflage

17   Vorwort zur 1. Auflage

21   A   Einführung

21   **1.**   Zum fachlichen Anlass, dieses Buch herauszugeben

25   **2.**   Was ist die Systemische Denkfigur (SDF)? – Eine erste Skizze

31   **3.**   Zu den wichtigsten Änderungen der 2. Auflage

32   **4.**   Übersicht über die Inhalte der folgenden Kapitel

35   B   Praxis, Theorie und Modell Sozialer Arbeit

36   **1.**   Zur Praxis Sozialer Arbeit in Kürze

39   **2.**   Das Systemtheoretische Paradigma Sozialer Arbeit (SPSA) – Ein umfassender Rahmen für eine Theorie Sozialer Arbeit (Handlungswissenschaft)

39   **2.1**   Zum Anlass seiner Entwicklung: Fragmentierung des professionellen Wissens

41   **2.2**   Zur Struktur einer Handlungswissenschaft «Soziale Arbeit» im Sinne des SPSA

43   **2.3**   Wirklichkeits- und Erkenntnistheorie (Stufe I des SPSA)

48   **2.4**   Ausgewählte Objekttheorien (Stufe II des SPSA)

48   **2.4.1**   Theorie sozialer Systeme

52   **2.4.2**   Das Psychobiologische Erkenntnis- und Handlungsmodell des Menschen (PsybiEHM)

55   **2.4.3**   Umrisse einer biopsychosozialen Theorie menschlicher Bedürfnisse

57   **2.4.4**   Was sind soziale Probleme? (Stufe V des SPSA)

64   **3.**   Zum Gegenstand Sozialer Arbeit – Womit befasst sie sich?

66   **4.**   Allgemeine normative Handlungstheorie als Grundlage rationalen Handelns (W-Fragen) (Stufe III des SPSA)

68   **5.**   Ein Modell Sozialer Arbeit – soziale Probleme als Leitidee

84   **6.**   Soziale Arbeit – eine komplexe Aktivität

87   **7.**   Von Metatheorien über Objekttheorien zur Systemischen Denkfigur (SDF) (Stufe III des SPSA)

92   **8.**   Folgerungen für die professionelle Analyse

Analyse des Individuums **C** **93**

Biologische Ausstattung: Der menschliche Organismus **1.** 98
(Ui)

Die soziale Ausstattung des Individuums – Sozioökonomische, **2.** 101
sozioökologische und soziokulturelle Eigenschaften
(Ue)

Informationsaufnahme – Rezeptoren/Sensoren – Sinnesorgane (R) **3.** 106

Ausstattung mit Kompetenzen des Erkennens/Erlebens und **4.** 108
des Wissens: Erlebensmodi, Lernen und Wissen (E/M)

Informationsverarbeitung als biopsychische Prozesse: **4.1** 109
Eigenschaften des Erkennens/Erlebens = Erlebensmodi (E/...)

Wissen: Eigenschaften biopsychischer Zustände (.../M) **4.2** 115

Ausstattung mit Handlungskompetenzen: Verhalten und **5.** 124
Handeln (A)

Potenzial für formal horizontale Beziehungen **6.** 129
(Austauschpotenzial)

Potenzial für formal vertikale Beziehungen (Machtpotenzial) **7.** 131

Individuen besser verstehen **8.** 134

Von den sozialen Eigenschaften zu den Rezeptoren (Ue –› R) **8.1** 136

Von den biologischen Eigenschaften zu den Rezeptoren (Ui –› R) **8.2** 137

Von den Rezeptoren zu den Erlebensmodi bzw. Modell **8.3** 138
(R –› E/M)

Von den Erlebensmodi bzw. Modell zu den sichtbaren Aktivitäten **8.4** 139
(E/M –› A)

Von den biologischen Eigenschaften zu den sichtbaren Aktivitäten **8.5** 141
(Ui –› A)

Von den sichtbaren Aktivitäten zu den biologischen Eigenschaften **8.6** 142
(A –› Ui)

Von den sichtbaren Aktivitäten zu den sozialen Eigenschaften **8.7** 143
(A –› Ue)

Von den sozialen Eigenschaften zu den sichtbaren Aktivitäten **8.8** 144
(Ue –› A)

«Gedachte» Relationen **8.9** 145

Soziale Beziehungen besser verstehen **D** **151**

Individuen, soziale Systeme bzw. soziale Beziehungen und **1.** 151
Soziale Arbeit

Struktur, Kultur und Prozesse sozialer Systeme **2.** 155

Was bestimmt Positions- und Interaktionschancen? **2.1** 155

156   **2.2**   Eigenschaften sozialer Systeme: Struktur und Kultur – und soziale Chancen

161   **2.3**   Unterscheidung von Arten sozialer Systeme bzw. sozialer Beziehungen

162   **2.3.1**   Natürliche und künstliche soziale Systeme bzw. soziale Beziehungen

163   **2.3.2**   Wahl- und Zwangsmitgliedschaft in sozialen Systemen

164   **2.3.3**   Formelle und informelle soziale Beziehungen bzw. Systeme

165   **2.3.4**   Systeminterne und systemexterne Beziehungen

167   **3.**   Voraussetzungen, Verlauf, Neuorganisation und Auflösung von Beziehungen

167   **3.1**   Voraussetzungen für Beziehungen – Chancen und Hindernisse

170   **3.2**   Vier-Phasen-Modell der Arbeit in und mit Beziehungen – Kernaufgabe Sozialer Arbeit

172   **3.2.1**   Die erste Phase: Der Aufbau der Beziehung

173   **3.2.2**   Die zweite Phase: Unterstützen und Sichern von Beziehungen

175   **3.2.3**   Die dritte Phase: Neu-Organisieren von Beziehungen

178   **3.2.4**   Die vierte Phase: Das Auflösen von Beziehungen

181   **3.3**   Durchführung der Beziehungsanalyse

187 E   **Austauschbeziehungen –**
idealtypisch horizontal strukturierte soziale Systeme

187   **1.**   Gegenseitigkeit – Gleichwertigkeit – Symmetrie

190   **2.**   Soziabilität und Attraktivität

192   **3.**   Austausch als Abbildung horizontaler Interaktionen

200   **4.**   Illustrationen zu Austauschbeziehungen

203 F   **Machtbeziehungen –**
idealtypisch vertikal strukturierte soziale Systeme

203   **1.**   Einführung

210   **2.**   Macht – die individuelle Perspektive

210   **2.1**   Die Machtquellen des Individuums

215   **2.2**   IST und SOLL hinsichtlich individueller Macht

217   **2.3**   Machtquellen als Quellen von Prestige

219   **3.**   Macht – die gesellschaftliche Perspektive

225   **3.1**   Behinderungsmacht und Begrenzungsmacht konkret

225   **3.1.1**   Ressourcen: Bevorzugung und Benachteiligung (Klassen-/Schichtungsproblem)

Entscheidungs- und Kontrollpositionen – **3.1.2** 228
Herrschafts- und Arbeitsteilungsproblem
Legitimation von Schichtung und Herrschaft **3.1.3** 230
Durchsetzung der legitimierten Übereinkünfte im Sinne von **3.1.4** 233
sozialer Kontrolle und allenfalls Gewalt
«Mischformen» von Austausch- und Machtbeziehungen – u. a. **3.2** 235
die Beziehung Klientin – Sozialarbeiterin/Sozialpädagogin

Bewertung von Fakten als Probleme und als Ressourcen **G 251**
. Werte, soziale Probleme und Ressourcen **1.** 251
Begriffe rund um die Bewertung von Bildern **2.** 252
Werte und Wertprobleme konkret **3.** 257
Bedürfnisse und Werte hinsichtlich individueller Ausstattung **3.1** 257
und Austausch- und Machtbeziehungen
Individuelle Ausstattung **3.1.1** 258
Austauschbeziehungen bzw. ihre Interaktionen **3.1.2** 259
Machtbeziehungen bzw. ihre Interaktionen **3.1.3** 260
Aussagen hinsichtlich nicht realisierter Werte **3.2** 261
Die Bestimmung von Problemen und Ressourcen und ihre **4.** 264
Begründung
Begründung von Problemen mittels Durchführung des **4.1** 267
«normativen Dreischrittes»
Erklärungen und Prognosen als Voraussetzungen **4.2** 274
zur Begründung von Problembestimmungen
Die Ressourcen der Adressatinnen und Adressaten **4.3** 276
Zusammenfassende Analyse zur Situation von Herrn Meier **5.** 280

Anwendungen – **H 289**
Illustrationen zum Nutzen der Systemischen Denkfigur
Nützliche Funktionen konkret **1.** 290
Die Beschreibung der Situation und weitere methodische **1.1** 290
Schritte
Thematisches (ontologisches) Strukturieren des **1.2** 308
methodischen Vorgehens
Unterstützung beim Suchen nach Erklärungen (WARUM-Frage) **1.3** 308
Intra- und interprofessionelle Verständigung und **1.4** 309
Zusammenarbeit mit Dritten
Selbstanwendung **1.5** 309

310 **1.6** Thematische Strukturierung der Aktenführung und Dokumentation

310 **1.7** Konkretisierung des Gegenstandes der Sozialen Arbeit

311 **1.8** Disziplinäres Wissen und dessen bewusste Auswahl

311 **2.** Hinweise zur Anwendung der SDF

311 **2.1** Allgemeines

315 **2.2** Beispiele

315 **2.2.1** Situationsanalyse mit einer Klientin/mit einem Klienten

315 **2.2.2** Situationsanalyse inbezug auf horizontal oder vertikal strukturierte soziale Beziehungen

316 **2.2.3** Situationsanalyse mit einer Familie oder Gruppe

318 **2.2.4** Situationsanalyse im Rahmen der Gemeinwesen- und Projektarbeit

321 **2.2.5** Situationsanalyse im Rahmen der Fallbesprechung im Team

323 **2.2.6** Anwendung der Denkfigur in der Supervision

326 **2.2.7** Kriterien für eine vollständige Problem- und Ressourcenanalyse

331 **Schlussbemerkungen**

335 Anhang

377 Verzeichnis der Abbildungen und Tabellen

381 Literatur

393 Sachregister

Beilage
Faltblatt mit Gesamtübersicht zur Systemischen Denkfigur

Geleitwort zur 2. Auflage

Wünsche gehen – manchmal – in Erfüllung, insbesondere dann, wenn, wie im vorliegenden Fall, der Verfasser eines Lehrbuches sein Bestes dazu getan hat! Bereits nach kurzer Zeit ist eine 2. Auflage der «Problem- und Ressourcenanalyse in der Sozialen Arbeit» notwendig geworden. Das lässt auch Rückschlüsse zu auf einen grossen Bedarf an diagnostischen Kenntnissen und speziellen Kompetenzen in der Handhabung der Systemischen Denkfigur, der in Disziplin und Profession besteht. Die vorliegende Auflage wurde vom Autor inhaltlich aktualisiert, einige Unklarheiten wurden beseitigt und einzelne wichtige Aspekte stärker herausgearbeitet. Schliesslich hat der Text auch didaktische Verfeinerungen erfahren, um dem Leser und der Leserin Lektüre und Verständnis des nicht immer einfachen Stoffes zu erleichtern.

Auch die neue Auflage der «Problem- und Ressourcenanalyse» begleitet mein Wunsch, dass das Lehrbuch von Theoretikern und Praktikern weiterhin gut angenommen und intensiv genutzt wird für die Entwicklung der Sozialen Arbeit.

Leipzig, im Januar 2004
Rita Sahle

Geleitwort

Charles Darwin berichtet in seiner Autobiografie über seinen Vater, den praktizierenden Arzt Dr. Robert Darwin: «Seine hervorstechendsten Eigenschaften waren eine ausgeprägte Beobachtungsgabe und Einfühlungsvermögen». [1] Nüchterne Beobachtung auf der einen Seite, Empathie auf der anderen, beides zusammen ist wesentlicher Bestandteil professionellen Handelns. Mit der Systemischen Denkfigur stellt Kaspar Geiser ein analytisches und praktisches Instrument vor, das unmittelbar die Beobachtungsfähigkeit der in der Sozialen Arbeit Tätigen schult und verbessert und mittelbar zu einem vertieften Fallverstehen beiträgt. Silvia Staub-Bernasconi hat die Denkfigur ausgearbeitet (1983, 1994 bzw. 1998); von Werner Obrecht wurde sie hinsichtlich der metatheoretischen Grundlagen fundiert (1996) und – wie sich die Leserin und der Leser überzeugen kann – vom Autor in vielen Punkten wesentlich weiterentwickelt und unter didaktischen und praktischen Gesichtspunkten aufbereitet.

Anschaulich und konkret zeigt der Verfasser, wie die Fülle heterogener und oft überwältigender Informationen über eine Problemlage nach dem Gegenstand der Sozialen Arbeit angemessenen Dimensionen strukturiert und systematisch in relevante Daten transformiert wird; wie die multidisziplinären Sichtweisen der Sozialen Arbeit (die materielle, räumliche, körperliche, seelische und soziale) sich zur systematischen Beschreibung und Beurteilung einer Fallsituation integrieren lassen und die Entscheidung: «Was tun?» begründen. Nach dem alten Grundsatz: Je intelligenter die Anamnese, desto besser die Diagnose und Therapie. Dabei bleiben die Helferinnen und Helfer und ihre Institutionen nicht aussen vor. Angeleitet durch die Denkfigur geraten auch sie systematisch in den Blick und können so manches Mal als Koproduzentinnen und Koproduzenten fallspezifischer Problemlagen wahrgenommen werden. Alles andere also als ein einseitig verwendbares Diagnose-Instrument, das zu «objektiven» Wahrheiten verhilft, führt die Denkfigur «nur» ein argumentatives fachliches Urteil herbei, das im kollegialen Diskurs nachvollzogen und überprüft werden kann.

Nachdem ich in einer Reihe von Lehrveranstaltungen versucht habe, auf der Basis der wenigen vorhandenen Publikationen den Studierenden der Sozialen Arbeit die Systemische Denkfigur nahe zu brin-

[1]
Charles Darwin (1993). Mein Leben. Frankfurt am Main: 2. Aufl., S. 33.

gen und zu oft «passen» musste, wenn weiter gehende Begründungen und praktische Demonstrationen verlangt wurden, bin ich besonders dankbar für die detaillierten Ausführungen des Verfassers hinsichtlich der Handhabung der Denkfigur. Obwohl auf allen Seiten dieses Buch die Handschrift des erfahrenen Sozialarbeiters und Lehrers zu spüren ist, kann auch sie natürlich die in der Sache selbst angelegte Widerständigkeit des Instrumentes nicht auflösen und das Wunder bewirken, dass die analytischen und praktischen Kompetenzen nach Art des Nürnberger Trichters zu erwerben sind. Hier mag die Erinnerung an den Erstklässler hilfreiche Brücken bauen, der lesen und rechnen lernen muss, über Wochen und Monate hinweg. Aber auch die Erinnerung eines Studierenden an seine Ausbildung zum Schweisser half Barrieren überwinden, der erzählte, dass er über ein halbes Jahr Nähte schweissen und wieder auftrennen musste, bis diese so exakt waren, dass sie dem handwerklichen Standard entsprachen; und das stellte dann auch den Meister zufrieden.

Ich wünsche dem Autor sehr, dass das Lehrbuch von Lehrenden, Studierenden und Praktikerinnen und Praktikern der Sozialen Arbeit angenommen und gewürdigt wird und dazu beiträgt, die Profession und die Wissenschaft der Sozialen Arbeit weiterzubringen. Und ich wünsche den Leserinnen und Lesern, dass sie die Reichweite und die vielfältigen Chancen der Systemischen Denkfigur für ihre theoretische und praktische Arbeit entdecken und nutzen können.

Leipzig, im Dezember 1999
Rita Sahle

Rita Sahle ist Professorin im Bereich Sozialwesen an der Hochschule für Technik, Wirtschaft und Kultur Leipzig (FH).

Vorwort zur 4. Auflage

Für diese Auflage habe ich einige Korrekturen und Ergänzungen vorgenommen, auf deren Notwendigkeit ich im Verlaufe von Lehrveranstaltungen aufmerksam gemacht worden bin. Den aufmerksamen Leserinnen und Lesern sei hiermit herzlich gedankt.
Unter dem Etikett „Soziale oder Sozialpädagogische Diagnose" hat die Problem- und Ressourcenanalyse weiter an Aktualität gewonnen. Der vorliegende Band vermittelt relevante Dimensionen für ein diagnostisches Verfahren, die auf Gegenstand und den Auftrag Sozialer Arbeit basieren.
Ich danke allen Studierenden und Kolleginnen und Kollegen, die mit konstruktiver Kritik und Vorschlägen mithelfen, den theoretischen Bezugsrahmen und die praktische Umsetzung des hier präsentierten Instrumentariums kontinuierlich zu verbessern.
Zürich, im Januar 2009

Vorwort zur 3. Auflage

Es ist mir ein Anliegen, all den Leserinnen und Lesern zu danken, die mir auch zur 2. Auflage ihre Anerkennung ausgesprochen haben. Viele Hinweise bezogen sich auch auf kleine Fehler, die in dieser Ausgabe behoben sind. Der Zweck dieses Fachbuches bleibt erhalten: sein Inhalt trägt dazu bei, im Studium und in der Praxis der Sozialen Arbeit eine allgemeine Grundlage für das professionelle Bearbeiten sozialer Probleme zu vermitteln.
Zürich, im Juli 2006

Vorwort zur 2. Auflage

Seit dem Erscheinen der 1. Auflage sind über drei Jahre vergangen. Während dieser Zeit habe ich viele und wertvolle Rückmeldungen zum Buch erhalten, darunter auch Vorbehalte gegenüber dem Anspruchsniveau, gegenüber der Komplexität, aber auch ausdrückliche Anerkennung. Ich bin froh, dass ich mit der Überarbeitung des Buches für diese 2. Auflage die Gelegenheit erhalten habe, die seitherige Entwicklung des paradigmatischen Rahmens bzw. der entsprechenden Teiltheorien, die der Systemischen Denkfigur zugrundeliegen, zu berücksichtigen. Ich hoffe, dass das Buch an Verständlichkeit gewonnen hat. Seine Verbreitung verstehe ich auch als Beitrag, innerhalb und ausserhalb der Praxis der Sozialen Arbeit das Bild über Soziale Arbeit als anspruchsvolle professionelle Tätigkeit zu festigen. In Zeiten der Marktideologie und des ihr innewohnenden Wettbewerbs in und zwischen allen Lebensbereichen sollten die Professionellen und die Lehrenden alles daran setzen, auf strukturelle und kulturelle Bedingungen und Voraussetzungen von Gesundheit und Wohlbefinden hinzuweisen. Das bedingt, dass sie selber die komplexen Vorgänge rund um das Verhältnis zwischen Individuen und deren sozialer Einbettung erklären können. Einen Beitrag zum besseren Verstehen zu leisten war ein wichtiges Motiv, dieses Buch zu schreiben bzw. zu aktualisieren.

Meinen Kolleginnen Petra Gregusch und Dorothea Spörri und meinem Kollegen Edi Martin danke ich an dieser Stelle ganz herzlich für die kritisch-konstruktiven Rückmeldungen zu Leseproben überarbeiteter Kapitel.

Zürich, im Januar 2004

Vorwort zur 1. Auflage

Der vorliegende Band fasst meine im Laufe der vergangenen Jahre gesammelten Erfahrungen in der Vermittlung, Weiterentwicklung und Anwendung der nach Silvia Staub-Bernasconi so genannten «Prozessual-systemischen Denkfigur» zusammen.

Der Leserin, dem Leser wird auffallen, dass sich die Quellenhinweise überwiegend auf Werke von Silvia Staub-Bernasconi und Werner Obrecht beziehen. Wir haben untereinander kein «Zitierkartell» vereinbart. Vielmehr ist es der konzeptuelle Rahmen, der uns verbindet. *Silvia Staub-Bernasconi* hat 1983 die «Artikulation sozialer Probleme» thematisiert und in diesem Zusammenhang eine erste Version der Denkfigur entwickelt und sie zur Analyse von Individuen und sozialen Systemen beigezogen. Sie kann heute eine beeindruckende Anzahl Publikationen zu einem breiten Themenspektrum wie etwa zur Professionalisierung Sozialer Arbeit vorweisen, zuletzt zum Thema der Menschenrechte. Ihr verdanke ich die Bekanntschaft mit der Denkfigur und die Einsicht in deren Funktion für Profession und Praxis Sozialer Arbeit. Zudem verdanke ich ihr viele Anregungen, die geeignet sind, meine professionellen Anliegen besser zu begründen, zu neuen Fragestellungen zu finden und insbesondere – als Case-work-Geschulter – die strukturellen und kulturellen Gegebenheiten *Sozialer* Arbeit besser zu erkennen und zu verstehen. *Werner Obrecht* hat über Jahrzehnte Publikationen und interne Skripte vor allem zur Wirklichkeits- und Erkenntnistheorie (Systemtheorie), eine allgemeine normative Handlungstheorie, zur Mikro- und Makrosoziologie, zur Theorie sozialer Systeme, zur Psychobiologie, und die Umrisse einer Bedürfnistheorie ausgearbeitet und sie mir zugänglich gemacht. Dieses breite und differenzierte Wissen ist in seinen unschätzbaren konzeptuellen Arbeiten zur Sozialarbeitswissenschaft integriert. Werner Obrecht danke ich für seine Kritik und die enzyklopädischen Hinweise, die mein Welt- und Menschenbild ganz wesentlich erweitert haben. Sein ethischer Anspruch an Wissenschaftlichkeit bzw. den Umgang mit Wissen ist ausserordentlich hoch; durch ihn erfahre ich immer wieder, dass seriöses wissenschaftliches Wissen nicht praxisferner Ballast ist, sondern kognitive Instrumente vermittelt, um praktischen Problemen in angemessener Weise zu begegnen. – Den Beizug und die Auswahl von Texten von Silvia Staub-Bernasconi und von Werner Obrecht einerseits und deren Verwendung in diesem Band andererseits habe ich ganz alleine zu verantworten.

Ruth Brack danke ich für ihre seit jeher sehr kritische und dennoch immer wieder motivierende Begleitung bei der Weiterentwicklung und Vermittlung der Denkfigur. Sie hat mir unzählige konstruktive Hinweise gegeben und zeitlich und gedanklich aufwändige redaktionelle Beiträge geleistet. Auch *Rita Sahle* möchte ich danken. Sie hat im Laufe der letzten Jahre mit ihren Studierenden an der Fachhochschule in Leipzig die Denkfigur wiederholt erfolgreich angewendet. Ihre Anregungen wirkten motivierend, meine Erfahrungen endlich in die Form dieses Buches zu giessen.

Danken möchte ich *Martina Ulmann,* die sich seit Jahren mit der Vermittlung der Denkfigur befasst. Sie hat mir wichtige Hinweise gegeben und zu Illustrationen in diesem Band angeregt. Ebenso danke ich *Peter Friedrich, Kirsten Hoyer, Heino Hollstein-Brinkmann und Beat Schmocker,* die als Vermittlerin bzw. Vermittler der Denkfigur entscheidende Hinweise gegeben haben. *Markus Brändle* hat mir zum Thema der sozialen Beziehungen wichtige Fachliteratur zugänglich gemacht, die Kolleginnen *Petra Gregusch, Christiane Ryffel-Gericke* und

Dorothea Spörri haben mit kritischen Anmerkungen zur Klärung einzelner Kapitel beigetragen; für ihr Mitdenken und ihre konstruktive Kritik bin ich auch rückblickend dankbar.

Mein Dank geht an die *Studierenden* an der Hochschule für Soziale Arbeit Zürich und an viele *Kolleginnen und Kollegen aus der Praxis.* Sie haben im Rahmen des Grundstudiums bzw. von Nachdiplomstudien an der heutigen Fachhochschule für Sozialarbeit in Bern, im Aufbaustudium an der Evangelischen Fachhochschule Darmstadt, in Weiterbildungsveranstaltungen im Allgemeinen Sozialdienst der Stadt München, im Sozialdepartement der Stadt Zürich, im Sozialdienst der Justizdirektion des Kantons Zürich – erwähnen darf ich *Hans Wenger* als «Lektor» einer früheren Fassung – indirekt an der Entwicklung mitgewirkt: Sie haben hinsichtlich der Anwendbarkeit und des Nutzens der Denkfigur und in Bezug auf Schwierigkeiten und Grenzen unschätzbare Hinweise gegeben. Ihre Vorbehalte und Anregungen sind bei mir stets auf offene Ohren gestossen – oft sind unmittelbar nach solchen Veranstaltungen bereits Ideen für Verbesserungen entstanden.

In redaktioneller Hinsicht hat mir *Carl Holenstein* zu Beginn des Unterfangens seine reiche Erfahrung zugänglich gemacht. Ein herzlicher Dank geht auch an meine Tochter *Barbara,* die mich durch kritische Lektüre einzelner Kapitel auf vermeidbare stilistische Besonderheiten aufmerksam gemacht und mich – auf den Computer bezogen – in technischer Hinsicht unterstützt hat.

In den Dank schliesse ich meine Lebenspartnerin *Cornelia Benz* ein, die mich ermutigt und mir mit grossem Verständnis den Raum zugestanden hat, meine gedanklichen «Abwesenheiten» in Richtung der vorliegenden Inhalte zu pflegen.

Zürich, im Dezember 1999

Dem Lesefluss zuliebe wechsle ich zwischen der weiblichen und der männlichen Form ab.

A Einführung

1. Zum fachlichen Anlass, dieses Buch herauszugeben

Sozialarbeiterinnen und Sozialpädagoginnen befassen sich mit Menschen, die unter *sozialen Problemen* leiden und diese nicht allein lösen können – diese Menschen sehen sich vor *praktischen* Problemen, ihre soziale Situation zu verändern zugunsten von Gesundheit, Wohlbefinden und sozialer Integration. Dabei sei bereits an dieser Stelle der Hinweis eingefügt: wahrscheinlich alle Menschen geraten im Laufe ihres Lebens in Situationen, die sie als soziale Probleme erleben.

1

In diesem Band wird «Soziale Arbeit» als zusammenfassende Bezeichnung für Sozialarbeit, Sozialpädagogik und Soziokulturelle Animation verwendet (vgl. Geiser, 1997).

Soziale Arbeit versucht gemeinsam mit den Beteiligten herauszufinden, welcher Art die Probleme sind und welche Ressourcen sie zu deren Bearbeitung beitragen können. Es gehört deshalb zu einem der ersten Schritte professionellen Handelns von Sozialarbeiterinnen und Sozialpädagoginnen, sich ein Bild über die Situation von Individuen und sozialen Systemen zu machen. Soziale Arbeit ist in erster Linie für soziale Probleme zuständig; sie befasst sich mit deren Vermeidung, Linderung und Lösung. Welches sind die Anforderungen an ein Bild, das soziale Probleme sichtbar macht, und wie kann man es erzeugen? Den entscheidenden Zugang zu einer Antwort erlaubt eine *Theorie sozialer Probleme*, die sich – wie jede Theorie – durch entsprechende Begriffe repräsentiert. Diese Begriffe können dazu dienen, soziale Probleme darzustellen, sie zu beschreiben. Im Idealfall entsprechen die Gemeinsamkeiten solcher Bilder der Formulierung einer *Gegenstandsbestimmung Sozialer Arbeit*. [1] Sie bezieht sich auf Individuen und soziale Systeme; die Individuen können unter physikalisch-chemischen, biologischen, biopsychischen und sozialen

2

Dieser Band vermittelt eine bestimmte Position, die, vom Gegenstand bzw. von der im Folgenden vorgestellten Systemtheorie abgeleitet, die *ontologische Struktur* der Problem- und Ressourcenanalyse bestimmt. Mit welchen Verfahren die Informationsgewinnung zwecks Beschreibung und Bewertung von Ausgangssituationen (Fallaufnahme, Intake, soziale Diagnose u. a.) geschieht, ist vorerst sekundär und nicht Thema dieser Publikation. Auch Verfahren, die nicht mit der hier vorgestellten wirklichkeits- und erkenntnistheoretischen Position übereinstimmen, liefern Informationen zu den Problem- und Ressourcenbereichen, wie sie unter Beizug der SDF strukturiert werden; in der Regel beschränken sie sich jedoch auf bestimmte Wirklichkeitsausschnitte.

3

In diesem Sinne wird auf folgende konzeptuellen (Hintergrund-)Beiträge zur Denkfigur hingewiesen: Staub-Bernasconi, 1986; Obrecht, 1993; Staub-Bernasconi [1994] 1998; Staub-Bernasconi, 1995; Obrecht, 1996a, 1996b; Obrecht/Staub-Bernasconi, 1996; Obrecht, 2000a+b; 2001, 2002; 2003.

4

Inzwischen sind zwei weitere Publikationen erschienen, die die Systemische Denkfigur explizit aufführen: Im Band über Case Management von Neuffer (2005²:69 f.) und in einem Vergleich von Paradigmata der Sozialen Arbeit von Sahle, im Rahmen ihrer ›

Problemen leiden. Es fehlen ihnen in der Regel die Ressourcen, um die Probleme selbstständig zu lösen. Um den Anspruch einzulösen, ein umfassendes Bild der Situation zu zeichnen, benötigen Sozialarbeiterinnen und Sozialpädagoginnen ein *praxisbezogenes Modell der Problem- und Ressourcenanalyse*, wie es in Form der Systemischen Denkfigur in diesem Band vorgestellt und begründet wird. Die Systemische Denkfigur ist geeignet, die Situationen von Individuen und sozialen Systemen im Einzelfall oder im Rahmen eines Projektes u. ä. zu erfassen und zu beschreiben, sie hinsichtlich von Problemen zu bewerten und in ihr diejenigen Ressourcen zu erkennen, die zur Bearbeitung der Probleme relevant erscheinen. Weshalb sie *«Systemische Denkfigur»* genannt wird, liegt im *Systemtheoretischen Paradigma Sozialer Arbeit* begründet, auf das in dieser Einführung verwiesen wird. [2]

Silvia Staub-Bernasconi hat – als Sozialarbeiterin und Soziologin – mit der «Prozessual-systemischen Denkfigur» (PSDF) ein Modell entwickelt, das Dimensionen sozialer Probleme, wie sie sich in der *Sozialarbeit* manifestieren, erfassen und beschreiben lässt. In ihrer Dissertation kommt eine erste Version der PSDF als Grafik erstmals vor (1983:143 f.). In einer inzwischen überholten Publikation hat sie der Autor praxisnah vorgestellt (1990). Ein durch Engelke verfasstes Porträt über Staub-Bernasconi erwähnt die Denkfigur (1992:299). Eine kurze Präsentation von Hollstein-Brinkmann (1993:82–93) im Rahmen seines Buches zu Systemtheorien in der Sozialarbeit weist ebenfalls auf die frühere Version der PSDF hin. [3] Im ausführlichen konzeptuellen Beitrag von Staub-Bernasconi von 1994 kommt die Bezeichnung «Denkfigur» nicht vor; in der 4. Auflage (1998) ist ein Glossar eingefügt, das sich der «Denkfigur-Terminologie» bedient. Verbreitet sind alte Skripte von Staub-Bernasconi, diejenigen des Autors und weiterer Kolleginnen und Kollegen. Bis zur 1. Auflage dieses Bandes hat eine umfassendere Einführung zur Denkfigur gefehlt. [4]

Seit über fünfzehn Jahren wird die PSDF in Ausbildungen an verschiedenen Fachhochschulen für Soziale Arbeit und im Rahmen von Weiterbildungen mit unterschiedlicher Gewichtung in den Curricula vermittelt. [5] Die PSDF hat sich insofern bewährt, als ihre Lehr- und Lernbarkeit durch viele Anwenderinnen und Anwender, vor allem in der ambulanten Sozialarbeit, unter Beweis gestellt wurde (obwohl sie sich für den Gebrauch im stationären Bereich ebenso eignet). Im

Laufe der wiederholten Vermittlung im Unterricht erschien dem Autor immer dringender, eine präzisere Übereinstimmung mit dem von Obrecht ausgearbeiteten Systemtheoretischen Paradigma Sozialer Arbeit (SPSA), insbesondere mit den dazu gehörigen Teiltheorien, nämlich mit der Wirklichkeitstheorie (Systemtheorie), mit der Erkenntnis- und Handlungstheorie, mit der Bedürfnistheorie und der Theorie sozialer Probleme, herzustellen; das verlangt unter anderem, gleiche Termini zu verwenden (vgl. Obrecht, 2001). Das Ergebnis von Änderungen und Anpassungen ist die hier präsentierte SDF, wie sie der Autor seit 1996 vermittelt.

> Ausführungen zum hier vertretenen Systemtheoretischen Paradigma (2003).

Zur Bezeichnung: «Prozessual-systemische Denkfigur» wird oft als schwerfällig, als «geschraubt» oder als schwer verständlich qualifiziert. Sie drückt explizit aus, dass sowohl Struktur wie auch Prozesse innerhalb und zwischen biopsychischen und sozialen Systemen problematisch und damit Gegenstand der Sozialen Arbeit sein können. Die Gründe für diese Bezeichnung sind konzeptueller Natur; die Bezeichnung repräsentiert den seinerzeit massgebenden theoretischen Hintergrund (vgl. Staub-Bernasconi, 1983:40 f.; 1995 (1993): 127 f.). Gemäss der hier vertretenen Systemtheorie stellt «prozessual-systemisch» eine «verdoppelnde» Bezeichnung dar, ist doch «systemisch» nicht ohne Prozesse denkbar. Sinnvoll scheint, das Modell konsequent als einen kognitiven Code zur Analyse und zur Beschreibung individueller und sozialer Systeme zu sehen und seine praxisrelevante Funktion zu betonen: So gesehen ist es als *Modell der Problem- und Ressourcenanalyse* zu bezeichnen. Von einer radikalen Umbenennung wird abgesehen, weil sich im professionellen Feld die «Prozessual-systemische Denkfigur» (PSDF) längst etabliert hat. Dennoch ist es aufgrund des hier massgebenden Systemischen Paradigmas folgerichtig, die Bezeichnung zu verkürzen und sich mit *«Systemische Denkfigur»* (SDF) zu begnügen.

5

Fachhochschulen für Soziale Arbeit Nordwestschweiz und Zürich; Berner Fachhochschule für Soziale Arbeit; Höhere Fachschule im Sozialbereich Zentralschweiz (Luzern); Zertifikatslehrgang Systemische Konzepte in der Sozialen Arbeit und der Beratung an der Berner Fachhochschule für Soziale Arbeit; Allgemeiner Sozialdienst München; Aufbaustudium der Evang. Fachhochschule Darmstadt; ISMOS (Wirtschaftsuniversität Wien); Fachhochschulen Hamburg, Hannover, München u.a.m

Ein Modell zwecks Abbildung einer Situation, die im wesentlichen Individuen und soziale Systeme (soziale Beziehungen) einschliessen soll, muss drei Anforderungen erfüllen: 1. es muss jene Eigenschaften von Adressaten und weiteren Akteuren wiedergeben, über die man etwas wissen muss, 2. es muss geeignet sein, ausgewählte Beziehungen zwischen Akteuren auch auf dem Hintergrund ihrer jeweiligen Position und ihrer Interaktionen näher zu beschreiben, und 3. müssen aus der letztlich unbegrenzten Menge und Vielfalt von Informationen diejenigen herausgegriffen und für die Beschreibung verwendet werden können, die für die Erklärung, Bewertung und Lösung des Problems von Nutzen sind. [6] – Die SDF ist ein Analyseinstrument; bewusst wird sie nicht als «Diagnoseinstrument» bezeichnet, weil der Begriff der Diagnose auf das Verhältnis zwischen Experten und untersuchter Person hinweist: der Experte, die Expertin bestimmt, was das Problem des Individuums ist, die einmal formulierte Diagnose kann individualisierend und stigmatisierend wirken (kritisch zum Begriff der psychosozialen Diagnose: Neuffer, 2005[2]:63 f.). Beim hier vertretenen Ansatz ist der aktive Einbezug der Adressatinnen und Adressaten in hohem Masse vorausgesetzt; gerade die Problembestimmung muss möglichst konsensual erfolgen, wenn die Problemlösung effektiv sein soll (in Zwangskontexten kann sich dieses Prinzip professionellen Handelns legitimerweise auch relativieren). – Im Rahmen von Case Management-Verfahren wird von «Assessment» (zu deutsch: Einschätzung) geschrieben; oft ist unklar, was dieser Verfahrensschritt beinhaltet. Bei Neuffer ist es klar: er vereint in der Phase Assessment «eine Analyse der Situation, eine Einschätzung und eine Prognose» (2005[2]:62), und betont dann zu Recht, dass diese Schritte je getrennt erfolgen müssen. Im vorliegenden Band wird die allgemeine Handlungstheorie, operationalisiert in der Sequenzierung von Problemlösungsprozessen durch die so genannten W-Fragen und deren Antworten als Wissensformen, vorgestellt. Im Laufe von Problemlösungsprozessen sind u. a. die *Beschreibung von Situationen* (Bilder), erklärungstheoretische *Hypothesen* und die *Bewertung (oder Einschätzung)* von Bildausschnitten als Problem und als für die Problemlösung geeignete Ressource zu unterscheiden. Wir betrachten Ressourcen des Klientsystems als eine relationale Grösse: was Ressourcen des Klientsystems sind, bestimmen wir – wiederum gemeinsam mit dem Klientsystem – erst in einer späteren Handlungssequenz, nämlich erst aufgrund der Problembestimmungen (vgl. Kap. H) – und schreiben damit keineswegs einer «Defizitorientierung» das Wort. Der Grund für diese Feststellung besteht darin, dass nicht alles, was die Klientsituation im positiven Sinne auszeichnet, für die Problemlösung relevant und effektiv ist. Fazit bereits an dieser Stelle – und wie Neuffer zeigt: Case Management und die Analyse unter Beizug der Systemischen Denkfigur lassen sich bei bewusster Unterscheidung von Wissensformen einerseits und ihrer Quellen andererseits durchaus integrieren.

6

Dies ist nicht der Ort für eine vergleichende Analyse von Diagnoseverfahren, obgleich dies aus professionstheoretischer Sicht ein lohnenswertes Unterfangen darstellen würde. Methodenliteratur wäre daraufhin zu untersuchen, a) auf welchem metatheoretischen Rahmen das Referenzsystem gründet, anschliessend b) ob und inwiefern auf ein Akteurmodell des Individuums Bezug genommen wird, c) was soziale Systeme sind, d) wie das Verhältnis zwischen Individuen und sozialen Systemen behandelt wird; im weiteren wäre e) eine erkenntnis- bzw. handlungstheoretische Analyse durchzuführen, mit Blick auf Gemeinsamkeiten und Unterschiede methodischen Vorgehens (Phasenmodelle) (ich denke an Literatur etwa von Germain/Gitterman, 1988; Priller, 1996; Franke/Sander-Franke, 1998; Meinhold, 1998; Galuske, 2002, 4. Aufl.; Heiner, 2001; Stimmer, 2000; Neuffer, 2005; Pantucek, 2002, 4. Aufl.; von Spiegel, 2002; Heiner, 2004; Staub-Bernasconi, 2007: 287 f.).

2. Was ist die Systemische Denkfigur (SDF)? – Eine erste Skizze

Die Systemische Denkfigur ist ein kognitives und praktisches Instrument zur Bewältigung professioneller Aufgaben als Sozialarbeiterin oder Sozialpädagogin. Ihr Beizug unterstützt die systemische und die systematische Erfassung, Strukturierung, Beschreibung und Bewertung von Informationen aus dem Gegenstandsbereich Sozialer Arbeit. Basierend auf dem unter Beizug der SDF beschriebenen Bild der individuellen und sozialen Situation können Bewertungen im Sinne von *Problembestimmungen* vorgenommen werden. Die Problembestimmung bildet ihrerseits die Grundlage zur Erfassung der für die Problembearbeitung vorhandenen Ressourcen des analysierten Objektes. Die auf diese Weise durchgeführte Problem- und Ressourcenanalyse (Befund, «Sozialpädagogische Diagnose») erleichtert es, angemessene Ziele zu formulieren und nach entsprechenden Interventionen und Mitteln zu suchen und sie zu begründen (zur systematischen Durchführung von Problemlösungsprozessen vgl. Kap. H, S. 290 f.).

Unter Beizug der Systemischen Denkfigur kann man ...
- die Situation von Individuen als Komponenten sozialer Systeme erfassen und beschreiben. Das Ergebnis ist ein Bild über ihre *Ausstattung* (hier: das Gesamt an intrinsischen, relationalen und emergenten Eigenschaften). Dieses Bild kann bewertet werden; das Ergebnis der Bewertung besteht in der *Problembestimmung* und wenn möglich auch in der Bestimmung von *Ressourcen* der Adressaten, die zur Bearbeitung dieser Probleme genutzt werden können; [7]
- Beziehungen bzw. soziale (Mikro- und teilweise auch Meso-) Systeme erfassen und beschreiben. Die sozialen Systeme werden vorerst ihrer «idealen» formalen *Positionsstruktur* nach unterschieden, nämlich als horizontal strukturierte oder Austauschbeziehungen einerseits oder als vertikal strukturierte oder Machtbeziehungen andererseits. Es folgt das Eintragen der *konkreten Interaktionen*. Das «Beziehungsbild» kann anschliessend bewertet werden im Sinne von Austauschproblemen und/oder Machtproblemen bzw. als entsprechende soziale Ressourcen;
- die Begründung für die Ausstattungs-, Austausch- und Machtprobleme erfolgt a) normativ (aufgrund der nicht realisierten gesellschaftlichen Werte) und b) erklärungstheoretisch (aufgrund der dauerhaft nicht befriedigten Bedürfnisse und entsprechender Prognosen).

[7] Zu den Begriffen «Eigenschaften» und «Ausstattung» siehe Anhang 1

Die Beschreibung und die Bewertung einer Situation als «problemlos», problematisch oder ressourcenträchtig ist ein Prozess, der im Idealfall *gemeinsam mit den Adressatinnen und Adressaten der Sozialen Arbeit vorgenommen* wird. Zu beachten ist, dass die Erfassung, die Auswahl und die Bearbeitung der entsprechenden Informationen verschiedenen «Verzerrungsquellen» unterliegen: Etwa den subjektiven Präferenzen einzelner oder aller Beteiligter, der Qualität der beigezogenen Alltags- und wissenschaftlichen Erklärungstheorien oder der sozialen und/oder kulturellen Distanz zwischen Adressaten und Fachleuten (Herkunft), aber auch organisationellen Vorgaben (Auftrag, Verfahren und Mittel).

Im Folgenden werden die vier Elemente der SDF vorgestellt, die der Erfassung, Beschreibung und Bewertung von Situationen dienen, die für die Soziale Arbeit relevant sind (Abb. 1).

Abb. 1

Die vier Elemente der SDF
als Modell für eine
Problem- und Ressourcen-
analyse

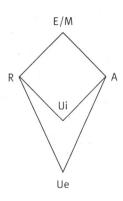

1. Analyse des Individuums › *Ausstattung*

Individuen werden mittels der Form einer SDF dargestellt. Die fünf «Ecken» (Dimensionen) entsprechen ausgewählten Komponenten des Individuums als System. Sie beziehen sich auf seine biologischen und psychischen sowie auf seine sozioökonomischen, sozioökologischen und soziokulturellen Eigenschaften bzw. auf seine Ausstattung zu einem bestimmten Zeitpunkt. Die Strecken zwischen den Dimensionen stellen Relationen bzw. konkrete systeminterne Interaktionen dar.

Die Dimensionen und ihre Eigenschaften bilden insgesamt das Austausch- und Machtpotenzial – und sind so mitbestimmend für die sozialen Chancen der einen Individuen gegenüber anderen bzw. gegenüber sozialen Systemen. › *Kapitel C*

2. Analyse sozialer Systeme bzw. sozialer Beziehungen

› *Positions- und Interaktionsstruktur*

2.1 Horizontal strukturierte Systeme bzw. Beziehungen

Idealtypisch horizontal strukturierte Systeme bzw. Beziehungen zwischen mindestens zwei Individuen werden so dargestellt, dass zwei Denkfiguren nebeneinander und die Relationen zwischen den sich entsprechenden Dimensionen eingezeichnet werden. Solche Systeme zeichnen sich – idealtypisch! – dadurch aus, dass sie keine formale Entscheidungs- und Kontrollinstanz aufweisen.

Die Dimensionen der Individuen sind hier *Austauschmedien*, die die zu beschreibenden Interaktionen ermöglichen oder verhin-

dern bzw. bestimmte Austauschmuster begründen. Ihr «Gehalt» ist entscheidend für das, was zwischen den Beteiligten ausgetauscht werden kann (Positions- und Interaktionschancen).
> *Kapitel D bzw. E*

2.2 **Vertikal strukturierte soziale Systeme bzw. Beziehungen** > *Machtbeziehungen*

Idealtypisch vertikal strukturierte Systeme bzw. Machtbeziehungen werden so dargestellt, dass zwei Denkfiguren übereinander und die Relationen zwischen den sich entsprechenden Dimensionen der beteiligten Individuen eingezeichnet werden. In solchen Systemen verfügt – idealtypisch! – das übergeordnete Individuum über mehr Entscheidungs- und Kontrollkompetenz; in Organisationen sprechen wir von einer hierarchischen Struktur bzw. hierarchischen Beziehungen.

Die Dimensionen der Individuen sind hier *Machtquellen,* die verschiedene zu beschreibende Interaktionen ermöglichen oder verhindern bzw. bestimmte Machtformen begründen. Ihr «Gehalt» ist entscheidend dafür, wer in welcher Hinsicht sozial «oben» oder «unten» ist (Positions- und Interaktionschancen). > *Kapitel D bzw. F*

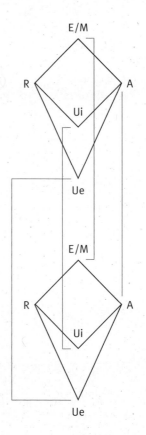

3. Die Begründung von Problemen bzw. von problemlösenden Ressourcen (normativ und prognostisch)

Die Analyse wird vervollständigt durch einen vierten, die beschriebenen Eigenschaften bzw. Beziehungen bewertenden Schritt. Hinsichtlich der unter 1., 2.1 und 2.2 beschriebenen Situationen werden je zwei Fragen gestellt, nämlich a) Welche nicht realisierten normativen, d. h. «vergesellschaftlichten» anerkannten Werte bzw. expliziten Normen und/oder Standards lassen die Situation als «problematisch» und damit als «veränderungsbedürftig» erscheinen? und b) Welche erklärungs-, insbesondere bedürfnistheoretisch begründeten Prognosen (antizipierte Bilder) gibt es, so dass die Situation als problematisch bewertet werden muss? Aufgrund der Problembestimmung wird anschliessend nach adressatenbezogenen *Ressourcen* gefragt, die einen Beitrag zur Problemlösung darstellen könnten. > *Kapitel G*

Die *Kürzel* haben sich im Laufe der vergangenen Jahre «eingebürgert» und sind vielen Leserinnen und Lesern bekannt. Als ausbildungs- und berufsinterner Code erleichtern sie die rasche Orientierung. An dieser Stelle wird eine erste, sehr knappe Erläuterung der Kürzel vorgenommen; ausführlich geschieht dies ab Kapitel C.

Ui steht für «Umwelt intern»: Damit ist der menschliche Organismus gemeint, der Körper, mit anderen Worten: die intrinsischen Eigenschaften, die die biologische Ausstattung eines Individuums auszeichnen. «Umwelt intern» mag paradox klingen; verständlicher wird diese Bezeichnung, wenn wir zu unserem Organismus das «innere Milieu» zählen (vgl. Damasio, 2002^2:166f.). Die Körperhülle, die Haut, bildet die physische Grenze zu anderen Systemen unserer Umwelt.

Ue steht für «Umwelt extern»: Damit wird die soziale Ausstattung des Individuums bezeichnet, nämlich relationale Eigenschaften wie a) seine sozioökonomischen Güter verschiedenster Art (Bildung, Beruf, Einkommen, Besitz, Arbeitsplatz, Wohnung u. a.), b) seine Teilhabe an bzw. Exposition gegenüber den sozioökologischen Bedingungen seiner Umwelt (Luft, Wasser, Infrastruktur u. a.), eingeschlossen c) soziokulturelle Eigenschaften (z. B. ethnische und konfessionelle Zugehörigkeit) und d) seine Mitgliedschaften bzw. sozialen Rollen (die mit Merkmalen von a) und c) zusammenfallen können).

R steht für «Rezeptoren»: Damit sind biologische Komponenten des peripheren Nervensystems gemeint (Sensoren), die der Informationsaufnahme dienen (Aufnahme von Reizen von ausserhalb des Organismus, z. B. durch die *Sinnesorgane,* aber auch aus dem Innern des Organismus selbst, via das autonome Nervensystem). Eigenschaften zu dieser Dimension der SDF werden lediglich dann eingetragen, wenn z. B. Funktionen von Sinnesorganen beeinträchtigt sind (ob dann tatsächlich die Rezeptoren oder andere Komponenten des sensorischen Systems geschädigt sind, bleibt dem Ergebnis entsprechender fachlicher Untersuchungen vorbehalten).

E/M steht für «Erlebensmodi bzw. Modell»: Diese Dimension erfasst die psychischen Eigenschaften im Sinne der psychischen Grundfunktionen und höheren Funktionen des Zentralnervensystems, eingeschlossen kulturell vermittelte Codes, Bilder und Werte («internes

Modell»). Erfasst wird die «Informationsverarbeitung», die mit den Begriffen *Lernen* bzw. *Wissen* als dessen Ergebnis zusammengefasst werden kann. Dass wir nicht nur M setzen, sondern E und M verbinden, ist a) eine Konzession an die frühere Version der Denkfigur und b) der ausdrückliche Hinweis auf die auch praxisrelevante Unterscheidung und auf das Zusammenspiel zwischen psychischen Prozessen (E = Erlebensmodi bzw. Erkennen/Erleben) und psychischen Zuständen (M = Wissen).

A steht für «Aktivitäten»: Mit «Aktivitäten» beschreiben wir Bewegungen, das äussere, sichtbare Verhalten des Organismus und insbesondere das Handeln des Individuums als psychomotorischer Ausdruck der Verbindung zwischen dem Zentralnervensystem und dem peripheren Nervensystem (neuromotorischer Bereich) (Ausstattung mit Handlungskompetenzen).

Ein Hinweis: Die Kürzel stellen einen internen Code dar und eignen sich nicht, Berufsrealität nach aussen verständlich darzustellen!

Wenn Menschen Soziale Arbeit beanspruchen bzw. auch gegen ihren Willen mit ihr in Beziehung treten (Zwangsmassnahmen), dann stehen in der Regel *Positions- und/oder Interaktionsprobleme im weitesten Sinne* im Vordergrund. Sie manifestieren sich entweder als individuelles Unvermögen und/oder als strukturell bedingte Unmöglichkeit, bestimmte soziale Rollen mit ihren Rechten und Pflichten wahrzunehmen. Interessieren die sozialen Beziehungen bzw. die sozialen Systeme, interessieren auch die ihnen zugehörigen Individuen. Wenn man im Rahmen der Situationsanalyse zuerst die Individuen untersucht, ist das nicht Ausdruck einer individualistischen Konzeption sozialer Probleme (in diesem Sinne erfährt das vorliegende Analysemodell hier und dort Kritik). Die Systemtheorie, die dem Modell zugrunde liegt, besagt, dass wir das Zusammenspiel zwischen Individuen und ihrer Einbindung in und mit sozialen Systemen nur erklären können, wenn wir sie – Individuen und soziale Systeme – als unterschiedliche «Dinge» verstehen. Eine Theorie des Individuums sowie eine Theorie sozialer Systeme lassen uns das Verhalten und Handeln von Individuen einerseits und belastete soziale Systeme bzw. konflikthafte oder gar «gebrochene» Beziehungen durch Wissen über Gesetzmässigkeiten ihres Zusammenspiels andererseits erklären.

3. Zu den wichtigsten Änderungen ab der 2. Auflage

Die 2. Auflage dieses Bandes erfuhr eine umfassende Überarbeitung. Die wichtigsten inhaltlichen Änderungen sind:

1. die deutlichere konzeptuelle Einbettung der Systemischen Denkfigur in die theoretische Struktur des Systemtheoretischen Paradigmas der Wissenschaft Sozialer Arbeit (SPSA) (Obrecht, 2000a; 2001; 2005);
2. das klarere Herausarbeiten des Begriffs «soziale Probleme» in Abgrenzung zum soziologisch-normativen Verständnis sozialer Probleme, d.h. vor allem das Aufzeigen des Zusammenhangs zwischen menschlichen Bedürfnissen und sozialen Problemen;
3. das konsequentere Beachten einer eindeutigen Trennung der Beschreibung einer Situation und ihrer Bewertung, je durch Mitglieder des Klientsystems wie durch die Professionellen selbst;
4. das konsequente Beachten der unterschiedlichen Quellen von Informationen; das handlungstheoretische Wissen zur Lösung dieses oft zitierten Problems – Wer sagt, was das Problem ist? – besteht in der so genannten Vervielfachung der W-Fragen;
5. eine differenziertere Darstellung des Bewertungsvorgangs durch die Professionellen, mit anderen Worten: Aufzeigen des Bewertungsprozesses, mündend in die normative und/oder prognostische Begründung, weshalb ein Problem eines ist.

Vielen positiven Rückmeldungen zur Anwendung der Systemischen Denkfigur in der Praxis wird der Wunsch beigefügt, es möge auch einfachere, so genannte «light-Versionen» geben. Das vorliegende Analyseinstrument erhebt in der Tat den Anspruch, eine mit seiner Hilfe erstellte Analyse ergebe ein «umfassendes» systemisches Bild, auch über eine komplexe Lebenssituation; Indikationen für die Angemessenheit einer umfassenden Analyse werden im Kapitel H, S. 326f., dargelegt. Dies soll niemanden hindern, die Analysedimensionen zu reduzieren oder sich gar seine eigenen Arbeitsmittel mit den für seine Adressatengruppe bzw. Einrichtung notwendigen Angaben zu strukturieren (ein Beispiel sind z.B. die in den Anhängen 24 und 25 enthaltenen Vorschläge für Arbeitsblätter). Bei «gekürzten Versionen» muss man sich die Frage stellen, was die nicht erhobene Information bedeutet, welche Folgen es haben kann, über diesen oder jenen Ausschnitt von Lebenssituationen nichts zu wissen. Stets gilt es, einen methodischen Grundsatz umzusetzen: Nur diejenigen Daten über KlientInnen und Dritte erheben und festhalten, deren Verwendung man zum Zeitpunkt ihrer Erfassung plausibel begründen kann; Klientinnen und Klienten haben ein Recht darauf zu wissen, weshalb gerade diese und jene Frage gestellt wird und was mit der Antwort geschieht (Datenschutz). Der Vollständigkeit halber sei darauf hingewiesen: eine weitere Differenzierung einzelner Dimensionen der Denkfigur ist denkbar, beispielsweise im Arbeitsfeld mit Körperbehinderten: Die Dimension «Verhalten/Handeln» (A) kann z.B. mit einem Katalog von differenzierten motorischen Fertigkeiten erweitert werden, der zu entwickeln ist bzw. möglicherweise der Fachliteratur entnommen werden kann (z.B. ICF, s. Literaturverzeichnis).

Was als Lehrmittel noch fehlt: Dokumentation von Beratungsverläufen, von Entwicklungsverläufen von Minderjährigen oder Erwachsenen in stationären Einrichtungen, Projektberichten u.ä., innerhalb derer die Systemische Denkfigur zur Anwendung gelangt. Hinsichtlich des empirischen Nachweises zur Tauglichkeit der Systemischen Denkfigur besteht eine Lücke mangels Ressourcen im Bereich der Forschung. Mindestens im Rahmen von Diplomarbeiten sollte es möglich sein, die Anwendung der Systemischen Denkfigur in der Praxis exemplarisch zu überprüfen.

4. Übersicht über die Inhalte der folgenden Kapitel

Für Leserinnen und Leser, die Näheres über den konzeptuellen Hintergrund der SDF erfahren möchten – z.B. «Warum sieht die Denkfigur so aus?» – und an weiterführenden Quellen interessiert sind, ist das folgende Kapitel gedacht. Im Kapitel C wird die Systemische Denkfigur (SDF) als Analyseinstrument vorgestellt; die einzelnen Dimensionen zur Analyse eines Individuums werden möglichst praxisnah beschrieben, so dass deutlich werden sollte, worin der Gewinn an Wissen einer mit ihrer Hilfe vorgenommenen systematischen Analyse bestehen kann. Kapitel D führt in allgemeine Merkmale von sozialen Systemen bzw. sozialen Beziehungen ein; die vorher vorgestellte Denkfigur (= Individuum) symbolisiert dabei eine Komponente sozialer Systeme. In Kapitel E werden die Merkmale vorerst formal horizontal strukturierter Austauschbeziehungen beschrieben, deren Analyse sowohl die jeweiligen Interaktionen zwischen den Beteiligten als auch deren individuelle Ausstattungen einschliesst. Kapitel F ist der Analyse von Machtbeziehungen gewidmet, den vertikal strukturierten sozialen Systemen. In Kapitel G folgen Ausführungen zu Werten und Wertproblemen, deren Analyse, ergänzt durch prognostische Begründungen, Grundlagen liefert, um eine Situation allenfalls als für die Soziale Arbeit relevant zu problematisieren. Das Kapitel H illustriert den Nutzen der SDF und einige Anwendungsmöglichkeiten in der Praxis.

B Praxis, Theorie und Modell Sozialer Arbeit

Professionelles Arbeiten verlangt Objektivierbarkeit im Sinne von Begründungen für die Auswahl und Anwendung bestimmter Methoden. Dies gilt auch für die Präsentation der Systemischen Denkfigur (SDF): dieses Kapitel dient dazu, die «Herkunft» und das «Aussehen» der SDF nachvollziehbar zu machen.

Die Entwicklung der SDF für die Praxis Sozialer Arbeit basiert auf Theorien, die es erlauben, ein auf den Gegenstand Sozialer Arbeit bezogenes Bild über Situationen von Individuen und sozialen Systemen zu zeichnen. «Zeichnen» meint hier vorerst «beschreiben»: Der Vorgang des Beschreibens erfordert die Verfügbarkeit von Begriffen als Komponenten von Theorien. Ein professionelles Bild setzt demnach professionelle Begriffe voraus, eine Terminologie, die die Mitglieder dieser Profession teilen (professioneller Code). Dieses Bild über Fakten stellt die Grundlage für jegliches weiterführende zielgerichtete und problemlösende Handeln dar, im so genannten Einzelfall, wie aber auch im Rahmen der gemeinsamen Fallbesprechung oder im Rahmen eines GWA-Projektes. Die Anwendung der SDF unterstützt kognitive Leistungen im Sinne der Strukturierung wirklichkeitstheoretischen (ontologischen) und handlungstheoretischen Wissens.

Der Aufbau dieses Kapitels beginnt mit allgemeinen Hinweisen zur Praxis Sozialer Arbeit; sie erlauben es, sich ein – Leserinnen und Lesern in Ausschnitten wohl bekanntes – Bild über das heterogene «Terrain» zu machen und nachzuvollziehen, weshalb die professionelle Bearbeitung der Problematiken ihrer Adressatinnen und Adressaten nur aufgrund seriöser theoretischer Grundlagen effektiv und effizient sein kann.

Deshalb folgt nach diesem einleitenden Blick auf die Praxis eine Skizze des *Systemtheoretischen Paradigmas der Disziplin und der Profession Sozialer Arbeit (SPSA)*, wie es Obrecht entwickelt hat (2000a+b; 2001; 2005). Dabei handelt es sich um ein *System aufeinander bezogener Theorien*, von denen in der Folge einige kurz skizziert werden. Die Auswahl dieser Theorien bezweckt, sie als «Hintergrund» für die Entwicklung der SDF sichtbar und dadurch plausibel zu machen, weshalb die SDF geeignet ist, diejenigen Fakten einer Lebenssituation zu erfassen, die spezifisch sind für Adressatinnen der Sozialen Arbeit.

In Tab. 1 (S. 71f.) wird eine Zusammenfassung dieses Kapitels präsentiert, die ausgehend von der Praxis die Brücke zu den entsprechenden Theorien schlägt, gestützt darauf ein Modell Sozialer Arbeit zeichnet und dieses der Entwicklung des Arbeitsinstrumentes SDF zugrundelegt.

1. Zur Praxis Sozialer Arbeit in Kürze

Unabhängig von spezifischen Adressatengruppen, Organisationen des Sozial-, Gesundheits-, Justiz- und Bildungswesens oder von spezifischen Problemen, die die heterogene Landschaft der Praxis Sozialer Arbeit mitbestimmen, sei auf einige *allgemeine Gemeinsamkeiten* dieser Praxis hingewiesen. Die Praxis Sozialer Arbeit beschäftigt sich neben oft kurzfristigen praktischen Problemen ihrer Adressatinnen mit andauernden, problematischen Lebensbedingungen von Individuen, Paaren, Familien, von Gruppen von Individuen, von Mitgliedern von Organisationen und Netzwerken. Sie leiden unter sie benachteiligenden ökologischen und strukturellen Verhältnissen, unter geringen Integrationschancen, Existenznöten, unter erfolglosem individuellem Bemühen bzw. Versagen – kurz: sie sind von *verschiedenen Ausprägungen sozialer Probleme* betroffen. In der Sozialen Arbeit ist das Verhältnis zwischen Individuen und sozialen Strukturen oft auf prekäre Weise berührt: Hier wirken die «Verhältnisse» – die ökologischen, strukturellen und kulturellen Lebensbedingungen –

behindernd, dort sind die Individuen aus individuellen Gründen nicht in der Lage, ihre Rechte und Pflichten umfassend und autonom wahrzunehmen. Zum allgemeinen Auftrag Sozialer Arbeit gehört deshalb, die oft bescheidenen *Ressourcen* der Adressatinnen und diejenigen ihres unmittelbaren Umfeldes zu erkennen; Soziale Arbeit aktiviert sie, setzt sie gezielt ein und unterstützt die Adressaten so weit als möglich hinsichtlich ihrer sozialen Integration, die Voraussetzung wie Ergebnis umfassender Bedürfnisbefriedigung ist. Wo die Ressourcen der Klientsysteme nicht ausreichen, erschliesst Soziale Arbeit weitere Ressourcen des privaten und staatlichen Systems sozialer Sicherung. Soziale Arbeit kann darüber hinaus zur Optimierung der strukturellen und kulturellen Bedingungen in der Gesellschaft und ihren sozialen Subsystemen beitragen; die Professionellen können Akteure der Wirtschaft und der Politik und Verwaltung auf allen politischen Stufen auf soziale Probleme und auf die Verletzung von Menschenrechten aufmerksam machen und fachlich begründete Initiativen lancieren (z. B. via Berufsverband).

Ausschnitte der Praxis Sozialer Arbeit können Jahres- und Geschäftsberichten und der Sozialberichterstattung verschiedenster Organisationen des Sozial-, Gesundheits-, Bildungs- und Justizwesens entnommen werden. [1] Je nach Auftrag der Einrichtung oder je nach Adressatinnen stehen bestimmte Probleme bzw. Problembereiche im Vordergrund. In verkürzter Form fasst die folgende Übersicht die Problembereiche Sozialer Arbeit zusammen, wie sie sich praktisch und je nach Typ der Organisation (Sozialdienst, Beratungsstelle für bestimmte Zielgruppen, Heime unterschiedlichen Typs, Gassenarbeit u. a. m.) manifestieren: [2]

- Ökologische [3] Belastungen im Sinne von gesundheitsgefährdenden Immissionen physikalisch-chemischer Art: Lärm (Strassen- und Fluglärm), immissionsreiche Luft (z. B. Asbest), kein oder schmutziges Trinkwasser, feuchte Wohnung; nicht-human-biologische Gefährdungen durch Ratten oder Ungeziefer. – Es fehlen wichtige Infrastruktureinrichtungen: im Gesundheitsbereich (keine Arztpraxis, Spitäler weit weg); im Bildungsbereich (kein Kindergarten; Weiterbildungen sind unter Inkaufnahme langer Anfahrtswege möglich, desgleichen kulturelle Veranstaltungen); es fehlt ein Anschluss an den öffentlichen Verkehr. Kurz: Die Gestaltung der Umwelt ist nicht bedürfnisgerecht;

1
Es wird auf die auszugsweise oder gar vergleichende Darstellung von solchen Berichten verzichtet. Weil die SDF sich grundsätzlich in allen Arbeitsfeldern Sozialer Arbeit verwenden lässt, wird hier Wert auf grösstmögliche Verallgemeinerung möglicher Problembereiche gelegt.

2
Ausführlicher: Staub-Bernasconi, 1995:95f.; Geiser, 1997:37–41.

3
Hier wird «ökologisch» einerseits in einem engen Sinne verstanden, nämlich bezogen auf Eigenschaften der natürlichen Umwelt wie Luft, Wasser, Boden, aber auch Fauna und Flora, andererseits auch in einem weiteren Sinne als gestaltete Umwelt – Infrastruktureinrichtungen, physikalisch-chemische Beschaffenheit der Wohnung und des Arbeitsplatzes u.a.m.

- körperliche Krankheiten bzw. Behinderungen: Solche können – einmal abgesehen vom sie begleitenden Leiden und ihrer psychischen «Verarbeitung» – zu verminderten Beziehungschancen führen, wie zu Abhängigkeiten oder zum Ausschluss aus dem Arbeitsleben und allenfalls zu finanziellen Notlagen. Möglicherweise jedoch auch zu einem «Krankheitsgewinn» in Form von «gesicherten» Beziehungen durch Pflegende;

- psychische Krankheiten bzw. Behinderungen: Auch diese können Ursache oder Folge sozialer Probleme sein, im Sinne der unfreiwilligen Aufgabe der Erwerbstätigkeit und von Interaktionsproblemen in sozialen Beziehungen. Auch in solchen Fällen ist ein «Krankheitsgewinn» denkbar;

- gefährdete soziale Integration oder gar Ausschluss aus sozialen Systemen durch mangelnden Einfluss auf andere, durch diskriminierende Bedingungen für Mitgliedschaften, durch nicht-legitime Abhängigkeiten, als Objekt von Machtmissbrauch, Vorenthalten von Bildung. Solche sozialen Probleme lassen sich dahingehend unterscheiden, ob sie sich vorrangig auf die Interaktionen bzw. die Interaktionsstruktur beziehen und/oder auf die soziale Position bzw. die Positionsstruktur (vgl. Obrecht, 2002a und Kap. B, 2.4.1);

- ökonomische Probleme in Form von fehlendem Grundbedarf, gefährdeter Existenz – oft als sekundäre Probleme: Es handelt sich um die Unmöglichkeit, aufgrund von Interaktions- und/oder Positionsproblemen seine Existenz oder gar das Überleben zu sichern, was die Inanspruchnahme von externen Ressourcen (Sozialversicherungen, Sozialhilfe) erfordert und zu sekundären Abhängigkeiten und sozialer Kontrolle durch machthaltige Instanzen führt (Sozialdienste, Behörden);

- kulturelle Differenzen: z. B. Unkenntnis über soziale Werte und Normen, Fremdsprache, struktureller Analphabetismus, Verfolgung/Diskriminierung aus religiösen und/oder ethnischen Gründen. «Kulturelle Differenzen» werden dann zu sozialen Problemen, wenn sie die strukturelle Position und die Interaktionschancen derjenigen schwächen, die einer anderen Kultur angehören.

Ein Blick auf die obenstehende Darstellung der Praxis zeigt, dass *soziale Probleme den spezifischen Aspekt der Gegenstandsbeschreibung* Sozialer Arbeit ausmachen (vgl. Kap. B 4). Weil sie im Zentrum der Praxis stehen, erfordern sie eine seriöse theoretische Analyse im Sinne ihrer Beschreibung, ihrer Erklärung und ihrer Bewertung. Erst das Verstehen solcher Zustände und Prozesse erlaubt die Wahl der effektivsten und effizientesten Methode zu ihrer Bearbeitung – allenfalls ist die Verbesserung bestehender bzw. die Entwicklung von neuen Methoden (spezielle Handlungstheorien) erforderlich. In diesem Band wird die SDF vorgestellt als ein Verfahren zur *Beschreibung* von Adressatinnen der Sozialen Arbeit. Ein solches Instrument muss nicht nur praxistauglich sein, sondern eine theoretische Begründung in dem Sinne aufweisen, als die Frage: Weshalb wird gerade dieser und jener Aspekt erfasst und beschrieben?, beantwortet werden kann. Den theoretischen «Rückhalt» – vor allem zur Frage, was denn eigentlich soziale Probleme sind – finden wir in Teiltheorien des Systemtheoretischen Paradigmas Sozialer Arbeit.

4
Vgl. Engelke, Borrmann, Spatschek, 2008; Rauschenbach/Züchner, 2002

2. Das Systemtheoretische Paradigma Sozialer Arbeit (SPSA) – Ein umfassender Rahmen für eine Theorie Sozialer Arbeit (Handlungswissenschaft)

2.1 Zum Anlass seiner Entwicklung: Fragmentierung des professionellen Wissens

Soziale Arbeit zeichnet sich nicht nur durch eine heterogene strukturelle Einbettung ihrer Ausbildungen aus – von Fachschulen über Fachhochschulen bis Universitäten. Auch ihre Wissensbestände sind fragmentiert, sie werden in Curricula überwiegend additiv angeboten. Fortbildungsangebote orientieren sich am «Markt» – zu Inhalten der Grundausbildungen bestehen kaum «anschlussfähige», d.h. begrifflich kohärente Beziehungen. Wissenschaftstheoretische Ausrichtungen sind kaum explizit zu identifizieren. Und nicht zuletzt: viele Professionelle Sozialer Arbeit bekunden immer wieder grosse Schwierigkeiten, sagen zu können, was Soziale Arbeit ist. Nicht nur die meisten Curricula, sondern auch das in ihnen vermittelte Wissen weist einen Additivismus auf, ein unverbundenes Neben- und Nacheinander von Erklärungs- und Handlungstheorien. [4] Obrecht listet unterschiedliche Formen der *Fragmentierung sozial-*

arbeiterischen Wissens auf. Diese ist festzustellen (ausführlicher vgl. 2001:12 f.):

a) hinsichtlich der Isolierung der Grundlagendisziplinen je für sich (z. B. Biologie «neben» Psychologie);
b) der Trennung zwischen Handlungslehren (Arbeit mit Einzelnen, Gruppen, Familen, Gemeinwesen) bzw. Methoden;
c) zwischen Grundlagendisziplinen und Handlungslehren bzw. Methoden;
d) zwischen der «paradigmatischen» Fragmentierung innerhalb verschiedener Grundlagendisziplinen (z. B. zwischen Individuum und sozialen Systemen) und der «paradigmatischen» Fragmentierung innerhalb der verschiedenen Handlungslehren;
e) zwischen den theoretischen Orientierungen der Sozialpädagogik und der Sozialarbeit;
f) zwischen Grundausbildung und Weiterbildung (kaum kohärente «Anschlüsse»).

Diesen und weiteren Problemen nehmen sich Silvia Staub-Bernasconi und Werner Obrecht seit Jahrzehnten an. Dabei war und ist die Integration von Wissen nur eines der sie verbindenden Anliegen. Aus ihren Publikationen ist seit mehr als zwanzig Jahren ersichtlich, wie stark die theoretische Vorstellung zum Entstehen bzw. zum Verhindern, Mildern und Lösen von sozialen Problemen stets ein Denken im Rahmen mehrerer wissenschaftlicher Disziplinen implizierte. Insbesondere soziale Probleme verstanden sie nie allein aus soziologischer Perspektive, sowenig sie biologische oder psychische Probleme ohne die positions- und interaktionsbezogenen sozialen Einbindungen der Individuen verstanden. Das verschiedenen Disziplinen entstammende Wissen führten sie im Sinne einer Wissensintegration zusammen: Der Beitrag «Vom additiven zum integrativen Stundenplan» war dabei bereits 1996 wegleitend für das, was mit Wissensintegration auf der Stufe eines Lehrplans gemeint ist (in Engelke 1996:264–293; weitere empfohlene aktuelle und umfassende Literatur zum Problem der Fragmentierung: Obrecht, 2000a, 2001, 2003; Staub-Bernasconi, 2002; Rauschenbach/Züchner, 2002).

Der Anspruch ist hoch, aber seit einigen Jahren zeigt sich deutlich: Es ist möglich, eine *Theorie Sozialer Arbeit als Handlungswissenschaft* (Sozialarbeitswissenschaft) so zu konzipieren, dass sie sich im Sinne einer *eigenständigen Disziplin* weiter entwickeln lässt. Und dies, ohne sich von bestehenden Disziplinen abzusetzen, sondern im Gegenteil: um deren Wissensbestände optimaler zu nutzen und durch Verknüpfung von unterschiedlichen Objekttheorien (insbesondere aus den Disziplinen Biologie, Psychologie, Biopsychologie, Soziologie und Sozialpsychologie), und gleichzeitig unterstützt durch wirklichkeitstheoretisches und erkenntnistheoretisches Wissen, einen beeindruckenden Erkenntnisgewinn zu erzielen. Der Profession wird auf diese Weise ein eigenständiges, wissenschaftlich begründetes Wissen zugänglich. Die Professionellen verbessern ihre kognitiven Kompetenzen und gewinnen an Autonomie, um die praktischen Probleme in der Praxis anzugehen. Diese bisher erfolgreichen Anstrengungen zur Entwicklung einer eigenständigen «Disziplin Soziale Arbeit» machen Diskussionen über eine «fremde» Leitwissenschaft bzw. eine Leitdisziplin Sozialer Arbeit überflüssig.

Obrecht kommt das kaum hoch genug zu schätzende Verdienst zu, im Laufe der letzten Jahre das SPSA entwickelt, d.h. die Teiltheorien fundiert, ausgearbeitet und zueinander in Beziehung gesetzt zu haben. Deshalb werden seine Texte als Hauptquellen der folgenden Ausführungen am häufigsten erwähnt. Das SPSA folgt einer metatheoretischen Ausrichtung, die sich auf folgende wirklichkeits- und erkenntnistheoretischen *Prämissen* bezieht: 1. es gibt eine Welt aus konkreten Dingen, die aus sich selber heraus sind, d. h. unabhängig davon, ob sie jemand wahrnimmt oder an sie denkt, 2. diese Welt ist wenigstens in Teilen und nach und nach erkennbar, 3. das gewonnene Wissen kann kommuniziert werden (Sprache) und 4. Erkennen und Wissen sind konkrete Prozesse bzw. Zustände in der Welt, genauer: in den Gehirnen selbstwissensfähiger Lebewesen. Diese Prämissen führen zu einem Theoriegebäude, das in Form einer Mehrebenenstruktur aufgebaut ist und grundsätzlich jede Handlungswissenschaft auszeichnet. Im übrigen besteht im Rahmen dieses Bandes kein Anspruch, andere Paradigmen vergleichend zu erörtern. **5**

2.2 Zur Struktur einer Handlungswissenschaft «Soziale Arbeit» im Sinne des SPSA

Soziale Arbeit als Handlungswissenschaft (oder Sozialarbeitswissenschaft), eine Konfiguration von Theorien im Sinne einer *mehrstufigen Struktur*, erlaubt es, die genannten und weitere Elemente einer

5
In den Human- und Sozialwissenschaften sind die soziologische Systemtheorie von Niklas Luhmann und der Radikale Konstruktivismus nach von Foerster, von Glasersfeld u. a. stark verbreitet. Einen Überblick über Systemtheorien in der Sozialen Arbeit gibt Hollstein-Brinkmann (1993; 1995). – Heiner stellt (meta-)theoretische Grundlagen dar und diskutiert verschiedene Ansätze; ihre Ausführungen decken sich mit einigen der hier präsentierten (1998:140 f.). – Sahle vergleicht fünf Paradigmen Sozialer Arbeit; darunter befindet sich auch das hier präsentierte, das sie als das am weitesten entwickelte bezeichnet – zusammen mit demjenigen von Thiersch («lebensweltliches Paradigma») (2002). – Eine kurze Übersicht zu Systemtheorien findet sich auch bei Engelke, 2003:397 f. Hollstein-Brinkmann und Staub-Bernasconi haben einen Band herausgegeben, der Beiträge verschiedener AutorInnen zu einem Vergleich verschiedener Systemtheorien enthält (2005).

Wissenschaft der Sozialen Arbeit a) zu unterscheiden und b) aufeinander zu beziehen.

Abb. 2
Mehrstufige Struktur des
Systemtheoretischen
Paradigmas der Sozial-
arbeitswissenschaft
(Obrecht, 2000a:122;
2001:20)

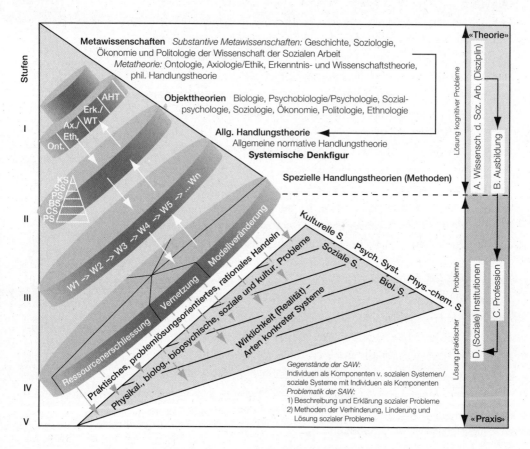

Diese Struktur ist das Ergebnis der Entwicklung der Idee, einen transdisziplinären, integrierten Bezugsrahmen zu schaffen, dem seinerseits integrative Funktionen zukommen: das im SPSA enthaltene Meta-Wissen unterstützt die Verknüpfung unterschiedlichen Wissens. Die Struktur der Handlungswissenschaft «Soziale Arbeit» lässt sich in fünf Stufen differenzieren – sie könnte analog zu ihrem jeweiligen

Gegenstand auch von anderen Handlungswissenschaften übernommen werden. Den Stufen I und III kommen integrative Funktionen zu: Stufe I integriert disziplinäres Wissen verschiedener Objektbereiche; Stufe III verknüpft und sequenziert Wissensformen im Rahmen eines professionellen Problemlösungsprozesses (vgl. Kap. H, S. 290 f.). Auf Stufe III – allgemeine Handlungstheorie – ist denn auch die *Systemische Denkfigur* verortet. «Allgemein» bezieht sich auf Wissen, das nicht einer bestimmten Disziplin zugeordnet ist, sondern der Verknüpfung unterschiedlichen Wissens dient, insbesondere derjenigen disziplinären Wissens in Form von Objekttheorien der Stufe II (für eine ausführlichere und differenziertere Darstellung der Stufen I – V, vgl. Obrecht, 2000a:120–135).

Im Unterkapitel 2.3 beschränken sich die Ausführungen auf ausgewähltes metatheoretisches Wissen des Paradigmas in Form von dichten Zusammenfassungen, jedoch nur soweit, wie sie für die Entwicklung und die praktische Arbeit mit der SDF leitend sind.

2.3 Wirklichkeits- und Erkenntnistheorie (Stufe I des SPSA)

Die oberste Stufe I der Grafik in Abb. 2 verweist auf die metatheoretischen Grundlagen der Sozialarbeitswissenschaft. Zur Erfassung ihres komplexen Gegenstandes bedarf es wissenschaftlicher Theorien bzw. entsprechender Begriffe 1. über Werden, Beschaffenheit und Wandel der Wirklichkeit, zu der wir gehören, und 2. wie wir sie erkennen und weshalb wir in und gegenüber ihr in bestimmter Weise handeln. *Dieses Wissen ist Teil des metatheoretischen Bezugsrahmens des SPSA: es handelt sich um das wirklichkeitstheoretische (ontologische) und um das erkenntnistheoretische (epistemologische) Metawissen.*

Die naturalistische, emergentistische Wirklichkeitstheorie (Ontologie) ist eine wissenschaftliche Antwort auf die philosophische Frage: Was ist Wirklichkeit? (Weltbild, Universum). Sie beschreibt und bildet Hypothesen zur Wirklichkeit als Gesamtheit aller konkreten Dinge, wie sie sich als physikalische, chemische, biologische, psychische und sozialkulturelle Systeme *im Laufe der Evolution herausgebildet haben und aufgrund heutiger Erkenntnis bestehen*: Alle Dinge sind konkrete Systeme [6] oder Komponenten von solchen; sie sind materiell. [7] Systeme gleicher Art bilden *Wirklichkeitsbereiche*

6

Es ist zwischen begrifflichen (Klassifikationen und Theorien), konkreten oder materiellen und symbolischen oder semiotischen Systemen zu unterscheiden. Zum besseren Beschreiben und Erklären der konkreten Systeme – wie Individuen oder soziale Systeme – benötigen wir begriffliche Systeme, nämlich Theorien. Verständigen tun wir uns mittels semiotischer Systeme wie Sprache, Texte oder Diagramme (vgl. Obrecht, 2001:26).

7

Die verbreitete radikal-konstruktivistische Redensart, wir würden uns alle unsere eigene Wirklichkeit schaffen, ist mit dem hier vertretenen Systemismus nicht vereinbar. Dieser vertritt die Auffassung, dass wir *Bilder über die Wirklichkeit* konstruieren (erkenntnistheoretischer Konstruktivismus), nicht die Wirklichkeit als solche (ontologischer Konstruktivismus). Der Systemismus vertritt die Auffassung, dass es eine konkrete Wirklichkeit gibt, auch dann, wenn wir sie nicht wahrnehmen.

oder so genannte *ontologische Niveaus*: der Evolutionsgeschichte entsprechend zuunterst das physikalische, dann das chemische, gefolgt vom biologischen, dieses überführend zum psychischen und – letzteres voraussetzend – zum sozialen und kulturellen. Deshalb kann von einer *multiniveaunalen Ontologie* gesprochen werden (vgl. Abb. 5, S. 88–89).

Die allgemeinste und knappste Definition von «System» lautet wie folgt:

«Ein System ist ein (konkretes) Ding, das

a) aus (konkreten) Komponenten gebildet wird (= Komposition oder Zusammensetzung des Systems), zwischen denen

b) ein Netz von konkreten Beziehungen besteht (= Struktur), durch das die Komponenten untereinander mehr verknüpft sind als mit anderen Dingen (durch Bindungen; KG), so dass sie sich

c) als ein ‹Ganzes› (genauer: ein neues System) von anderen Gebilden abgrenzen, die damit ihre Umwelt bilden» (vgl. Obrecht, 1995:28). [8]

Die Beziehungen zwischen den Komponenten können energetischer, stofflicher, informationeller oder emotionaler Art sein oder eine Kombination davon.

Mahner/Bunge (2000:26f.) postulieren – in weitgehender Übereinstimmung mit obenstehender Definition:

d) «Jedes konkrete Ding ist entweder ein System oder Bestandteil eines Systems.

e) Jedes System (mit Ausnahme des Universums) ist ein Subsystem (oder Komponente; KG) eines anderen Systems.

f) Das Universum ist das System, [9] das jedes andere Ding als Teil enthält.»

Zum Erklären der Prozesse und Eigenschaften – des Werdens, Seins und Vergehens – von bzw. zwischen Systemen interessieren deren *Gesetzmässigkeiten*, d. h. die nicht veränderlichen Beziehungen zwischen den Komponenten der involvierten Systeme; Gesetzmässigkeiten von und zwischen Systemen zu entdecken, ist die wichtigste Aufgabe der Forschung bzw. der Theoriebildung. Beispiele: Welche Gehirnschädigungen führen zu welcher Art von Verlusten an mentalen Prozessen (Zentralnervensystem)? Wie verändert Langzeitarbeits-

8
In Anhang 2 sind die Grundannahmen des hier vertretenen Systemismus eingefügt.

9
Dazu ein Vorbehalt: Das Universum ist nur dann ein System, wenn es eine Grenze hat – ob das so ist, steht buchstäblich noch in den Sternen.

losigkeit das Selbstbild, den Selbstwert und damit das Selbstwertgefühl (System Arbeitsmarkt und System Individuum als potentieller
Arbeitnehmer)? Welche Auswirkungen hat Armut auf die familiäre
Sozialisation von Kindern (Wirtschaftssystem, System sozialer Sicherung, Familiensystem und Individuen)?

Die hier präsentierte Systemtheorie ist, weil sie die Systeme aller
Wirklichkeitsbereiche – physikalisch-chemische, biologische, psychi-
sche, soziale und kulturelle – einschliesst und das entsprechende
Wissen über sie verknüpft, eine *transdisziplinäre Theorie*. Darin liegt
ihr kognitives Potenzial: sie liefert den Code, um Wissen *verschiede-
ner Disziplinen, das die jeweiligen Wirklichkeitsbereiche bzw. deren
Systeme zum Gegenstand haben, zu verknüpfen* (ausführlicher zur
Integrationstheorie, bezogen auf unterschiedliches Wissen, vgl.
Obrecht, 2003).

In Abgrenzung zu anderen Systemtheorien bezeichnet Obrecht diese
Systemtheorie auch als *sozialwissenschaftlichen, sozialarbeitswissenschaftlichen und emergentistischen Systemismus* (2001). [10] Einer
ihrer Schlüsselbegriffe ist Emergenz (deshalb auch die Bezeichnung
«emergentistische Ontologie»). Als emergent werden Eigenschaften
von Systemen bezeichnet, die ihren Komponenten nicht zukommen;
die emergenten Eigenschaften sind das Ergebnis von Interaktionen
zwischen den Komponenten bzw. das Ergebnis der neuen Strukturbildung. Anders ausgedrückt: es handelt sich um eine von den Komponenten unterscheidbare, komplexere Qualität von Systemen – dies
gilt für Individuen wie für soziale Systeme: Die psychischen (oder
präziser) mentalen Prozesse der *Individuen* – etwa Lernen, Wissen,
motorische Fertigkeiten – sind so genannte *emergente Eigenschaften
biologischer Prozesse.* Bezogen auf *soziale Systeme finden wir
emergente Eigenschaften in zweierlei Hinsicht:* Erstens weisen soziale Systeme emergente Eigenschaften auf wie etwa die Struktur-
merkmale *Güterverteilung bzw. Schichtung und Arbeitsteilung (Rollen)*, aber auch Beziehungen und soziale Prozesse *in Form von Kommunikation und Kooperation.* Zweitens erwerben Individuen selbst,
sobald und soweit sie Komponenten sozialer Systeme sind, *emergente oder relationale Eigenschaften wie die entsprechenden sozialen
Rollen und Prestige.* «Relational» bezieht sich auf die Tatsache, dass
diese Eigenschaften Beziehungen in sozialen Systemen voraussetzen. [11]

10

Obrecht stützt seine wissenschaftlichen Arbeiten vor
allem auf Mario Bunge,
geb. 1919, wohnhaft in
Montréal. Bunge ist *Autor* von
mehr als 80 Büchern (ein-
schliesslich Übersetzungen)
und von rund 400 Artikeln
über theoretische Physik,
angewandte Mathematik,
Systemtheorie, Grundlagen
der Physik, Grundlagen der
Soziologie und der Psychologie, der Philosophie der Wissenschaft, Philosophie und
Technologie, Semantik,
Erkenntnistheorie, Wert-
theorie, Ethik, Wissenschafts-
politik usw. Das unter seinen
Büchern herausragendste
Werk dürfte der achtbändige
«Treatise on Basic Philosophy» (1974–1989) sein, mit je
zwei Bänden über Semantik,
Ontologie (s. Literaturverzeichnis), Erkenntnistheorie,
einem Doppelband über
Methodologie, einem Band
über Ethik; neueren Datums
ist u. a. sein Philosophical
Dictionary. In deutscher Sprache erschienen sind Bände
zur Philosophie der Psychologie (mit Ardila), zur Philosophie der Biologie (mit
Mahner), zum Leib-Seele-
Problem, zur Erkenntnis-
theorie und zur wissenschaftlichen Methode. –
Zugang zu weiteren Informationen über Mario Bunge:
www.mcgill.ca/philosophy/
faculty/bunge (17. 12. 2008).

11

Zum Begriff «Eigenschaften»
siehe auch Anhang 1.

Nach der (stets vorläufigen!) Antwort auf die Frage: Was *ist* Wirklichkeit? stellt sich die zweite philosophische Frage: Wie *erkennen* Menschen die Wirklichkeit? [12] Die Antwort liefert die mit der Ontologie bzw. mit der Psychobiologie konsistente *realistische Erkenntnistheorie* (Epistemologie). Erkenntnistheorie hat zwei Ausrichtungen: a) eine beschreibende und erklärende, die die kognitiven Prozesse untersucht, und b) eine normative, die sich mit der Frage nach gutem Wissen und seiner erfolgreichen Gewinnung befasst (normative Erkenntnistheorie oder Wissenschaftstheorie) (vgl. Obrecht, 2001:29 f.). Nach a) gibt es jenseits unserer Alltags-Wahrnehmungen und Gedanken über «die Welt» eine konkrete Wirklichkeit – z. B. die Erkenntnisvorgänge selbst: sie sind ebenso wirklich, ebenso konkret, sie finden in plastischen Nervensystemen des Gehirns statt. Im Sinne von b) ist der Wissenschaftsbegriff des Paradigmas der *ratio-empirische Wissenschaftsbegriff des wissenschaftlichen Realismus*, welcher auch für die Erzeugung des metawissenschaftlichen Wissens massgebend ist (vgl. Vollmer, 2003:49 f.). Mit Hilfe der wissenschaftlichen Methode können die Wirklichkeit bzw. Ausschnitte von ihr beschrieben und das gewonnene Wissen auf Wahrheit hin überprüft werden. [13]

Die beschreibende und erklärende Erkenntnistheorie «betrachtet Erkennen ... als einen spezifischen Vorgang in einem plastischen Nervensystem eines Biosystems; sei es ein tierisches oder ein menschliches.» Die plastischen neuronalen Systeme sind durch Erfahrung modifizierbar (Plastizität). «Der Prozess der Modifikation wird dabei Lernen genannt, sein Ergebnis, die modifizierte (und unbewusst oder bewusst reaktivierbare Struktur, das Wissen des Systems nach dem Lernprozess» (vgl. Obrecht, 2001:31–32, mit Verweis auf Mahner/Bunge, 1997:61 f.). Wissen als Ergebnis des Lernens – gespeichert im Gedächtnis – dient seinerseits dem späteren Lernen, so durch dessen Vergleich mit neuen Erfahrungen; der Erkenntnisapparat ist demnach kein geschlossenes (Sub-)System, sondern grundsätzlich für die Wahrnehmung von Stimuli aus der Umwelt des Individuums offen und z. B. mit Blick auf das psychische Bedürfnis nach Orientierung zwingend auf diese angewiesen. [14]

Erkenntnistheorie untersucht a) verschiedene Arten von Wissen wie etwa wissenschaftliches oder Alltagswissen, Glaube, Überzeugung, aber auch Selbst- und Fremdwissen, Bewusstsein und Selbstbe-

12

Zu dieser Frage sehr lesenswert: Vollmer, G. (2003). Wieso können wir die Welt erkennen? Stuttgart/Leipzig: Hirzel.

13

Zur ontologisch wie erkenntnistheoretischen Auseinandersetzung mit dem Radikalen Konstruktivismus vgl. Obrecht, 1991; Meinefeld, 1995:127 f.: Staub-Bernasconi, 1991; Nüse u. a., 1991; Hollstein-Brinkmann/Staub-Bernasconi, 2005.

14

Zur Biopsychologie von Lernen und Gedächtnis, vgl. Schandry, 2003:506–535; zu «Psychologie ohne Gehirn» vgl. Bunge/Ardila, 1990:133–206.

wusstsein, b) die Mechanismen der Aneignung von Wissen wie Beobachtung, Analyse, Praxis, Intuition u. a., und c) unterschiedliche Wissensformen wie Beschreibung, Bewertung, Erklärung, Prognose, Ziel, Verfahren (vgl. Obrecht, 2001:34); die unter c) aufgeführten Unterscheidungen und ihre logischen Beziehungen untereinander sind für die allgemeine normative Handlungstheorie grundlegend; die wichtigen erkenntnistheoretischen Fragen sind hier formuliert (S. 35).

Sozialarbeiterinnen müssen etwa wissen, wie sie das Wissen ihrer Klienten analysieren, Wissenslücken füllen, Irrtümer korrigieren, Erklärungen kritisch befragen, Selbstbilder zeichnen und allenfalls ergänzen lassen – die *Selbstwissensfähigkeit* kann genutzt und damit die Erzeugung von Selbstbildern gefördert werden, so z. B. in Bezug auf den eigenen Körper, in Bezug auf die Art zu denken und zu handeln, oder hinsichtlich des Bewusstseins über seine soziale Rolle innerhalb eines sozialen Systems.

So ist nicht nur das objektive Wissen über sich (z. B. über äussere Merkmale), sondern auch das subjektive Wissen (z. B. Überzeugungen) ein Faktum, dessen Analyse mit professionellen Verfahren unterstützt werden und ein Mittel der psychischen und sozialen Identitätsbildung sein kann (Bewusstseinsbildung und Modellveränderung, vgl. Kap. H, S. 299 f.). Der professionellen Steuerung kognitiver Prozesse bei den Adressatinnen ist mit Blick auf die sie begleitenden Gefühle Rechnung zu tragen – sie können Motiv sein, bestimmte Aspekte des Selbstbildes zu befragen, oder sie können gerade diesen Erkenntnisprozess behindern.

Zur *Verbindung zwischen den Erkenntnisprozessen (wie laufen sie ab?) und der Ontologie (wo finden sie statt?):* Ergebnisse des Lernens sind modifizierte oder neue neuronale Strukturen im Gehirn = verändertes oder neues Wissen als emergente Eigenschaft. Gemäss der im SPSA integrierten Disziplin Psychobiologie muss man eine Ontologie haben: wenn man über psychische Prozesse spricht, muss man sagen können, was man darunter versteht und wo sie stattfinden.

Die nächsten Unterkapitel stellen in gedrängter Form ausgewählte *Objekttheorien* vor (Stufe II der Abb. 2, S. 42), die a) für das Erklären von sozialen Problemen unabdingbar sind und b) indirekt die

Entstehungsgeschichte des Modells der Systemischen Denkfigur und dessen Anwendung begründen. Zuerst wird die Theorie sozialer Systeme vorgestellt, anschliessend das auf der Psychobiologie basierende Erkenntnis- und Handlungsmodell des Individuums und die mit diesem Modell konsistente Theorie menschlicher Bedürfnisse; als integriertes Ergebnis dieses Wissens wird die Theorie sozialer Probleme präsentiert.

2.4 Ausgewählte Objekttheorien (Stufe II des SPSA)

2.4.1 Theorie sozialer Systeme

Wenn Sie mit Familien arbeiten, im Heim für eine Gruppe von Kindern verantwortlich sind, oder wenn Sie ein Projekt leiten, dann arbeiten Sie in und mit sozialen Systemen und mit den jeweiligen Individuen als Komponenten – auch Sie sind eine Komponente des Systems. Auch Organisationen oder Netzwerke von Freiwilligen, Behörden von Gemeinden, die Gemeinden selbst, die Kantone und die Schweiz, aber auch die EU und die Weltgesellschaft sind soziale Systeme.

Bunge definiert «soziales System» wie folgt (1996:21–23 und 271): «Ein soziales System ist ein konkretes System, das zusammengesetzt ist aus geselligen Tieren, die a) eine gemeinsame Umwelt teilen und die b) auf andere Mitglieder des Systems auf Arten einwirken, die zumindest in einer Hinsicht kooperativ sind. Ein *menschliches Sozialsystem* ist ein System, das gebildet wird aus menschlichen Individuen und ihren Artefakten.»

Unter «soziale Systeme» werden auch Netzwerke gefasst, als besondere Form sozialer Systeme, wie sie Bullinger/Nowak vorstellen (1998); es handelt sich dabei um locker oder verbindlicher strukturierte, durch ihre manchmal nur temporären Interaktionen dennoch nach aussen abgrenzbare soziale Systeme (sie bedürfen keines formellen Entscheidungs- und Kontrollzentrums).

Die Theorie sozialer Systeme vermittelt Wissen über das gesetzmässige Entstehen und Bestehen solcher sozialer Gebilde. *«Gesellschaft»* ist das oberste Niveau einer Struktur, welche soziale Subsysteme (u. a. Familien, Organisationen) mit Individuen als deren Komponenten und das Zentralnervensystem als Steuerungssystem dieser Individuen versteht. Die «Gesellschaft» dirigiert nicht die Individuen (Holismus), Individuen bestimmen auch nicht als Gesamtheit «von unten» die sozialen Systeme (Atomismus). «Gesellschaft» lässt sich ihrerseits *kulturell* differenzieren nach codifiziertem Wissen, Werten und Sprache, *strukturell* nach Güter- und Arbeitsteilung (Status bzw. Schicht, Rollen), Geschlecht, Alter, Stadt/Land, Nationalität. Merkmale der Struktur wie der Kultur von sozialen Systemen liefert das statische Modell sozialer Systeme von Obrecht (dazu konkreter im Kap. D zu sozialen Beziehungen). Entscheidend für soziale Integrationschancen ist die soziale Position in der sozialen Struktur; dieser «strukturelle Ort» ergibt sich aus Bildung, Beschäftigung, Einkommen und Prestige (Statuskonfiguration):

«Jeder dieser Orte ermuntert ein Individuum zur Verfolgung bestimmter Ziele (Rollen, Status) und zu bestimmten Formen des Verhaltens (Normen), während es andere Ziele und Verhaltensweisen geringschätzt oder bei Androhung von Sanktionen verbietet oder aus Mangel an (externen) Ressourcen verunmöglicht. Quelle der Möglichkeit von Sanktionen (Macht) ist die Kontrolle von Situationen und Ressourcen für die Befriedigung menschlicher Bedürfnisse oder von Mitteln ihrer Produktion (Produktionsmittel); Grundformen aller Kontrolle sind die Androhung (oder das Drohen) des Entzugs (Verlusts) von Liebe, Zuneigung und sozialer Mitgliedschaft sowie die Androhung (das Drohen) der Verletzung der physischen Integrität (Gewalt) (...). Jedes individuelle Leben nimmt seinen Ausgang an irgendeinem Ort innerhalb der Struktur irgendeiner Gesellschaft und an einem bestimmten Ort innerhalb des lokalen Ökosystems (von dem die Gesellschaft ein Teil ist) und ist, die Gesundheit des Gehirns vorausgesetzt, ein lebenslanger Lernprozess. Die beiden wichtigsten Prozesse sind dabei die Befriedigung von Bedürfnissen und das Lösen von praktischen Problemen, die sich im Hinblick auf die Schaffung von Situationen und das Herstellen von Ressourcen der Bedürfnisbefriedigung ergeben (...)» (Obrecht, 2001:60–61).

Wie entstehen soziale Systeme? Soziale Systeme entstehen durch Prozesse in Form von *sozialen Interaktionen* zwischen mindestens zwei Individuen, beruhend auf *Bindungen*, die ihrerseits durch Bedürfnisse, in Verbindung mit Selbstwissen und Wissen «über die anderen» motiviert sind (rekursive Prozesse): durch Gefühle, moralische Verpflichtungen in Form von Solidarität und Loyalität, durch vertragliche Verpflichtungen und Ansprüche in Form sozialer Normen u. a. Das Gesamt an sozialen Interaktionen zwischen den «gebundenen» Individuen wird als *Interaktionsstruktur* bezeichnet.

Die *Positionsstruktur* ist das «verfestigte» Ergebnis der Interaktionsstruktur: sie bildet sich ab in Form von Rollen mit Rechten und Pflichten, die sich in Form von Interaktionen mit anderen Komponenten ausdrücken (Prozesse).

Zwecks Stabilisierung des Systems besteht die Notwendigkeit, Interaktionen innerhalb und zwischen sozialen Systemen durch leitende Wertvorstellungen und entsprechende Normen zu regulieren, durch soziale Kontrolle und Sanktionen (z. B. Kommunikationsnormen, Verfahrensvorschriften und Dienstwege in Organisationen). Diese Wertvorstellungen, Ziele und die zu ihrer Realisierung notwendigen expliziten oder impliziten Normen gehören zu den *kulturellen Eigenschaften sozialer Systeme*. Sie werden im Idealfall von den Individuen dann akzeptiert und für legitim erachtet, wenn sie der Befriedigung ihrer Bedürfnisse dienen, wie auch den Zielen des sozialen Systems, deren Mitglieder sie sind. Je eher Individuen aus bestimmten *sozialen Positionen* heraus interagieren – je eher sie die Rollenerwartungen erfüllen –, desto stärker erfährt das System eine Stabilisierung; es besteht demnach ein Zusammenhang zwischen Interaktions- und Positionstruktur (zur Unterscheidung bestimmter Arten von sozialen Systemen, vgl. Kapitel D, 2.2).

Weshalb verändern sich soziale Systeme? Wie alle Systeme wandeln sich auch die sozialen. Der Anlass dazu kann systemintern wie systemextern erfolgen. Veränderte Rollensettings oder nicht rollenkonforme *systeminterne* Prozesse können die Interaktions- und Positionsstruktur verändern. Beispiele: Jugendliche setzen sich gegenüber ihren Eltern mit Drohungen durch, die Eltern sind nicht mehr in der Lage, ihre Rechte als Eltern zu realisieren. Die faktisch «umgekehrte» Positionsstruktur verändert ihrerseits die Interaktionsstruktur, z. B. nehmen machthaltige Handlungen auf beiden Seiten zu, auf gegenseitigen Austausch zielende ab. – Durch *systemexterne* Akteure erfahren soziale Systeme einen Wandel, wenn z. B. in Unternehmen so genannte «Umstrukturierungen» durchgeführt werden, als deren eine

Folge oft die Anzahl der Komponenten (ArbeitnehmerInnen) reduziert wird. Umstrukturieren bedeutet das Etablieren einer anderen Interaktionsstruktur (z. B. Straffung der Produktionsabläufe = soziale Prozesse) und damit der Positionsstrukturen (z. B. weniger hierarchische Niveaus, neue Funktionen für einzelne Positionsinhaber). In solchen Fällen sind die systemexternen Akteure die Konkurrenzbetriebe, die ein Unternehmen zwingen, sich aus Kostengründen anzupassen – als eine Folge der «Globalisierung».

Oft sind es *Konflikte*, dauerhafte und unvereinbare Differenzen zwischen Positionsinhabern, die zum Wandel eines sozialen Systems führen. Obwohl die Positionsstruktur des Betriebes unverändert ist, interagiert der neue Vorgesetzte aufgrund einer «moderneren» kulturellen Orientierung, oder er verändert die Arbeitsteilung (funktionale Differenzierung), was bestehende Positionen auf- oder abwerten kann. Entweder sind die Interaktionspartner lern- und anpassungsfähig, weil sie andernfalls ihre Position bedroht sehen (Motivation!), oder sie reagieren mit Widerstand, bilden Koalitionen (informelle Struktur) und organisieren sich damit machtvoll, so dass die Verantwortlichen zu Entscheidungen gezwungen werden. Diese Entscheidungen lassen grundsätzlich (und abstrakt gedacht) folgende Varianten zu: a) Bestätigung der bisherigen Interaktions- und Positionsstruktur (Machtwort), b) Bestätigung der bisherigen Positionsstruktur und Veränderung der Interaktionsstruktur (Kommunikations- und/ oder Produktionsabläufe bzw. Arbeitsteilung verändern), c) Veränderung sowohl der Positions- wie der Interaktionstruktur (Bildung eines neuen sozialen Systems mit veränderten Zielen, unter Beizug der bisherigen Komponenten).

Je nach Interessen, Kontrolle, Prestige und mit Blick auf «Kosten» oder «Gewinn», die den Akteuren entstehen, können Interaktionen demnach systembildend, -stützend, -verändernd oder -auflösend sein – sie können die Individuen in neue Positionen, an andere Orte in der Struktur der bisherigen oder anderer sozialer Systeme, führen. Solche Vorgänge werden als (freiwillige oder unfreiwillige) *vertikale und horizontale Mobilität* bezeichnet. Die neuen Positionen sind wiederum massgebend für die individuellen Interaktionschancen. In diesem Zusammenhang sei ein erwünschter Zustand, gerade für Adressatinnen Sozialer Arbeit, erwähnt: *soziale Integration*. [15] Darunter können wir diejenige Einbindung von Individuen in soziale

[15]
Obrecht definiert soziale Integration wie folgt: «Ein Individuum ist in eine Globalgesellschaft maximal integriert, wenn es I) einen vollen Mitgliedschaftsstatus hat, II) deren dominante Kultur (Sprache, Bilder, Codes, Werte) kennt, III) eine vollständige und gleichgewichtige Statuskonfiguration auf mindestens mittleren Rängen aufweist, IV) in allen Bereichen der Statuskonfiguration aktive Mitgliedschaften in sozialen Systemen und Netzwerken aufweist, die überwiegend selbstgewählt sind, und schliesslich V), wenn es sich selber als Mitglied der Gesellschaft definiert, d.h. die zentralen Items von VI) für sich als verbindlich akzeptiert» (1999:23). Dazu ergänze ich: Sind diese Bedingungen erfüllt, ist dies gleichbedeutend mit den Möglichkeiten, Bedürfnisse zu befriedigen, insbesondere diejenigen nach Autonomie und sozialer Anerkennung.

Systeme verstehen, die es den ersteren ermöglichen, aufgrund ihrer sozialen Position und konkreten Interaktionen ihre biopsychosozialen Bedürfnisse zu befriedigen – insbesondere dasjenige nach sozialer Anerkennung – , gesund zu sein und Wohlbefinden zu erleben. Zur Integration gehört, dass das Individuum die Werte und Normen, die die Struktur und Kultur des betreffenden sozialen Systems bestimmen, akzeptiert und sich einbinden lässt. Streit verwendet dafür die Metapher «individuelle Einbindung» («Sozialintegration»). [16] Damit sind *die emergenten Eigenschaften der Individuen angesprochen, die sie durch Mitgliedschaften erwerben:* a) Rollen-Status in den Statussubsystemen der Gesellschaften, deren Mitglieder sie sind («Systemintegration»): Bildung, Beschäftigung und Einkommen bestimmen in modernen Gesellschaften die sozialen *Integrationschancen* und *Ausschlussrisiken*; b) in den Kognitionen [17] und Handlungen der Individuen spiegelt sich die Wahrnehmung ihrer Rollen in Form von Rechten und Pflichten (vgl. Obrecht, 2000a:129).

2.4.2 Das Psychobiologische Erkenntnis- und Handlungsmodell des Menschen (PsybiEHM)

Während Sie Klientinnen beraten, machen Sie sich ein Bild von ihnen, erkennen, wie sie über gewisse Ereignisse denken, was für sie gut ist und was zu ihrem Nachteil gereicht, welche Emotionen die Schilderungen begleiten und welche Gefühle sie verbalisieren. Sie versuchen, die Erklärungen zu bestimmten Ereignissen nachzuvollziehen, ihre Wünsche, Handlungen und Unterlassungen zu verstehen. Während Sie dies tun, laufen in Ihrem Organismus, insbesondere in Ihrem Gehirn, komplexe, miteinander gekoppelte Prozesse ab. Erzählt eine Klientin über wiederholte, sie belastende Ereignisse, suchen Sie in ihrem Wissensbestand nach Erklärungen und entwerfen mögliche Zukunftsbilder (Hypothesen und Prognosen als Ergebnisse kognitiver Prozesse) und kommen zum vorsichtigen Schluss, dass eine Fortdauer der Situation kaum zumutbar ist – es handelt sich wahrscheinlich um ein soziales Problem (Problem als Ergebnis einer Bewertung, diese ist ihrerseits das Ergebnis eines kognitiv-affektiven Prozesses). Angesichts der Schilderungen durch die Klientin steigt Ihr Blutdruck, Ihre Stimme wird lauter, sie verändern Ihre Körperhaltung: die Schilderung löst bei Ihnen Emotionen aus. Indem Sie sich Ihrer körperlichen Reaktionen bewusst werden (kognitiver Prozess), fühlen Sie diese Emotionen: Sie erleben ein Gefühl der

[16]
Vgl. Streit, 1994:104–108.

[17]
Hier stehen soziale Einstellungen im Vordergrund, die als Ergebnis kognitiver Verarbeitungsprozesse über soziale Informationen verstanden werden können (vgl. Abele/Gendolla, 1997:579f.).

Abscheu – und vermögen bewusst zu kontrollieren, dass Sie Gefahr laufen, die abwesende Person, über deren Verhalten die Klientin berichtet hat, zu verurteilen (kognitiver Prozess inbezug auf Ihr Erleben, mit Zugriff auf eine berufsethische Norm, die ein Aspekt Ihres Professionswissens ist). Das Wissen um die Situation und diese Gefühle sind es, die zu Ihrer Motivation führen, zielgerichtet und problemlösend zu handeln. Ihr eigenes Bild über die Situation, deren Bewertung und die dadurch ausgelösten Gefühle nehmen Sie wahr, weil sie selbstwissensfähig sind.

Psychobiologen (die Disziplin wird auch Biopsychologie oder Biologische Psychologie genannt) erarbeiten das Wissen zur Beschreibung und Erklärung biologischer Zustände und Prozesse, die sie als identisch mit psychischen Funktionen verstehen (emergente Eigenschaften). Auf diesen Grundlagen hat Obrecht das PsybiEHM entwickelt; es steht für ein (natur-)wissenschaftliches Menschenbild *(model of man)*. Dem Gehirn kommen die entscheidenden Funktionen zu, nämlich – in kürzester Form zusammengefasst – (vgl. Obrecht, 2000a:128–129):

g) Es registriert Bedürfnisse, denen zufolge Motivation erzeugt wird, als Absicht zum Handeln;
h) es ist zu Kognitionen fähig, die zwischen Selbst- und Umweltbild eine Beziehung herstellen, Orientierung erzeugen hinsichtlich Raum und Zeit, Möglichkeiten zur Bedürfnisbefriedigung erkennen und auf diese Weise Motivation erzeugen,
i) es steuert das zielgerichtete, problemlösende (und bedürfnisbefriedigende) Handeln.

Das PsybiEHM verweist auf diesen *Zusammenhang zwischen Wissen, Werten, Affekten, Motivation* [18] *und Handeln*. Es schliesst Antworten ein auf die Frage, wie Denken und Wissen durch den sozialstrukturellen und -kulturellen Kontext beeinflusst werden, in dem Menschen leben («internes Modell»: kulturelle Codes und Bilder, [19] Werte als eine Teilmenge psychischer Prozesse).

Das Modell verweist auf die evolutionsgeschichtlich jüngeren und älteren Gehirnfunktionen und beschreibt, was *Gehirnfunktionen* sind und wie sie evolutionsgeschichtlich unterschieden werden; sie lassen sich als «niedere, ältere oder elementare Funktionen» von

18
Zimbardo macht folgende Anmerkung zum Begriff der «Motivation»: «Trieb» (drive) wird in der Psychologie gewöhnlich gebraucht, um eine Handlungsmotivation auszudrücken, die, wie etwa beim Hunger, primär biologische Voraussetzungen hat, Motiv hingegen soll auf psychologisch und sozial bedingte Handlungsverursachung hinweisen (1995⁴:407 f.).

19
Unter *Bildern* werden hier Repräsentationen der konkreten Wirklichkeit bezeichnet. «Solche Bilder sind Erzeugnisse des Gehirns auf der Basis der sensorischen Erregungen und dem durch Lernen erworbenen begrifflichen Apparat (Code) im Sinne eines Mittels der Analyse von sensorischen Erregungsmustern» (vgl. Obrecht, 1996a:134 f.). – *Codes* dienen dazu, diese Bilder zu erzeugen, sie werden deshalb auch «kognitive» oder «kulturelle Codes» genannt. Vereinfacht gesagt handelt es sich um Theorien, die uns helfen, Zustände und Prozesse zu deuten – je nach Qualität des Code mehr oder weniger zutreffend zu *erklären* (Alltags- oder wissenschaftliche Erklärungstheorien). Der Zusammenhang zwischen Bildern und Code besteht demnach darin, dass sich je nach Code andere Bildeigenschaften ergeben; Bilder können etwa «wahr» oder «falsch» sein, «vollständig» oder «unvollständig», sie können «oberflächlich» sein (Phäno- oder ikonisches Bild), oder in ihrer Tiefenstruktur und Dynamik sichtbar   ›

53

› gemacht werden (konzep-
tuelles Bild durch Beschreibung von Relationen und/oder
Mechanismen zwischen Fak-
ten). Dazu zwei Illustrationen:
a) Ein ikonisches Bild
«Schweiz» kann die Form
einer Landkarte aufweisen.
Phänomene wie Berge, Täler,
Wälder, Flüsse, Orte, Strassen
u.a. sind die begrifflichen Codes, aus denen das indirekte
Bild «Landkarte Schweiz» gezeichnet wird. Eine direktes
Phänobild wäre eine Satelli-
tenaufnahme der Schweiz;
b) «Schweiz» mit einem konzeptuellen, einem politologisch-
soziologischen Code: das Bild
besteht u.a. aus den Begriffen
Demokratie, Föderalismus,
Reichtum, multikulturelle Gesellschaft u.a.m. – Die Frage
«Was-ist-(nicht)-gut?» dient
dazu, die beschriebenen Fakten (Bilder) zu bewerten –
z.B. als problematisch oder
ressourcenhaltig (zu Bewertungen im Rahmen der Prob-
lem- und Ressourcenanalyse,
siehe Kapitel H).

«höheren bzw. jüngeren Funktionen» unterscheiden (vgl. Bunge, 1990:250–329).

Die Hauptaussagen des PsybiEHM als *ein Akteurmodell des Individuums* sind zusammengefasst folgende: Menschen sichern ihr Überleben und ihre Reproduktion dadurch, dass sie fortwährend möglichst zutreffende Bilder über sich und ihre Umwelt erzeugen, diese bewerten, daraus Folgerungen ziehen, und danach zu handeln versuchen. Das Zentralnervensystem «verarbeitet» – dem Individuum teils bewusst, teils nicht bewusst – Informationen (Stimuli) verschiedenster Art. Um diese Prozesse zu erklären, sind nicht nur die neuronalen Prozesse (Signaltransport über Nerven), sondern auch solche chemischer Natur (Signaltransport via Blutbahnen) zu berücksichtigen, ebenso die Prozesse und Zustände des Bewegungsapparates und der inneren Organe (vgl. Damasio, 2003:78 f.).

Das Modell kann hinsichtlich der Unterscheidung von affektiven, kognitiven und motorischen Funktionen in starker Vereinfachung wie folgt beschrieben werden (vgl. Abb. 5, S. 88–89):

· Aus der physikalisch-chemischen, biologischen und sozialen *Umwelt* und aus dem *Körper* treffen Reize (Stimuli) auf die
· *Rezeptoren* als «Eintrittspforten» *des peripheren bzw. des autonomen (oder vegetativen) Nervensystems*, von dort werden die Reize durch sensorische Bahnen zum *Zentralnervensystem* geleitet;
· im assoziativen Bereich des *Zentralnervensystems* werden Erfahrungen und Wissen (kulturelle Codes, Bilder, Werte als Teilmenge psychischer Funktionen = «internes Modell») gespeichert (Gedächtnis) und durch Lernen ergänzt und verändert. Wahrgenommene Reize werden codiert; das Ergebnis der Codierung sind Selbst- und Umweltbilder (inkl. Körperbild). Je nach affektiver Besetzung der Vergangenheits-, Gegenwarts- oder Zukunftsbilder (Repräsentationen von Ereignissen bzw. psychische Zustände) und im Zusammenspiel mit *Kognitionen* (Wahrnehmung, Vorstellungsvermögen, Denken, Sprache und Begriffsbildung), *Bedürfnissen* (Werte!) und *Affekten* (Triebe, Emotionen, Gefühle) werden *Motivationen* unterschiedlicher Qualität und Intensität erzeugt (psychische Prozesse);

· Motivationen und handlungsbezogene Entscheidungen lösen das neuronale «Feuern» im *psychomotorischen Bereich des peripheren Nervensystems (Effektoren)* aus: sie steuern das äussere Verhalten des Organismus. Verhalten und absichtliches Handeln finden ihren sichtbaren Ausdruck etwa in motorischen Aktivitäten wie Gehen, Körperbewegungen und -haltung, im Sprechen, in der Mimik und Gestik, u. a. m. So werden *Bewegungen* dem Körper «zurückgemeldet», was dem Organismus erlaubt, permanent ein Bild über seine Körperhaltung und allenfalls notwendige «Korrekturen» zu erzeugen – diese Signale lösen einen neuen, hier beschriebenen Prozess aus.

Die hier beschriebenen und weitere Bereiche des Zentralnervensystems, des peripheren und des autonomen Nervensystems sind mit dem endokrinen System verknüpft (Stoffwechsel bzw. Transport von chemischen Signalen via Blutkreislauf); Nerven- und endokrines System interagieren und bilden so ein psychobiologisches Supersystem. Damit sei nochmals auf das ontologische Faktum der *Emergenz* hingewiesen: Psychische Prozesse sind mit biologischen identisch und deshalb sind sie *konkret*; diese Feststellung ist als «psychobiologische Identitätshypothese» bekannt. [20]

Über die vorstehende Skizze hinaus ist dieser Band nicht der Ort, Gehirnanatomie und -physiologie und die biopsychischen Prozesse ausführlich darzustellen; im übrigen masst sich der Autor auch nicht an, diese äusserst komplexe Materie bis in ihre Einzelheiten zu beherrschen. Interessierte seien auf die reichlich vorhandene Literatur verwiesen. [21] Eine zeitgemässe, wissenschaftlich fundierte Psychologie kommt nicht ohne dieses faszinierende Wissen aus.

2.4.3 Umrisse einer biopsychosozialen Theorie menschlicher Bedürfnisse

Individuen als biopsychische Systeme zu begreifen führt zur ontologischen Hypothese, dass Bedürfnisse *Zustände und Prozesse des biopsychischen Systems «Mensch» sind, die als Ungleichgewichte, als Spannungen erlebt werden.* So gesehen sind Bedürfnisse Indikatoren für biologische, psychische und soziale Werte (= Soll-Zustände): sie zeigen Abweichungen von diesen Werten an, die der Organismus als problematisch «deutet» (Übersicht zum Katalog der

20

Vgl. Bunge, 1990:17–25; auch 250 f.

21

Als informative Lektüre zur Psychobiologie sei ·der Band von Bunge/Ardila, Philosophie der Psychologie (1990) und diejenigen von Damasio, Ich fühle, also bin ich (2002) und Der Spinoza-Effekt (2003), empfohlen. Weitere Publikationen: Zimbardo, 1995⁶; Pinel, 1997; Krech/Crutchfield, 1992; Birbaumer/Schmidt, 1996³; Ledoux, 2003 (vor allem zu Emotionen); Roth, 2003; Schandry, 2003. – Ebenfalls anregend zu lesen ist das Reclam-Bändchen von Gerhard Vollmer. Biophilosophie (Stuttgart, 1995); in gut verständlichen Beiträgen findet man hier Ausführungen zu den biologischen Grundlagen der Evolutionären Erkenntnistheorie.

Bedürfnisse siehe Anhang 7). [22] Bedürfnis- bzw. Wunschbefriedigung ihrer Adressaten ist deshalb zentral für die Soziale Arbeit, weil sie sowohl Ursache für (vordergründig!) individuelle Probleme als auch für deren Lösung sein kann. Bedürfnisse weisen je unterschiedliche «Elastizitäten» auf. Das Mass der Aufschiebbarkeit bzw. Unaufschiebbarkeit ihrer Befriedigung (z. B. Nahrungs- und Flüssigkeitsaufnahme) macht befriedigungsrelevante Ressourcen – aber nicht nur sie – zu Quellen von Macht. *Auswirkungen nicht legitimer Machtverhältnisse und fehlender oder willkürlicher Realisierung von Wertvorstellungen frustrieren Bedürfnisse und sind gleichbedeutend mit sozialen Problemen.* Deshalb – dies ergibt sich konsequenterweise aufgrund des Systemismus – ist die Verletzung von *Menschen- und Grundrechten* Thema professionellen Handelns in der Sozialen Arbeit (vgl. Staub-Bernasconi, 2003:17–54). In Kenntnis der erwähnten Hypothesen der Bedürfnistheorie kann postuliert werden, was im weitesten Sinne eine *Funktion menschlichen Verhaltens und Handelns* ist: Spannungen (Ungleichgewichte) abzubauen und das Bestreben, Kontrolle und Einfluss über Güter und das soziale Handeln in bestimmten sozialen Kontexten zu bewahren oder wieder zu erlangen (vorübergehendes Gleichgewicht). Spätestens an dieser Stelle wird der *Zusammenhang zwischen sozialen Problemen und sozialen Bedürfnissen offenkundig*: Eine mindestens hinsichtlich aller Statuslinien mittlere soziale Position und möglichst frei gewählte soziale Mitgliedschaften ermöglichen idealerweise die Befriedigung der biopsychosozialen Bedürfnisse, nämlich die (Soll-)Werte des Organismus zu gewährleisten.

Die Bedürfnistheorie stellt eine Art «Scharnier» dar, indem sie drei Systeme verbindet: a) das Zentralnervensystem als Steuerungssystem des b) biopsychischen Systems «Individuum» als Komponente von c) sozialen Systemen. Oder anders formuliert: Individuen, ausgestattet mit einem Zentralnervensystem (biologisches Niveau), müssen, um sich wohl zu befinden und gesund zu bleiben, ihre Bedürfnisse befriedigen; dazu sind sie auf Selbstwissen und Wissen über die Welt, insbesondere über andere Menschen angewiesen (biopsychisches Niveau); dieses Wissen erwerben sie unter anderem als Mitglieder von sozialen Systemen (biopsychosoziales Niveau). Umgekehrt müssen soziale Systeme so beschaffen sein, dass sie der sozialen, kulturellen, psychischen und biologischen Bedürfnisbefriedigung der Individuen dienen. Je nach sozialer Position

22

Obrecht unterscheidet biologische, biopsychische und biopsychosoziale Bedürfnisse als Präferenzen des Organismus; Wünsche bzw. entsprechende Ziele hingegen sind das individuelle Ergebnis der unter bestimmten strukturellen und kulturellen Bedingungen erworbenen, affektiv besetzten Bilder über erstrebenswerte individuelle und soziale Zustände, Aktivitäten und Güter – sind also bewusst (1996b:142 f.; 1998; 2008).

und sozialer Integration bestimmen Individuen über die Angemessenheit sozialer Normen mit, die erforderlich sind, um diejenigen Werte immer wieder von Neuem zu realisieren, die das soziale System wie seine Mitglieder stabilisieren. Gelingt ihnen das über längere Zeit nicht, beginnen sie unter *sozialen Problemen* zu leiden (vgl. Kap. G, S. 251 f.).

Fazit: Um menschliches Handeln zu erklären, bedarf es einer mehrniveaunalen Ontologie und deshalb mindestens der Erklärungstheorien aus den Disziplinen Biologie, Psychologie, Psychobiologie, Soziologie und Sozialpsychologie: Man muss eine Vorstellung *vom Gehirn und seinen Funktionen* haben (Bilder, Codes, Bedürfnisse und Fertigkeiten), ein *Akteurmodell im Sinne des PsybiEHM* (Selbst- und Gesellschaftsbilder, Bedürfnisse und Fertigkeiten) und diese in Zusammenhang bringen mit einem *Modell der Gesellschaft* mit Akteuren, die ihrerseits Gesellschaftsmodelle, Bedürfnisse und Fertigkeiten aufweisen (vgl. Obrecht, 2001:48).

23
Zum Problembegriff allgemein, siehe Anhang 1, S. 337.

Nachdem nicht-sozialarbeitsspezifische Theorien des Systemtheoretischen Paradigmas Sozialer Arbeit (SPSA) präsentiert worden sind, wenden wir uns einer weiteren Theorie des SPSA zu, die es erlaubt, den *spezifischen Aspekt des Gegenstandes Sozialer Arbeit besser zu verstehen: soziale Probleme.*

2.4.4 Was sind soziale Probleme? (Stufe V des SPSA)

Der Grossbetrieb strukturiert um und entlässt nach über 30 Dienstjahren den 55-jährigen Angestellten. Dieser sieht sich seiner sozialen Rolle als Arbeitnehmer beraubt, findet keine Beschäftigung mehr, wird zu einem Langzeitarbeitslosen, nach Aussteuerung aus der Arbeitslosenversicherung wird er Sozialhilfeempfänger: er erlebt *Positionsprobleme.* Damit verbunden – und als Alleinstehender – verliert er Kontakte zu seinen ehemaligen Arbeitskollegen, hat zudem eher die Tendenz, zu Hause zu sitzen und sich den unangenehmen Fragen der Bekannten zu entziehen: Er verliert Beziehungen und erlebt *Interaktionsprobleme.* Alle Menschen leiden zeitweise unter sozialen Problemen; soziale Probleme zu haben ist kein «Privileg» von AdressatInnen der Sozialen Arbeit. Dennoch: Gäbe es keine sozialen Probleme, [23] es gäbe keine Soziale Arbeit. Von sozialen Problemen ist in der Sozialen Arbeit oft die Rede, für viele ihrer professionellen Akteure zu oft – die verbreitet zitierte «Ressourcen-orientierung» soll dazu offenbar einen Ausgleich schaffen. [24]

Was sind *Probleme*? Ganz allgemein verstehen wir unter einem Problem eine andauernde *Abweichung von einem Wert* (vgl. Ausführungen zur Bedürfnistheorie). Probleme können nach den ontologischen Niveaus (Wirklichkeitsbereiche) klassifiziert werden, so etwa a) *physikalische* Probleme wie Nässe, Kälte, b) *chemische Probleme* wie z. B. schmutziges Trinkwasser, c) *nicht-humanbiologische Probleme* wie etwa Ungeziefer in der Wohnung, d) *biologische* Probleme wie körperliche Behinderung, Krankheit, e) bio*psychische* Probleme wie depressive Verstimmungen, Konzentrationsschwierigkeiten, f) bio-psycho*soziale* Probleme wie unfreiwilliges Alleinleben, Stigmatisierung bzw. sozialer Ausschluss aufgrund einer Straftat, Beziehungsverlust, sowie g) *kulturelle* Probleme wie fehlende Sprachkenntnisse, Unkenntnis der Sitten und Gebräuche.

Der Begriff *«soziale Probleme»* nimmt in den Arbeiten von Staub-Bernasconi und in denjenigen von Obrecht zum SPSA eine zentrale Stellung ein; er repräsentiert das Spezifische der Gegenstandsbestimmung Sozialer Arbeit (Stufe V der Abb. 2, S. 42). Dieser Auffassung nach *sind soziale Probleme primärer Ausdruck einer mangelhaften Einbindung von Individuen in sozialen Systemen, in der Form, dass für die Individuen praktische Probleme entstehen, ihre legitimen sozialen Rollen bzw. ihre Rechte und Pflichten wahrzunehmen.* Die praktischen Probleme manifestieren sich in der Unmöglichkeit, die Diskrepanz zwischen Ist und Soll mit eigenen Ressourcen zu beheben. Der Zugang zu bedürfnisrelevanten Ressourcen einerseits und die Einflussnahme auf die Positions- und Interaktionsstruktur von sozialen Beziehungen andererseits gelingt nicht; verlässliche soziale Beziehungen sind jedoch unentbehrlich zur Befriedigung von sozialen Bedürfnissen. Unter sozialen Problemen über längere Zeit zu leiden bedeutet, dass diese Menschen über geringe soziale Integrationschancen verfügen – oder solche bestehen überhaupt nicht: Unter Umständen bleiben sie von wichtigen Mitgliedschaften dauerhaft ausgeschlossen (soziale Peripherie). [25] «Soziale Probleme sind dabei eine von drei Klassen praktischer Probleme; die Unfähigkeit des Individuums, seine sozialen Probleme zu lösen, führt zu schweren biopsychischen und biologischen Störungen, die sein Problemlösungsvermögen weiter reduzieren (...)» (vgl. Obrecht, 2001:61). Auf

24

Oft nehmen Fachleute aus der Sozialen Arbeit in Anspruch, sie arbeiteten nicht problem- oder defizitorientiert, sondern «ressourcenorientiert» oder «lösungsorientiert»; Ressourcen benötigen sie, um Probleme zu bearbeiten, zu «lösen» gilt es Probleme. Wenn hier Probleme behandelt werden, so deshalb, weil nur sie jeweils Anlass für die Zuständigkeit von Organisationen Sozialer Arbeit bilden; ohne Probleme – in Form von «Defiziten» oder «Überschüssen» – wird kaum jemand die Dienstleistungen Sozialer Arbeit beanspruchen. Dass aufgrund der Problembestimmung gezielt nach systeminternen Ressourcen gesucht wird und dass sich Soziale Arbeit mit Problemlösung beschäftigt, sollte selbstverständlich sein.

25

Vgl. Stallberg/Springer, 1983; Bellebaum, 1984; Sidler, 1989; Franke/Sander-Franke, 1998; Staub-Bernasconi, 1998.

ein Weiteres ist an dieser Stelle hinzuweisen: viele physische und psychische Probleme können zu sozialen Problemen führen, umgekehrt können soziale Probleme biologische und/oder psychische zur Folge haben. [26] Kurz: sozialen Problemen kann, muss jedoch kein «sozialer Anlass» zugrundeliegen.

Soziale Probleme können wie folgt differenziert werden (in Anlehnung an Obrecht, 2002:15):

a) Probleme in Bezug auf *soziale Interaktionen*

- Unfreiwilliges Alleinsein, fehlende Mitgliedschaften, letztlich soziale Isolation: nicht erfüllt ist das Bedürfnis nach Beziehungen und Austausch.

- Gebundensein in letztlich belastenden Pflichtbeziehungen wie z.B. starke Familienbindungen, Nicht-Ablösungen von Eltern oder früheren PartnerInnen – solche Beziehungen nicht beeinflussen zu können: nicht erfüllt ist das Bedürfnis nach Autonomie.

- Sozialer Ausschluss aufgrund von kulturellen Differenzen, mangels Sprachkenntnissen, wegen fehlender Orientierung über Gemeinwesen bzw. Institutionen u.a. – im Extremfall Diskriminierung aufgrund von Alter, Geschlecht, Hautfarbe: nicht erfüllt ist das Bedürfnis nach sozial(kulturell)er Zugehörigkeit/Mitgliedschaft.

- Ungerechte – auf Dauer einseitige bzw. ungleichwertige – Tauschbeziehungen im privaten und/oder beruflichen Bereich («Ausgenutztwerden», Privilegierung anderer): nicht erfüllt ist das Bedürfnis nach (Tausch-)Gerechtigkeit.

b) Probleme in Bezug auf die *soziale Position:*

- Unmöglichkeit, Einfluss auf den Zugang zu Ressourcen zu nehmen, die für die Bedürfnisbefriedigung unerlässlich sind – z.B. Ohnmacht gegenüber illegitimer Macht (absolute Armut ohne Rechtsanspruch auf Hilfe): nicht erfüllt ist das Bedürfnis nach Kompetenz und Kontrolle inbezug auf soziale Kontexte.

26
Zum Thema «soziale Probleme» sehr zu empfehlen: Staub-Bernasconi, 2002:245–258; 2007:180 f.

- Tiefer Status (z. B. ungenügende Bildung, keine Beschäftigung, kein aufgrund eigener Leistung erzieltes Einkommen), Statusunvollständigkeit (z. B.: wohl gute Bildung, aber keine Beschäftigung und deshalb auf Sozialhilfe angewiesen) und Statusungleichgewicht (z. B.: Beschäftigung und Einkommen entsprechen nicht dem Bildungsstatus): nicht erfüllt ist das Bedürfnis nach Zugehörigkeit/Mitgliedschaft.

- Fremdbestimmung (Heteronomie) wie Sklaverei, aber auch durch künstliche Verknappung lebensnotwendiger Güter oder durch Drohung und Gewalt: nicht erfüllt ist das Bedürfnis nach Autonomie.

- Soziale Deklassierung, dauerhaft fehlende soziale Anerkennung – allenfalls soziale Verachtung (möglicherweise aufgrund kultureller Merkmale): nicht erfüllt ist das Bedürfnis nach sozialer Anerkennung.

Das folgende Zitat fasst zusammen, was ein soziales Problem ist:

«… ist ein soziales Problem in der Sicht des Systemischen Paradigmas der Sozialen Arbeit a) ein praktisches Problem, das b) ein sozialer Akteur c) mit seiner interaktiven Einbindung und Position (Rollen-Status) in die sozialen Systeme hat, deren Mitglied er faktisch ist. Ein solches Problem äussert sich als Spannungszustand (= Bedürfnis) innerhalb des Nervensystems als Folge des Auseinanderfallens zwischen einem im Organismus registrierten Istwert in Form des Bildes oder internen Modells des Individuums in seiner Situation und einem organismisch repräsentierten Sollwert (Bedürfnisbefriedigung) …». Dieser Spannungszustand kann «… mit den verfügbaren internen (Motivation, Wissen und Können) und externen Ressourcen (vorderhand oder endgültig) nicht reduziert werden …» (vgl. Obrecht, 2000a:129).

Diese bedürfnistheoretische Definition zeigt auf, dass soziale Probleme ohne die biologischen, psychischen und sozialen Merkmale der Individuen einerseits und durch *Analyse der strukturell übergeordneten sozialen Systeme* andererseits – allenfalls erweitert um die Analyse der ökologischen Umgebung (physikalisch-chemische und nicht-humanbiologische Systeme) – nicht erklärt werden können. [27] Die Beachtung dieses Kontextes ist eine Folge der Bildung bzw. des

27
Obrecht weist darauf hin, dass die Theorie sozialer Probleme folgende Begriffe impliziert: 1. Praktisches und kognitives Problem; 2. soziales Problem; 3. soziales System und soziale Struktur als emergente Eigenschaft sozialer Systeme und 4. Position von Individuen innerhalb sozialer Systeme als emergente Eigenschaft von Individuen (2002:29).

Funktionierens sozialer Systeme überhaupt: diese entstehen und bestehen nicht ohne Individuen mit ihren Körpern und Psychen und insbesondere nicht ohne deren Handlungen. Und diese Handlungen wiederum sind mitbestimmt durch die jeweilige Struktur der sozialen Systeme bzw. durch die soziale Position der handelnden Individuen, die sich auch an den expliziten oder impliziten Interaktionsregeln orientieren (soziale Normen).

So können wir soziale Probleme abstrahierend als Struktur-Akteur-Struktur-Probleme verstehen – sie betreffen sowohl a) die Beschaffenheit der sozialen Systeme wie diejenige ihrer Komponenten und b) die Prozesse zwischen den Systemen unterschiedlichen Niveaus. Will man die Mechanismen (Gesetzmässigkeiten) zwischen Systemen und übergeordneten bzw. untergeordneten Systemen erklären, bedarf es jeweils so genannter mehrniveaunaler, d.h. transdisziplinär verknüpfter Theorien aus Einzeldisziplinen. Zur Erklärung von Prozessen zwischen Mikro- und Mesosystemen z.B. Theorien zur Beziehung zwischen Familienmitgliedern und der gesamten Familie (aus Psychologie, Familiensoziologie, Sozialpsychologie), zur Erklärung von Prozessen zwischen Meso- und Makrosystemen z.B. Theorien zur Beziehung zwischen Familie und öffentlicher Schule (aus Familiensoziologie, Organisationssoziologie)(zu Erklärungen des Verhältnisses zwischen Mikro- und Makrosystemen vgl. auch Obrecht, 2001:43–47).

Soziale Probleme zu erklären erfordert mindestens Wissen aus den bis hierher präsentierten Theorien: die Theorie sozialer Systeme, insofern, als sie den Zusammenhang zwischen Positions- und Interaktionsstrukturen aufzeigt, eingeschlossen individuelle Voraussetzungen für Mitgliedschaften bzw. Effekte von Mitgliedschaften (emergente Eigenschaften). Der Zugriff auf das Psychobiologische Erkenntnis- und Handlungsmodell des Individuums, verbunden mit der Biopsychosozialen Theorie menschlicher Bedürfnisse, lässt besser erkennen, welches die individuellen Bedingungen sind, die Individuen in sozialen Systemen adäquat handeln lassen (Stichworte sind Rollen-Status und Rollenwahrnehmung, psychische Struktur, soziale Kompetenz) – oder wodurch sie von Mitgliedschaften in sozialen Systemen ausgeschlossen bleiben. Diese theoretischen Zugänge erschliessen *Wissen, um Gesetzmässigkeiten der Prozesse zwischen Individuen und sozialen Systemen zu erklären* bzw. zu verstehen. – Im Übrigen werden Fragen zum Verhältnis zwischen sozialen Systemen und Individuen im Zusammenhang mit dem *Thema der sozialen Ungleichheit* untersucht. **28** Die Analyse sozialer Probleme erfordert das oft zitierte *strukturelle Denken*: Soziale Systeme bestehen und wandeln sich nicht unabhängig von ihnen strukturell gleichgestellten, unter- und übergeordneten sozialen Systemen – Mesosysteme wie eine Familie interagieren mit anderen Mesosystemen, diese wiederum sind Komponenten von Makrosystemen (Gemeinden, Kantone, Nation). Nicht zuletzt erfordert «strukturelles Denken» integriertes Wissen.

Aus der Perspektive des Systemtheoretischen Paradigmas sind die sozialen Probleme konkret – die Adressaten Sozialer Arbeit *erleben* sie. *Es bedarf dafür keiner «sozialen Konstruktion von aussen».* Das hier dargelegte Verständnis darüber, was soziale Probleme sind, relativiert die verbreitete Vorstellung, wonach soziale Probleme das Ergebnis sozialer Interaktionsprozesse (sozial konstruiert) seien. **29** Menschen leiden unter sozialen Problemen – ob diese auf der sozialpolitischen Bühne oder in den Medien zur Debatte stehen oder nicht. Will man jedoch gesellschaftliche Mittel zu ihrer Lösung erschliessen, müssen mächtige Akteure informiert, überzeugt und für entsprechende Massnahmen gewonnen werden (Öffentlichkeitsarbeit, Bewusstseinsbildung, Mobilisierung und Organisierung von Gegenmacht). **30** In *diesem* Sinne ist die «politische Definition» sozialer Probleme als «gesellschaftliche» unverzichtbar. Denn:

«Man kann nicht davon ausgehen, dass die Menschen ihre Probleme als soziale Probleme erkennen. Denn oft handelt es sich um Menschen oder Gruppen von Menschen, die über ihre Nöte schweigen oder sie als selbst- oder fremdverschuldetes Schicksal interpretieren und versuchen, Leiden und Unrechtserfahrungen durch selbst- und/oder fremdschädigendes Verhalten bis zum Einsatz von Gewalt aufzuheben» (Staub-Bernasconi, 2002:250).

Diese Feststellung impliziert, dass es sachlich erforderlich und legitim sein kann, wenn Professionelle *von sich aus* die notwendigen Schritte unternehmen, um soziale Probleme – etwa die Gefährdung von Kindern oder die soziale Isolation von Erwachsenen mit Vermüllungssyndrom – zu thematisieren (Soziale Arbeit aufgrund behördlicher Aufträge; Zwangsmassnahmen).

28

Vgl. Kreckel, 1992:19 ff.;
Bellebaum, 1984;
Dechmann/Ryffel, 1997[10];
Stamm/Lamprecht/Nef, 2003.

29

Vgl. Spector/Kitsuse, 1983;
Staub-Bernasconi, 1997a
(kritische Diskussion des
Ansatzes von
Spector/Kitsuse).

30

Vgl. Sidler, 1989:24 f.

Zum Abschluss dieses Unterkapitels zeigt Abb. 3 schematisch auf, wie die verschiedenen Problemklassen zueinander stehen: die Differenzierung der sozialen Probleme ist sichtbar gemacht. Die *Doppelpfeile* weisen darauf hin, dass alle Problemklassen ihren «Beginn» in jeweils anderen haben *können*, bzw. ein Problem einer bestimmten Klasse zu einem solchen einer anderen führen kann.

1. auf Interaktionsstruktur bezogene

> Gewalt, anonym oder im Rahmen einer sozialen Beziehung
> Fehlen oder Mangel an Liebe und Zuwendung, an sexueller Beziehung
> Fehlende Mitgliedschaften – unfreiwillige Einsamkeit
> Soziale Deklassierung im Rahmen von Interaktionen
> Diskriminierung durch identifizierbare individuelle Akteure

2. auf Positionsstruktur bezogene

> Machtlosigkeit i.S. fehlender Ressourcen
> Tiefer Status (Rang) und sozialer Abstieg
> Statusunvollständigkeit (Mangel an sozial relevanten Funktionen)
> Soziale Deklassierung als Mitglied einer sozialen Kategorie

Abb. 3
Problemklassen und ihre Beziehungen untereinander; Interaktions- und Positionsprobleme als Unterklassen; Beispiele von Arten von sozialen Problemen

soziale Probleme

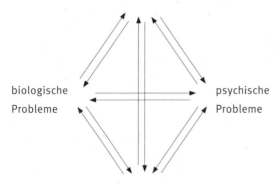

biologische Probleme — psychische Probleme

physikalisch-chemische, nicht-humanbiologische Probleme (ökologische Probleme)

z.B. Sich-Bewegen von A nach B unmöglich; Träger von toxischen Stoffen

Immissionen aus der Umwelt

Vgl. Staub-Bernasconi, 1998. Im Übrigen können die Begriffe «kumulative Probleme» oder «Mehrfachproblematiken» missverständlich sein: Man kann «kumulative» oder «mehrfache» Probleme derselben Problemklasse haben, z.B. ökonomische: keine Wohnung, keine Arbeit, kein Geld. So ist der hier verwendete Begriff jedoch nicht gemeint. Er will vielmehr deutlich machen, dass jemand *gleichzeitig in mehreren Wirklichkeitsbereichen* Probleme aufweisen kann. Jemand bewohnt also nicht nur keine Wohnung, hat keine Arbeit und kein Geld, sondern weist auch gesundheitliche, psychische und Interaktionsprobleme auf – oder solche können entstehen, wenn nichts gegen die ersteren unternommen wird.

32

Zur Auseinandersetzung über Gegenstandsbestimmungen liefert Engelke eine informative Übersicht, 1992; 2003:287 f.; von Staub-Bernasconi gibt es differenzierte, historisch belegte und ausführliche Abhandlungen, 1993, 1994, 1996; 2007; einen anregenden Beitrag liefern auch Puhl/Burmeister/Löcherbach, 1996. – Abweichend von der hier vertretenen Gegenstandsbestimmung, die zuerst die Objekte bezeichnet (Individuen und soziale Systeme) formuliert Lüssi: «Die Sozialarbeit hat als Gegenstand soziale Probleme. Eine Tätigkeit, die sich nicht auf ein soziales Problem bezieht, ist nicht Sozialarbeit» (1991:79). Die Beschreibung ist verkürzt und nicht nur bei Lüssi zu finden: soziale Probleme sind nicht Objekte, sondern Zustände von solchen. ›

Adressaten Sozialer Arbeit werden oft (jedoch nicht immer!) gleichzeitig und auf mehr oder weniger lange Dauer durch Probleme in mehreren Bereichen ihrer Existenz tangiert, nämlich durch ökologische, biologische, psychische, soziale – eingeschlossen ökonomische und kulturelle. Wir sprechen deshalb auch von *kumulierten Problemen oder von Mehrfachproblematiken.* [31] Mehrfachproblematiken tangieren die soziale Position, die sozialen Kompetenzen und soziale Interaktionen. *Deshalb* stellt die biopsychosoziale Theorie menschlicher Bedürfnisse für die Theorie sozialer Probleme eine unerlässliche Referenz dar: sie ist primäre Quelle von Hypothesen für das Entstehen und Bestehen der oben dargestellten Problemklassen.

Mit den bisher skizzierten «sozialen Problemen» ist der für die Soziale Arbeit spezifische Aspekt der nun folgenden Gegenstandsbestimmung Sozialer Arbeit vorweggenommen worden.

3. Zum Gegenstand Sozialer Arbeit – Womit befasst sie sich?

Die Frage nach dem Gegenstand der Sozialen Arbeit meint: Welches Objekt, welches Ding «bearbeiten» die Professionellen der Sozialen Arbeit, wofür – hier besser: für wen? – sind sie, und unter welchen Bedingungen, zuständig? [32]

Zum Begriff «Gegenstand»: In formaler Hinsicht können vier Gegenstandsbeschreibungen unterschieden werden, nämlich eine als *Gegenstand der wissenschaftlichen Disziplin* «Sozialarbeitswissenschaft» oder Wissenschaft Sozialer Arbeit [33], eine zweite als *Gegenstand der Profession,* eine dritte als *Gegenstand der Praxis* und eine vierte als *Gegenstand der Ausbildung.* [34] Die jeweiligen Objekte der Disziplin, der Profession und Praxis – Individuen in sozialen Systemen bzw. soziale Systeme mit ihren Individuen – sind identisch; sie nähern sich ihnen jedoch mit je anderem Auftrag bzw. Fragestellung und untersuchen bzw. bearbeiten sie auf je unterschiedliche Weise.

Die Disziplin, die *Wissenschaft Sozialer Arbeit,* ist ein soziales System, das sich der Lösung kognitiver Probleme und damit der Wissensproduktion – der Entwicklung von Beschreibungs-, Erklärungs- und Handlungstheorien – widmet. Die *Profession* ist ebenfalls ein soziales System, dessen Mitglieder sich durch geteiltes wissen-

schaftliches Wissen, entsprechende Methoden und eine berufsethische Orientierung auszeichnen. Eine umfassende Gegenstandsbeschreibung der *Praxis* Sozialer Arbeit macht demnach Aussagen zu
Individuen und sozialen Systemen, zu ihren praktischen Problemen
und zu ihren Ressourcen, zu Auftrag, Werten, Zielen, Methoden und
Mitteln, die sich auf die Bearbeitung der Probleme beziehen. Im
Rahmen der *Ausbildung* wird Wissen zum Verhältnis zwischen Disziplin, Profession und Praxis vermittelt, während Praktika erste Kontakte zu Angehörigen der Profession ermöglichen und das disziplinäre Wissen 1:1 zur Lösung praktischer Probleme umgesetzt werden
kann.

Erst die unverwechselbare Bezeichnung des Gegenstandes *legitimiert* a) eine spezifische wissenschaftliche Disziplin, b) eine eigenständige Profession und c) eine Praxis Sozialer Arbeit im Rahmen
einer problem-, ressourcen- und zielbezogenen Arbeitsteilung im
Sozial-, Justiz-, Gesundheits- und Bildungswesen und d) eine spezifische Ausbildung. [35]

Hier wird der *Gegenstand der Praxis Sozialer Arbeit* formuliert, insoweit er für die Entwicklung der inhaltlichen Struktur einer Problem-
und Ressourcenanalyse leitend ist:

1. Gegenstand Sozialer Arbeit sind Individuen als Komponenten
   sozialer Systeme bzw. soziale Systeme mit Individuen als
   Komponenten, also Einzelne, als Mitglieder von Paaren, Familien,
   Nachbarn, Gruppen, Mitglieder von Organisationen, Quartier-
   bewohner/Gemeinwesen,

2. deren Probleme manifestieren sich in vier Klassen, oft gleichzeitig und auf mehr oder weniger lange Dauer, oder sind – ohne
   Intervention – absehbar (potenziell), nämlich als

   2.1 *physikalische und chemische (z.B. behinderte Mobilität,
        Asbestfasern in der Lunge) und nicht-humanbiologische
        [z.B. Ungeziefer, Ratten])*;
   2.2 *biologische* Probleme;
   2.3 *psychische* Probleme;
   2.4 *soziale* Probleme (vgl. Kap. 2.4.4), letztere in Form besonde-
        rer Ausprägungen, wie

33
Vgl. Engelke, 1992; 2003;
Obrecht, 1993; Gerber-Eggi-
mann, 1995:2–11; Haupert;
1995:12–21; Merten,
1995:22–34; Mühlum, 1996²;
Sommerfeld, 1996:21–54;
Puhl u.a., 1996; Mühlum/
Bartholomeyczik/Göpel, 1997.

34
Vgl. Engelke, 1992:107 ff.;
Staub-Bernasconi, 1995
(1993), 1996; Obrecht,
1996a:152 f.

35
Vgl. Stallberg/Springer, 1983;
Bellebaum, 1984:22 f.;
Geiser, 1997.

- Status- bzw. Positionsprobleme (ungenügende formale Bildung, Erwerbslosigkeit, Einkommen, aber auch Statusunvollständigkeit oder -ungleichgewicht);
- Interaktions- bzw. Mitgliedschafts- oder Beziehungsprobleme (z. B. soziale Isolation, illegitime Abhängigkeiten);

In der Regel eng verknüpft mit sozialen Problemen bestehen zudem – als Ursache oder als Folge –
- *ökonomische und juristische* Probleme (Mangel an Erwerbsarbeit, Geld, Wohnung bzw. Rechte und Pflichten aus Verträgen verschiedenster Art),
- *ökologische* Probleme (physikalisch-chemische [zu kleine Wohnung, Lärm, Feuchtigkeit, Gift in der Luft] und nicht-humanbiologische [z.B. Ungeziefer, Ratten]),
- *kulturelle* Probleme (z. B. Unkenntnis über soziale Werte und Normen [Recht], Fremdsprache, struktureller Analphabetismus, Verfolgung/Diskriminierung aus religiösen und/oder ethnischen Gründen).

3. den Adressaten Sozialer Arbeit fehlen die Ressourcen (oder sie verstehen sie nicht zu nutzen oder kennen sie nicht), um aus eigener Kraft die bestehenden Probleme zu mildern oder zu lösen bzw. neue Probleme zu vermeiden (praktische Probleme).

Die vorstehende Gegenstandsbeschreibung stellt die Referenz für die weiteren Ausführungen zur thematischen, objektbezogenen Ausrichtung Sozialer Arbeit dar. Es sollte deutlich geworden sein, *dass soziale Probleme im Zentrum Sozialer Arbeit* stehen; eine umfassende Analyse erfasst auch die physikalischen und chemischen, biologischen und psychischen. Für die Analyse und anschliessende Bearbeitung spezifischer ökologischer, biologischer, psychischer, ökonomischer, juristischer und kultureller Probleme sucht Soziale Arbeit die Kooperation mit Angehörigen anderer Professionen.

4. Allgemeine normative Handlungstheorie als Grundlage rationalen Handelns (W-Fragen) (Stufe III des SPSA)

Bevor Sie sich in der Zusammenarbeit mit dem Klienten Ziele setzen, einigen Sie sich im Idealfall mit ihm, welches soziale Problem bearbeitet werden soll. Das setzt voraus, dass Sie sich ein Bild über die Situation verschaffen. Während der Klient erzählt, läuft in Ihrem Kopf «der Film ab»: Sie bilden Hypothesen, und gestützt darauf Prognosen. Sie bewerten die Situation und entwickeln Ziele, formulieren diese und wählen die Methode, mit der Sie die Ziele am ehesten erreichen. Sofern Sie noch Geld benötigen, gehört diese Aufgabe ebenfalls zum professionellen Handeln. So oder so: Was Sie auch tun, Sie sammeln Informationen, sie versuchen diese zu überblicken sie handlungslogisch zu ordnen, Wichtiges von Unwichtigem zu trennen, Dringendes zu erkennen.

Handeln erfolgt aufgrund von Wissen und Denken, Bedürfnissen (Werte, Affekte) und Motivation. Deshalb kann – mit Blick auf das Wissen – *Handeln durch Erwerb relevanten Wissens verbessert werden*. Ein Verfahren zur Verbesserung des systematischen Handelns in professionellen Kontexten bietet die *allgemeine normative Handlungstheorie*. Bezogen auf bestimmte Fakten von Situationsausschnitten des Klienten erfolgt das systematische Beantworten von Fragen zu praktischen Problemen; die Reihenfolge, in welcher die Fragen gestellt werden, lässt sich erkenntnis- bzw. wissenstheoretisch und handlungstheoretisch begründen. Die Fragen bzw. Antworten erlauben es, die als notwendig bestimmten Veränderungen rational zu planen und ihre Realisierung unter Berücksichtigung von kognitiven, affektiven und normativen Gesichtspunkten der beteiligten Akteure zu vollziehen.

Professionelles Handeln orientiert sich an einem allgemeinen Modell rationalen Handelns, an Erklärungstheorien zwecks Beschreibung, Erklärung und Prognosen und besteht aus geeigneten Methoden (vgl. Obrecht, 2001:49–51). Professionelle der Sozialen Arbeit bedürfen vorerst eines allgemeinen Verfahrens, das einen zielgerichteten Problemlösungsprozess erlaubt. Sie benötigen das Wissen darüber, was ein handlungstheoretisch begründeter, logischer Problemlösungsprozess ist: Die Situation bzw. sie betreffende Fakten müssen *beschrieben* werden, darüber sind Hypothesen im Sinne von *Erklärungen* zu formulieren, *Prognosen* zu entwickeln, die Situation muss *bewertet* werden. Darauf basierend können die *Zielformulierung* und die Strukturierung der entsprechenden *Verfahren* und Mittel erfolgen. *Das für die Problemlösung erforderliche Wissen kann durch Anwendung eines ontologischen und eines wissenstheoretischen*

Codes unterschieden werden: Während die SDF die (ontologische) *thematische Strukturierung* einer Situation unterstützt, liefert die allgemeine normative Handlungstheorie die wissens- bzw. handlungstheoretische *Unterscheidung von Wissensformen als Voraussetzung für systematisches Handeln* (vgl. Obrecht, 1996a).

Die Wissensformen sind Antworten auf die so genannten «W-Fragen». Diese werden in Kap. H, ab S. 292, in Form einer Tabelle dargestellt und je in ihrer sequenziellen Anwendung erläutert.

5. Ein Modell Sozialer Arbeit – soziale Probleme als Leitidee

Nach der «Auslegeordnung» zum disziplinären Rahmen bzw. zu relevanten Theorien des SPSA kann ein allgemeines Modell Sozialer Arbeit gezeichnet werden. Mit «allgemein» kommt zum Ausdruck, dass damit der Kern Sozialer Arbeit erfasst wird. Es geht um *das Gemeinsame, das alle Professionellen der Sozialen Arbeit verbindet:* sie bearbeiten soziale Probleme von Individuen und sozialen Systemen. Es sind diese Gemeinsamkeiten der Adressatinnen, die sich in der Realität Sozialer Arbeit manifestieren und die im Zentrum der ersten umfangreichen Arbeit von Staub-Bernasconi standen. Sie stellte sich die nach wie vor aktuelle Frage:

«Inwiefern lassen sich soziale Probleme so konzeptualisieren, dass sie als inhaltlich spezifizierbare, theoretisch und empirisch zusammenhängende Problematiken des Sozialen aufgefasst werden können und die Umrisse einer Theorie sozialer Probleme sichtbar werden?» (1983:5).

Die «Umrisse» der Theorie sozialer Probleme weisen gleichzeitig auf den entscheidenden Problemaspekt des Gegenstandes Sozialer Arbeit hin. Staub-Bernasconi stellte aufgrund ihrer theoretischen Hypothesen zum Entstehen und zur Dynamik sozialer Probleme vier Fragen; die Antworten strukturieren *ein Modell Sozialer Arbeit:*

1. Welches ist die optimale qualitative und quantitative Grundausstattung bestimmter Individuen bzw. sozialer Systeme?
   –› u. a. Frage nach den individuellen Möglichkeiten der biologischen, psychischen und *sozialen* Bedürfnisbefriedigung.

2. Welches sind die optimalen horizontalen Beziehungen oder Austauschmuster zwischen den Individuen bzw. sozialen Systemen (gleicher Rollenstatus)?
–› Frage nach den Bedingungen von Gegenseitigkeit und Gleichwertigkeit von Tauschbeziehungen (Symmetrie), entsprechender biologischer, psychischer und *sozialer* Bedürfnisbefriedigung und entsprechender Zufriedenheit der Beteiligten.

3. Welches sind die optimalen vertikalen Kontroll- bzw. Macht- und Abhängigkeitsbeziehungen zwischen Individuen bzw. sozialen Systemen (unterschiedlicher Rollenstatus)?
–› Frage nach der Legitimation von Güterverteilung, Arbeitsteilung und des entsprechenden Einflusses, der entsprechenden biologischen, psychischen und *sozialen* Bedürfnisbefriedigung.

4. Welches sind die für bestimmte Problemstellungen massgebenden, fest umrissenen Wertvorstellungen, die ja immer auch Ziel- und Problemlösungsvorstellungen enthalten?
–› Was sind Werte und weshalb sind sie für wen wichtig? Frage nach der Wertbasis dessen, was wir – bezogen auf 1.–3. – als «Problem» bzw. «Ressource» bezeichnen. [36]

Letzlich liegen diese vier Fragen den umfangreichen Arbeiten von Staub-Bernasconi zugrunde. Sie hat die Antworten u. a. ihrer Konzeption der (P)SDF und ihren sozialen Konfigurationen zugrundegelegt. Jegliche Aktivität von Seiten Sozialer Arbeit erfordert

a) (1) ein Bild über die Situation involvierter Individuen (biopsychosoziokulturelle Ausstattungsprobleme),

b) (2 und 3) Bilder über Individuen in sozialen Systemen bzw. über die sozialen Systeme selbst, über soziale Interaktionen und über Positionen ihrer Mitglieder (Mitgliedschaften bzw. Austausch- und Machtprobleme) und

c) (4) die gesellschaftlich anerkannten Werte, deren Realisierung angesichts artikulierter Probleme offensichtlich – aus welchen Gründen auch immer – noch nicht gelungen ist (Wertprobleme); sie dienen der normativen Begründung für die Bewertung von Bildausschnitten der Situation (1) – (3) als Probleme und Ressourcen.

[36] Die Antworten auf die vier Fragen führt Staub-Bernasconi in ausführlichen Beiträgen aus. Die vier Dimensionen einer Theorie sozialer Probleme sind dort ausführlich dargestellt (1983; 1995 [1993]; 1998). Ihr neuester Beitrag zu sozialen Problemen, vgl. 2002.

Die wesentlichen Aussagen zu einem Modell Sozialer Arbeit, wie es in diesem Band vertreten wird, orientieren sich am allgemeinen Auftrag, soziale Probleme zu verhindern, zu lösen oder wenigstens zu mildern.

Bisher sind wesentliche Theorien des SPSA in gedrängter Form dargestellt worden. Der Lösung sozialer Probleme dient auch das *Modell der Problem- und Ressourcenanalyse.* Dessen Entwicklung orientiert sich am Metawissen der Stufe I einerseits und an Objekttheorien von human- und sozialwissenschaftlichen Disziplinen der Stufe II andererseits. Die SDF lässt sich auf der Stufe III ansiedeln, einschliesslich des normativen Handlungswissens (W-Fragen). Die SDF macht die massgebenden Elemente des Gegenstandes Sozialer Arbeit – Stufe V – erfassbar, beschreibbar und bewertbar (weil in diesem Band keine speziellen Handlungstheorien präsentiert werden, bleibt die Stufe IV unerwähnt).

Die folgende tabellarische Darstellung (Tab. 1) fasst das bisher Ausgeführte in Form einer Übersicht zusammen und enthält, wo zweckmässig, weitere Erläuterungen und Quellenhinweise. Die Gliederung erfolgt hinsichtlich a) Praxis Sozialer Arbeit in Kürze, b) Theoretisches Wissen – Elemente einer Theorie Sozialer Arbeit, c) Modell der Sozialen Arbeit und d) Erfassung von Problemen und Ressourcen nach Wirklichkeitsbereichen.

Tab. 1

Praxis, Theorie und
Modell Sozialer Arbeit

1. Praxis, Theorie und Modell Sozialer Arbeit sowie Problem- und Ressourcenerfassung *ohne* Systemische Denkfigur

Die folgende Tabelle zeigt in vier Schritten auf, wie a) von einem Bild über die Praxis Sozialer Arbeit auf b) notwendige Theorien geschlossen wird; daraus wird c) eine bildhafte Vorstellung, ein Modell über Soziale Arbeit, gezeichnet. Dieses Modell wiederum erlaubt es, d) eine Methode der Problem- und Ressourcenanalyse zu entwickeln, als ein Ausschnitt professioneller Aktivitäten mit Blick auf die Lösung sozialer Probleme.

a) **Praxis Sozialer Arbeit in Kürze**	Soziale Arbeit bearbeitet auf professionelle Weise soziale Probleme unterschiedlicher Komplexität von und mit Einzelnen, Paaren, Familien, Gruppen, Organisationen, in Stadtteilen und in Gemeinwesen, unter Berücksichtigung der jeweiligen Ressourcen der privaten, kirchlichen und staatlichen Trägerschaften.
	Die sozialen Probleme sind in der Regel praktische Probleme; oft fehlen den AdressatInnen Sozialer Arbeit die Ressourcen, sie zu lösen. Die Individuen leiden gleichzeitig in verschiedenen Lebensbereichen, nämlich in biologischer, psychischer und – wie «soziale Probleme» impliziert – in struktureller Hinsicht; ihre sozialen Chancen sind beeinträchtigt: ihr Leiden resultiert aus der Unmöglichkeit, ihre Bedürfnisbefriedigung in möglichst autonomer Weise und dauerhaft sicherzustellen.
	Strukturelle und kulturelle Gegebenheiten, vor allem hinsichtlich Bildung, Erwerbsarbeit und geringen oder fehlenden Einkommens, beeinträchtigen die sozialen Positions- und Interaktionschancen der Adressatinnen und Adressaten, damit auch entsprechende Problemlösungsmöglichkeiten, und erschweren so deren soziale Integration.
	Im weiteren können äussere Lebensbedingungen wie die physikalisch-chemische Beschaffenheit von Wasser und Luft, aber auch Lärm, fehlende medizinische oder schulische Infrastruktur u.ä. die Lebensqualität, die Gesundheit und das Wohlbefinden und damit die Problemlösungsmöglichkeiten beeinträchtigen.
	Soziale Arbeit leistet überdies präventive Arbeit.
b) **Theoretisches Wissen** **Elemente einer Theorie Sozialer Arbeit**	*Gegenstandsbestimmung – Individuen und soziale Systeme bzw. soziale Systeme mit Individuen, die unter sozialen Problemen leiden – allgemeiner Auftrag und Funktionen Sozialer Arbeit* (vgl. Obrecht, 1996b:150f.; Staub-Bernasconi, 1995 (1993):95 f.; 2007: 133 f.; Geiser, 1997:37 f.).

71

Zur *Theorie sozialer Probleme: Soziale Probleme sind Probleme der Einbindung von Individuen in für sie wichtige soziale Systeme. Meist handelt es sich um kumulative Probleme bzw. Mehrfachproblematiken*, die in den Zuständigkeitsbereich Sozialer Arbeit fallen (vgl. Staub-Bernasconi, 1998:43–51; 1995:135f.). – Soziale Probleme sind das Ergebnis nicht befriedigter biologischer, psychischer, sozialer und kultureller Bedürfnisse (vgl. Obrecht, 1996b und 1998; 1999).

Die hier vertretene Theorie Sozialer Arbeit orientiert sich an einer *transdisziplinären Wissensstruktur*: Es handelt sich dabei um diejenige des Systemtheoretischen Paradigmas der Disziplin und Profession Sozialer Arbeit (SPSA). Die diesem Paradigma zugehörige emergentistische Systemtheorie (Systemismus) erlaubt – dem Problemspektrum des Gegenstandes entsprechend – die theoretische Beschreibung und Erklärung von Systemen der physikalisch-chemischen, biologischen, psychischen, sozialen und sozialkulturellen Wirklichkeitsbereiche und von solchen, die mehrere Wirklichkeitsbereiche einschliessen (z.B. Individuen als biopsychische Systeme). Mit dem Begriff der *Emergenz* wird das Ergebnis des Zusammenschlusses von mindestens zwei Systemen der gleichen Art zu einem neuen System bezeichnet: es entstehen qualitativ neue, d.h. komplexere Eigenschaften, die den bisherigen Systemen (und jetzigen Komponenten) nicht zukommen. So weisen soziale Systeme Eigenschaften auf, die Individuen nicht aufweisen (z.B. Kommunikation, Güterverteilung, Schichtung). Gleichzeitig erwerben Individuen soziale Eigenschaften, die ihnen nur als Mitglieder sozialer Systeme zukommen (z.B. Rolle, Status). – *Objekttheorien,* vor allem aus den Disziplinen Biologie, Psychologie, Soziologie, Sozialpsychologie und Ökonomie, enthalten Wissen über Gesetzmässigkeiten hinsichtlich von Zuständen und Prozessen der Systeme. – Die *Disziplin Psychobiologie* befasst sich mit biopsychischen Prozessen und Zuständen von Individuen und liegt dem *Psychobiologischen Erkenntnis- und Handlungsmodell des Individuums* (PsybiEHM) zugrunde. Mit diesem Modell eng verknüpft ist die *Biopsychosoziale Theorie menschlicher Bedürfnisse* formuliert worden (vgl. Obrecht, 1996a; 1996b; 1998). – Die auf der Psychobiologie basierende *realistische Erkenntnistheorie* führt ihrerseits zur Entwicklung der *allgemeinen normativen Handlungstheorie* (W-Fragen) (vgl. Obrecht, 1996a). – Die allgemeinen und die *speziellen Handlungstheorien* – allgemeine und spezifische «Methoden» – sind handlungsbezogene Elemente einer Theorie Sozialer Arbeit.

| c) **Modell der Sozialen Arbeit** | *Gegenstandsbeschreibung* der Sozialen Arbeit in allgemeinster Form: Gegenstand Sozialer Arbeit sind Individuen als Komponenten sozialer Systeme, bzw. soziale Systeme mit Individuen als ihren Komponenten, die gleichzeitig und auf Dauer, in mehreren oder allen ontologischen Bereichen Probleme aufweisen (physikalisch-chemische, biologische, psychische, soziale und kulturelle). Soziale Arbeit leistet gezielte Beiträge zur Verhinderung, Milderung und Lösung der sozialen Probleme, um die soziale Integration und damit das Wohlbefinden und die |

Gesundheit derjenigen Menschen zu ermöglichen, zu sichern und allenfalls neu zu gestalten, denen die Ressourcen fehlen, ihre Probleme selbstständig zu lösen. Um diesen allgemeinen Auftrag zu erfüllen, ist sie auf gesellschaftliche Ressourcen angewiesen.

d) **Erfassung von Problemen und Ressourcen nach Wirklichkeitsbereichen**	Entsprechend der Gegenstandsbestimmung können Fakten der beschriebenen Wirklichkeitsausschnitte als Probleme und Ressourcen von Individuen bzw. von sozialen Systemen in einem, mehreren oder allen Wirklichkeitsbereichen (physikalisch-chemische, nicht-humanbiologische [= ökologische]), humanbiologische, psychische, soziale und kulturelle) bewertet werden.
	Die Differenzierung bzw. Strukturierung und Bewertung von Informationen als nicht-bewertete Fakten und von bewerteten Fakten als Probleme und Ressourcen, ist im Rahmen entsprechend dieser ersten groben Klassifikation möglich; alle Systeme eines Wirklichkeitsbereichs bilden je eine Problemklasse (biologische Probleme, psychische Probleme, soziale Probleme usw.).

2. Praxis, Theorie und Modell Sozialer Arbeit: Grundlagen der Systemischen Denkfigur und ihre Anwendung

2.1 Soziale Arbeit mit Individuen

Die folgende Tabelle zeigt in vier Schritten auf, wie a) von einem Bild über die Praxis Sozialer Arbeit – zur Arbeit mit Individuen – auf b) notwendige Theorien geschlossen wird; daraus wird c) eine bildhafte Vorstellung, ein Modell über Soziale Arbeit gezeichnet. Dieses Modell wiederum erlaubt es, d) eine Methode zur Problem- und Ressourcenanalyse zu entwickeln, als ein Ausschnitt professioneller Aktivitäten mit Blick auf die Lösung sozialer Probleme von Individuen. Diesem Verfahren dient die Systemische Denkfigur. – Im ersten Teil der Tabelle stehen Individuen als Adressatinnen Sozialer Arbeit im Vordergrund.

a) **Ausschnitt der Praxis Sozialer Arbeit, bezogen auf Individuen**	Anlass sind oft *Ausstattungsprobleme von Individuen*, d.h. die Individuen weisen sie belastende physikalisch-chemische, biologische, psychische und soziale Eigenschaften auf; abhängig von der Beschaffenheit statusbestimmender Merkmale (Bildung, Beschäftigung, Einkommen) ergibt sich ihre *soziale Position* (Status und Prestige). In der Regel leiden Individuen unter sozialen Problemen im Sinne a) einer tiefen Statusvollständigkeit, b) einer Statusunvollständigkeit oder c) eines Statusungleichgewichtes (Positionsprobleme).
	Zusätzlich leiden Individuen unter konfliktiven Beziehungen und oft ganz allgemein unter *beeinträchtigten Interaktions- oder Beziehungschancen*. Ihre individuellen Möglichkeiten zu Mitgliedschaften, zur Beziehungsaufnahme und -pflege, zur Übernahme bestimmter sozialer Rollen sind eingeschränkt, ebenso verfügen sie – strukturell gesehen – kaum über Einfluss in Beziehungen – sie sind darin tendenziell eher Objekte statt Subjekte; ihre soziale Integration ist erschwert, behindert bzw. verunmöglicht. Soziale Verachtung und soziale Isolation können die Folgen sein.

b) **Theoretische Grundlagen, bezogen auf Individuen**	*Akteurmodell des Individuums: Psychobiologisches Erkenntnis- und Handlungsmodell des Menschen (PsybiEHM)*, bezogen auf seine sozialökologische, -ökonomische und -kulturelle Umwelt, der entsprechenden Informationsaufnahme, ihre Repräsentationen, Bewertungen, Affekte, Motivationen und daraus resultierende Handlungsmuster (vgl. Obrecht, 1992, 1996a, 2001).

Das Modell bezieht sich auf den biologischen und den psychischen Wirklichkeitsbereich der emergentistischen Ontologie, der hier vertretenen Systemtheorie (Systemismus); die erklärungstheoretische Disziplin ist die *Psychobiologie* (mit Bezügen zum sozialkulturellen Wirklichkeitsbereich, ergänzt mit der Theorie kultureller Bilder und Codes). Das Modell veranschaulicht die Struktur und die Prozesse des Organismus – insbesondere des Zentralnervensystems –, und die Fähigkeit von Individuen, Informationen aufzunehmen, sie zu «verarbeiten» und sich situationsadäquat zu verhalten bzw. gezielt zu handeln.

Ebenfalls auf der Psychobiologie bzw. auf dem PsybiEHM basieren die Hypthesen einer *Biopsychosozialen Theorie menschlicher Bedürfnisse* (vgl. Obrecht, 1996a, 1996b,1998). Die individuelle Ausstattung ist mitbestimmend für Art und Qualität *horizontal strukturierter* wie *vertikal strukturierter Beziehungen* und damit für Einflusschancen innerhalb der Positions- und Interaktionsstruktur (vgl. Staub-Bernasconi, 1998:20–35).

c) **Modell der Sozialen Arbeit, bezogen auf Individuen**	Aufgrund dieser Feststellungen beantwortet Soziale Arbeit die Frage: Welches ist die optimale qualitative und quantitative Grundausstattung bestimmter Individuen bzw. sozialer Systeme? –> u.a. Frage nach den individuellen Möglichkeiten der biologischen, psychischen und *sozialen* Bedürfnisbefriedigung.

Auch das Individuum ist ein System, ein biopsychisches – es ist ein selbstwissensfähiger Organismus (vgl. Obrecht, 1996a).

Problematisch sind individuelle Ausstattungen bzw. eine strukturelle Position der Individuen, die ihnen dauerhaft soziale Interaktionen zu anderen Akteuren und damit die Bedürfnisbefriedigung erschwert oder verunmöglicht. So betrachtet leidet das Individuum unter *sozialen Problemen.*

d) **Zur Methode der Problem- und Ressourcenerfassung, bezogen auf Individuen (allgemeine Handlungstheorie)**	*Systemische Denkfigur (SDF)*: Sie unterstützt die systemische, ontologisch strukturierte Analyse der *Ausstattung des Individuums* bzw. die sie repräsentierenden intrinsischen und relationalen Eigenschaften. Entsprechende Informationen lassen sich – dem Gegenstand der Sozialen Arbeit entsprechend – strukturieren, beschreiben und bewerten.

Ein umfassendes Bild erfordert Fragen nach den biologischen, soziöökologischen, -ökonomischen und -kulturellen Eigenschaften, nach den psychischen Prozessen der Informationsaufnahme und -verarbeitung (Bilder, Codes und Werte) und dem Verhalten und Handeln. Es interessieren nicht bewertete Fakten und bewertete Fakten in Form von *Problemen und für die Problemlösung relevante systemeigene Ressourcen.*

–> Kapitel C

Nach der Beschreibung der Ausstattung besteht ein weiterer Schritt darin, eine vorläufige Bilanz zu ziehen: es gilt, das *Austausch- und Machtpotenzial* als individuelle Ressource im Sinne von «Attraktivität» bezüglich Tauschkapazitäten und Machtquellen zu würdigen. Diese Bilanz enthält eine Einschätzung (Bewertung) der Beziehungschancen, mit Blick auf den Aufbau und die Gestaltung von (gedachten oder antizipierten) horizontal strukturierten Austauschbeziehungen und von (gedachten oder antizipierten) vertikalen Machtbeziehungen und der je entsprechenden sozialen Rollen.

→ Kapitel C 6 und C 7

2.2 Soziale Arbeit mit sozialen Systemen bzw. sozialen Beziehungen, allgemein

In dieser Tabelle folgen allgemeine Ausführungen zur Analyse sozialer Systeme bzw. entsprechender Beziehungen.

Die folgende Tabelle zeigt in vier Schritten auf, wie a) von einem Bild über die Praxis Sozialer Arbeit – zur Arbeit mit sozialen Systemen bzw. Beziehungen – auf b) notwendige Theorien geschlossen wird; daraus wird c) eine bildhafte Vorstellung, ein Modell über diesen Ausschnitt Sozialer Arbeit gezeichnet. Dieses Modell wiederum erlaubt es, d) eine Methode zur Problem- und Ressourcenanalyse zu entwickeln, als ein Ausschnitt professioneller Aktivitäten mit Blick auf die Lösung von Positions- bzw. von Interaktionsproblemen. Diesem Verfahren dienen die Analysedimensionen der Systemischen Denkfigur (soziale Interaktionen).

a) **Ausschnitt der Praxis Sozialer Arbeit, bezogen auf soziale Beziehungen allgemein**	Soziale Arbeit befasst sich mit *Problemen hinsichtlich sozialer Systeme bzw. sozialer Beziehungen.* Solche manifestieren sich als fehlende, erschwerte oder durch Dritte behinderte Möglichkeiten, Mitgliedschaften in sozialen Systemen und entsprechende soziale Rollen mit ihren Rechten und Pflichten zu realisieren. Aus solchen Situationen heraus können soziale Isolation, soziale Verachtung, Ausgrenzung und allenfalls Ausbeutung resultieren.
b) **Theoretische Grundlagen, bezogen auf soziale Systeme bzw. soziale Beziehungen allgemein**	Massgebend ist die *Theorie sozialer Systeme* (Verhältnis Individuum – Struktur – Individuum): Soziale Systeme bestehen aus mindestens zwei Individuen als ihren Komponenten. Ihre Interaktionen bilden die Struktur des Systems. Soziale Systeme grenzen sich von anderen sozialen Systemen insofern ab, als die systeminternen Interaktionen auf stärkeren Bindungen beruhen als die externen.

Individuen gestalten mit ihren Eigenschaften die sozialen Systeme bewusst oder passiv mit – umgekehrt beeinflussen Struktur und Prozesse sozialer Systeme auch die individuelle Ausstattung (emergente bzw. relationale Eigenschaften), die soziale Position der Individuen und Art und Intensität der Interaktionen zwischen ihnen (vgl. Obrecht, 1999). Die soziale Position der Individuen und Art, Häufigkeit und Intensität konkreter Interaktionen zwischen ihnen führen zu (idealtypisch) horizontal oder vertikal strukturierten (geschichteten) sozialen Systemen (allenfalls zu problematisierender Positions- und/oder Interaktionsstruktur).

Soziale Systeme bzw. soziale Beziehungen können freiwillig oder – aus der Sicht mindestens eines Individuums – unfreiwillig entstehen.

Die Tatsache, dass Individuen Mitglieder von sozialen Systemen sind oder von solchen ausgeschlossen bleiben, ist entscheidend für den Grad ihrer sozialen Integration.

Hypothesen der Bedürfnistheorie: Insbesondere das Bedürfnis nach sozialer Anerkennung und dasjenige nach Austauschgerechtigkeit sind auf Dauer unverzichtbar – Beziehungen sind Quellen dafür (vgl. Obrecht, 1996a; 1996b; 1998).

c) Modell der Sozialen Arbeit, bezogen auf soziale Systeme bzw. soziale Beziehungen allgemein	Soziale Arbeit befasst sich – physisch-ökonomische Existenzsicherung vorausgesetzt – mit Problemen von sozialen Systemen bzw. mit Beziehungsproblemen. Sie schafft die Möglichkeiten und *befähigt Individuen, Beziehungen aufzubauen* (soziale Kompetenz). Sie *unterstützt belastete Beziehungen* und sie bietet fachliche Unterstützung im Konfliktfall an, indem sie Vorschläge zur *Neuorganisation der Beziehung* anbietet (erarbeiten, vereinbaren und umsetzen von Beziehungsregeln). Im Fall der *Auflösung von sozialen Beziehungen* wirkt sie auf einen konstruktiven Verlauf des Auflösungsprozesses ein. Leitidee ist soziale Integration.
d) Zur Methode der Problem- und Ressourcenerfassung, bezogen auf soziale Systeme bzw. soziale Beziehungen allgemein (allgemeine Handlungstheorie)	*Die Analyse von Beziehungen* erfolgt durch a) Identifikation der konkreten sozialen Systeme bzw. der sozialen Beziehungen, b) je Identifikation der Akteure, c) je Beschreibung, Erklärung und Bewertung von Interaktionen. → Kapitel D

2.2.1 Soziale Arbeit mit horizontal strukturierten sozialen Systemen bzw. sozialen Beziehungen (Austauschbeziehungen)

Es folgen Ausführungen zur Analyse horizontal strukturierter sozialer Systeme bzw. entsprechender Beziehungen.

Die folgende Tabelle zeigt in vier Schritten auf, wie a) von einem Bild über die Praxis Sozialer Arbeit – zur Arbeit mit horizontal strukturierten sozialen Systemen bzw. Beziehungen – auf b) notwendige Theorien geschlossen wird; daraus wird c) eine bildhafte Vorstellung, ein Modell über diesen Ausschnitt Sozialer Arbeit gezeichnet. Dieses Modell wiederum erlaubt es, d) eine Methode zur Problem- und Ressourcenanalyse zu entwickeln, als ein Ausschnitt professioneller Aktivitäten mit Blick auf die Lösung von Austauschproblemen. Diesem Verfahren dienen die Analysedimensionen der Systemischen Denkfigur (soziale Interaktionen).

a) **Ausschnitt der Praxis Sozialer Arbeit, bezogen auf Austauschbeziehungen**	Soziale Arbeit befasst sich mit *Austauschproblemen*, manifest als erschwerte, behinderte oder fehlende Möglichkeit, Beziehungen zu strukturell «gleichgestellten» Personen wie Partnern, Freunden, Bekannten, Kollegen dauerhaft in gegenseitiger und gleichwertiger Weise zu pflegen – daraus können soziale Verachtung, Ausgrenzung und soziale Isolation resultieren. Aber auch in Beziehungen mit gleichen sozialen Rollen können machthaltige Interaktionen die Beteiligten in ihrer Entwicklung behindern und so das Bedürfnis nach Austauschgerechtigkeit verletzten.
b) **Theoretische Grundlagen, bezogen auf Austauschbeziehungen**	*Zur Theorie sozialer Systeme: siehe 2.2 oben* *Zur Austauschtheorie: Gegenseitigkeit* und *Gleichwertigkeit* sind die zwei (Ideal-)Kriterien, mit denen eine Bewertung dauerhafter formal horizontal strukturierter Beziehungen möglich ist. Ist auf Dauer Gegenseitigkeit, aber keine Gleichwertigkeit der getauschten Güter gegeben oder besteht keine Gegenseitigkeit: Die Reziprozitätsnorm ist verletzt (vgl. Gouldner, 1984; Staub-Bernasconi, 1998:20–23). Staub-Bernasconi gebraucht den Begriff der Symmetrie bzw. Asymmetrie für gelingende bzw. problematische Austauschbeziehungen. (Nach Delhees ist eine Beziehung auch dann symmetrisch, wenn sie in dem Sinne komplementär ist, als die Beteiligten unverrückbare und unvereinbare Standpunkte einnehmen [1994:316 f.]). *Hypothesen der Bedürfnistheorie:* Insbesondere das Bedürfnis nach sozialer Anerkennung und dasjenige nach Austauschgerechtigkeit sind auf Dauer unverzichtbar – Beziehungen sind Quellen dafür (vgl. Obrecht, 1996a; 1996b; 1998).

c) **Modell der Sozialen Arbeit, bezogen auf horizontal strukturierte soziale Systeme bzw. auf Austauschbeziehungen**	Aufgrund dieser Feststellungen beantwortet Soziale Arbeit die Frage: Welches sind die optimalen horizontalen Beziehungen oder Austauschmuster zwischen den Individuen bzw. sozialen Systemen?

→ Frage nach den Bedingungen von Gegenseitigkeit und Gleichwertigkeit von Tauschbeziehungen (Symmetrie), entsprechender biologischer, psychischer und *sozialer* Bedürfnisbefriedigung und entsprechender Zufriedenheit der Beteiligten.

Beziehungen zwischen Individuen mit gleichem Rollenstatus (aber auch von Gruppe zu Gruppe, von Organisation zu Organisation) gelingen dann, wenn die Beteiligten ihre Interaktionen (Tauschhandlungen) insgesamt und auf Dauer als gegenseitig und gleichwertig erleben und bewerten – und wenn sie als Quelle der Befriedigung von sozialen Bedürfnissen, insbesondere demjenigen nach sozialer Anerkennung, erfahren werden (Gleichgewicht). Oder auf die Kurzformel gebracht: Geben und Nehmen sind auf Dauer ausgewogen. – Problematisch sind auf Dauer Beziehungen, deren Interaktionen überwiegend einseitig oder wohl gegenseitig, aber auf Dauer ungleichwertig verlaufen, so z.B. komplementäre Beziehungen, die sich in starren Positionsbezügen der Beteiligten manifestieren – eine problematische Symmetrie. – Soziale Arbeit thematisiert solche «Ungleichgewichte» auch dann, wenn die Betroffenen ihr Leiden nicht (mehr) artikulieren (können).

d) **Zur Methode der Problem- und Ressourcenerfassung, bezogen auf horizontal strukturierte soziale Systeme bzw. Austauschbeziehungen (allgemeine Handlungstheorie)**	Die *Analyse horizontal strukturierter Systeme bzw. sozialer Beziehungen* erfolgt durch Beschreibung, Erklärung, Prognose und Bewertung von Interaktionen hinsichtlich Gütertausch, körperlicher Beziehungen, Tausch von Informationen und entsprechender Form von Wissen (Kommunikation und Koreflexion) und gemeinsamer Aktivitäten (Kooperation, Koproduktion).

Die Bewertung der horizontal strukturierten sozialen Systeme bzw. Beziehungen erfolgt aufgrund der Kriterien «gegenseitig/einseitig» und «gleichwertig/ungleichwertig», zusammenfassend mit «symmetrisch/asymmetrisch». Letztlich stellt sich die Frage nach den Möglichkeiten, mit und in diesen Beziehungen soziale Bedürfnisse zu befriedigen.

→ Kapitel E (und F = hinsichtlich von vertikalen Interaktionen in Austauschbeziehungen)

2.2.2 Soziale Arbeit mit vertikal strukturierten sozialen Systemen bzw. sozialen Beziehungen (Machtbeziehungen)

In dieser Tabelle folgen Ausführungen zur Analyse vertikal strukturierter sozialer Systeme bzw. entsprechender Beziehungen.

Die folgende Tabelle zeigt in vier Schritten auf, wie a) von einem Bild über die Praxis Sozialer Arbeit – zur Arbeit mit vertikal strukturierten sozialen Systemen bzw. Beziehungen – auf b) notwendige Theorien geschlossen wird; daraus wird c) eine bildhafte Vorstellung, ein Modell über diesen Ausschnitt Sozialer Arbeit gezeichnet. Dieses Modell wiederum erlaubt es, d) eine Methode zur Problem- und Ressourcenanalyse zu entwickeln, als ein Ausschnitt professioneller Aktivitäten mit Blick auf die Lösung von Machtproblemen. Diesem Verfahren dienen die Analysedimensionen der Systemischen Denkfigur (soziale Interaktionen).

a) **Ausschnitt der Praxis Sozialer Arbeit, bezogen auf Machtbeziehungen**	Soziale Arbeit befasst sich mit *Machtproblemen*: Menschen leiden unter erschwerten, behinderten oder fehlenden Möglichkeiten, Zugang zu gesellschaftlich vorhandenen Gütern zu erlangen und damit ihre Bedürfnisse zu befriedigen.
	Im weiteren sind sie nicht in der Lage, Beziehungen zu sozial «über- oder untergeordneten» Personen wie Eltern, Kindern, Arbeitgebern, Vermietern, Gläubigern bzw. Schuldnern, Behörden, staatliche Verwaltung u.a.m. zu beeinflussen und legitime Ansprüche durchzusetzen – daraus resultiert tatsächliche Ohnmacht, Mangel an Informationen und somit an Einfluss. Oft werden diese Umstände durch mächtigere, einflussreichere Akteure zu Gunsten eigener Interessen genutzt und durchgesetzt; die Legitimität ihrer Handlungen bzw. deren Durchsetzung steht zur Debatte.
	Zur Theorie sozialer Systeme: siehe 2.2 oben
b) **Theoretische Grundlagen, bezogen auf vertikal strukturierte soziale Systeme bzw. auf Machtbeziehungen**	*Zur Machttheorie:* Machtausübung erfolgt in Form von unausgeglichener Güterverteilung und fremdbestimmter Arbeitsteilung (Schichtung und Herrschaft), durch deren Legitimation und Durchsetzung. Entscheidend sind die individuellen Machtquellen aufgrund der jeweiligen strukturellen Position (Positionsstruktur) und die Interaktionschancen, also überhaupt mit den Mächtigeren in Kontakt zu treten, zu leisten, zu fordern und sich durchzusetzen (Interaktionsstruktur). Macht ist nicht a priori negativ – entscheidend ist, wieweit sie sich für die strukturell Schwächeren bedürfnisorientiert auswirkt und entsprechend legitimiert ist und inwieweit deren Interaktionschancen intakt bleiben. Es wird zwischen *begrenzender Macht* – zu Gunsten der sozial Schwächeren – und der *behindernden Macht* unterschieden (vgl. Staub-Bernasconi, 1995:235–253; 1998:24f.).
	Hypothesen der Bedürfnistheorie: Insbesondere Möglichkeiten des Zugangs zu knappen Bedarfsgütern, der gestaltenden Einflussnahme auf Beziehungen und soziale Anerkennung sind auf Dauer unverzichtbar – Mitgliedschaften sind Quellen dafür (vgl. Obrecht, 1996a, 1996b; 1998).

c) Modell der Sozialen Arbeit, bezogen auf Machtbeziehungen	Aufgrund dieser Feststellungen beantwortet Soziale Arbeit die Frage: Welches sind die optimalen vertikalen Kontroll- bzw. Macht- und Abhängigkeitsbeziehungen zwischen Individuen bzw. sozialen Systemen?

–› Frage nach der Legitimation von Güterverteilung, Arbeitsteilung und des entsprechenden Einflusses, der entsprechenden biologischen, psychischen und sozialen Bedürfnisbefriedigung.

Legitime Machtbeziehungen zwischen Individuen mit unterschiedlichem Rollenstatus gelingen auf Dauer dann, wenn diejenigen, die über Macht verfügen, diese in begrenzendem Sinne einsetzen, nämlich zugunsten der weniger Mächtigen (Begrenzungsmacht).

Aus der Sicht der Sozialen Arbeit ist zu problematisieren, wenn Mächtige ohne entsprechende Legitimation zum Nachteil anderer handeln oder es unterlassen, diese ihren Bedürfnissen und Fähigkeiten entsprechend zu fördern – nicht zuletzt, indem sie deren Handlungsraum beschränken und damit die Befriedigung von Bedürfnissen behindern (Interaktionsstruktur wirkt behindernd). Dies gilt insbesondere für den legitimen Zugang zu Gütern wie Bildung, Erwerbsarbeit und Einkommen – Voraussetzungen für Handlungsoptionen in unserer Gesellschaft (Positionsstruktur wirkt behindernd). |
| **d) Zur Methode der Problem- und Ressourcenerfassung, bezogen auf vertikal strukturierte Systeme bzw. auf Machtbeziehungen (allgemeine Handlungstheorie)** | *Analyse realer und vertikal strukturierter sozialer Systeme bzw. sozialer Beziehungen* durch Beschreibung, Erklärung und Bewertung von Interaktionen hinsichtlich der Anwendung von Ressourcenmacht (Gütermacht), Körpermacht, Modell- und Artikulationsmacht und Positions- bzw. Organisationsmacht.

Die Bewertung der vertikal strukturierten sozialen Systeme bzw. sozialen Beziehungen erfolgt mit Bezug auf die Kriterien «behindernd» und «begrenzend». Letztlich stellt sich die Frage nach den Möglichkeiten, mit und in diesen Beziehungen soziale Bedürfnisse zu befriedigen.

–› Kapitel F (und E hinsichtlich von horizontalen Interaktionen innerhalb von Machtbeziehungen). |

3. Soziale Arbeit bewertet Fakten als Probleme und auf diese bezogene Ressourcen

Es folgen Ausführungen zur Bewertung der Aussagen über Fakten über Individuen und soziale Systeme als Probleme und Ressourcen.

Die folgende Tabelle zeigt in vier Schritten auf, wie a) die Bilder über Individuen und soziale Systeme in der Praxis eine Bewertung erfahren (Probleme), b) was die Quellen solcher Bewertungen sind; daraus wird c) eine bildhafte Vorstellung, ein Modell über diesen Ausschnitt Sozialer Arbeit gezeichnet. Dieses Modell wiederum erlaubt es, d) eine Methode zur Bestimmung von Problemen und Ressourcen zu entwickeln, als ein Ausschnitt professioneller Aktivitäten mit Blick auf die Lösung sozialer Probleme von Individuen und sozialen Systemen.

In diesem Teil der Tabelle stehen Werte und Wertprobleme im Vordergrund, wobei diese sich auf Probleme von Individuen und von sozialen Systemen bzw. von sozialen Beziehungen beziehen können, die unter Beizug der Systemischen Denkfigur beschrieben worden sind.

a) **Praxis Sozialer Arbeit, bezogen auf Wertprobleme**	Soziale Arbeit ist konfrontiert mit *Wertproblemen* in dem Sinne, als (biotische oder arationale) Werte des Organismus und/oder gesellschaftlich legitimierte (rationale) Werte von sozialen Systemen nicht realisiert sind – sie hält fest, was ein Problem ist. Nun ist zu begründen: Weshalb ist ein Zustand, ein Verhalten oder ein Handeln ein Problem?
	Adressatinnen und Adressaten stellen fest, dass wichtige Voraussetzungen in ihrer individuellen und/oder sozialen Situation nicht gegeben sind, obwohl «die Gesellschaft» sie als wichtig erachtet: Gesundheit, Wohlbefinden und soziale Integration erscheinen zumindest gefährdet.
	Über biotische «verletzte» Werte kann oft rasch eine Einigung gefunden werden; schwieriger ist dies für rationale Werte wie Ruhe, Ordnung, Friede, Respekt u.a.: Was für die einen ein Problem ist, ist für andere «normal» – oder gar eine Chance. Ressourcen sind diejenigen Fakten, die der Problemlösung – dem Wiederherstellen der (Soll-)Werte – dienen.
b) **Theoretische Grundlagen, bezogen auf Wertprobleme**	Grundlage ist die *Werttheorie* (oder Axiologie); sie gehört zum metatheoretischen Rahmen Sozialer Arbeit und stellt eine Grundlage berufsethischer Handlungsanweisungen dar (vgl. Obrecht, 2001:38f.).
	Werte müssen «vergesellschaftlicht» sein, um als Referenz für entsprechendes Verhalten, Handlungen und Massnahmen in Form von sozialen Normen bzw. Standards Verbindlichkeit zu erlangen (normative Bewertung von Problemen). Wertprobleme bestehen dann, wenn vergesellschaftlichte Werte nicht realisiert oder willkürlich realisiert

81

werden, wenn es Wertkonflikte gibt, wenn es noch keine Verbindlichkeit bestimmter Werte gibt, oder wenn die Verbindlichkeit von Werten durch Relativierungen untergraben wird (vgl. Staub-Bernasconi, 1998:35–41).

Zur Beziehung zwischen Werten und den Hypothesen der Bedürfnistheorie: Bedürfnisse weisen auf das Nicht-Erfüllen von Werten hin – deshalb ist z.B. die Befriedigung von als universell anerkannten biologischen Bedürfnissen zwingend, um ein Kollabieren des Organismus zu verhindern. Dies gilt ebenso für so genannte «rationale» Werte, die sich als strukturelle und/oder kulturelle Orientierungen in Gesellschaften bzw. sozialen Systemen etabliert haben (z.B. politische Grundwerte, religiöse Werte, Ideale) und deren Realisierung Voraussetzung ist, um die organismischen, biotischen Werte befriedigen zu können.

c) Modell der Sozialen Arbeit, bezogen auf Wertprobleme	Aufgrund dieser Feststellungen beantwortet Soziale Arbeit die Frage: Welches sind die für bestimmte Problemstellungen massgebenden, fest umrissenen Wertvorstellungen, die ja immer auch Ziel- und Problemlösungsvorstellungen enthalten?

→ Was sind Werte und weshalb sind sie für wen wichtig? Frage nach der Wertbasis dessen, was wir – bezogen auf Individuen, Austausch- und Machtbeziehungen – als «Problem» bzw. «Ressource» bezeichnen?

Was als Problem gilt, ist das Ergebnis der *Bewertung einer bestimmten, dauerhaften Abweichung.* Die Bewertung kann erfolgen durch a) die betroffenen Individuen, b) andere Akteure desselben sozialen Systems und c) systemexterne Akteure. – Bestimmte Zustände oder Prozesse verletzen eine explizite oder implizite gesellschaftlich anerkannte Norm/einen anerkannten Standard, diese wiederum basieren auf anerkannten (funktionalen) Werten – Bedürfnisse weisen auf Abweichungen von biotischen oder organismischen Werten hin; sie sind uns zumindest vorerst nicht bewusst. Bedürfnisse sind zu unterscheiden von strukturell und/oder kulturell begründeten *Wünschen,* die uns in der Regel bewusst sind. Soziale Arbeit unterstützt durch Anwendung sozialer Normen die Realisierung der erwünschten Zustände, die Voraussetzung sind, um Bedürfnisse bzw. legitime Wünsche zu befriedigen (funktionale Werte wie z.B. Friede, Ruhe, Ordnung).

Die Begründung von Problemen kann – zusätzlich zur normativen Bewertung – über Prognosen erfolgen, die ihrerseits auf bedürfnistheoretischen und weiteren Erklärungstheorien basieren (prognostische Begründung von Problemen).

Systemeigene Ressourcen sind diejenigen Eigenschaften der Ausstattung bzw. diejenigen sozialen Beziehungen, die für die Lösung des Problems aktiviert bzw. genutzt werden können.

d) Zur Methode der Problem- und Ressourcener-fassung, bezogen auf Wertprobleme (allgemeine Handlungstheorie)

Normative Begründung der verletzten sozialen Norm(en) und Standards und des verletzten Wertes/der verletzten Werte:

Der normative «Dreischritt» als Mittel zur argumentativen Unterstützung einer Problembestimmung (wertbezogene Analyse):

1. Was ist das Problem?
2. Welche soziale Norm/welcher Standard ist nicht realisiert, worin besteht die Abweichung konkret?
3. Welche/r Wert/e ist/sind nicht realisiert?

Prognostische Begründung, die sich auf Erklärungstheorien (insbesondere auf die Bedürfnistheorie) zum analysierten Problem stützt und die zukünftige unerwünschte Entwicklung einer Situation aufzeigt. Damit verweist die Prognose auf den Handlungsbedarf (Wichtigkeit und Dringlichkeit). Zur Prognose gehört die Einschätzung der systeminternen *Ressourcen*, die geeignet erscheinen, für die Problembearbeitung genutzt zu werden.

–> Kapitel G

6. Soziale Arbeit – eine komplexe Aktivität

Die Komplexität des weiter oben formulierten Gegenstandes ist unübersehbar. (Es ist ebenso klar, dass es noch weit komplexere Gegenstände und Tätigkeiten gibt – z. B. die Erforschung des Gehirns!). Die Ursachen und Folgen sozialer Probleme können physikalischer, chemischer, biologischer, psychischer oder sozialer Natur sein; soziale Probleme betreffen demnach mehrere Wirklichkeitsbereiche. In diesem Umstand liegt die Forderung nach *Transdisziplinarität* begründet, wie sie die hier vertretene Ausrichtung des Systemtheoretischen Paradigmas der Disziplin und der Profession Sozialer Arbeit (SPSA) letztlich anstrebt. Von «Komplexität» wird verbreitet gesprochen und geschrieben. Weil der Begriff stark verbreitet ist, wird er kurz erläutert. **37**

37

Das Problem der Komplexität und dem damit verbundenen methodischen Handeln im Beratungsprozess ist auch im Konzept der «kritischen Ereignisse» von Possehl implizit angesprochen (1993:391f.). – Substanzielle Ausführungen zur Bewältigung von Komplexität finden sich auch bei Meinhold (1998²:237f.).

Komplexität als ein Merkmal der Anforderungen an die Praxis Sozialer Arbeit kommt in folgenden Charakteristika zum Ausdruck (vgl. Obrecht, 1993, seinerseits in Anlehnung an Staub-Bernasconi):

- Variationsbreite der Probleme und der damit angesprochenen Wirklichkeits- und Theoriebereiche (ökologische, biologische, psychische, soziale und kulturelle);
- breite Altersstreuung und kulturelle/ethnische Vielfalt der Adressaten Sozialer Arbeit;
- zahlreiche soziale Niveaus und Systeme (Individuum, Diade, Familie, Heim- und Kleingruppe, Nachbarschaft, Gasse, Freizeit- und Kulturzentrum, Stadtteil usw.);
- unterschiedliche Interaktionsdauer und -tiefe je nach Organisationstyp und Adressaten (Heimalltag, Amtsvormundschaft, Freizeittreff);
- eine relativ grosse Zahl von Professionen und OrganisationsvertreterInnen, mit denen Sozialtätige kooperieren müssen;
- zahlreiche, qualitativ unterschiedliche Handlungsvollzüge, die sich aus dem dargestellten Komplexitätsspektrum ergeben;
- unterschiedlich strukturierte Träger- und Mitarbeiterinnenschaft (privat, staatlich; Professionelle – Laien; uni-/multiprofessionelle Teams u. a. m.);
- höchst widersprüchliche Erwartungen an den Beruf – beschrieben als doppeltes Mandat, als Widerspruch zwischen Hilfe und Kontrolle, Integration vs. Ausgrenzung, als Verwaltung des Mangels

versus Öffentlichwerden in Bezug auf die gesellschaftlichen Ursachen des Mangels.

Welche Folgerungen sind aus diesen Gegebenheiten zu ziehen? Sozialarbeiter und Sozialpädagogen bedürfen kognitiver Instrumente, um die Komplexität von Lebenssituationen ihrer Adressatinnen zu erkennen, sie zu erfassen, zu erklären und sie in der Praxis effektiv und effizient anzuwenden. Durch aktuelles Wissen und Einüben von Fertigkeiten können sie ihr eigenes Handeln innerhalb des jeweiligen praktischen Kontextes analysieren und wenn nötig verbessern.

Die folgende Abbildung 4 zeigt fokussierend auf professionelles Handeln auf, welches die Dimensionen komplexer Handlungen sind, wie sie Soziale Arbeit auszeichnen (ein Faktum, das selbst von den Angehörigen der Profession oft unterschätzt wird!). Es handelt sich um fünf Arten von allgemeinem Professionswissen. «Allgemein» meint hier: dieses Wissen benötigen Professionelle der Sozialen Arbeit überall, ungeachtet der konkreten Organisation, in der sie wirken, und ungeachtet spezifischer Zielgruppen. Es handelt sich um

a) wirklichkeitstheoretisches, systemisches Wissen (Abbilden von den Gegenstand der Sozialen Arbeit repräsentierenden Ausschnitten der Wirklichkeit bzw. entsprechender Situationen);
b) wissenstheoretisches und normatives handlungstheoretisches Wissen (Beachten logischer und damit systematisch vorzunehmender Handlungsschritte bzw. -phasen);
c) berufsethisches Wissen (Orientierung an berufsethischen Normen, eingeschlossen Menschenrechte);
d) akteur- bzw. kooperationsbezogenes Wissen (Wer ist in den Problemlösungsprozess einzubeziehen und in welcher Weise?);
e) dokumentationsbezogenes Wissen (systematisches und strukturiertes Festhalten der professionellen Aktivitäten).

Die Grafik auf der nächsten Seite ist entsprechend der vorstehenden Struktur – a) bis e) – gestaltet.

Abb. 4
Komponenten des
allgemeinen methodischen
Professionswissens

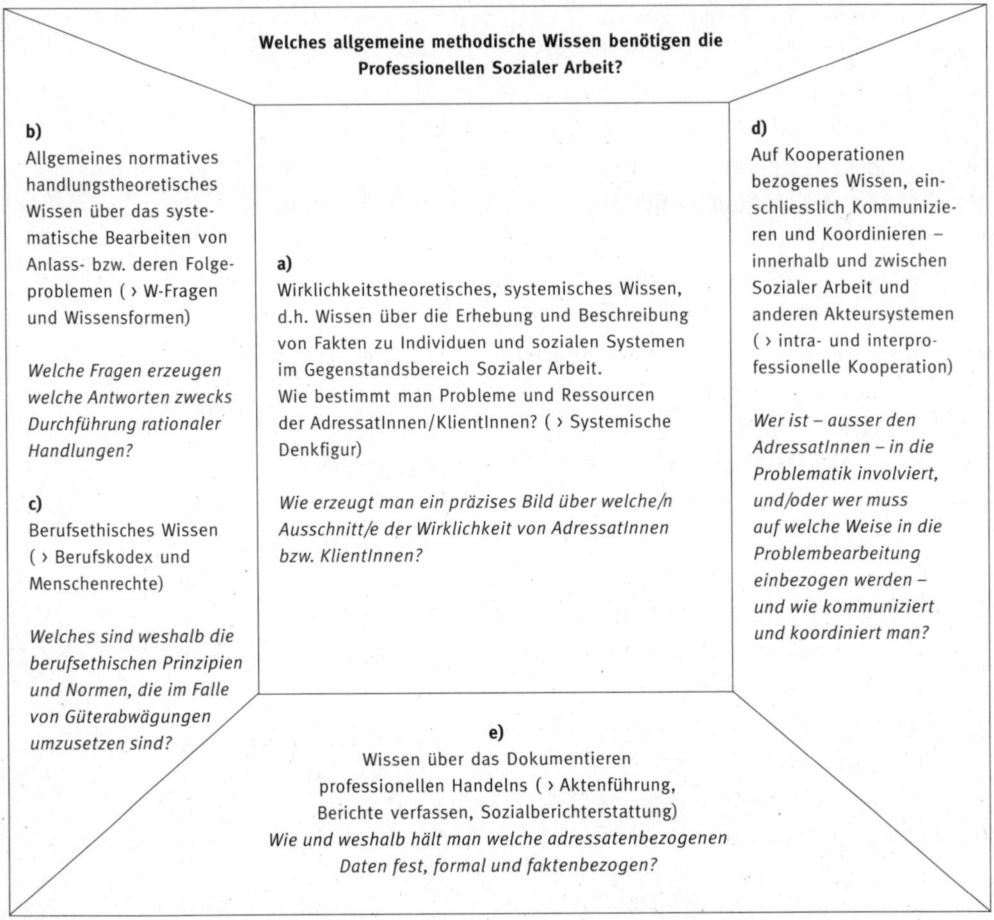

Welches allgemeine methodische Wissen benötigen die Professionellen Sozialer Arbeit?

b)
Allgemeines normatives handlungstheoretisches Wissen über das systematische Bearbeiten von Anlass- bzw. deren Folgeprobleme (› W-Fragen und Wissensformen)

Welche Fragen erzeugen welche Antworten zwecks Durchführung rationaler Handlungen?

c)
Berufsethisches Wissen (› Berufskodex und Menschenrechte)

Welches sind weshalb die berufsethischen Prinzipien und Normen, die im Falle von Güterabwägungen umzusetzen sind?

a)
Wirklichkeitstheoretisches, systemisches Wissen, d.h. Wissen über die Erhebung und Beschreibung von Fakten zu Individuen und sozialen Systemen im Gegenstandsbereich Sozialer Arbeit.
Wie bestimmt man Probleme und Ressourcen der AdressatInnen/KlientInnen? (› Systemische Denkfigur)

Wie erzeugt man ein präzises Bild über welche/n Ausschnitt/e der Wirklichkeit von AdressatInnen bzw. KlientInnen?

d)
Auf Kooperationen bezogenes Wissen, einschliesslich Kommunizieren und Koordinieren – innerhalb und zwischen Sozialer Arbeit und anderen Akteursystemen (› intra- und interprofessionelle Kooperation)

Wer ist – ausser den AdressatInnen – in die Problematik involviert, und/oder wer muss auf welche Weise in die Problembearbeitung einbezogen werden – und wie kommuniziert und koordiniert man?

e)
Wissen über das Dokumentieren professionellen Handelns (› Aktenführung, Berichte verfassen, Sozialberichterstattung)
Wie und weshalb hält man welche adressatenbezogenen Daten fest, formal und faktenbezogen?

Sozialarbeiterinnen und Sozialpädagoginnen stehen in der Praxis vor der Aufgabe, sich gleichzeitig innerhalb der fünf Bereiche des Professionswissens zu orientieren und bezogen auf diese problem-, ressourcen-, ziel- und situationsadäquat zu handeln. Diese hohen Anforderungen berechtigen sie, von Komplexität professionellen Handelns zu sprechen. Denn: Thema dieses Bandes sind vor allem die Wirklichkeitsbereiche (Ontologie), die allein ihrer Multidisziplinarität wegen bereits komplexer Natur sind.

7. Von Metatheorien über Objekttheorien zur Systemischen Denkfigur (SDF) (Stufe III des SPSA)

Der Zusammenhang zwischen der Wirklichkeits- und Erkenntnistheorie, dem Psychobiologischen Erkenntnis- und Handlungsmodell des Menschen (PsybiEHM) und der Systemischen Denkfigur (SDF) wird nun in zusammenfassender Form dargestellt: sie macht sichtbar, worauf die SDF (vorerst als Repräsentation eines Individuums) gründet, woher sie ihre grafische Gestalt erhalten hat. Die schematische Darstellung (Abb. 5) zeigt Folgendes: *Links* die Wirklichkeitsbereiche des Systemismus, die unten durch je entsprechende wissenschaftliche Disziplinen repräsentiert sind. In der *Mitte oben*, dem biologischen und psychischen Systemniveau «entnommen», die stilisierte Darstellung des PsybiEHM. Auf der *rechten Seite* die pragmatische Struktur des Analysemodells (SDF), das der Beschreibung eines Individuums dient, darunter ergänzt mit Hinweisen zu sozialen Konfigurationen, die die Beschreibung sozialer Systeme bzw. sozialer Beziehungen erlauben. In der aktualisierten SDF sind die Bezüge zum PsybiEHM möglichst unmittelbar hergestellt:

«*Rezeptoren*» *(R)* repräsentieren jene (biologischen) Komponenten des peripheren und des autonomen Nervensystems, die der Informationsaufnahme (Aufnahme von Reizen/Stimuli) dienen (zwecks Weiterleitung zum sensorischen Bereich); im pragmatischen Fokus stehen die Sinnesorgane. Dieser Aspekt hat in der «PSDF» bisher explizit gefehlt. «R» stellt sozusagen die «Eintrittspforte» von Informationen aus dem Organismus selbst und aus seiner Umwelt dar.

Die Dimensionen «*Erlebensmodi*» *und* «*Modell*» *(E/M)* entsprechen den psychischen Grundfunktionen und den höheren psychischen Funktionen des Zentralnervensystems im Sinne der Informationsverarbeitung, also sowohl psychischen Prozessen (u. a. Gefühlen und Lernen) als auch psychischen Zuständen (Wissen als Ergebnis von Lernen). Diese Verbindung ist einerseits eine Konzession an die frühere Version der Denkfigur (vgl. Geiser, 1990), aber andererseits – und wichtiger – ein ausdrückliches Festhalten an der Unterscheidung von psychischen Prozessen (E) [38] und psychischen Zuständen (M), weil diese praxisrelevant ist.

38
Zur Funktion der Kürzel
vgl. Kap. A 2.

Evolutionäre, naturalistische Wirklichkeitstheorie
> Ontologie = emergentistische Systemtheorie
(ontologischer Systemismus nach Bunge/Obrecht)

**Psychobiologisches Erkenntnis-
und Handlungsmodell
des Menschen (PsybiEHM)**
(nach Bunge/Obrecht)

ZNS: Zentralnervensystem
PNS: Peripheres Nervensystem

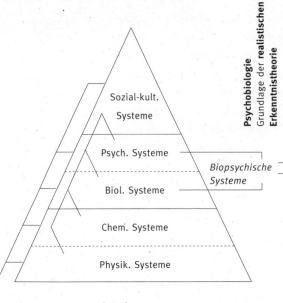

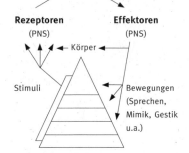

Internes Modell
Codes, Bilder, Werte
Psychische Grund- und höhere Funktionen
Bedürfnisse – Wünsche
Lernen – Wissen – Gedächtnis – Motivation –
Psychomot. Prozesse
(ZNS: Gehirn und Rückenmark)

Rezeptoren   **Effektoren**
(PNS)   (PNS)

Stimuli   Körper

Bewegungen
(Sprechen,
Mimik, Gestik
u.a.)

Physik., chem., biol.,
psych., soz. u. kult. Systeme
Umwelt

Die oben dargestellten Niveaus deuten an, dass
Eigenschaften der unteren Niveaus in denjenigen der
oberen Niveaus als Subsysteme enthalten sind,
aber nicht umgekehrt (emergente Eigenschaften).
Zeitlich gesehen hat sich die jetzige Gestalt der
Wirklichkeit so entwickelt, dass die komplexeren
(oberen) Niveaus sukzessive aus den einfacheren
(unteren) im Rahmen eines selbstorganisierenden
Prozesses hervorgegangen sind (einschliesslich
Rückkoppelungen – angedeutet mit je nach rechts
unten weisenden kurzen Linien).

**Biopsychosoziale Theorie
menschlicher Bedürfnisse**
(Obrecht)

Theorie sozialer Probleme (Staub-Bernasconi; Obrecht)

Theorie sozialer Systeme (Obrecht)

Wert- bzw. Kriterienprobleme (Staub-Bernasconi)
Werttheorie (Axiologie)
Moralischer Realismus (Obrecht)
> s. Kap. G

Disziplinen bzw. Theorien je ontologische Niveaus und niveauübergreifend

Aktualisierte Systemische Denkfigur (SDF)
Operationalisiertes Modell zur Erfassung von Problemen und
Ressourcen – (frühere Version: PsDF nach Staub-Bernasconi)

Abb. 5
Schematische Darstellung
des metatheoretischen
und objekttheoretischen
Rahmens als Grundlage für
die SDF

1. Individuum

**Ausstattung mit Kompetenzen
des Erkennens/Erlebens und Wissens**
Informationsverarbeitung, Denken, Wissen als
Ergebnis des Lernens (Gedächtnis), Bedürfnisse
und Wünsche (Affekte), Motivation
Erlebensmodi – Modell (Codes, Bilder, Werte) (E/M)

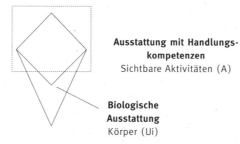

**Informations-
aufnahme**
Stimuli (R)

**Ausstattung mit Handlungs-
kompetenzen**
Sichtbare Aktivitäten (A)

**Biologische
Ausstattung**
Körper (Ui)

Soziale Ausstattung
Sozioökonomische, -ökologische
und -kulturelle Eigenschaften,
Mitgliedschaften (Ue)

= zur biologischen
Ausstattung gehörend

2. Soziale Systeme bzw. soziale Beziehungen

2.1 Austauschbeziehungen
(formal horizontal strukturierte Systeme)

2.2 Machtbeziehungen
(formal vertikal strukturierte Systeme)

3. Werte und Wertprobleme
Begründungen für die Bestimmung sozialer Probleme,
bezogen auf 1. und 2.

Im Rahmen der Situationsanalyse erfolgt der Beizug weiterer *Beschreibungs- und Erklärungstheorien*
(Objekttheorien bzw. entsprechende Begriffe), insbesondere aus den Disziplinen Biologie, Psychologie,
Psychopathologie, Soziologie, Sozialpsychologie, Ökonomie.

«Aktivitäten» (A): Diese Dimension der Denkfigur entspricht den Effektoren des PsybiEHM. Mit «Aktivität» beschreiben wir äusseres Verhalten des Organismus und Handeln als psychomotorischen Ausdruck der Verbindung zwischen dem Zentralnervensystem und den entsprechenden Komponenten des peripheren Nervensystems. Weil ebenfalls praxisrelevant, wird hier auch das Nicht-Tun bzw. Nicht-Können beschrieben.

«Umwelt intern» (Ui) und «Umwelt extern» (Ue) sind gegenüber früheren Versionen unverändert. «Ui» meint die biologischen Eigenschaften, den gesamten Körper bzw. das interne Milieu eines Individuums, die körperliche Gesundheit und körperliche Unversehrtheit allgemein. Unter der Dimension «Ue» werden die soziale Ausstattung des Individuums, also sowohl die sozioökonomischen, -ökologischen als auch soziokulturellen Eigenschaften wie auch die sozialen Mitgliedschaften (Rollen) erfasst.

Allein ein visueller Vergleich zwischen PsybiEHM und SDF zeigt deren weitgehende Übereinstimmung: Die jeweiligen Grafiken repräsentieren ein Individuum mit je fünf Komponenten bzw. Ausstattungsdimensionen und ihren jeweiligen Relationen, die der Erfassung und Beschreibung möglicher Interaktionen dienen. Eine Analyse mit Hilfe der SDF ist demnach bereits auf der Stufe des Individuums eine systemische Analyse – im Sinne des SPSA –, nicht erst die Analyse von Austausch- und Machtbeziehungen.

Abschliessend weist Abb. 6 auf den «Ort» der SDF innerhalb des professionellen Wissens hin: Die Abb. 4 (S. 86) wird mit der SDF ergänzt. Die Grafik zeigt auf, dass a) professionelles Handeln sich in einem zu bestimmenden und zu bearbeitenden Problem- und Ressourcenbereich bewegt, den man mit Hilfe der SDF ontologisch strukturieren kann, b) im Laufe der systematischen Problemlösung ausgewählte Bereiche gemäss a) bearbeitet werden und c) bestimmte Akteure in die Problemlösung einzubeziehen sind (Wer-Frage) bzw. Kooperation erforderlich wird (vgl. Geiser, 2006:361f.).

Abb. 6

Komponenten des allgemeinen
methodischen Professions-
wissens – ergänzt durch die SDF

**Welches allgemeine methodische Wissen benötigen die
Professionellen Sozialer Arbeit?**

b)

Allgemeines normatives
handlungstheoretisches
Wissen über das syste-
matische Bearbeiten von
Anlass- bzw. deren Folge-
probleme (› W-Fragen
und Wissensformen)

*Welche Fragen erzeugen
welche Antworten zwecks
Durchführung rationaler
Handlungen?*

c)

Berufsethisches Wissen
(› Berufskodex und
Menschenrechte)

*Welches sind weshalb die
berufsethischen Prinzipien
und Normen, die im Falle
von Güterabwägungen
umzusetzen sind?*

a)

Wirklichkeitstheoretisches, systemisches Wissen,
d.h. Wissen über die Erhebung und Beschreibung
von Fakten zu Individuen und sozialen Systemen
im Gegenstandsbereich Sozialer Arbeit.
Wie bestimmt man Probleme und Ressourcen
der AdressatInnen/KlientInnen? (› Systemische
Denkfigur)

*Wie erzeugt man ein präzises Bild über welche/n
Ausschnitt/e der Wirklichkeit von AdressatInnen
bzw. KlientInnen?*

Wissen über Individuen	Wissen über horizontal strukturierte soziale Systeme bzw. Beziehungen	Wissen über vertikal strukturierte soziale Systeme bzw. Beziehungen

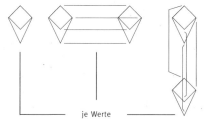

je Werte

d)

Auf Kooperationen
bezogenes Wissen, ein-
schliesslich Kommunizie-
ren und Koordinieren –
innerhalb und zwischen
Sozialer Arbeit und
anderen Akteursystemen
(› intra- und interpro-
fessionelle Kooperation)

*Wer ist – ausser den
AdressatInnen – in die
Problematik involviert,
und/oder wer muss
auf welche Weise in die
Problembearbeitung
einbezogen werden –
und wie kommuniziert
und koordiniert man?*

e)

Wissen über das Dokumentieren
professionellen Handelns (› Aktenführung,
Berichte verfassen, Sozialberichterstattung)
*Wie und weshalb hält man welche adressatenbezogenen
Daten fest, formal und faktenbezogen?*

8. Folgerungen für die professionelle Analyse

Soziale Probleme begründen den Anspruch an eine umfassende Analyse einer für die Soziale Arbeit relevanten Situation: Sie bildet Ausschnitte der Gegenstandsbeschreibung Sozialer Arbeit ab. Sie muss sowohl die Beschreibung der involvierten Individuen als auch diejenigen der strukturellen und kulturellen Eigenschaften der sozialen Gebilde enthalten, deren Mitglieder die Individuen sind.

Aufgrund der Ausführungen zum Gegenstand Sozialer Arbeit und zu sozialen Problemen werden erste Folgerungen bezüglich der Inhalte, die eine Situationsanalyse umfassen sollte, gezogen. Es sind vorerst Informationen u. a. zu folgenden drei Aspekten zu erheben:

- *Zeitausschnitt* (Vergangenheit, Gegenwart, Zukunft);
- *Akteure,* die die Situation (mit)bestimmen bzw. von ihr (mit)bestimmt werden (Adressaten, Angehörige, Nachbarn, andere Fachleute, Mitglieder von Behörden, aber auch kollektive Akteure wie ein Betrieb oder eine Verwaltung u.a.);
- massgebende *Wirklichkeitsausschnitte in einem definierten Raum* (physikalisch-chemisch, biologisch, psychisch, sozial und kulturell).

Die Inhalte der Wirklichkeitsausschnitte, die durch Soziale Arbeit bearbeitet werden, müssen mit deren Gegenstand kohärent sein. Im weiteren sind qualitative und quantitative Aspekte sozialer Probleme in Form und Inhalt so konkret und eindeutig zu beschreiben, dass sich das so beschriebene Bild über die Situation für eine Bewertung als «problemlos», «problematisch» oder – mit Blick auf offensichtliche Probleme –, als «ressourcenhaltig» eignet. Ein solches Vorgehen setzt voraus, dass das Instrument selbst auf Theorien basiert, denn nur dann stehen Begriffe zur Verfügung, die eine professionelle Beschreibung erlauben.

Im folgenden Kapitel wird die SDF in differenzierter Weise vorgestellt.

C Analyse des Individuums

In der Praxis Sozialer Arbeit sitzen sich mindestens zwei Individuen gegenüber: der Adressat und der Sozialarbeiter oder Sozialpädagoge. Im Rahmen der Problem- und Ressourcenanalyse werden die einzelnen Individuen bzw. ausgewählte Dimensionen mit ihren Eigenschaften analysiert. Das Denken, Fühlen und Handeln von Individuen kann jedoch ohne Einbezug ihrer konkreten sozialen Position in ihrer sozialen Umwelt nicht verstanden werden. Deshalb gehört der bewusste Einbezug der sozialen Systeme, welche Mitgliedschaften implizieren, zur professionellen Vorgehensweise – Einsiedler als Adressaten sind in der Sozialen Arbeit doch selten.

Die SDF steht auch dann für ein Individuum, wenn z. B. die Beziehung zwischen einem Klienten und einer Organisation – die Kleinkreditbank, das Steueramt, das Jugendheim u. ä. – analysiert wird. Beziehungen zwischen Organisationen – als eine Form sozialer Systeme – und Klientsystemen werden beidseits durch Individuen wahrgenommen. Organisationen werden durch entsprechend mandatierte Individuen repräsentiert; sie agieren deshalb nicht als natürliche Personen, sondern als Personen, die im Auftrag und mit den Ressourcen eines «korporativen Akteurs» (Coleman, 1986) tätig werden. Der oder die Vertreter von Organisationen handeln, abhängig von ihrer hierarchischen Stellung in der Organisation, wissen über ihre Rechte und Pflichten Bescheid, verfügen über entsprechendes Sachwissen und handeln gegenüber dem Klienten im Rahmen ihrer Kompetenzen bzw. Positionsmacht.

Dieses Kapitel beginnt mit Ausführungen zum menschlichen *Organismus* (Ui) als Basis jeglicher Existenz überhaupt: Ohne Körper sind alle übrigen Dimensionen, d.h. die psychische und soziale, inexistent (Kap. C 1). Anschliessend folgt die Beschreibung von *sozialen Eigenschaften* des Individuums (Ue), weil sie Voraussetzungen für die Existenzsicherung, für die Befriedigung von Bedürfnissen und für die Chancen der sozialen Integration des Individuums darstellen (Kap. C 2). Im Weiteren werden die bereits erwähnten Differenzierungen von Ui ausgeführt: Wir beginnen der «Prozesslogik» entsprechend bei den *Rezeptoren* (R) als «Eingangspforte» zum sensorischen Bereich und damit des Organismus für Informationen verschiedenster Art (Kap. C 3). Anschliessend «springen» wir zu den *Erlebensmodi und zum Modell* (E/M), wo die Informationsverarbeitung stattfindet (Kap. C 4). In einem vorletzten Schritt wird äusseres *Verhalten bzw. Handeln* (A) beschrieben (Kap. C 5). Richten wir den Blick auf Beziehungschancen: Die individuelle Ausstattung ist mitbestimmend für Möglichkeiten und Chancen des In-Beziehung-Tretens mit Anderen; sie bildet die Potenziale für Mitgliedschaften bzw. soziale Beziehungen in formal horizontal und formal vertikal strukturierten sozialen Systemen (Kap. C 6 und C 7). – Schliesslich werden ausgewählte Relationen bzw. konkrete Interaktionen zwischen den fünf Dimensionen der SDF (als Individuum) illustriert (Kap. C 8).

Die Abb. 7 auf der folgenden Seite beschreibt die Denkfigur und ihre Dimensionen.

Die hier vorgenommene Differenzierung biologischer Eigenschaften ist das Ergebnis einer Auswahl: Weil die Funktionen des sensorischen, assoziativen und des psychomotorischen Bereichs des Gehirns für das Verstehen menschlichen Denkens, Fühlens und Handelns im Rahmen eines bestimmten sozialen und kulturellen Kontextes und somit für die Soziale Arbeit entscheidend sind. Dieses allgemeine Wissen erleichtert es Sozialarbeiterinnen und Sozialpädagoginnen, die biologischen, psychischen, sozialen und kulturellen Aspekte als Bestimmungsgrössen für die soziale Position von Individuen, für ihre soziale Integration und damit für das Verhältnis zwischen Individuen und sozialen Systemen zu erkennen. Dieses Wissen befähigt sie, sowohl kompetent mit verschiedensten Akteuren in unterschiedlichen sozialen und kulturellen Kontexten zu arbeiten wie auch fundiertes (Selbst-)Wissen über das eigene Wissen, Fühlen,

Abb. 7
Die «Systemische Denkfigur»
im Detail (Individuum)

Ausstattung mit Kompetenzen des Erkennens/Erlebens und des Wissens

Wissen (Kognitionen), Bedürfnisse und Wünsche (Affekte) und Motivation als
Grundlagen des sichtbaren Verhaltens und Handelns

Informationsverarbeitung ←———————→	**Wissen im weitesten Sinne**
Erlebensmodi › E	Modell (Codes, Bilder, Werte) › M
Psychische Prozesse wie	**Psychische Zustände** wie Selbst- und
Empfindung, Aufmerksam-	Fremdbilder, Welt- und Menschenbilder,
keit, Wahrnehmung,	Erfahrungen, Erklärungen, Prognosen,
Denken, Emotionen/Gefühle,	Motivationen, Ziele und Pläne, Wissen
Bewertung u.a.	über Verfahren und Mittel (Gedächtnis)

*Lernen i.w.S.
Gedächtnis*

Biologische, biopsychische und biopsychosoziale **Bedürfnisse** wie z.B. nach körperlicher Integrität,
nach «Sinn» und Orientierung im Alltag, in der Gesellschaft, in der Welt; nach Abwechslung;
nach Kontrolle und Kompetenz; nach Autonomie; nach sozialen Beziehungen; nach Anerkennung;
nach Unverwechselbarkeit

Informationsaufnahme

via Rezeptoren › R
Auftreffen von Reizen (Stimuli)
von aussen wie aus dem
Organismus selbst

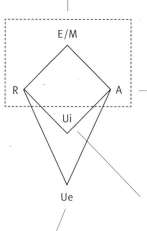

Ausstattung mit

Handlungskompetenzen › A
Sichtbare Aktivitäten des
Organismus, u.a. wert- und
zielgerichtetes,

· automatisiertes,
· rollenbezogenes,
· strategisch-kreatives Handeln und
· Gewohnheiten

Biologische Eigenschaften › Ui
Körper als Biosystem

Soziale Ausstattung des Individuums › Ue

(ohne soziale Beziehungen)

· *sozioökonomische Eigenschaften*
  Bildung, Arbeit und Einkommen/Kapital bzw.
· *gesellschaftliche Position* aufgrund dieser drei
  Rangdimensionen
· *Mitgliedschaften* (soziale Rollen mit Rechten
  und Pflichten)
· *soziokulturelle Eigenschaften* und
· *sozioökologische Eigenschaften des Umfeldes.*

Der eingerahmte Bereich stellt eine Differenzierung der biologischen Ausstattung (von Ui)
dar. Die nähere Betrachtung dieser Dimensionen
interessiert, weil sie diejenigen biologischen Zustände und Prozesse repräsentieren, die identisch
sind mit psychischen Funktionen. E/M repräsentiert die wesentlichen Funktionen des Zentralnervensystems (insbesondere diejenigen des sensorischen, assoziativen und psychomotorischen
Cortex'); R sind Komponenten des peripheren bzw.
des autonomen, A des peripheren Nervensystems.

Denken und Handeln zu erwerben, eine Voraussetzung für Selbstreflexion.

Die systematische und strukturierte Analyse der individuellen Ausstattung führt zur Beschreibung von a) nicht bewerteten Fakten, b) von bewerteten Fakten als Probleme und – mit Blick auf die Probleme – c) von bewerteten Fakten als Ressourcen (zur Bewertung vgl. Kap. G).

Im Folgenden werden die Ausführungen zu den fünf Ausstattungsdimensionen (Ui, Ue, R, E/M und A) je einheitlich strukturiert und zwar nach

- ausgewählten Fragen;
- Erläuterungen, u.a. mit Hinweisen auf Bedürfnisse und damit zu den für die Beurteilung einer Situation massgebenden Werten;
- beispielhaften Hinweisen zu Problemen und Ressourcen, insbesondere jedoch auf mögliche soziale Probleme eines Individuums aufgrund seiner individuellen Ausstattung.

Zu Beginn jedes Unterkapitels (1.–7.) wird mit Hilfe der Denkfigur die Beschreibung eines Individuums, Herrn Meier, vorgenommen; *zur Beschreibung gehören auch die Probleme und Ressourcen, die Herr Meier selbst erwähnt.* Seine aktuelle Situation präsentiert sich wie folgt:

Auf dem Sozialamt hat der Sozialarbeiter mit Herrn Meier zwei Gespräche geführt. Die bis dahin vorliegenden Informationen lassen sich in Form eines Fliesstextes wie folgt zusammenfassen und in den Akten festhalten:

Herr Meier ist 49-jährig. Er ist offensichtlich übergewichtig (Gewicht?), hat ein rötliches, aufgedunsenes Gesicht, atmet schwer, ist Kettenraucher. Er ist seit 3 Monaten arbeitslos. Er arbeitete als Magaziner in einem Geschäft der Elektrobranche. Er hat nie einen Beruf erlernt. Seinerzeit, vor rund 25 Jahren, ist er als Hilfsarbeiter in die Firma eingetreten, arbeitete auf Montage und erhielt dann vor rund 10 Jahren das Warenlager zur Verwaltung übertragen. Die Begründung für die Kündigung war «Redimensionierung» wegen Rückgangs der Bautätigkeit. Er erzählt, sichtlich verbittert, dass es gerade ihn getroffen habe, weil er in den letzten fünf Jahren zunehmend auch persönliche Probleme gehabt habe und immer noch habe: seit drei Jahren sei er geschieden, habe hohe Alimente an seine Exfrau und die 17-jährige Tochter bezahlen müssen. Und auch das Steueramt sei auf ihn losgegangen, weil er die Steuern nicht habe bezahlen können (rund SFr. 4000.– Schulden). Dann habe er halt einen Kleinkredit über SFr. 12 000.– aufgenommen, um einen Gebrauchtwagen zu kaufen. Dieser sei unterdessen zu Schrott zerfallen. Zurzeit werde von der Kleinkreditbank her mit der Betreibung (Zwangsvollstreckung) gedroht. Bis jetzt habe er auf jeden Fall die Krankenversicherung regelmässig bezahlt. [1]

Herr Meier meint, er sehe weder ein noch aus. Er habe sich schon unzählige Male für Hilfsarbeiterstellen beworben, aber er bekomme nicht mal eine Antwort. Wenn er sich vorstellen könne, gäben ihm die Personalchefs rasch zu verstehen, dass sie mit ihm kein Risiko eingehen wollten. Sie hätten offensichtlich Angst, er sei dann häufig krank, was zurzeit schon zutreffe (er klagt über Atem-, Herz- und Magenbeschwerden, aber auch über Sehstörungen). Aber dennoch sei es eine Gemeinheit: seine Erfahrung sei einfach nicht gefragt. Wenn er arbeite, dann verlässlich. Was er denn eigentlich noch tun solle? Stempeln gehen und den Tag totschlagen, das habe er sich nie so vorgestellt (er bezieht monatlich SFr. 3100.– an Arbeitslosenunterstützung, wie lange noch, ist unklar). Manchmal frage er sich am Morgen, ob er überhaupt aufstehen solle, was das Ganze eigentlich noch für einen Sinn habe. Und lange Tage seien es, wenn er nichts zu tun habe. In der Kneipe, wo er seine Kollegen getroffen habe, wolle er sich nicht mehr zeigen, das sei ihm peinlich.

Seine Tochter wolle kaum noch etwas von ihm wissen, was ihn gleichzeitig ganz machtlos und wütend mache. Er könne die Alimente gemäss Scheidungsurteil nicht bezahlen, wolle sich auch nicht um diese Pflicht drücken, aber er müsse auch von etwas leben (Höhe der Alimentenschulden?). Seine 2-Zimmer-Wohnung, für die er SFr. 880.– bezahle, könne er vielleicht auch nicht mehr lange behalten.

Was während der zwei Besprechungen nicht zur Sprache gekommen ist, ist der Verdacht des Sozialarbeiters, dass Herr Meier dem Alkohol in reichem Masse zuspricht (er riecht nach Alkohol).

[1]
In der Schweiz müssen die Prämien für die Krankenversicherung – auch der obligatorisch Versicherten – durch die Versicherten selbst einbezahlt werden.

Einleitend zu jeder Dimension wird zwecks Illustration eine Denkfigur gezeichnet und die entsprechenden Aussagen von Herrn Meier werden eingetragen. Auf diese Weise kann die obenstehende Schilderung in Form eines Fliesstextes strukturiert werden.

1. Biologische Ausstattung: Der menschliche Organismus (Ui)

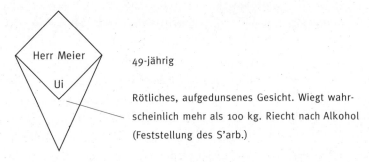

49-jährig

Rötliches, aufgedunsenes Gesicht. Wiegt wahrscheinlich mehr als 100 kg. Riecht nach Alkohol (Feststellung des S'arb.)

Problem (durch Klienten benannt):
Leidet unter Atem-, Herz- und Magenbeschwerden

Ausgewählte *Fragen:* In welchem körperlichen Zustand befindet sich das Individuum? Sind Körperfunktionen beeinträchtigt? Welche vorhandenen oder fehlenden biologischen Eigenschaften führen zu welchen unerwünschten sozialen Problemen? Welche körperlichen Ressourcen liegen allenfalls brach und könnten entsprechend (re)aktiviert und genutzt werden?

Erläuterungen: Hier interessieren Prozesse und Zustände des Körpers als biologisches System, soweit Adressaten darüber berichten und soweit sie für Sozialarbeiter und Sozialpädagogen sichtbar sind. Biologische Eigenschaften sind wohl an das Individuum gebunden, teilweise aber für andere Menschen wahrnehmbar. Diese reagieren in vielfältiger Weise darauf: Es interessieren in sozialer Hinsicht die *kulturelle Bedeutung und die strukturellen Effekte biologischer Eigenschaften:* das Alter, das Geschlecht, die Gesundheit, die Hautfarbe, die Grösse und das Gewicht, die Stimme, aber auch die soziale Wirkung körperlicher Schönheit bzw. von Missbildungen. Das periphere

Nervensystem und das Zentralnervensystem mit Gehirn und Rückenmark sind grundlegende Komponenten des biopsychischen Systems «Mensch» (vgl. die Konkretisierungen unter R, E/M und A). Schädigungen des Zentralnervensystems und/oder der Informationsaufnahme dienenden Sinnesorgane können die psychischen Grundfunktionen beeinträchtigen. Mit anderen Worten: Bestimmte psychische Prozesse, die hier als emergente biologische Prozesse verstanden werden, verlaufen nicht erwartungsgemäss und beeinträchtigen mit hoher Wahrscheinlichkeit das Denken, Fühlen und Handeln und damit das Wohlbefinden.

Die sozioökonomischen, -ökologischen und -kulturellen Bedingungen ermöglichen die *Befriedigung von Bedürfnissen* nach physischer Integrität und existenzieller Sicherheit; andernfalls bestehen soziale Probleme. Die hinter diesen «Grund»-Bedürfnissen stehenden gesellschaftlichen oder funktionalen *Werte* [2] sind Gesundheit, Gerechtigkeit und persönliche Verfügung über Eigentum, Zugehörigkeit im Sinne von Rechten und Pflichten und Autonomie (Bedürfnisse und Werte in Bezug auf konkrete Beziehungen werden in den Kapiteln C– F diskutiert). – Im Rahmen der Problem- und Ressourcenanalyse halten wir hier auch nichtmotorische Äusserungen des Organismus wie Schwitzen oder Erröten fest.

2
Zur Definition von «Werte» siehe S. 253/254

Probleme und deshalb für die Soziale Arbeit relevant sind vorerst Mängel bzw. Überschüsse in Bezug auf körperliche Zustände und Prozesse, welche die Gesundheit, die körperliche Integrität und die körperliche Leistungsfähigkeit beeinträchtigen. Unterernährung bzw. falsche Ernährung, Übergewicht, Fett- und Magersucht, akute und chronische Krankheiten, Unfälle und körperliche Behinderungen, Sexualprobleme und Unfruchtbarkeit, Beschädigungen der Sinnesorgane (> R) und der nicht beeinflussbaren motorischen Bewegungsabläufe wie Lähmungen oder Zuckungen (> A) können ebenfalls Themen im Rahmen einer Situationsanalyse sein. Soziale Probleme sind soziale Benachteiligungen aufgrund biologischer Eigenschaften wie z. B. geringere Bildungschancen von Mädchen oder Frauen, aber auch sexuelle Ausbeutung und Gewalt gegenüber Frauen und entsprechende körperliche Verletzungen. Soziale Probleme sind Diskriminierungen auf dem Arbeits- und Wohnungsmarkt aufgrund der Hautfarbe usw. Ebenso können Einschätzungen wie «zu alt sein», «zu gross sein», «zu schön sein» ein soziales Interaktionsproblem darstellen. Das letzte Beispiel weist auf ästhetische Kriterien hin, mit denen das körperliche Aussehen bewertet wird – mit sozialen Vor- oder Nachteilen. Missbildungen oder Entstellungen lösen Leiden aus und beeinträchtigen Beziehungschancen, was wiederum das Leiden verstärken kann (Folgeproblem). Als sozial problematisch sind auch *Bevorzugungen* allein aufgrund des Alters, des Geschlechts oder der Hautfarbe einzuschätzen.

Gegenstand sozialpolitischer Aktivitäten sind die kollektiven sozialen Probleme körperliche Behinderung, Alter, Krankheit, Pflegebedürftigkeit, AIDS, Drogensucht, Alkoholismus und unerwünschte Schwangerschaft.

Schäuble (1994, S. 70 f.) erwähnt im Zusammenhang mit der Entstehung von Armut auch biologische Ungleichheiten bezüglich sozialer Beziehungschancen: «Insoweit sind sanktionierende Selektionen von Zu- und Abwendungen und Sinngebungen, die sich auf Leistungsnormen, Schönheitsideale, sinnliche Lust, erregende Äusserlichkeiten und Gesundheitserwartungen richten, universal. Alle, die nicht voll mithalten können, also hinsichtlich der normalen Teilnahme am gesellschaftlichen Leben auf zeitintensive, womöglich pflegerische/ therapeutische/verwaltende/erzieherische Tätigkeiten und Zuwendungen angewiesen sind, provozieren, solange Attraktivitäts-, Schönheits-, Wert- und Knappheitskonkurrenzen bestehen, niedrige positive Interaktionsdichten aus ganz unterschiedlichen Gründen.»

Als *Ressourcen* gelten – je nach Problem – Gesundheit, Kraft, attraktives Aussehen und jugendliches Alter – entsprechend den kulturell oder subkulturell geltenden Normen –, Zeugungs- und Gebärfähigkeit, Körperpflege/Hygiene. Die Ressource «Körper» wird sichtbar in der Möglichkeit, ihn in sozialen Beziehungen einzusetzen wie z.B. als attraktives Medium in erotisch-sexuellen Beziehungen, als Kraftquelle zur Selbstverteidigung, als Machtquelle aufgrund der Masse «vieler Körper» bei einem Sitzstreik u.a.m. Andererseits kann Krankheit als eine (soziale) Ressource gesehen werden, weil die Notwendigkeit der Pflege minimale Beziehungen sichert.

2. Die soziale Ausstattung des Individuums – Sozioökonomische, sozioökologische und soziokulturelle Eigenschaften (Ue)

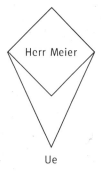

Abb. 9
Illustration zu Ue

- Vater einer 17-jährigen Tochter
- Geschieden seit drei Jahren
- Kein anerkannter Berufsabschluss
- Arbeitslos seit drei Monaten
- Bezieht Leistungen der
  Arbeitslosenversicherung
- Ist krankenversichert

Probleme (durch Klienten benannt):
- Alimentenschulden (Betrag?)
- Steuerschulden (rund SFr. 4 000.–)
- Kleinkreditschulden (SFr. 12 000.–)

Ressourcen (durch Klienten benannt):
- *Hat günstige Wohnung: wohnt in*
  2-Zi.-Wohnung (SFr. 880.–)

Ausgewählte Fragen zu Ue:

1. Welche Teilhabe an welchen Gütern bestimmt in einer Gesellschaft die menschliche Existenz (Bildung, Beruf/Beschäftigung, Einkommen, allenfalls Boden/Kapital)?
2. Welche Sicherheiten bestehen gegenüber den Risiken Krankheit, Behinderung, Bildungs- und Arbeitsplatz, Ausfall von Einkommen wie auch von Grundbesitz und Vermögen (Sozialversicherungen, Stipendien usw.)?
3. Welchen sozioökonomischen Konsum (Lebensstil) kann sich jemand aufgrund von 1. und 2. leisten (notwendigste Konsumgüter > Luxus)?

4. Welche sozioökonomischen und sozioökologischen Eigenschaften weist die unmittelbare Alltagsumgebung auf (Infrastruktur, Wohnung, Arbeitsplatz, Freizeitumgebung)?
5. In welcher Weise wirken sich soziokulturelle Eigenschaften aufgrund von ethnischer oder religiöser Zugehörigkeit auf die soziale Position von Menschen im Rahmen bestimmter struktureller und kultureller Gegebenheiten einer Gesellschaft aus?
6. Welche Mitgliedschaften und sozialen Rollen weisen die Adressaten aus bzw. werden ihnen zugeschrieben?

Erläuterungen: Bildung, Erwerbsarbeit und Einkommen sind für Individuen in unterschiedlichem Masse oder gar nicht zugänglich oder werden ihnen von mächtigeren Akteuren vorenthalten. Es handelt sich um drei Statusmerkmale; die sich aus ihnen ergebende Statuskonfiguration konstituiert die *soziale Position* eines Individuums. Statusmerkmale erfahren soziale Zuschreibungen in Form von Schichtzugehörigkeit und *Prestige*. Rollenstatus bzw. soziale Position und entsprechendes Prestige sind emergente Eigenschaften des Individuums, die es erst als Mitglied sozialer Systeme «erwirbt».

Aus *bedürfnistheoretischer Sicht* ist die soziale Ausstattung von Individuen, eingeschlossen Mitgliedschaften, Bedingung für die Befriedigung der biologischen und der psychischen Bedürfnisse. Der Zugang zu und die Nutzung von Bildung, Erwerbsarbeit und Einkommen stellen grundlegende Voraussetzungen für soziale Teilnahme und Teilhabe dar (funktionale Werte). Individuen bedürfen sozialer Interaktionen, um Zugang zu gesellschaftlichen Gütern zu haben. Ökonomische, ökologische und kulturelle Ausstattungen entscheiden nicht nur über den entsprechenden Status bzw. die Schichtzugehörigkeit von Menschen, sondern wiederum über private und berufliche Beziehungschancen. [3] In der Regel sind gut ausgebildete Menschen in angesehenen Berufen tätig, sind finanziell gut abgesichert, leben in immissionsarmer Umgebung und haben Zugang zu Einkaufsmöglichkeiten, Schulen, medizinischer Versorgung und nicht zuletzt zu machthaltigen Positionen in Beruf und Politik; die einmal erreichte soziale Position wiederum verleiht die Chance, an den Gütern teilzuhaben, sich via Macht knappe Güter anzueignen, sie zu sichern, wieder zu verteilen oder sie anderen vorzuenthalten. Auch die Freizeitumgebung ist attraktiv. Kurz: Sie verfügen über eine hohe *Lebensqualität,* sie sind u. a. auch gesünder. Aus der Sicht der Sozialen Arbeit stellt

3
Vgl. Geissler, 1994².

sich die Schlüsselfrage, welche *Wahlmöglichkeiten* ihre Adressaten hinsichtlich ihrer konkreten Lebensgestaltung haben. Muss jemand jede Art von Arbeit annehmen? Verfügt eine Person über ein Einkommen, das nur den Zwangsbedarf deckt? Kann die Person überhaupt eine andere Wohnung abseits der Autobahn bezahlen? Aufschlussreiche Daten zu den Bedingungen und einzelnen Aspekten von «Lebensqualität» liefern u. a. Armutsstudien und Studien über den Zusammenhang zwischen sozialer Schicht und Lebenschancen. [4]

Nacheinander werden beispielhaft Aspekte von Ue, nämlich a) sozioökonomische, b) sozioökologische, c) soziokulturelle Eigenschaften und d) Mitgliedschaften beschrieben.

a) *Sozioökonomische Eigenschaften* – vor allem – inbezug auf Bildung, Beruf und Einkommen/Kapital.
Bezüglich der *Bildung* kann jemand ein unterschiedlich tiefes bzw. hohes Niveau aufweisen, innerhalb des Spektrums Sonderschule bis Lehr- oder Universitätsabschluss. [5]
Hinsichtlich der *Berufstätigkeit* lassen sich statusbestimmende Unterschiede nachweisen aufgrund der hierarchischen Stellung und der damit verbundenen Funktionen in einem Betrieb. [6] Aber auch aufgrund des Gegenstandes, den jemand entwirft, entwickelt oder herstellt: vom Anbau und der Pflege des Bodens zur Erzeugung einfacher Gegenstände über die Entwicklung hochkomplexer Technologien und Techniken bis hin zu wissenschaftlicher Forschung. Dies unter der Voraussetzung, dass jemand überhaupt einer Erwerbstätigkeit nachgehen kann und nicht zu den Erwerbslosen gehört. [7]
Inbezug auf die *Einkommens- und Vermögensverteilung* geben wiederum Armutsstudien, Sozialhilfe- und Steuerstatistiken Einblick in die unterschiedliche Verteilung und weiter sich verbreiternde Kluft zwischen Reichen und Armen (soziale Ungleichheit). [8]
Dazu gehören auch sämtliche Vorkehrungen gegenüber *ökonomischen Risiken* aufgrund von Krankheit, Unfall, Invalidität, Alter und Erwerbslosigkeit.
Konkret sind auch die *Wohnung,* deren Einrichtung, alle kurz- und langlebigen *Konsum-,* bzw. *Bildungsgüter* wie Bücher, Radio und TV, PC, Fax, Telefon, ebenso die Zweitwohnung und der Zweitwagen als sozioökonomische Eigenschaften zu berücksichtigen. Es interessieren auch die Möglichkeiten oder Unmöglichkeiten, am

[4]
Vgl. Leu/Burri/Priester, 1997²; Levy et al, 1997 bzw. 1998; Geissler, 1994²; Stamm/Lamprecht/Nef, 2003.

[5]
Vgl. Geissler, 1994²:111 f.

[6]
Vgl. Levy et al, 1997 bzw. 1998.

[7]
Staub-Bernasconi bezeichnet Soziale Arbeit als eine besondere Art des «Umgangs mit Menschen, Dingen und Ideen» [Sammelband 1995:165 f.], was das breite Spektrum beruflicher Tätigkeiten prägnant in drei Kategorien fasst.

[8]
Vgl. Levy et al, 1997 bzw. 1998; Caritas, 1999; 2007: 248 f.; Kissling, 2008.

Kulturkonsum teilzunehmen, sich Ferienreisen und Freizeitaktivitäten leisten zu können.

Probleme hinsichtlich der *sozioökonomischen Eigenschaften:* Im Vordergrund stehen relative oder absolute Armut als ein objektiv nachweisbarer *Mangel* an ökonomischen Gütern wie z. B. fehlende Wohnung/Obdachlosigkeit, kein Geld zur Deckung des Grundbedarfs wie Nahrung und Kleidung. Soziale Probleme stellen auch fehlende Erwerbsarbeit, fehlender oder mangelnder Bildungsabschluss, mangelndes Einkommen, allenfalls Verschuldung und mangelnde Absicherung gegenüber den Risiken Krankheit, Unfall, Erwerbslosigkeit dar. Status- und Prestigeverluste durch Erwerbslosigkeit sind soziale Probleme, ebenso wie die für die Umgebung sichtbare Unmöglichkeit, ein durchschnittliches Niveau an Konsum-, Bildungs- und Freizeitmöglichkeiten aufrechtzuerhalten. Den betroffenen Menschen, vor allem Armen, bleibt kaum ein Wahlbedarf. Das Ergebnis ist eine geringe Lebensqualität, im Extremfall absolute Armut und Verelendung.
Problematisiert wird auch der materielle *Überschuss,* welcher sich in Reichtum und Luxus ausdrücken kann, in einem starken Gefälle innerhalb und zwischen Industrie- und Drittweltländern, zunehmend zwischen Aktionären und Arbeitnehmerinnen und Arbeitnehmern von Unternehmen, etwa als Folge krass ungleicher Verteilung der Produktivitätsgewinne *(shareholder value).*

Sozioökonomische Ressourcen sind eine gute formale Bildung und eine entsprechende Beschäftigung, die eine anerkannte soziale Position sichern und somit soziale Anerkennung verleihen, ein attraktiver Arbeitsplatz, gutes Einkommen und Erspartes, risikodeckende Kranken-, Unfall- und Lebensversicherungen, eine Anwartschaft (zu erwartende Erbschaft) sowie die Möglichkeit, sich über den Zwangsbedarf hinaus Konsumgüter, Besuch kultureller Veranstaltungen, den Kauf von Büchern, Tonträgern sowie Ferien und Reisen leisten zu können.

b) Unter *sozioökologischen Eigenschaften* werden die territoriale Lage, Grösse und physikalisch-chemische Beschaffenheit der Wohnung (Isolation gegen Feuchtigkeit und Schall, gegen Immissionen durch Baumaterialien und Farben) oder die physikalisch-chemische Beschaffenheit des Arbeitsplatzes und der Wohn- und

Freizeitumgebung erfasst. Als Frage: Wie vielen und welchen *Immissionen* ist jemand auf dem Arbeitsweg, am Arbeitsplatz, in der Schule und in der *Freizeitumgebung* ausgesetzt, und wie wirken sie sich auf Gesundheit, Lebensqualität und nicht zuletzt auch auf die Beziehungschancen aus? Es interessiert im Weiteren die *Infrastruktur* wie z. B. Schulungsmöglichkeiten, Kinderhütedienste, Pflegedienste, Treffpunkte, Kinos, Konzertsäle u. a. Im ökologischen Sinne sind spezifische Eigenschaften *territorialer Differenzierungen* wie Stadt, Agglomeration, Flachland, Voralpen- oder Berggebiet zu berücksichtigen, weil diese Umwelten je spezifische, strukturelle und kulturelle Zugangschancen bzw. -behinderungen in sich bergen (territorialer Zentrums- bzw. Peripherieaspekt).

Probleme in sozioökologischer Hinsicht sind Lärm, eine feuchte Wohnung, ein immissionsreicher und damit gesundheitsgefährdender Arbeitsplatz, der fehlende Zugang zu sauberem Wasser, zur Gesundheitsversorgung, zu Infrastruktureinrichtungen oder zum öffentlichen Verkehr, weit entlegene öffentliche Schulen, keine Kinderhüteeinrichtungen, keine öffentlichen Treffpunkte, aber auch nicht-humanbiologische Schädlinge (Ratten, Läuse).

Sozioökologische *Ressourcen* sind etwa eine genügend grosse Wohnung an ruhiger Lage, nahe gelegene Schulen, Tagesstätten für Kinder, Freizeiteinrichtungen, ein kurzer Arbeitsweg, öffentliche Verkehrsmittel, ein gut erreichbarer ärztlicher Notfalldienst.

c) Hinsichtlich der *soziokulturellen Eigenschaften* interessieren vor allem die Zugehörigkeit zu einer *Ethnie* oder zu einer *Religionsgemeinschaft*. In diesen Fällen handelt es sich in der Regel um zugeschriebene Eigenschaften; man kann sie nicht ohne weiteres ändern oder sich gar ihrer entledigen. Im weiteren ist an sozial verbindliches und bindendes Wissen und Handeln oder spezifisches Wissen sprachlicher Minderheiten zu denken. Aber auch an Fertigkeiten, Werte und Normen bestimmter Subkulturen, etwa in Jugendgruppen oder kriminell aktiven Jugendgangs.

Aufgrund bestimmter soziokultureller Eigenschaften können sich soziale *Probleme* ergeben durch sozialen Ausschluss bestimmter Bevölkerungsgruppen, (keine Standplätze für Jenische) oder durch deren «selbstgewählten» Rückzug (Ghettoisierung).

Soziokulturelle *Ressourcen* zeigen sich in Möglichkeiten, an den besonderen Lebensformen und Gebräuchen von ethnischen und/oder religiösen Gruppierungen und Subkulturen teilzuhaben und daraus soziale Anerkennung zu gewinnen.

d) *Mitgliedschaften* schliessen soziale Rollen mit Rechten und Pflichten ein. Jemand ist Mitglied einer Gewerkschaft, eines Berufsverbandes, einer Partei, des Vogelzüchtervereins und des Kegelclubs, vorerst ungeachtet der damit verbundenen konkreten (Austausch-)Aktivitäten. Mitgliedschaften weisen auf *mögliche Beziehungen,* indirekt aber auch auf bevorzugte Interessen und Werte hin. Letzteres gilt insbesondere dann, wenn es sich um Wahlbeziehungen handelt.

Das *Fehlen von Mitgliedschaften,* ausschliessliche Zwangsmitgliedschaften oder negativ bewertete Mitgliedschaften (autoritäre Sekten, kriminelle Banden), sind Indikatoren entweder für eine nicht gelungene soziale Integration oder für eine soziale Integration im subkulturellen Milieu.

Mitgliedschaften stellen *Ressourcen* dar; sie sind das Potenzial für Beziehungen und damit Voraussetzung zur Befriedigung des Bedürfnisses nach sozialer Anerkennung.

Mit Blick auf die erwähnten Beispiele zu Ressourcen ist in der Sozialen Arbeit die «Messlatte» nicht zu hoch anzusetzen. Wenn weiter oben ein «attraktiver» Arbeitsplatz als Ressource erwähnt wird, ist das bereits optimal; für viele Klientinnen und Klienten gilt es bereits als Ressource, überhaupt über eine Erwerbsarbeit zu verfügen.

3. Informationsaufnahme – Rezeptoren/Sensoren [9] – Sinnesorgane (R)

Individuen nehmen – als halboffene Systeme – über die Sinnesorgane fortwährend Informationen aus ihrer Umwelt auf. Der Organismus selbst «sendet» Informationen zum Zentralnervensystem, um selbsterhaltende Funktionen sicherzustellen (Biowerte). Deshalb muss auch die SDF einen «Eingang» für Informationen aufweisen. Mit R sind die (Sinnes-)Rezeptoren bezeichnet; sie stellen die «Pforte» für Reize aus der Umwelt und aus dem Körper dar, die zum sensorischen Bereich weitergeleitet werden.

9
In der Fachliteratur sind beide Begriffe zu finden; Rezeptoren der Sinnesorgane werden auch als «Sinnessensoren» bezeichnet. Pinel setzt diese Rezeptoren in Verbindung zum «exterorezeptiven Sinnessystem», das Sehen, Hören, Tast-, Geruchs- und Geschmackssinn umfasst (1997:187 f.).

Problem (durch Klienten benannt):

Sehstörungen

(zeitweise auftretend)

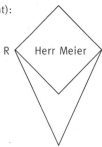

R Herr Meier

Abb. 10

Illustration zu R

Ausgewählte Fragen: Welche biologischen Eigenschaften beeinflussen die «Aufnahmekapazität» bzw. Sensitivität für bestimmte Reize (Stimuli)? Welche Reize kann der Organismus nicht aufnehmen?

Erläuterungen: Mit den Rezeptoren wird ein Aspekt von Ui differenziert (Abb. 7). Sie sind unerlässlich, um Veränderungen in der Umgebung und im Inneren des Organismus [10] zu registrieren, damit er sich dementsprechend – bewusst oder nicht bewusst – verhalten kann. [11] Reize werden durch den Organismus empfunden d.h. registriert. [12] Rezeptoren nehmen Reize aus der Umwelt auf (peripheres Nervensystem), andere solche des Organismus (autonomes Nervensystem); die Reize werden zum sensorischen Bereich des Zentralnervensystems geleitet. Aus der Umwelt können physikalische (visuelle = Licht und auditive = Ton) von chemischen Reizen (olfaktorische = Geruch und gustatorische = Geschmack) unterschieden werden. [13]

Insbesondere bei Sehschwäche und Schwerhörigkeit wird offensichtlich, was es bedeutet, wenn a) das «Auftreffen» des Reizes auf die Rezeptoren des Sinnesorgans, b) dessen Weiterleitung und/oder c) die Erzeugung einer entsprechenden Wahrnehmung (Abbildungsmuster/Repräsentationen) beeinträchtigt sind. Bestimmte Krankheiten oder Behinderungen können das Empfindungsvermögen (Sensitivität) des Organismus einschränken oder erweitern.

Aus *bedürfnistheoretischer Sicht* benötigt der Organismus ein Minimum an Stimulierung. [14] Das Ausbleiben von Reizen bleibt nicht ohne Folgen: Sperrt man Menschen in Isolationshaft, in absolute Dunkelheit und Stille, kollabieren sie. Mindestens psychische Störungen bleiben nicht aus: Sie verlieren die Orientierung über Raum und Zeit. So wird verständlich, weshalb das Bedürfnis nach Stimuli

[10]

Eine differenzierte Darstellung dieser komplexen Vorgänge findet sich bei Birbaumer/Schmidt 1996³:326 f.

[11]

Vgl. Bunge/Ardila, 1990:260 f.

[12]

Alltagssprachlich setzen wir Empfindungen oft gefühlen gleich. In der Terminologie der hier vertretenen Psychobiologie werden Empfindungen verstanden als das Auftreffen von Reizen auf den Organismus. Empfundene Reize werden nur zu einem kleinen Teil auch wahrgenommen. Wahrnehmung wiederum ist eine Bedingung, damit die im Reiz enthaltene Information ein Bild erzeugt.

[13]

Vgl. Pinel, 1997:210 f.; Zimbardo, 1995⁶:165 f.

[14]

Vgl. Obrecht, 1996b:133 f.

eng gekoppelt ist an dasjenige nach Erkennen bzw. Erleben und Orientierung. Die entsprechenden funktionalen *Werte* sind denn auch Abwechslung und Gesundheit.

Für die Soziale Arbeit relevante *Probleme* sind Störungen des Organismus, die die Aufnahme bestimmter Reize behindern oder gänzlich verunmöglichen. Menschen, die über lange Zeit keine Tagesstruktur aufweisen, keine Termine wahrnehmen müssen und keine Menschen treffen, können unter Reizarmut leiden. Oder sie setzen sich einseitiger Reizüberflutung aus (Dauer-Fernsehen), fallen in depressive Stimmungen, werden apathisch und vernachlässigen sich hinsichtlich ihrer äusseren Erscheinung.

Als *Ressource* dienen einerseits ein gesundes Nervensystem und gesunde Sinnesorgane, die ein breites Spektrum an Reizen aufnehmen und entsprechend abbilden können.
Im Rahmen einer Problem- und Ressourcenanalyse in der Sozialen Arbeit dürfte es im Normalfall genügen, hier vor allem *Beeinträchtigungen der Sinnesorgane aufzuführen;* sind keine festzustellen, entfällt die Beschreibung dieser Dimension.

4. Ausstattung mit Kompetenzen des Erkennens/Erlebens und des Wissens: Erlebensmodi, Lernen und Wissen (E/M)

E steht für «Erleben» im Sinne von Denken und Fühlen, für kognitive, normative und emotionale biopsychische Prozesse, die im einzelnen nicht jederzeit bewusst sein müssen, aber bewusst ausgeführt werden können. [15] E steht aber auch für «Erkennen» als kognitive Kompetenz, neue Informationen zwecks Aktualisierung des Wissens systematisch zu verarbeiten (Lernen). Und E steht ebenso für «Erfahrung» als bewusstes, aber nicht kritisches und nicht systematisches Denken; Erfahrungen können zum Gegenstand bewussten und systematischen Erkennens gemacht werden. (Im Rahmen der weiteren Ausführungen beschränke ich mich meist auf «Erlebensmodi», siehe folgende Seiten 109–115.)

M (Modell) steht für Wissensformen im Sinne von (inneren) Bildern und Codes und Werte als (bio)psychische Zustände. [16] Im PsybiEHM sind beide, Prozesse und Zustände, als psychische Funktionen im

15
Bunge/Ardila fassen unter «Affekte» folgende psychischen Phänomene zusammen: «Triebe, wie Hunger und Sexualität, Emotionen, wie Lust und Angst, sowie Gefühle wie Einfühlung und Liebe, aber auch moralische Empfindungen, wie Reue und Mitleid» (1990:255). – Affekte sind, ergänzt mit Wissen und Werten, für die Bildung von Motivationen und damit von Handlungen entscheidend. Kognitionen verlaufen nicht affektfrei, ebenso wenig sind Affekte kognitionsfrei.

16
Psychobiologisch betrachtet handelt es sich um biopsychische Prozesse und biopsychische Zustände. Der Einfachheit halber schreibe ich in der Regel «nur» von psychischen Prozessen und psychischen Zuständen – beide sind mit biologischen Prozessen und Zuständen identisch (Emergenz).

«Modell» zusammengefasst. Informationsverarbeitung als biopsychischer Prozess und Wissen als ihr Ergebnis sind eng miteinander verknüpft – das eine ist ohne das andere nicht zu verstehen – und umgekehrt: Lernen bedeutet, neue Informationen aufzunehmen und zu «verarbeiten». Das gelingt leichter, wenn die neue Information einen Bezug zu bereits vorhandenem Wissen «assoziiert» bzw. ein solcher hergestellt werden kann: vergleichen, unterscheiden, überprüfen und bewerten der neuen Informationen sind dabei unverzichtbare kognitive bzw. normative Operationen. Es ist nicht zwingend, dass der Lernerfolg unmittelbar nach Wahrnehmung einer neuen Information eintritt (so genannte «rasche Auffassungsgabe»). Wir können eine Information «im Moment» nicht verstehen, es gelingt nicht, sie mit bekanntem Wissen zu verknüpfen; sie kann zu einem späteren Zeitpunkt aufgrund eines verwandten Themas, über das wir mit jemandem sprechen, ein «Aha-Erlebnis» auslösen. [17]

Aus *bedürfnistheoretischer Sicht* benötigen Menschen Orientierung in Raum und Zeit. Sie wollen sich und andere und das Geschehen «in der Welt» überhaupt verstehen. Sie wollen in ihrem Dasein einen «Sinn» erkennen. Dazu benötigen sie den Zugang zu Wissen, das sie in adäquater Weise in ihren normativen «Überzeugungen», in ihrem Erkenntnisinteresse und gestützt darauf in ihrem Handeln leitet. Die Erkenntnisprozesse und das Wissen werden in der Fachliteratur mit dem Begriff «Kognition» zusammengefasst. [18] Subjektive Sicherheit aufgrund positiv bewerteter Zukunftsperspektiven erscheint erstrebenswert: sie ist als Grundlage für Wohlbefinden, für Freude und eine ausgeglichene Grundstimmung nicht zu unterschätzen: für das Erleben positiv bewerteter Gefühle.

Im Folgenden werden zuerst *psychische Prozesse* beschrieben, die im Rahmen dieser Einführung relevant sind.

4.1 Informationsverarbeitung als biopsychische Prozesse: Eigenschaften des Erkennens/Erlebens = Erlebensmodi (E/...)

Ausgewählte Fragen: Welche Modi (Muster) der (bio)psychischen «Verarbeitung» bevorzugen Individuen? Was begünstigt oder behindert bestimmte Erlebensmodi? Unter welchen sozialen Bedingungen werden «bevorzugte» Formen der Informationsverarbeitung zum Problem?

[17]
Wir denken und lernen nicht nur durch unmittelbar neue Informationen «von aussen», sondern auch aufgrund solcher, die wir früher wahrgenommen und im Gedächtnis gespeichert haben: «... befindet sich das Gehirn in einem Zustand ständiger spontaner Aktivität ... und kann deshalb auch ohne Interaktion mit der Aussenwelt innere Repräsentationen erschaffen» (vgl. Changeux, 1984:174).

[18]
Vgl. Zimbardo, 1995⁶:357 f., 435; Bunge/Ardila, 1990:312 f., u. a. «Kognition umfasst Wahrnehmung, Vorstellungsvermögen, Sprache und Begriffsbildung (einschliesslich Denken, ...)».

Abb. 11

Illustration zu E/...

Probleme (durch Klienten benannt)*:

· Ich leide körperlich an ...
(s. Ui)

· Ich bin verbittert, ... weil mir gekündigt wurde, angeblich, weil ich persönliche Probleme habe.

· Ich bin verzweifelt, ... denn trotz Bewerbungen erhalte ich keine Stelle, nur Absagen, weil «die» denken, ich sei dann häufig krank.

· Ich verstehe nicht, ... weshalb meine Tochter nichts mehr von mir wissen will.

· Depressiv? · Alle wollen etwas von mir, z.B. Steueramt, Bank ...
(Frage des Sozialarbeiters) Hat das alles einen Sinn – ich sehe keinen Ausweg!

· *Ressourcen* · *Ich bin verpflichtet, Alimente zu bezahlen, und*
(durch Klienten benannt) *akzeptiere diese Pflicht.*
· *Ich habe Erfahrung als Hilfsarbeiter/Magaziner.*
· *Ich bin ein verlässlicher Arbeiter.*

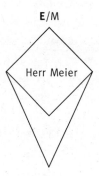

E/M

Herr Meier

* Es gibt hier keine nicht bewerteten Fakten – was wir wissen, wird durch den Klienten bewertet.

Erläuterungen: Die Art und Weise, wie neue Informationen wahrgenommen, kognitiv und affektiv verarbeitet werden, ist auch – aber nicht nur – von der Art und Menge der Bilder und Codes und deren Verknüpfungen abhängig, die bereits vorhanden sind, und ebenso von Bedürfnissen und Werten (Interessen bzw. Motivation). Eine neue Information über Fakten wird eher wahrgenommen, wenn bereits ein entsprechendes Bild vorhanden ist, und sie wird eher verstanden, wenn auf diesen Inhalt bezogene Codes (Begriffe) vorhanden sind; Erstere aktivieren bereits Bekanntes, Letztere helfen, sie zu entschlüsseln, zu erklären. Subjektive Dispositionen «bevorzugen» oder «vermeiden» – abhängig von Bildern, Bedürfnissen und der jeweiligen Situation – bestimmte Formen der Informationsverarbeitung; Obrecht hat für diese Formen drei Kategorien gebildet, die er *Erlebensmodi* nennt. [19] Er unterscheidet drei typische Verarbeitungsmuster von Informationen (Stimuli): Menschen «bevorzugen» [20] entweder *normative, kognitive* oder *ästhetisch-emotionale* Verarbeitungsmuster; sie entsprechen der *Erkennens- bzw. der Erlebenskompetenz* von Individuen. Die im folgenden beschriebene Kategorisierung vermag dem vielfältigen, breiten Spektrum an Art und Intensität normativen Beharrens, des Denkens und des Fühlens allerdings nur bedingt gerecht zu werden. Denn: «Kognition, affektive Bewertung, Motivation sowie Handeln sind drei eng ineinandergreifende Prozesse, von denen allerdings *keiner ohne die anderen verstanden werden kann.*» [21] Trotzdem: Die Unterscheidung der drei Erlebensmodi unterstützt die Analyse individueller Einstellungen und Präferenzen, Kompetenzen und individueller Grenzen in der Verarbeitung von Informationen; sie können der Auswahl von Interventionen dienen, indem im Rahmen der Gesprächsführung die auf bestimmte Themen bezogenen «bevorzugten» oder «gemiedenen» Modi erkannt bzw. angesprochen werden.

a) Der *normative Erlebensmodus* zeichnet sich dadurch aus, dass Informationen mit Normen verglichen werden, die als Ergebnis individueller Erfahrung und sozialer Vermittlung in zentralen Fragen (Wert-)Orientierung verleihen. Auch aus sozialer Perspektive ist es erwünscht, dass Menschen über ein Gewissen verfügen und sich mit Blick auf wichtige Entscheidungen und Handlungen an Normen orientieren. Nimmt jemand «einen klaren Standpunkt» ein, ist er oder sie berechenbar. In der Erziehung vermag eine Haltung im Sinne von «Bis hierher und nicht weiter!» klare Orientierung zu vermitteln. – Als nachteilig erweist sich dieser Modus, wenn die (neurobiologische) Plastizität des Gehirns und damit die Fähigkeiten zum «Umlernen» gering oder in Bezug auf die Aufnahme und/oder Selektion der entsprechenden Information die Erlebensmodi rigide, erstarrt und differenzierte kognitive

19

«Erlebensmodus» ist ein Begriff, der in frühen code- und bildtheoretischen Skripten von Obrecht Verbreitung gefunden hat (vgl. Obrecht, 1990 (Druck: 1995). «Erleben» meint das nicht bewusste und nicht systematische Denken, «Erkennen» das systematische (und damit auch das wissenschaftliche) Denken.

20

Indem «bevorzugen» in Anführungs- und Schlusszeichen gesetzt ist, wird darauf aufmerksam gemacht, dass auch Krankheiten, Sucht («abgebauter Alkoholiker»), Unfälle (Gehirnverletzungen!) zu Einschränkungen oder umfassenden Ausfällen dieser Verarbeitungsmuster bzw. der entsprechenden biopsychischen Funktionen führen können.

21

Vgl. Obrecht, 1996b:134.

Analysen kaum mehr möglich sind. *Bewertungskriterien* sind hier normativen, moralisch-ethischen Ursprungs, nämlich richtig/falsch, gut/böse.

b) Der *kognitive Erlebensmodus* verlangt nach Prüfung von Informationen auf ihre erkenntnismässige Wahrheit hin. Das setzt Erklärungen für Zustände und Prozesse von Systemen voraus, für Ursachen und Wirkungen bestimmter Phänomene. Dieser Modus ist umso wahrscheinlicher, über je mehr Codes (Theorien) jemand verfügt. Menschen mit einer starken Ausprägung dieses Modus bevorzugen möglichst plausible Erklärungen, und neue Informationen werden mit bereits vorhandenen verglichen. Verstehenwollen ist ein wichtiges Motiv, sich mit einem Problem zu befassen. Individuen mit kognitiver Kompetenz gelingt es etwa, Informationen zu vergleichen, zu unterscheiden, sie zu strukturieren, deduktive und induktive Operationen zu vollziehen und sie zu prüfen. Sie sind fähig, begründete Folgerungen zu ziehen. Sie sind in der Lage, überprüfbares Wissen von Ideologien, Normen und Magie zu unterscheiden, wobei Ersteres klar vorgezogen wird. Mit anderen Worten: Es sind Bilder und mit diesen verknüpfte Codes vorhanden, die ein mehr oder weniger differenziertes Denken, Erklären und somit Lernen ermöglichen. *Bewertungskriterien* sind hier erkenntnismässige Wahrheit/Unwahrheit, inhaltliche Schlüssigkeit, Plausibilität.

22
Vgl. Obrecht, 1998b; 2008, und die Liste der Bedürfnisse, *Anhang 7.*

c) Der *ästhetisch-emotionale Erlebensmodus* unterscheidet Informationen nach subjektiven Präferenzen. Dieser Modus zeichnet sich dadurch aus, dass die Wahrnehmung einer Information durch ausgeprägte Gefühle begleitet wird – diese Gefühle sind das Vordergründige und Bestimmende (da es keine affektfreien Bilder und Kognitionen gibt, wird hier auch kein «Denken-Fühlen-Dualismus» postuliert). Menschen, die diesen Modus bevorzugen, wollen z. B. eine Situation absichtlich «gut erleben», können sich gut in gefühlvolle Reaktionen versetzen, sind «sensibel» für den emotionalen Anteil eines Geschehens. Bei diesem Modus sind die *Bewertungskriterien* «angenehm/unangenehm», «schön/hässlich», «aufstellend»/»ablöschend» u. ä.

Auf *bedürfnis- bzw. werttheoretischem Hintergrund* können die drei Erlebensmodi unterschieden werden, nämlich: [22]

a) der normative Erlebensmodus befriedigt Bedürfnisse nach subjektiv relevanten und «sicheren» Zielen und Zuständen, ebenso
nach Unverwechselbarkeit. Wichtige *Werte* sind hier Orientierung,
Sicherheit und Identität;

b) der kognitive Erkennens- bzw. Erlebensmodus befriedigt Bedürfnisse nach assimilierbarer orientierungs- und handlungsrelevanter Information. Es handelt sich um das Bedürfnis nach Verstehen
von Sachverhalten bzw. nach subjektiver Gewissheit hinsichtlich
subjektiv relevanter Fragen. Die massgebenden *Werte* sind hier
Wahrheit und Sinn;

c) der ästhetisch-emotionale Erlebensmodus befriedigt das Bedürfnis nach Stimulation, nach Abwechslung, nach schönen Formen in
der Umwelt und an Menschen. *Werte* sind hier Wohlbefinden,
Schönheit, Glück.

Grundsätzlich weist das Erleben von Menschen alle drei Modi auf.
Kein Modus ist an sich «besser» oder «schlechter», stets zu bevorzugen oder möglichst zu vermeiden. Die Angemessenheit eines
Modus ist abhängig vom sozialen Kontext und der konkreten Situation, innerhalb derer gedacht, beschrieben, erklärt, bewertet, gefühlt
und gehandelt wird – so ist etwa der Richter mit einem dominant
emotionalen Erlebensmodus fehl am Platz. Der Komplexitätsgrad
kognitiver oder praktischer Probleme verlangt nach dem angemessenen Modus, der affektive Gehalt einer Information löst Freude, Trauer
oder Wut aus.[23] Deshalb: Bevorzugt jemand in unserer arbeitsteiligen,
hoch differenzierten Dienstleistungs- und Informationsgesellschaft
ausschliesslich einen normativen und/oder ästhetisch-emotionalen
Erlebensmodus, dürfte sie oder er innert kurzer Zeit mit sozialen
Problemen konfrontiert sein. Weder mit ausschliesslich «Schwarz-
weissbildern» und entsprechend einfachem Code, weder mit einem
festen Normenkatalog, noch mit stets «überwältigenden» Gefühlen
können komplexe private, schulische oder berufliche Anforderungen
erfüllt werden.

23
Ausführungen zu «Die emotionale Qualität des psychischen
Geschehens» bei Grawe,
1998:285 f.

Problematisch erscheinen Erlebensmodi, welche hinsichtlich der Situation bzw. der Problembearbeitung nicht effektiv sind. Die Reaktion
auf eine Situation wird ausschliesslich vom unwirksamen «Verarbeitungsmuster» dominiert. Oder Menschen sind hinsichtlich bestimmter
Themen oder ganz allgemein nicht fähig, ihr bevorzugtes Verarbeitungsmuster aufzugeben. Es mangelt ihnen an Flexibilität – an alter-

nativen Codes –, um der Situation angemessene Verarbeitungsmuster zu wählen (rigide Vorurteile, starre Moralvorstellungen u. ä.). Die sozialen Probleme manifestieren sich in Kommunikationsstörungen und Beziehungskonflikten («Wir verstehen uns nicht mehr»). Bei Vorliegen psychischer Erkrankungen drohen soziale Isolation und Stigmatisierung.

Problematisch kann es sich auswirken, wenn unabhängig vom sozialen Kontext oder vom Thema die *normative Grundorientierung* dominiert. Dies zeigt sich z. B. in den immer gleichen Reaktionen auf alles, was eine bestimmte Person betrifft, in Form von Generalisierungen und Stereotypien («Die Männer sind …», «Die Türken sind …»). Der betreffenden Person gelingt es nicht, die eigene Position zu befragen und für und wider diese zu argumentieren. Aber auch das gegenteilige Muster ist denkbar: Es fehlt jemandem an Wissen über Werte und Normen, sodass – je nach sozialem Kontext – Orientierungs-, Entscheidungs- und Handlungsprobleme entstehen können.

Die dominante *kognitive Reaktion* zeigt sich in der Unfähigkeit, sich auch mit dem emotionalen Gehalt eines Problems zu befassen – Rationalität wird in jeder Situation bevorzugt. Ein Perspektivenwechsel – Empathie [24] – gelingt nicht.

Ein *Mangel* oder ein *Überschuss an Affekten* ist dann ein Problem, wenn sich diese Reaktionsform als dominierendes Muster etabliert, mit dem z. B. auf Ungewohntes oder auf Veränderungen reagiert wird («coolness», kein Gefühl zeigen, wo es angezeigt scheint; Gefühle nicht verbalisieren können resp. anhaltende «überwältigende» Gefühle, Angst, Panikattacken, Phobien).

Das zuerst beschriebene normative Grundmuster kann mit dem zuletzt beschriebenen ästhetisch-emotionalen Erlebensmodus gekoppelt sein; erscheint Menschen ihre stark normative Orientierung bedroht, sehen sie auch ihre (Selbst-)Sicherheit gefährdet. Für sachbezogene Argumente sind sie kaum oder nur mit Mühe zugänglich: sie erleben, dass ihnen «der Boden unter den Füssen weggezogen» wird, was Angst auslöst.

Als *Ressourcen* können wir in Bezug auf alle drei Erlebensmodi festhalten: gute Fähigkeiten, den Erlebensmodus je nach Thema und sozialem Kontext flexibel zu wählen und zu wechseln; gute, gesicherte Erklärungen zu bestimmten Phänomenen; Intelligenz, the-

24
Oft ist mit Empathie allein die affektive Leistung gemeint. Empathie ist jedoch nicht ohne den Bildaspekt denkbar: Um uns in die Situation eines Menschen einzu*fühlen*, müssen wir uns in diesen hinein*denken* können. Gelingt uns dies, ist das Ergebnis eine bildliche und/oder konzeptuelle Repräsentation der Situation, die wir bewerten – die Bewertung löst bestimmte Affekte aus.

men- und situationsbezogene Flexibilität; eine klare, reflektierte normative Orientierung (als ein Aspekt von «Sinn»); Einfühlungsvermögen als Fähigkeit, sich in andere und ihre Situation zu versetzen (Empathie) und die Fähigkeit zu kognitivem Zugang auch bei emotional belastenden Themen, etwa unter Stress.

4.2 Wissen: Eigenschaften biopsychischer Zustände (.../M)

Abb. 12
Illustration zu .../M

Probleme (durch Klienten benannt)*:

· Ich leide körperlich an ...

(s. Ui)

· Ich bin verbittert, ... weil mir gekündigt wurde, angeblich, weil ich persönliche Probleme habe.

· Ich bin verzweifelt, ... denn trotz Bewerbungen erhalte ich keine Stelle, nur Absagen, weil «die» denken, ich sei dann häufig krank.

· Ich verstehe nicht, ... weshalb meine Tochter nichts mehr von mir wissen will.

· Alle wollen etwas von mir, z.B. Steueramt, Bank ... Hat das alles einen Sinn – ich sehe keinen Ausweg!

· *Ressourcen*
(durch Klienten benannt)

· *Ich bin verpflichtet, Alimente zu bezahlen, und ich akzeptiere diese Pflicht.*
· *Ich habe Erfahrung als Hilfsarbeiter/Magaziner.*
· *Ich bin ein verlässlicher Arbeiter.*

E/**M**

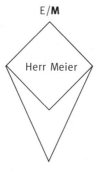

Herr Meier

* Es gibt hier keine nicht bewerteten Fakten – was wir wissen, wird durch den Klienten bewertet.

Mit Formen von Wissen ist die
Unterscheidung gemeint, die
Obrecht im Rahmen seiner allgemeinen normativen Hand-
lungstheorie vornimmt
(1996a): Beschreibungs-, Erklä-
rungs- und Wertewissen, Ziele,
Prognosen und Verfahrenswis-
sen. Die Wissensformen können sich auf Alltagswissen
oder wissenschaftliches Wissen
beziehen (vgl. auch die Ausführungen zu den W-Fragen,
Kap. H, 1.). – Staub-
Bernasconi spricht zusammenfassend von *Bedeutungssyste-*
men. Weitere in ihren Texten
verwendete Bezeichnungen für
die Inhalte von «M» sind
«symbolische Ausstattung»,
«Aussagen und Aussagensysteme», «Deutungsmuster»,
«Sinn(re)konstruktionen»,
«Symbolsysteme» u. a. m. –
Psychobiologisch ist Wissen
das Ergebnis eines kognitiven
Prozesses, der ein bleibendes
Engramm – Spuren im Nervensystem – hinterlässt, sei dies
im Rahmen zielgerichteten Lernens oder aufgrund von Erfahrung (vgl. Bunge/ Ardila, 1990:
314). Dabei ist Wissen nicht
gleichzusetzen mit «Wahrheit»
(s. Ausführungen zu Unterscheidungen von Wissen).

Bilder, die sich Individuen von
sich oder von ihrer Umwelt
machen, sind erst dann vollständig, wenn sie die beteiligten Kognitionen und Affekte
berücksichtigen. Affekte ihrerseits sind nur in Verbindung
mit den sie begleitenden
kognitiven Prozessen zu
verstehen. So löst etwa das
Bild «Verlust eines geliebten
Menschen» Trauer aus.   ›

Ausgewählte Fragen: Über welche Formen [25] und Mengen von Wissen
verfügt ein Individuum? Wie ist das vorhandene Wissen strukturiert
und verknüpft? Welches vorhandene oder fehlende Wissen führt zu
welchen Problemen? Welches Wissen kann als Ressource gesehen
werden, liegt allenfalls brach und könnte entsprechend genutzt werden? Welche Erfahrungen – als eine Form von Wissen – wirken sich
belastend aus? Auf welchem Wissen und welcher Motivation bzw. auf
welchen Entscheidungen beruht welches Handeln?

Erläuterungen: Der Inhalt des Modells entspricht der psychischen
(«inneren») Struktur des Menschen. Es interessieren *Wissensformen*
und *-inhalte* als Ergebnisse von Erkenntnisprozessen (Lernen). Die
Begriffe *Bild, Code* und *Werte* [26] stehen zusammenfassend für alle
Wissensformen. *Bedürfnisse, Wünsche* und *Motivationen* sind weitere handlungsbestimmende Inhalte der Ausstattungsdimension
«Modell». Der Begriff des Wissens schliesst «Sinn», Menschen- und
Weltbilder, Selbstbilder (Identität) und Fremdbilder, Ideologien, aber
auch Sehnsüchte, Utopien, Träume, Glaubens- und Gottesvorstellun-
gen, samt Vorstellungen über Sterben und Tod und die Transzendenz
ein. Die Gesamtheit allen Wissens kann als «symbolische Güter» verstanden werden – auch sie sind unterschiedlich verteilt. Im Modell
sind Informationen (u. a. Erfahrungen und Voraussetzungen für Fertigkeiten) gespeichert, die biologisch bleibende Spuren im Gehirn
hinterlassen haben (Engramme); in diesen Zusammenhang gehören
die Begriffe «Gedächtnis» und «Vergessen». [27]

Nachfolgend werden wichtige Unterscheidungen von Wissen vorgenommen, die für eine Problem- und Ressourcenanalyse unerlässlich
sind.

Wahres und nicht wahres Wissen: Vorerst kann Wissen wahr oder
nicht wahr sein – beides kann handlungsleitend sein. Unwahres Wissen führt in der Regel zu falschen Folgerungen, zu unangemessenen
Entscheidungen und damit zu ebensolchem Handeln. Aus professioneller Sicht ist in diesem Zusammenhang die *Unterscheidung zwi-*
schen Alltags- und wissenschaftlichem Wissen wichtig; Alltagswissen
gründet auf Erfahrung, die subjektiv wahr sein, aber auch allein
aus Vorurteilen bestehen kann. Wissenschaftliches Wissen ist systematisch erzeugt, objektivierbar bzw. überprüfbar.

Wissen kann auf der *Zeitachse* unterschieden werden, nämlich

- vergangenheitsbezogenes Wissen oder Erfahrungsbilder (Ereignisse, Erfahrungen, Erlebnisse, «Geschichte»). Diese Wissensform besteht aus Bildern als *Antworten auf die Woher-Frage;*
- gegenwartsbezogenes Wissen (aktuelle Fakten, «Hier-und-jetzt-Bilder» und Erklärungen). Diese Wissensform besteht aus *Antworten auf die Was- bzw. die Warum-Frage;*
- zukunftsbezogenes Wissen oder Zukunftsbilder (Prognosen, Ziele, Pläne, Perspektiven und Erklärungen zur Zukunft). Diese Wissensform besteht u. a. aus *Antworten auf die Wohin- und Woraufhin-Frage.* [28]

Diese Unterscheidung ist analytisch wichtig, weil Handeln je nach Situation durch Bilder aus der Vergangenheit («Die damalige positive Erfahrung könnte auch für die Lösung des aktuellen Problems von Nutzen sein …»), aus der Gegenwart (Pragmatismus) oder aufgrund von Zukunftsbildern (Karriereperspektive, Vorsorge) motiviert sein kann.

Hinsichtlich der *Herkunft des Wissens* macht Obrecht eine weitere Unterscheidung zwischen

- *empirischem Wissen,* das durch direkte Beobachtung, durch persönliche Erfahrung erworben werden kann (in der Regel Lebens- und Alltagserfahrungen bzw. phänoweltliche Bilder) und
- *transempirischem Wissen,* das jenseits des durch die menschlichen Sinne direkt Erfahrbaren liegt (in der Regel mit wissenschaftlichen Verfahren erzeugtes Wissen bzw. konzeptuelle Bilder).

Transempirisches Wissen wird unter Einsatz bestimmter Medien oder durch Entwickeln von Theorien, durch zwei oder mehrere verknüpfte (= transdisziplinäre) Codes, erworben: Zustände und Prozesse von Individuen können nur dann umfassend erklärt und verstanden werden, wenn sie mit mindestens biologischen, psychologischen und soziologischen Theorien analysiert werden – letztlich ein Anspruch des hier skizzierten Systemismus. Die Unterscheidung zwischen empirischem und transempirischem Wissen kann nicht hoch genug geschätzt werden. Letzteres nimmt hinsichtlich Menge und Komplexität zu: Die «Globalisierung» der Wirtschaft zum Beispiel ist nicht

27

Grawe titelt ein Kapitel zum Thema «Gedächtnis» mit «Das Gedächtnis als Summe aller Erwartungen und Bereitschaften» (1998:229 f.). – Bei Bunge/Ardila sind differenzierte Ausführungen zu «Gedächtnis» und «Vergessen» zu finden (1990:271 f.).

28

Vgl. Obrecht, 1996a:153f.; von Cranach u. a., 1980.

direkt wahrnehmbar (konzeptuelles Bild aufgrund ökonomischer, politologischer und soziologischer Theorien), indirekt ist sie jedoch durch strukturelle Erwerbslosigkeit und soziale Folgeprobleme erfahrbar.

Wissen nach Wirklichkeitsbereichen: Dem Gegenstand Sozialer Arbeit entsprechend können Bilder nach physikalisch-chemischen, biologischen, psychischen, sozialen und nach kulturellen Gesichtspunkten unterschieden werden – es stehen je andere Eigenschaften der Systeme bzw. ihrer Komponenten als nicht bewertete Fakten, Probleme und Ressourcen im Blickfeld.

Im Weiteren ist die *Unterscheidung von zwei Klassen von Codes* als Wissensformen für die Praxis Sozialer Arbeit relevant: [29]

29

Ausführlicher bei Obrecht, 1990.

30

Mit Blick auf die Problem- und Ressourcenanalyse ist zu bedenken: «Beschreibungen beziehen sich zwar ihrer Semantik nach auf wirkliche Dinge und deren Eigenschaften, doch sind sie nicht die Dinge selber, sondern deren symbolische Repräsentationen. Die Elemente von Repräsentationen sind Begriffe; jede Beschreibung involviert deshalb einen begrifflichen Code, d. h. ein begriffliches System als Mittel der Identifikation dessen, was uns unsere sensorischen Systeme über die Vorgänge in unserer unmittelbaren oder mittelbaren Umwelt anzeigen. Damit stellt sich die Frage nach der Wahl angemessener Codes der Beschreibung» (Obrecht, 1996a:141). So betrachtet liefert die Systemische Denkfigur einen fachlichen Code zur Erfassung und Beschreibung von Fakten in der Sozialen Arbeit.

- *Nomologische Codes* als wissenschaftliche Beschreibungs- und Erklärungstheorien (Objekttheorien); sie liefern *Antworten auf die Warum-Frage.*
  Beschreibungstheorien stellen *Zusammenhänge* in einem bestimmten Wirklichkeitsbereich fest, erklären diese jedoch nicht (z. B. «Je tiefer das Niveau der formalen Bildung von ArbeitnehmerInnen ist, desto tiefer ist auch ihr Einkommen.» – Zusammenhang im sozialen Wirklichkeitsbereich). [30]
  Erklärungstheorien sind Aussagen über die Dynamik, über *Gesetzmässigkeiten* von Prozessen und Zuständen von konkreten Systemen. Sie *erklären* die in einer Beschreibungstheorie formulierten Zusammenhänge, bezogen auf bestimmte Systeme. Mit Hilfe von Erklärungstheorien können konzeptuelle, transempirische Bilder erzeugt werden. Sie schliessen – im Unterschied zu Beschreibungstheorien – mindestens zwei Wirklichkeitsbereiche ein (z. B. erfordert die Erklärung der Tatsache, dass Frauen in der Regel tiefere Löhne als Männer für die gleiche Funktion beziehen, Theorien aus Ökonomie, Soziologie und Sozialpsychologie).

- *Nomopragmatische Codes* sind Handlungstheorien; sie liefern *Antworten auf die Wie-Frage.* Es handelt sich um Aussagen über *Regeln,* die erwünschte Prozesse und Wirkungen wahrscheinlich machen, die von Akteuren ausgelöst werden. Wissenstheoretisch spricht man von Technologien (in der Sozialen Arbeit: Human- und Sozialtechnologien). (Handlungsregeln können nicht nur von

wissenschaftlichen nomologischen Codes, sondern auch von Alltagstheorien abgeleitet werden – weshalb sie aus professioneller
Sicht besonders kritisch zu prüfen sind.)

Die erwähnten Formen von Wissen sind das *Ergebnis von Lernen.* Wir
lernen durch Erfahrung, durch das systematische Lösen kognitiver
Probleme, durch Suchen nach und Finden von Antworten auf bestimmte Fragen sowie durch Verknüpfen verschiedener Formen von
Wissen einerseits und verschiedener Aussagen über Fakten andererseits, also durch *kognitive Integration;* dieser Vorgang entspricht
Veränderungen im plastischen Bereich des Zentralnervensystems. [31]

Probleme aus der Sicht der Sozialen Arbeit sind unvollständige
und/oder falsche Bilder über Fakten, unzutreffende Erklärungen, un-
realistische Ziele, fehlendes Wissen über wirksame Methoden und/
oder fehlende ökonomische Mittel, die dazu führen, dass Probleme
nicht zweckmässig gelöst werden. Jemand kann sein «schädliches»
Handeln nicht erklären und deshalb keine Schlüsse ziehen, die eine
Wiederholung unerwünschter Handlungen ausschliessen.
Probleme können aus einem negativen und/oder widersprüchlichen
Selbstbild resultieren, aber auch als Folge einer Ideen-Inflation im
Sinne eines Überschusses an «(Be-)Deutungen», die nicht integriert
sind und zu «Zersplitterung», Diffusität, sprunghaftem, unstruktu-
riertem Denken und damit zu Konzeptlosigkeit führen. Fehlende
Wertorientierung und Unkenntnis von Normen und Standards können Quellen von sozialen Problemen sein. Informationslücken können dazu führen, dass zumindest die Alltagsbewältigung erschwert,
wenn nicht unmöglich ist (etwa Ausländer, die sich durch die Bürokratie kämpfen müssen). Die Unfähigkeit realistische Zukunftsbilder
zu entwerfen hat u. a. zur Folge, dass es nicht gelingt, die Grenzen
des eigenen Handelns abzuschätzen.
«Sinn»-Armut kann verstanden werden als Mangel an Bildern und
Codes, um eine Situation besser zu verstehen oder Alternativen zu ihr
zu entwickeln; gelingt dies nicht, entsteht z. B. keine Motivation, etwas
zu ändern.
Kognitive Dissonanzen können ein Problem sein: Widersprüchliche
Bilder führen zu Spannungen in Form des Bedürfnisses nach Konsis-
tenz. Sie können aber auch zu einer Motivation führen, Einstellungen
zu ändern, sich neue Kenntnisse über einen Sachverhalt anzueignen,
kurz: zu lernen. [32]

[31]
Zur Plastizität des Gehirns,
vgl. Bunge/Ardila, 1990:220 f.

[32]
Vgl. Abele/Gendolla,
1997:583 f.

Nichtmotivierten Klientinnen fehlen erstrebenswerte Zukunftsperspektiven bzw. die Bewusstseinsressourcen fehlen, um sie zu realisieren.

Weitere Stichworte zu sozialen Problemen im sozialpolitisch-soziologischen Sinne sind: Analphabetismus, Fundamentalismus/Sekten, innerpsychische Kulturkonflikte (multikulturelle Gesellschaft), psychische Krankheit und daraus entstehende soziale Isolation.

Ressourcen sind z.B. Lebenserfahrungen, die ein positives Selbstbild erzeugen und stützen – dieses bildet die Grundlage eines stabilen Selbstwertes und eines entsprechenden Selbstwertgefühls. Allgemeines Erkenntnisinteresse, Erklärungs- und Handlungswissen und Motivation für konstruktive Veränderungen lassen jemanden eher Subjekt denn Objekt einer schwierigen Situation bleiben. Aktuelles, objektivierbares Wissen und Metawissen, das Erfahrung und Wissen strukturieren hilft, entlastet (z.B. das Wissen um die W-Fragen, die in unstrukturiert verlaufenden Sitzungen als Metacode dienen können). Erstrebenswerte und realisierbare Werte und Ziele, realistische, optimistische, weil begründete Zukunftsperspektiven sind Quellen hoher Motivation. Lösungen bzw. Methoden kennen und beherrschen, die sich für Problemlösungen eignen, führt zu Erfolgserlebnissen. Die Fähigkeit, «Was wäre, wenn ...»-, oder «Was könnte ich tun ...»-Bilder zu zeichnen und auch Utopien zu entwickeln, bewahrt vor Resignation. Ein in Raum und Zeit differenziertes Weltbild, das sich auf mehrere miteinander verknüpfte Wirklichkeitsbereiche bezieht, erlaubt eine angemessene Orientierung «in der Welt» und in die Zukunft. Ein realistisches Menschenbild, eingeschlossen realistisches Wissen über Bedürfnisse und über individuelle und strukturelle Bedingungen ihrer Befriedigung schützt vor «Luftschlössern». Für religiöse Menschen ist der Glaube eine Ressource, indem er etwa angesichts einer aussichtslos scheinenden Lage Hoffnung verleiht.

Bis hierher sind «Erlebensmodi» und «Modell» je getrennt vorgestellt und ihre letztlich untrennbare Verbindung in den grafischen Beispielen zu E/... und .../M angedeutet worden. In der Folge werden praxisnahe Aussagen gebildet, in denen sowohl der Aspekt des psychischen Prozesses wie derjenige des psychischen Zustandes und dessen Verknüpfung sichtbar werden. Zu jedem Beispiel wird als Hypothese je ein Hinweis zu Erlebensmodi formuliert, die zur Entstehung des jeweiligen Bildes beitragen.

Tab. 2
Illustrationen zum
Zusammenhang zwischen
E/... und .../M

Informationsverarbeitung (E)	Wissen (M)
(normative, kognitive, emotionale Erlebensmodi)	(Codes, Bilder, Werte als psychische Zustände)
Der Chef, Hr. Bauer, ist der Auffassung, ...	es sei Sache der Untergebenen, ihre Aufgaben zu erledigen, nicht aber mitzudenken. › Bild aufgrund eines normativen Modus, erzeugt durch einen autoritären Code.
Herr Brunner besteht darauf, ...	dass es Sache seiner Frau sei, für die Kinder da zu sein. › Bild aufgrund eines normativen Modus, erzeugt durch einen patriarchalen Code.
Peter begreift ...	das Funktionieren des Computers. › Bild aufgrund eines kognitiven Modus, erzeugt durch einen zur Abstraktion fähigen kognitiven Code.
Erika verfügt über eine sehr rasche Auffassungsgabe, ...	vor allem hinsichtlich geschichtlicher Zusammenhänge. › Bild aufgrund eines kognitiven Modus, erzeugt durch einen – mutmasslich – integrierten Code (verknüpfte historisch relevante Begriffe).
Frau Hug trauert um ...	den Verlust ihres Sohnes › Bild aufgrund eines emotionalen Modus, erzeugt durch einen «elterlichen Code» (es ist nicht «normal», dass Kinder vor ihren Eltern sterben).

oder umgekehrt ...

Wissen (M)	Informationsverarbeitung (E)
(Codes und Bilder)	(normative, kognitive, emotionale Erlebensmodi)
Eine Heimplatzierung für ihren Sohn erachtet Frau Bach als völligen Unsinn (bewertetes Bild); ... › normativer Modus aufgrund eines dominanten, gesellschaftlich anerkannten Codes (Alltagstheorie) = Kinder gehören zur Mutter.	es gelingt ihr nicht, Argumente für und wider abzuwägen.
Herr Beck sen. sieht keinerlei Verpflichtung zu einer Erhöhung seines Kostgeldes (Bild); ... › normativer Modus aufgrund eines patriarchalen Codes bzw. eines traditionellen Frauenbildes.	er ist Argumenten hinsichtlich Ausgewogenheit der Entschädigung der Leistung seiner Schwiegertochter nicht zugänglich.
Frau Hasler vermag ihr Einkommen von Fr. 3400.– (Bild) ... › kognitiver Modus aufgrund einer mathematischen Operation: Division (Code).	selbstständig einzuteilen.
Herr Berger, der von seiner seit sechs Monaten andauernden Arbeitslosigkeit erzählt, während der er sich unzählige Male erfolglos beworben hat, (Bild) ... › emotionaler Modus aufgrund affektiv besetzter Erfahrungen (aus seiner Sicht gibt es für den Misserfolg keine rationalen Begründungen).	wird immer deprimierter.
Die Aussicht auf den regelmässigen Eingang eines um Fr. 200.– erhöhten Monatslohnes (Bild) ... › emotionaler Modus aufgrund einer positiven Perspektive (affektiv positiv besetztes Bild).	stimmt Frau Leder zuversichtlich und sehr zufrieden.

Die *praxisrelevante* Unterscheidung und die gleichzeitige Verknüpfung (bio)psychischer *Prozesse* (Empfinden, Aufmerksamkeit, Wahrnehmung, Denken, Affekte) und (bio)psychischer *Zustände* (Wissen in Form von Erfahrungen, Theorien, Motiven, Zielen, Plänen u. a.) erzeugen mehr Möglichkeiten der Hypothesenbildung. Aufgrund dominanter, unterdrückter oder nicht entwickelter Erlebensmodi der Adressatinnen können wir Hypothesen bilden hinsichtlich der Art und des Inhalts von Bildern einerseits und der Intensität ihrer affektiven Besetzung andererseits. Im Laufe der Gesprächsführung kann «von der affektiven auf die Bildebene gewechselt» werden («Welche Vorstellung löst bei Ihnen diese Angst aus?»). Über je mehr und bessere Bilder und – vor allem – Codes die Adressatinnen der Sozialen Arbeit und wir verfügen, desto eher gelingt es ihnen und uns, Informationen zu vergleichen, sie somit zu unterscheiden, zu ordnen, zu bewerten und auszuwählen – oder begründet zu ignorieren. Die Forderung nach «mehr und besseren Codes» bedeutet, dass sich die professionellen Akteure und Lehrkräfte der Sozialen Arbeit – entsprechend den Deklarationen in Berufsbildern und Ausbildungskonzepten – vertiefter und konsequenter als dies in der Regel der Fall ist, in Ausbildung und Praxis mit Theorien [33] aus den Human- und Sozialwissenschaften beschäftigen und sie sich aneignen. [34]

Strukturieren ist ein besonderer kognitiver Prozess. Er ist unerlässlich für das kognitive Bearbeiten von Informationen, sei es, um neue Informationen bekanntem Wissen zuzuordnen oder bisher unbekannte Informationen übersichtlich und logisch darzustellen. Die Strukturierungsleistung ist u. a. abhängig von den Codes, auf die die Informationen «treffen». Weil «Strukturieren» eine praxisrelevante und häufig erforderliche kognitive Operation ist, mache ich in *Anhang 8* nähere Ausführungen dazu.

Nach den relevanten Aspekten des Wissens, der Bedürfnisse, des Denkens, Fühlens und der Motivation von Menschen werden die dadurch ausgelösten Aktivitäten dargestellt: das äussere Verhalten und Handeln.

33 Theorien im engeren Sinne sind Aussagensysteme, die sich durch miteinander verknüpfte Begriffe auszeichnen, mit anderen Worten, nicht jeder Code ist auch eine Theorie. Codes können z. B. lediglich Ordnungssysteme sein, wie z. B. die Dimensionen der Denkfigur: Wer die Denkfigur kennt, verfügt u. a. über einen Code, um Informationen zu ordnen; die Denkfigur selber ist keine (Erklärungs-)Theorie.

34 Meiner Auffassung nach ist es notwendig, dass professionell ausgerichtete Weiterbildung auch die Aktualisierung von Beschreibungs- und Erklärungswissen aus Psychologie und Gerontologie, neue Forschungsergebnisse aus Soziologie, Sozialpsychologie, Ethnologie und Ökonomie einschliesst – bevorzugt im Rahmen transdisziplinärer Veranstaltungen. Aktuelle Weiterbildungsangebote beziehen sich zur Hauptsache auf Handlungswissen vor allem -anweisungen, sie werden oft als «neue oder alternative Methode» angepriesen. Unter dem Handlungsdruck der Praxis ist das verständlich. Dennoch: Der Effekt ist eine mehr oder weniger zufällige Fragmentierung von Wissen, eine Orientierung am «Zeitgeist», ein unaufhörliches Suchen nach dem Rezept für die Praxis. Auf Dauer effektiv sind Angebote, die wissenschaftliches Metawissen und Erklärungswissen aus verschiedenen Disziplinen und damit deren Integration von Handeln und Persönlichkeit unterstützen. Solches Wissen befähigt Praktikerinnen und Praktikern, Weiterbildungsangebote auf ihre «theoretische Heimat» ›

Abb. 13
Illustration zu A

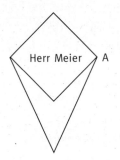

A · Verbringe meine Freizeit vor dem TV

Probleme (durch Klienten benannt):
· Kettenraucher (Finanzen!)

Ressourcen (durch Klienten benannt):
· *Bewerbe mich immer noch um Stellen*
· *Gehe regelmässig beim Arbeitsamt stempeln*

> hin zu prüfen und eine gezielte Auswahl zu treffen. Solche Weiterbildung reduziert die Abhängigkeit von dem, was gerade «in» ist und leistet einen Beitrag zur Wissensintegration einerseits und zur Wissen-Können-Integration andererseits.

Ausgewählte Fragen: Über welches Handlungsrepertoire verfügt das Individuum? Welche Eigenschaften des Verhaltens und/oder Handelns führen zu welchen sozialen Problemen? Welche Handlungskompetenzen werden als Ressourcen gesehen?

Verhalten wird hier als Sammelbegriff für jegliche bewusste oder nicht bewusste, nicht motivierte und von aussen sichtbare Veränderung/Bewegung des Organismus verstanden. Unter «Verhalten» fallen auch nicht willentlich beeinflussbare (fein-)motorische Äusserungen wie Zittern oder «Nicht-Äusserungen» wie Lähmungen.

Handeln ist eine Teilmenge von Verhalten und betrifft den *motivierten* (absichtsvollen), also *gezielten* sichtbaren Ausdruck eines mehr oder weniger bewussten und gesteuerten Versuchs, ein Problem, eine Spannung (Bedürfnis!) zu lösen, ein Ungleichgewicht aufzuheben, kurz: die eigene Situation oder diejenige der Umwelt durch Bewegungen zu beeinflussen. Dem Handeln gehen kognitive und affektive Prozesse voraus (Wissen, Denken, Bedürfnisse, Affekte, entsprechende Motive und Absichten [Intentionen] › E/M). Zu selbstbewusstem, systematischem Handeln ist nur ein «selbstwissensfähiges Biosystem» fähig: der Mensch. Er hat die Möglichkeit, in seine nähere und weitere Umgebung konkret gestaltend und verändernd einzugreifen. Diese Gestaltungsfähigkeit (oft Notwendigkeit!) bezieht sich nicht allein auf Gegenstände, sondern auch auf seine private und berufliche Situation und auf seine sozialen Beziehungen.

Professionelles Handeln zeichnet sich dadurch aus, dass Handlungen in einen sachlogischen Ablauf gebracht werden müssen, d.h., sie werden sequenziert (Problemlösungsphasen). Hier zeigt sich ein Zusammenhang zu den oben beschriebenen Wissensformen, die eine solche Sequenzierung steuern (M › A).

Als besondere Aktivität ist das *Sprechen* zu nennen: Sprechen ist Ausdruck eines äusserst komplexen Zusammenspiels kognitiver, affektiver, physiologischer und psychomotorischer Prozesse. Das wird auch daran sichtbar, dass Sprechende ihre Aussagen in der Regel durch mehr oder weniger ausgeprägte Mimik und Gestik begleiten (averbale Signale). Es setzt u.a. einen Wortschatz und die Kenntnis von Regeln voraus (E/M); in einer Fremdsprache zu sprechen erfordert demnach, sich einen neuen Wortschatz und Kenntnisse über neue Regeln anzueignen.

35

Vgl. Osterkamp, 1997⁴:222.

Aus *bedürfnistheoretischer Sicht* streben Menschen nach Kompetenz und Kontrolle (Reaktanz). [35] Sie wollen aktiv sein, ihre Fähigkeiten anwenden, sich autonom bewegen, ihre Ziele erreichen, Einfluss nehmen und ihre eigenen Lebensbedingungen, aber auch Beziehungen kontrollieren. Hinsichtlich der bevorzugten *Werte* geht es etwa um Aktivität, Mobilität, Kontrolle, Einfluss, Autonomie.

Im Folgenden werden vier verschiedene Formen von Handeln beschrieben: a) Rollenhandeln, b) automatisiertes Handeln, c) kreativ-strategisches Handeln und d) Gewohnheiten. Diese Unterscheidungen sind praxisrelevant: Die Erfüllung oder Nichterfüllung von *Rollenerwartungen* allein kann Anlass sein, dass jemand Klient oder Klientin der Sozialen Arbeit wird (z.B. Mieter zahlt Mietzins nicht; Vater misshandelt Kind). *Automatisiertes Handeln* ist oft Teil von Rollenhandeln, z.B. notwendig zur Erfüllung von Berufsrollen. *Kreativ-strategisches Handeln* stellt eine Möglichkeit dar, neue Probleme auf innovative Weise zu lösen. Und *Gewohnheiten* sind angesichts freiwilliger und vor allem erzwungener Mobilität im Beruf, hinsichtlich des Wohnens und in Bezug auf Fremdbetreuungen als Quelle von Orientierung und Sicherheit nicht zu unterschätzen.

a) *Rollenhandeln* dient der Erfüllung von strukturell, kulturell und subkulturell begründeten Rollenerwartungen (u.a. soziale Konventionen). In der Regel sind die Handlungen hinsichtlich der Rollenerfüllung gesellschaftlich vorgegeben. So hat sich etwa der Verkäufer (Berufsrolle) dem Kunden gegenüber innerhalb einer bestimmten Bandbreite – erwünschtes bis geduldetes Handeln – zu benehmen, andernfalls hat er mit Sanktionen von Seiten seiner Vorgesetzten und/oder von Seiten der Kunden zu rechnen (Muss-, Soll-, Kann-Erwartungen). Rollenhandeln kann automatisiertes und/oder kreativ-strategisches Handeln einschliessen, ja voraussetzen: Der Carchauffeur nimmt seine Rolle wahr, ist aufmerksam und freundlich zu den Fahrgästen; Manipulationen wie Kuppeln und Schalten sind jedoch automatisiert.

b) Unter *automatisiertem Handeln* werden Operationen verstanden, die vorwiegend repetitiver Natur sind und sich mittels Training aneignen und vervollkommnen lassen (gewisse Manipulationen, Autofahren, Maschinenschreiben, Arbeit am Fliessband und weitere repetitive Arbeitsabläufe). Der kognitive Aufwand zum Lernen der entsprechenden Handlungen ist vorerst hoch, für ihren einmal «geübten» und vervollkommneten Vollzug ist er dagegen gering. Automatisiertes Handeln dient in erster Linie der *Effektivitäts- und Effizienzsteigerung* und hat gleichzeitig psychisch entlastende Funktion. Possehl ordnet solches Handeln «Standard- bzw. Routinesituationen» zu (1993:28 f.).

c) Von *kreativ-strategischem Handeln* sprechen wir, wenn durch bewusste kognitive Anstrengungen – Erzeugen von Wissen – bestimmte Situationen auf einmalige und einzigartige Weise verändert werden sollen; es bestehen keine unverrückbaren, einfach zu kopierenden Vorgaben zur Lösung des Problems, Erfahrungen fehlen weitgehend. Das kreativ-strategische Vorgehen ist noch nicht erprobt, kann nicht trainiert und somit auch nicht zur Routine werden. Oft ist es deshalb erforderlich, das kognitiv-kreative Potenzial der Beteiligten frei- und einzusetzen und auch in unkonventionellen Bahnen nach problemlösenden Methoden zu suchen. Unter Umständen gehört zu diesem Handlungsmodus, dass er mit einem mehr oder weniger provozierenden *Normbruch* verbunden ist. Die Einrichtung von Frauenhäusern oder die Spritzen- und Kondomabgabe im Rahmen der Aids-Prävention sind dafür eindrückliche Beispiele. Solche Handlungen weisen deshalb in der Regel auch einen gewissen Experimentiercharakter auf (Pilot-Projekte, Bewältigung unerwarteter Situationen, z. B. Krisen).

d) Auch *Gewohnheiten* können automatisiertes Handeln enthalten und/oder rollenspezifisch ausgeprägt sein. Im Unterschied zum automatisierten Handeln geht es hier um bewusste, periodische Wiederholungen von Handlungen, im Verlaufe eines Tages oder in einer Woche, oft zur gleichen Zeit und am gleichen Ort. Ihre Funktion besteht nicht in Effektivitäts- und Effizienzsteigerung wie beim automatisierten Handeln, sondern in der Regel darin, den *Tages- oder Wochenverlauf – in einem bestimmten Raum – zu strukturieren.* Der alte Mann, der jeden Vormittag um 9 Uhr die Zeitung holt und sich ins Restaurant setzt, um sie zu lesen, tut dies aufgrund einer (selbst-)bewussten Absicht und eines entsprechenden Entscheides. Solche Lebensgewohnheiten sind praxisrelevant, sehen sich doch Sozialarbeiterinnen und Sozialpädagoginnen immer wieder in der Lage, Menschen aus gewohnten Milieus heraus und in ihnen noch unvertraute Umgebungen hinein zu begleiten. Dabei spielen der Verlust an Gewohnheiten und die Notwendigkeit, solche am neuen Ort weiterzuführen oder sich neue anzueignen, eine nicht zu unterschätzende Rolle für die Orientierung in Zeit und Raum und damit für das Wohlbefinden.

36

Vgl. von Cranach, 1980:43.

Relevantes *Problem* ist – bei Bestehen eines adäquaten Handlungsraums – der Mangel an «Handlungskompetenz». Mangels Wissen und/oder mangels Übung fehlen die für die Erledigung einer Aufgabe notwendigen Fertigkeiten. Menschen zeigen sich unfähig, sich situations-, problem-, ziel- und rollenadäquat zu verhalten («zwei linke Hände»; «ins Fettnäpfchen treten»). Die Dominanz einer bestimmten Handlungsweise, ungeachtet des anstehenden Problems und/oder des sozialen Kontextes, ist problematisch (Redeschwall; nicht zuhören können; Davonlaufen im Konfliktfall; Gewalt; Bürokratismus). Insbesondere Affekthandlungen können problematisch sein; sie werden wie folgt definiert: «Affekthandlungen» sind in naiv-psychologischer Sicht durch die Merkmale gekennzeichnet: äussere Umstände aktualisieren Gefühlsdispositionen, die Gefühle rufen Motivdispositionen hervor; die Affekte stören den Vollzug der kognitiven Operationen, welche die Handlungen normalerweise vorbereiten.» [36] Zu erwähnen sind die Vernachlässigung von elterlichen Pflichten oder von Pflichten als Arbeitnehmerin; nicht selten bestehen Qualifikationsmängel und damit Überforderungen bezüglich der Wahrnehmung der Berufsrolle. Als Problem auf der Handlungsebene gelten krankheits- oder unfallbedingte Auswirkungen auf die (fein)motori-

schen Fähigkeiten, z. B. bei Kindern, die wegen einer gehirnorgani-
schen Schädigung in der Schule nicht stillsitzen können. Als proble-
matischer «Überschuss» ist beispielsweise die Schüttellähmung (Par-
kinson'sche Krankheit) zu nennen, als «Defizit» etwa der Verlust an
Kraft durch eine Muskelkrankheit (Dystrophie). Kriminelles Handeln
und Gewalt sind sozial relevante Probleme, die darin begründet sein
können, dass den betreffenden Individuen legale Handlungsalterna-
tiven tatsächlich oder vermeintlich fehlen.

Ausdrücklich stellen auch *Unterlassungen* und *Nicht-Handeln-Kön-
nen* Probleme im Bereich der Aktivitäten dar (die wir beim Beschreiben mit Hilfe der SDF ebenfalls zu A schreiben).

Ressourcen können handwerkliche und soziale Fertigkeiten («skills»),
körperliche Geschicklichkeit, Beweglichkeit, «eine sichere Hand»,
Routine bezüglich bestimmter Tätigkeiten, aber auch Kontrolle über
das eigene Handeln in affektiv belasteten Situationen sein (Coping).
Solche Handlungen sind in der Regel in Verbindung mit körperlichen
Ressourcen wie Kraft, Kondition und Ausdauer (Ui) zu sehen.

Nach den Ausführungen zum Verhalten/Handeln sind die fünf Ausstattungsdimensionen der Denkfigur im einzelnen vorgestellt worden.
Als *zusammenfassende Bilanz der Analyse des Individuums* erfolgt
nun ihre Beschreibung unter dem Aspekt, über welches jeweilige
Potenzial sie zum Aufbau und zum Erhalt von Beziehungen sie verfügen und welche Folgen ein fehlendes Potenzial in sozialer Hinsicht
haben kann (vgl. die folgenden Kapitel 6 und 7). Die Funktion dieser
Beschreibung besteht darin, die Chancen und Hindernisse der betreffenden Person, in soziale Beziehungen zu treten und/oder solche
zu erhalten – so wie sie sie im Moment sieht –, einzuschätzen. Im
weiteren geht es darum, mit dem Klienten eine prognostische Aussage vorzunehmen hinsichtlich seiner Rollenerwartungen im Hinblick
auf «gedachte» aktuelle und/oder zukünftige Beziehungen. Die Frage
nach den Beziehungspotenzialen fokussieren wir auf ausgewählte
soziale Rollen, die aufgrund bisher genannter (und als vorläufig zu
betrachtender) Probleme «zur Debatte stehen». *Die definitive Einschätzung der Potenziale kann erst nach der Analyse des sozialen
Kontextes, d. h. nach der Analyse der Beziehungen (Kap. D, E und F)
erfolgen bzw. bestätigt werden.*

6. Potenzial für formal horizontale Beziehungen
(Austauschpotenzial)

Beschreibung: **37**

Herr Meier sieht seine Möglichkeiten zum Aufbau und zum Erhalt von horizontalen Beziehungen als stark eingeschränkt. Er verkrieche sich in seiner Wohnung vor dem TV. Erwerbslosigkeit, Verschuldung und für alle sichtbare gesundheitliche Probleme liessen ihn als «Problemhaufen» erscheinen. Seine oft düstere Stimmung spreche allenfalls Leute an, die ihm so genannt «helfen» wollten. Wer mit ihm eine Beziehung unterhalten würde, würde ihn als pflichtbewussten, verlässlichen Kollegen erleben.

Ausgewählte Fragen: Welchen Grad an Attraktivität (i. w. S.) verleihen die soziale Position und weitere Eigenschaften dem Individuum, bezogen auf idealtypische horizontale Beziehungen, in einer bestimmten Rolle? Welche Eigenschaften sind es, die einen Menschen für andere interessant, anziehend, wichtig werden lassen? Mit welchen sozialen Problemen ist aufgrund der vorhandenen Eigenschaften zu rechnen? Über welche Kompetenzen verfügt das Individuum, die es als Ressourcen zum Aufbau und zur Pflege von bestimmten Beziehungen gezielt einsetzen kann (Attraktivität i. w. S.)?

Erläuterungen: Mit Blick auf mögliche horizontale Beziehungen werden die Dimensionen als *Austauschmedien* bezeichnet. **38** Die Gesamtheit an Eigenschaften dieser Austauschmedien nennen wir *Austauschpotenzial*. Dieses bildet die Voraussetzung, um mit anderen, mehr oder weniger attraktiven Menschen in Beziehung zu treten (Sozialprestige!). Mit anderen Worten: Es geht um die Frage, ob Individuen über genügend Austauschpotenziale im Sinne mehr oder weniger umfassend verstandener Attraktivität verfügen, um befriedigende Beziehungen – partnerschaftliche, freundschaftliche, kollegiale – aufnehmen, mitgestalten und erhalten zu können; geben kann nur, wer etwas zu geben hat.

In *bedürfnistheoretischer Hinsicht* ist das hier beschriebene Potenzial Voraussetzung für die Befriedigung des Bedürfnisses nach Zugehörigkeit und sozialer Anerkennung und zu diesem Zweck nach möglichst ausgeglichenen Tauschbeziehungen im körperlichen, kom-

37
Bei diesem Analyseschritt erfolgt anstelle einer kommentierten Grafik eine Beschreibung.

38
Der aufmerksamen Leserin, dem aufmerksamen Leser dürfte auffallen, dass einmal von Tausch*medien*, dann aber von Macht*quellen* die Rede ist – weshalb nicht Tauschquellen bzw. Machtmedien? Vorerst sind diese Begriffe dem Konzept von Staub-Bernasconi entnommen. Die vielleicht nicht in allen Teilen befriedigende Erläuterung dazu ist die folgende: Unter einer idealtypischen Vorstellung horizontal strukturierter Beziehungen, von Beziehungen ohne «Gefälle», setzen die Beteiligten ihre Eigenschaften als Medien ein – ebenso idealtypisch betrachtet sind sie insgesamt chancengleich ausgestattet. Hinsichtlich vertikal strukturierter Beziehungen unterstellen wir, dass die Beteiligten sich zumindest strukturell, d. h. in ihrer sozialen Position, unterscheiden. Diejenigen, die «oben» sind, vermögen ihre Machtquellen zu nutzen, um ihre Macht auszuüben – diejenigen «unten» verfügen nicht über gleichermassen ergiebige Quellen.

munikativ-reflexiven und kooperativ-produktiven Bereich. Die wichtigsten *Werte* sind hier Beziehung, Attraktivität, Austausch, Tauschgerechtigkeit.

Probleme aus der Perspektive Sozialer Arbeit sind das teilweise oder gänzliche Fehlen von Eigenschaften, die für den Aufbau und für das Erhalten von Beziehungen unterstützend oder gar unerlässlich sind. Etwas zugespitzt: Es erstaunt wenig, dass jemand nur wenig tragfähige Beziehungen hat, wenn er oder sie ungepflegt ist, nicht arbeitet, kein Geld hat, krank ist, trinkt, sich für nichts interessiert – und jedes Gespräch mit Schimpfworten begleitet. Jemand zeigt ein Verhalten, das nicht nachvollziehbar und als unangenehm oder gar bedrohlich erlebt wird, oder in jeder Situation und zu jedem Thema selbstbezogenes Verhalten, das auch Desinteresse am Gegenüber anzeigt. Ebenso setzen psychische Störungen, die aus der Sicht eines Gegenübers das Verhalten unberechenbar machen, die Beziehungschancen herab. Mit Rückgriff auf die hier präsentierte Terminologie ist festzustellen: Das Austauschpotenzial ist sehr gering. Oder: Bei dieser Person überwiegen Eigenschaften, die den Beziehungsaufbau behindern oder gar verunmöglichen, wie z. B. der Mangel an Mobilität eines Schwerbehinderten, Sinnesbehinderungen oder fehlende Interessen, die eine Kommunikation erschweren. Ohne Geld ist es schwierig, auszugehen, Leute einzuladen oder ihnen Geschenke zu machen.
Stichworte zu sozialen Problemen im sozialpolitischen Sinne sind: Vereinsamung/Isolation alter Menschen, Scheidung als Scheitern einer Beziehung, Alleinerziehende, aber auch politischer Absentismus.

Ressourcen können Eigenschaften sein, die jemanden interessant, anziehend, liebenswert oder auch ganz besonders wichtig machen. Angefangen bei Äusserlichkeiten wie attraktives Aussehen, das erotische Anziehung weckt, bis zu vielfältigen Interessen, die Abwechslung und Anregung einschliessen: ein sozialer Status, der ein regelmässiges Einkommen, einen entsprechenden Lebensstandard verspricht, bis zu ausgeprägten Fähigkeiten, die Bewunderung auslösen und zu Nachahmung anregen (moderne Freizeitaktivitäten – man lese ein paar Partnerschaftsanzeigen); aber auch ausgeprägte soziale Kompetenzen, die die Möglichkeit in sich bergen, den Umgang mit Gleichgesinnten zu nutzen, sowie Fähigkeiten, andere für seine Anliegen zu gewinnen, Lobbies und Kollektive zu bilden, die Rückhalt,

Hilfe und Anerkennung bieten (Selbsthilfegruppen, Nachbarschafts-hilfe, alternierendes Kinderhüten).

7. Potenzial für formal vertikale Beziehungen (Machtpotenzial)

Beschreibung:

Herr Meier schätzt seine Möglichkeiten zum Aufbau und zur Pflege von vertikalen Beziehungen als beschränkt ein: Er stehe unter Druck von legitimen Forderungen, z. B. von Gläubigern, und verfüge über keinerlei Mittel, diese zu befriedigen oder sich ihnen zu entziehen. Als Arbeitsloser und – neu – als Klient sei er abhängig. Sein Wille, sich aus Abhängigkeiten zu befreien, und seine Angelegenheiten in Ordnung zu bringen, gebiete ihm sein Pflichtgefühl.

Ausgewählte Fragen: Welches Machtpotenzial wohnt der sozialen Position des Individuums inne, mit den vorhandenen oder fehlenden Eigenschaften, bezogen auf idealtypisch gedachte vertikale Bezie-hungen in einer bestimmten Rolle? Über welche Arten von Macht-quellen und über welches Ausmass an Machtpotenzial verfügt das Individuum, das als Ressource zur Reduktion seiner Abhängigkeit gezielt eingesetzt werden kann? Mit welchen Interaktionen innerhalb einer «gedachten» Machtbeziehung ist aufgrund des vorhandenen oder fehlenden Machtpotenzials zu rechnen?

Erläuterungen: Mit Blick auf mögliche Machtbeziehungen bezeichnen wir die beschriebenen Dimensionen als *Machtquellen.* Die Gesamt-heit an Eigenschaften dieser Machtquellen nennen wir *Machtpoten-zial.* Je nach ihrer quantitativen und qualitativen Beschaffenheit beinhalten sie mehr oder weniger grosse Chancen für Machtaus-übung bzw. lassen durch ihr Fehlen Abhängigkeiten entstehen. Es geht um die Frage, ob Individuen über das «richtige» und über genügend Machtpotenzial verfügen, um ihre Autonomie so weit als möglich zu wahren. Bedürfnisse nach Kontrolle und Entscheidung über knappe Güter und über Beziehungen stehen im Vordergrund sowie das Bedürfnis, einen bestimmten sozialen Raum zu kontrollie-ren. Ausgeprägte Autonomiebedürfnisse (Selbst- vs. Fremdbestim-mung) lassen sich auf dem Hintergrund eines Mangels an Macht und Unabhängigkeit verleihenden Eigenschaften besser verstehen. Über den legitimen Grad an Autonomie kann man sich lediglich in Relation zu strukturellen und kulturellen Bedingungen verständigen.

Als *Probleme* gelten kumulierte Mängel in der individuellen Ausstattung, insbesondere eine *soziale Position, die soziale Verachtung erzeugt und Abhängigkeitsbeziehungen oder gar Ausbeutungssituationen konstelliert* (Positions- und Interaktionsprobleme). Armut, Erwerbslosigkeit, Krankheit, Behinderung, ungepflegte Erscheinung, fehlender oder ungenügender Bildungsabschluss, tiefes Einkommen, Ausländerstatus, mangelnde Interessen und unangepasstes Verhalten können dazu führen, dass jemand in Abhängigkeitsbeziehungen gerät und sich – wenn überhaupt – nur mit grossen Anstrengungen daraus befreien kann. Ökonomische Bedingungen, die viele Frauen aus der Dritten Welt oder den Ostblockländern dazu zwingen, ihre Existenz mittels Prostitution zu sichern, sind als problematisch zu bewerten; ihr Machtpotenzial ist sehr gering, weil kurzfristig kaum Alternativen für eine eigenständige Existenzsicherung bestehen.
Stichworte zu sozialen Problemen im sozialpolitischen Sinne sind: Armut, Arbeitslosigkeit, Steuerbelastung, Wohnungsnot, Benachteiligung von Frauen und Ausländern, Gewalt, Zwangsprostitution, Korruption, Kriminalität.

Als *Ressourcen* können individuelle Eigenschaften bewertet werden, die bei der Aufnahme und der Gestaltung bestimmter Beziehungen zu mehr oder weniger mächtigen Menschen Initiative, Einfluss und Kontrolle ermöglichen und Unabhängigkeit gewährleisten. So sind eine gute Gesundheit, körperliche Kraft, Wissen, Geld, ein prestigeträchtiger Bildungsabschluss, Rhetorik und Charisma attraktive Eigenschaften, die die Chancen erhöhen, anderen Menschen von machthaltiger Position aus zu begegnen. Nicht zu vergessen sind Mitgliedschaften in machthaltigen Organisationen wie Parteien, Gewerkschaften, Berufs- und Arbeitgeberverbänden, in Mieter- bzw. Hauseigentümerverbänden. Zum Abschluss der Beschreibung der individuellen Ausstattung werden die Illustrationen zu einem – immer noch vorläufigen – Gesamtbild über das «Individuum Herr Meier» zusammengefügt (vgl. Abb. 14).

Abb. 14
Beschreibung von
Herrn Meier (umfassend)

Probleme (durch Klienten benannt) *:

· Ich leide körperlich an ...
      (s. Ui)
  · Ich bin verbittert, ... weil mir gekündigt wurde, angeblich, weil ich persönliche Probleme habe.
  · Ich bin verzweifelt, ... denn trotz Bewerbungen erhalte ich keine Stelle, nur Absagen, weil «die»
                       denken, ich sei dann häufig krank.
  · Ich verstehe nicht, ... weshalb meine Tochter nichts mehr von mir wissen will.

        · Depressiv?   · Alle wollen etwas von mir, z.B. Steueramt, Bank ... Hat das alles einen
(Frage des Sozialarbeiters)   Sinn – ich sehe keinen Ausweg!

        · *Ressourcen*   · *Ich bin verpflichtet, Alimente zu bezahlen, und akzeptiere diese Pflicht.*
(durch Klienten benannt)   · *Ich habe Erfahrung als Hilfsarbeiter/Magaziner.*
                   · *Ich bin ein verlässlicher Arbeiter.*

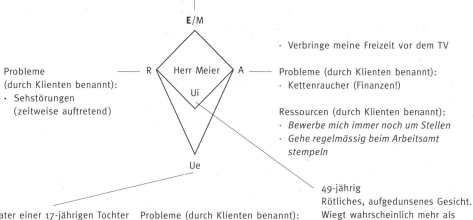

                 E/M

                           · Verbringe meine Freizeit vor dem TV

Probleme   —— R Herr Meier A —— Probleme (durch Klienten benannt):
(durch Klienten benannt):   · Kettenraucher (Finanzen!)
· Sehstörungen   **Ui**
  (zeitweise auftretend)   Ressourcen (durch Klienten benannt):
                           · *Bewerbe mich immer noch um Stellen*
                           · *Gehe regelmässig beim Arbeitsamt*
                            stempeln

           Ue

                                49-jährig
                                Rötliches, aufgedunsenes Gesicht.
· Vater einer 17-jährigen Tochter   Probleme (durch Klienten benannt):   Wiegt wahrscheinlich mehr als
· Geschieden seit drei Jahren   · Alimentenschulden (Betrag?)   100 kg. Riecht nach Alkohol
· Kein anerkannter   · Steuerschulden (rund SFr. 4 000.–) (Feststellung des S'arb.)
  Berufsabschluss   · Kleinkreditschulden (SFr 12 000.–)
· Arbeitslos seit drei Monaten
· Bezieht Leistungen der   *Ressourcen (durch Klienten benannt):*   Problem (durch Klienten benannt):
  Arbeitslosenversicherung   · *Hat günstige Wohnung: wohnt in*   Leidet unter Atem-, Herz- und
· Ist krankenversichert   *2-Zi.-Wohnung (SFr. 880.–)*   Magenbeschwerden

Austauschpotenzial: Er sieht seine Möglichkeiten zum Aufbau und zum Erhalt von horizontalen Beziehungen als stark eingeschränkt. Erwerbslosigkeit, Verschuldung und sichtbare gesundheitliche Probleme: für Dritte sei er ein «Problemhaufen». – Wer mit ihm eine Beziehung unterhalten würde, würde ihn als pflichtbewussten, verlässlichen Kollegen erleben.

Machtpotenzial: Er schätzt seine Möglichkeiten zum Aufbau und zur Pflege von vertikalen Beziehungen als beschränkt ein. Die Forderungen der Gläubiger seien legitim, er könne sich ihnen nicht entziehen. Als Arbeitsloser und – neu – als Klient sei er abhängig. Er wolle sich aus Abhängigkeiten befreien, seine Angelegenheiten in Ordnung bringen, was ihm sein Pflichtbewusstsein gebiete.

Im folgenden Kapitel zur Analyse der individuellen Ausstattung werden ausgewählte Interaktionen zwischen den einzelnen Komponenten erläutert.

8. Individuen besser verstehen

Es gibt Praktikerinnen und Praktiker, die die Systemische Denkfigur durch ein stilisiertes Individuum ersetzen, das etwa wie folgt aussieht:

Abb. 15
Stilisiertes Individuum

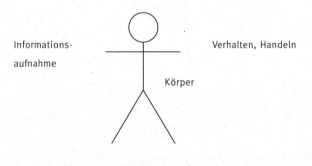

Wissen, Denken,
Interessen, Fühlen,
Bedürfnisse, Motivation

Informations-
aufnahme

Verhalten, Handeln

Körper

Sozioökonomische, -ökologische
und -kulturelle Eigenschaften,
soziale Position, Mitgliedschaften,
bzw. soziale Rollen

Auf den ersten Blick und in didaktischer Hinsicht erleichtert diese Darstellung den Zugang zur hier behandelten Materie. Die Eigenschaften der Dimensionen der Denkfigur lassen sich in dieser Form darstellen. Diese «pragmatische» Darstellung geht jedoch mit einem Verlust an konzeptueller Aussagekraft einher. Bei näherem Betrachten wird offensichtlich, dass es mit dieser «vermenschlichten» Figur nicht möglich ist, die Interaktionen des «Systems Individuum» zwischen seinen Komponenten einerseits und mit seiner Umwelt andererseits in befriedigender Weise sichtbar zu machen. Solche internen

Prozesse zu beschreiben, dazu Hypothesen zu bilden und das auf diese Weise gezeichnete Bild bewerten zu können, lässt uns unser eigenes (Selbstwissen) und das Wissen, Denken, Fühlen und Handeln von anderen Menschen besser verstehen.

Zur Problem- und Ressourcenanalyse des Individuums gehört die Beschreibung von Interaktionen, wie sie durch die grafische Verbindung zwischen den Dimensionen der SDF angedeutet sind. Interessieren sie nicht, können wir auf die Denkfigur als grafisches Mittel verzichten und uns auf eine Aufzählung – 1. Körper bis 5. Verhalten/Handeln – beschränken. Die Interaktionen zwischen den Dimensionen gehören zu den Prozessen, die das fortwährende Wiederherstellen und das Aufrechterhalten der inneren Struktur von Individuen gewährleisten (Gleichgewicht). **39** Um solche Prozesse besser zu verstehen, fordern die Verbindungenen zwischen den Dimensionen der Denkfigur zu entsprechenden theoretischen Fragen auf. Doch die Anwendung der Denkfigur allein ersetzt die guten Theorien nicht. Je fundierter die Kenntnisse über biologische, biopsychologische, psychologische, soziologische, sozialpsychologische und ökonomische Theorien, desto eher können *Hypothesen gebildet* werden – ein erklärungstheoretischer Schritt im Verlaufe professionellen Handelns als Antwort auf die WARUM-Frage; dazu sind Fachliteratur und allenfalls Fachleute beizuziehen. Aufgrund der in diesem Band vorrangig beschreibenden Problem- und Ressourcenanalyse müssen Vereinfachungen und beispielhafte Hinweise genügen; teilweise Wiederholungen zu Ausführungen im letzten Kapitel sind nicht zu vermeiden.

Den im konkreten Fall und im Einzelnen zu bildenden (systemtheoretischen) Hypothesen liegen folgende praxisrelevanten und prozessbezogenen Fragen zugrunde:

- Welche individuelle *Dynamik* kann/soll mit Hilfe der Denkfigur sichtbar gemacht werden zwecks systemischen Verstehens von Empfinden, Aufmerksamkeit, Wahrnehmen, Denken, Bewerten, Fühlen, Motivation und Verhalten bzw. Handeln von Individuen unter Berücksichtigung bestimmter sozialer Eigenschaften des Individuums und der strukturellen und kulturellen Bedingungen, unter denen es lebt?

- Welche Kenntnisse über die *soziale Ausstattung bzw. Position von*

39
Ohne den grossen Nutzen der SDF als Instrument für eine systematische Beschreibung vorerst von Individuen zu schmälern, weise ich doch darauf hin, dass wir in der Praxis Sozialer Arbeit immer nur einen kleinen Ausschnitt der tatsächlichen Interaktionen zwischen den hier ausgewählten Dimensionen des Individuums erfassen und beschreiben können. Denn viele Interaktionen sind für uns nicht direkt beobachtbar; wir bedürfen der Schilderung der direkt Betroffenen – unter Inkaufnahme von Auslassungen und Verzerrungen, von Übertreibungen, Vergesslichkeit, Wunschdenken usw.

Individuen sind nötig, um die Struktur und Prozesse *sozialer Gebilde* besser zu verstehen sowie deren Wirkungen auf die Individuen selbst?

Betrachten wir die Denkfigur, sind die meisten Verbindungen – nicht alle! – mit potenziellen psychobiologischen Prozessen identisch.

Als ein Beispiel für einen nicht-psychobiologischen Prozess steht die Verbindung von Ue zu A: Fragt man in dieser Richtung, ist kein psychobiologischer Vorgang auszumachen, weil es diesen direkt nicht gibt; hingegen macht diese Verbindung auf die Feststellung aufmerksam, dass z. B. bestimmte Rollen (Ue) ein bestimmtes Handeln (A) erfordern; gefragt ist also soziologisches und sozialpsychologisches Wissen.

40
Vgl. auch Ausführungen auf S. 56 f.

41
Mit dieser Einschränkung wird nicht unterstellt, Störungen bezüglich olfaktorischer, gustatorischer und taktiler Reize seien unproblematisch!

Mit stark strukturierten Hinweisen wird illustriert, was systemisches Denken, bezogen auf das Individuum, bedeuten kann. Die kurzen Hinweise machen die *hypothesenbildende, theoretisierende Funktion der Denkfigur* deutlich. Die einzelnen Verbindungen werden kommentiert nach a) allgemeinen Fragen, b) allgemeinen Erläuterungen und c) mit beispielhaften Fragen aus der Praxisperspektive. Die Informationen zu den einzelnen Dimensionen werden aufgrund der entsprechenden Ausführungen in den Kapiteln C 1–5 vorausgesetzt.

8.1 Von den sozialen Eigenschaften zu den Rezeptoren (Ue › R) [40]

Abb. 16
Illustration zu Ue › R

Allgemeine Frage: Welche Arten von Reizen (Stimuli) aus der sozioökonomischen, sozioökologischen und soziokulturellen Umwelt gelangen zu den Sinnesorganen?

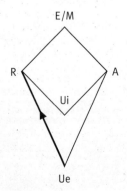

Erläuterungen: Die Verbindung Ue › R ist einseitig (Interaktionen von R zu Ue gibt es nicht). Menschen sind permanent vielen und verschiedenartigen Reizen (Stimuli) aus der externen Umwelt ausgesetzt (vgl. Kapitel C 3).

Aus der Sicht der *Praxis* interessiert, wieweit die *Sinnesorgane* – die Rezeptoren und der anschliessende sensorische Bereich – ihre Funktionen wahrnehmen können, ob visuelle und akustische Reize [41] aus der Umgebung des Individuums überhaupt auf den Organismus «auftreffen», vorerst ungeachtet dessen, ob sie auch wahrgenommen werden. Denn: Seh- und Hörfähigkeit sind wesentliche (aber nicht in jeder Hinsicht unerlässliche) Voraussetzungen für die autonome Orientierung im Raum und für die Pflege von Beziehungen. Gerade im Bereich der Arbeit mit betagten Menschen und Behinderten können *Sehschwäche und Schwerhörigkeit* vorliegen und/oder gar ursächlich für Kommunikationsprobleme und daraus resultierende Konflikte bzw. für soziale Probleme sein.

42
Prozesse der Informationsaufnahme und -verarbeitung
stehen im Vordergrund, im
Wissen darum, dass auch innere Organe des menschlichen
Körpers über Rezeptoren verfügen, die für sein Funktionieren unerlässlich sind.

8.2 Von den biologischen Eigenschaften zu den Rezeptoren (Ui › R) [42]

Allgemeine Fragen: Wie wirken sich physiologische Zustände und Prozesse (z.B. Gesundheit/Krankheit, Hirnverletzungen, Alterungsprozesse) vorübergehend oder dauernd auf die Aufnahmefähigkeit (Sensitivität) der Rezeptoren bzw. der Weiterleitung von Reizen zum sensorischen Bereich aus? Welche Reize aus dem Organismus selbst beeinträchtigen oder stützen Bewegungen und das körperliche Gleichgewicht?

Abb. 17
Illustration zu Ui › R

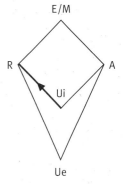

Erläuterungen: Der sensorische und der assoziative Bereich nehmen nicht nur Reize aus der Umwelt des Individuums auf bzw. verarbeiten sie, sondern auch solche, die aus dem Organismus selber stammen: z.B. die «Meldung», dass der Körper das Bedürfnis nach Wasser hat; uns wird bewusst, dass wir Durst haben (E/M) – wir trinken (A). Der Körper sendet «via» autonomes Nervensystem Reize zum Gehirn, die wir zum weitaus grössten Teil überhaupt nicht und nur zu einem kleinen Teil bewusst wahrnehmen. Magenschmerzen können als Reiz verstanden werden, der im sensorischen Bereich empfunden wird; die Empfindung erzeugt Aufmerksamkeit und der Reiz wird wahrgenommen (Ui › R › E/M). Abhängig von den Hypothesen, die das Individuum über den wahrgenommenen Schmerz bildet, erfolgt eine bestimmte Form und Intensität einer sekundären affektiven Reaktion (Angst, Gelassenheit). [43] Die Bewegungssinne der Muskeln und Gelenke dienen der Orientierung und Bewegung im dreidimensionalen Raum. [44] Aus der Arbeit mit *Suchtkranken* ist bekannt, dass der Konsum bestimmter Suchtmittel die Funktionsfähigkeit des sensorischen Bereichs beeinträchtigt; etwa bei Alkoholkranken, bei denen Sensitivitäts- und Gleichgewichtsstörungen auftreten, die zu Gehunsicherheiten führen (Ui › R › E/M › A).

43
Informative Ausführungen zum
Schmerz finden sich bei
Damasio, 1995:345–348.

44
Vgl. Birbaumer/Schmidt,
1996³:334 f.

Fragen aus der Sicht der Praxis: Bestehen Geburtsgebrechen, Krankheits- und/oder Unfallfolgen, die dazu führen, dass bestimmte Informationen nicht, nur teilweise oder nicht vollständig aufgenommen werden können? Ist die Selbstwahrnehmung hinsichtlich körperlicher Funktionen und Zustände intakt oder werden z. B. «Körpersignale» ignoriert, die in medizinische Abklärung gehörten?

8.3 Von den Rezeptoren zu den Erlebensmodi bzw. Modell (R › E/M)

Allgemeine Fragen: Was geschieht mit empfundenen Reizen, vor allem solchen aus der Umwelt? Unter welchen Bedingungen lösen Stimuli Aufmerksamkeit aus? Welche Bilder- und Codeeigenschaften müssen gegeben sein, damit der Informationsgehalt der Stimuli wahrgenommen und über ihn nachgedacht werden kann (E/M)?

Abb. 18
Illustration zu R › E/M.

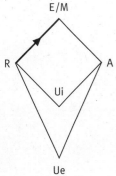

Erläuterungen: Der Inhalt des Modells besteht u. a. aus Wissen über Fakten, aus *Codes* unterschiedlicher Komplexität und aus entsprechenden konzeptuellen *Bildern;* sie sind das Ergebnis der «Informationsverarbeitung». Die Wahrnehmung [45] von Informationen (Stimuli) von ausserhalb des Organismus und ihr Vergleich mit bereits vorhandenem Wissen ist ein kognitiver Prozess (längst nicht alle Stimuli werden wahrgenommen!), ebenso die Aneignung und Integration neuer Informationen in das bestehende Wissen. Die damit einhergehende Bestätigung, Veränderung oder «Löschung» bestehender Bilder und Codes ist das Ergebnis von *Lernprozessen.* [46]

Fragen aus der Sicht der Praxis: Warum nehmen Klientinnen bestimmte Informationen aus der sozialen Umwelt nicht wahr, obwohl weder eine physiologische Beeinträchtigung des sensorischen noch des assoziativen Bereichs festzustellen ist? Handelt es sich vielleicht um mangelnde Aufmerksamkeit: gelingt es nicht, sie für bestimmte Reize empfänglich zu machen? Oder haben wir es mit einer Verdrängung zu tun: Ruft die Wahrnehmung der Reize und deren Codierung affektiv negativ besetzte Bilder (Erfahrungen!) wach, derer sich jemand nicht bewusst werden möchte? Oder ist für bestimmte Informationen einfach kein bereits bekanntes Bild vorhanden und damit auch kein Code? Dann bleibt die Information unbekannt (wird nicht wahrgenommen), wenn doch, kann man sie sich nicht erklären.

45

Vgl. Grawe, 1998:223 f.;
Bunge/Ardila, 1990:295 f.

46

Die Tatsache, dass Menschen, wie andere Lebewesen auch, Informationen aus ihrer Umwelt aufnehmen und verarbeiten, macht sie zu halboffenen Systemen.

8.4 Von den Erlebensmodi bzw. Modell zu den sichtbaren Aktivitäten
(E/M › A)

Allgemeine Fragen: Welches Wissen, welche Bedürfnisse, welche Ziele und Motive führen zu einem bestimmten Handeln? Unter welchen Bedingungen gelingt es Menschen, ihr eigenes Verhalten bewusst und zielgerichtet zu steuern? Über welche Theorien muss man Bescheid wissen, um ein Problem zu erklären, angemessene Ziele zu formulieren und entsprechend zu handeln (E/M › A)?

Erläuterungen: In A manifestiert sich der motorische, also sichtbare Ausdruck menschlichen Verhaltens und Handelns. Zielgerichtetes, absichtsvolles Handeln soll die gewünschte Veränderung eines Zustandes oder individuellen Handelns bewirken. Die entsprechende «Befehlsgebung» erfolgt durch das Zentralvervensystem resp. seinen neuromotorischen «Ausgang» hin zu den Effektoren als Komponenten des peripheren Nervensystems.

Abb. 19
Illustration zu E/M › A

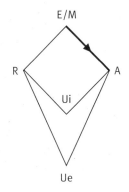

Nicht alles sichtbare Verhalten ist beabsichtigt (z. B. so genannte motorische Unruhe bei Kindern). Und nicht jedes Handeln erfolgt unmittelbar aufgrund eines Reizes von ausserhalb des Organismus: Wir essen oder wir bewegen uns zwecks Befriedigung von Bedürfnissen des Organismus. Dieser erzeugt ein «physiologisches Bild», das z. B. die Abweichung vom Soll-Wert bezüglich des Blutzuckerspiegels anzeigt. Das Bild wird als Bündel von Reizen *empfunden,* die zusammengefasst als «Hunger» wahrgenommen und als ein Gefühl, eine Spannung *erlebt* werden. Die Handlung «Essen» führt zur Entspannung, zu Wohlbefinden, zur Bedürfnisbefriedigung. Solches Handeln bewirkt über mehr oder weniger lange Zeit ein Gleichgewicht des Organismus.

In diesen Feststellungen liegt ein *Schlüssel zum besseren Verstehen menschlicher Handlungen. Handeln erfolgt aufgrund von Wissen über sich und über die Umwelt, über Bedürfnisse, Affekte, entsprechende Motive und Absichten (Intentionen).* Wenn wir Handeln als mehr oder weniger tauglichen Versuch verstehen, Bedürfnisse zu befriedigen, können wir die Handelnden durch Analyse der Motive (E/M) – soweit sie ihnen bewusst sind und sie sie artikulieren können und soweit es sich um die «wahren» Motive handelt! – besser verstehen. Konsequenterweise können *Gründe für Unterlassungen,* für Nicht-Handeln, in Nicht-Wissen, im Fehlen von Alternativen, im Fehlen des

Sinns einer Handlung und damit im Fehlen einer Motivation gefunden werden.

In diesem Zusammenhang ist ein Hinweis auf die *Attribution* angezeigt, insbesondere auf «fundamentale Attributionsfehler». Darunter wird die Tendenz verstanden, «Schlussfolgerungen über stabile Persönlichkeitsdispositionen eines Akteurs zu machen, obwohl sein Verhalten durch Situationsbedingungen ausreichend erklärt werden kann». [47] Unerwünschte Folgen solcher Fehlschlüsse sind, dass ein Handeln allein mit individuellen (oft moralischen) Motiven erklärt wird, ohne den sozialen Kontext des handelnden Individuums zu beachten (individualistische Perspektive). Für Sozialarbeiter und Sozialpädagogen, die oft in die Lage kommen, ihre Klientinnen zu beobachten, ist die «Theorie der korrespondierenden Schlussfolgerungen» von hohem Interesse. Die Autoren unterscheiden zwischen der «Attribution einer Absicht» («Hat er es mit Absicht getan?») und der «Attribution von Dispositionen» («Welche Persönlichkeitseigenschaft[en] hat [haben] ihn dazu veranlasst?»). [48]

47
Vgl. Bierbrauer, 1996:95 f.

48
Vgl. Hewstone/Fincham, 1996³:177 f.;
vgl. auch Forgas, 1995³:71–105 (Attribution, einschliesslich Erklärung des eigenen Verhaltens).

Die Steuerung der motorischen Aktivitäten kann durch morphologische bzw. physiologische Gegebenheiten des Zentralnervensystems bzw. des peripheren Nervensystems beeinträchtigt sein oder sie ist unmöglich; Aktivitäten bzw. Nicht-Aktivitäten wie Lähmungen und Zittern sind dann willentlich nicht beeinflussbar.

Fragen aus der Sicht der Praxis: Weshalb handelt die Klientin so, dass ihr selber und/oder Dritten individuelle und soziale Nachteile entstehen? Inwiefern können Verhaltensänderungen bzw. eine Verbesserung von Handlungskompetenzen über die Veränderung, «Löschung» oder Aneignung neuen Wissens erreicht werden (neue oder veränderte Bilder und Codes › Bewusstseins- und Motivationsbildung)? Warum ist das Handeln des Klienten, der sich «einsichtig» zeigt, dieser Einsicht gemäss unangemessen? Er kann doch seine Einsicht ausdrücken, dass er nicht mehr trinken sollte – und trinkt dennoch? Wenn wir uns mit Gewalt in Familien und Schulen befassen: Können wir sie besser verstehen und etwas dagegen unternehmen, wenn wir mehr über die Dynamik zwischen Zukunftsperspektiven und ihrer Bewertung einerseits und Verhaltensmustern zwecks Spannungsabbaus aufgrund bestimmter sozialer Lebensbedingungen andererseits (Ue) wissen? Welche Umstände führen zu derartigen Spannungen, dass die Selbststeuerung, die Kontrolle des Handelns, versagt (Affekthandlungen)? **49** Wodurch sind die Spannungen entstanden, die den Klienten dazu geführt haben, andere zu schlagen und Gegenstände zu zerstören? Hat der Klient überhaupt eine Erklärung dafür?

Hinweis: In Richtung A zu E/M gibt es keine direkten Interaktionen!

8.5 Von den biologischen Eigenschaften zu den sichtbaren Aktivitäten (Ui › A)

Allgemeine Fragen: Welchen Einfluss haben anatomische und/oder physiologische Eigenschaften auf das Verhalten und auf die Handlungskompetenzen allgemein? Unter welchen körperlichen Bedingungen wird zielgerichtetes Handeln erschwert oder gar unmöglich?

Erläuterungen: Diese Verbindung weist auf das Faktum hin, dass es ohne Körper auch kein Verhalten und Handeln gibt. Ein gesunder Körper ist für adäquates Verhalten unentbehrlich, erfolge dieses nun bewusst oder nicht bewusst, spontan oder zielgerichtet. Die Einheit des biologischen Systems «Körper» und der biopsychischen Funktion «Verhalten» bzw. «Handeln» legt nahe, angesichts bestimmter Verhaltensstörungen zuerst nach biologischen Ursachen disfunktionaler motorischer Abläufe zu fragen (z. B. motorische Unruhe aufgrund einer Hirnschädigung durch den Geburtsvorgang oder nach Schädeltraumata; schwankender Gang nach Alkoholeinnahme). Erst nach Vorliegen eines negativen Befundes erscheint es angezeigt, die Ursachen in psychischen Zuständen und Prozessen zu suchen.

Fragen aus der Sicht der Praxis: Hat chronische körperliche Müdigkeit ihren Grund in aktueller Arbeitsüberlastung oder vielleicht doch eher in einer körperlichen Erkrankung (Delegation an Arzt)? Sind Erkrankungen oder körperliche Behinderungen die Ursache für (fein)motorische Störungen – hat schon eine medizinische Abklärung stattgefunden? Inwiefern beeinträchtigen Amputationen von Gliedmassen oder Querschnittlähmungen die Ausübung alltäglicher Handlungen, und mit welchen sozialen Folgen für den Betreffenden? Welche Einschränkungen der Beweglichkeit sind dem Alterungsprozess zuzuschreiben? Entsprechen sie dem üblichen Grad des natürlichen Rückgangs der Beweglichkeit und der Leistungsfähigkeit? Und anstelle

49
Interessante Zusammenhänge zum Gewalt begünstigenden situativen Kontext und zu motivierten Tätern, letztere verstanden als Personen, deren Selbststeuerung unter bestimmten individuellen und sozialen Bedingungen versagt, liefert Eisner, 1997.

Abb. 20
Illustration zu Ui › A

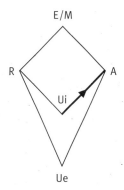

einer Frage eine Feststellung: Problematisches Verhalten oder Handeln muss seine Ursache nicht in jedem Fall in mangelndem Wissen oder gar in böser Absicht haben (E/M), es *kann* allein in biologischen Eigenschaften begründet sein. [50]

8.6 Von den sichtbaren Aktivitäten zu den biologischen Eigenschaften (A › Ui)

Allgemeine Frage: Welche Wirkungen hat ein bestimmtes Verhalten/Handeln auf die Funktionen und den Zustand des Körpers?

Erläuterungen: Unser Körper verhält sich in einer bestimmten Weise und ermöglicht Handeln. Umgekehrt wirkt Verhalten bzw. Handeln (mindestens) auf die an der Bewegung beteiligten Körperteile – Nerven, Muskeln, Sehnen, Skelett – zurück. [51] Der Stoffwechsel und der Energieumsatz beeinflussen u. a. die Art und die Menge der Ernährung – diese wiederum bestimmt die möglichen Bewegungen, die aufgewendete Kraft und Ausdauer mit. Die motorischen Leistungen stützen unseren Körper, verleihen ihm seine Haltung – den aufrechten Gang. Unangemessene Handlungen oder motorische Ungeschicklichkeiten haben ihre Ursache oft in Störungen biologischer Subsysteme. Allein aufgrund von Beobachtungen des Verhaltens und Handelns können wir auf körperliche Zustände schliessen; z. B. erlauben sowohl ein gesunder wie ein behinderter Körper sportliche Leistungen (Behindertensport) – der Körper schwitzt, der Puls schlägt schneller.

Fragen aus der Sicht der Praxis: Kennen wir die Gründe für die mangelnde Sorgfalt des Kindes, das alles, was es in die Hände nimmt, fallen lässt und so beschädigt? Was bedeutet es für ein Kind, wenn es nicht spielen, seinen Bewegungsdrang auf Dauer nicht ausleben kann? Wie wirkt sich Gefangenschaft aus, die maximal eine Stunde Spaziergang im Gefängnishof erlaubt? Welche sekundären gesundheitlichen Folgen hat es für Behinderte und für chronischkranke Pflegebedürftige, wenn sie sich kaum bewegen können? Würde dem zu Übergewicht neigenden Klienten ein Mitwirken in der Tanzgruppe nicht nur körperliches Wohlbefinden, sondern auch psychische Befriedigung (E/M) und Kontakte ermöglichen (Beziehungen)? Wie wirkt es sich auf seine körperliche Gesundheit aus, wenn der Erwerbslose nur noch zu Hause herumsitzt, stundenlang fernsieht,

[50]
Birbaumer/Schmidt machen differenzierte Ausführungen zu den hier beispielhaften Hinweisen im Kapitel «Pathophysiologie der Motorik» (1996³:276).

[51]
Vgl. Birbaumer/Schmidt, 1996³:242–297.

Abb. 21
Illustration zu A › Ui

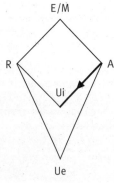

im Übermass Alkohol trinkt, seine Körperpflege vernachlässigt? Wie wirken sich die acht bis neun Stunden Arbeit im Stehen auf Dauer auf die bereits geschwächte Gesundheit der Verkäuferin aus (hat sie die Möglichkeit eines Stellenwechsels › (Ue)?

8.7 Von den sichtbaren Aktivitäten zu den sozialen Eigenschaften (A › Ue) [52]

Allgemeine Frage: Wieweit gelingt es, durch zielgerichtetes Handeln auf seine sozioökonomische, sozioökologische und soziokulturelle Umwelt einzuwirken und sie aktiv mitzugestalten?

Erläuterungen: Handeln bezweckt nicht nur, auf Zustände seiner selbst (z. B. durch regelmässigen Ausdauersport die Blutdruckwerte senken), sondern auch auf seine äusseren Lebensbedingungen und seine weitere Umwelt einzuwirken. Diese Verbindung deutet an, dass durch bestimmtes Handeln auch die sozioökonomischen, sozioökologischen und die soziokulturellen Eigenschaften beeinflusst und verändert werden können (M = Motiv für Veränderung › A = Handlung › Ue).

Fragen aus der Sicht der Praxis: Wieweit gelingt es Klientinnen und Klienten, ihre Wünsche und Ziele bezüglich Beruf, Einkommen, Wohnsituation u. a. zu realisieren? Vermögen Klientinnen und Klienten auf ihre Arbeits- oder Wohnverhältnisse Einfluss zu nehmen? Sind sie in der Lage, sich für ihre Interessen zu wehren? Warum ist Frau Kupper Klientin geworden: welche Rollenerwartungen hat sie nicht erfüllt? Hat sie als Mieterin den Mietzins nicht bezahlt, oder hat sie als Arbeitnehmerin die Leistungen nicht erbracht? Hat sie als Schuldnerin die vereinbarten Raten nicht überwiesen? Wie kann der Klientin plausibel gemacht werden, dass sie eine Weiterbildung besuchen sollte, damit sie mehr weiss und kann, und dafür einen Ausweis erhält, der ihr im Rahmen von Bewerbungen dient? Wenn die Nachbarn behaupten, die Eltern würden ihre Kinder vernachlässigen: welche Handlungen müssen Eltern erfüllen, damit wir sagen können, die Kinder würden angemessen erzogen?

52
Unter Ue werden auch soziale Rollen aufgeführt. Definiert wird Rolle als «die Summe aller Erwartungen der verschiedenen Gruppen und Personen, die Menschen in einer bestimmten sozialen Position beeinflussen» (Dechmann/Ryffel, 1997[10]:97 f.). Insofern ist «Rolle» als soziale, emergente Eigenschaft des Individuums zu verstehen, die es als Mitglied eines sozialen Systems erwirbt. Sie ist klar zu unterscheiden vom Rollenhandeln, das unter A beschrieben wird. Auf diese Weise können einerseits Aussagen über die Rolle (Ue), unabhängig von einer bestimmten Person, und andererseits über die Erfüllung von Handlungserwartungen (A) durch eine bestimmte Person gemacht werden – je nach Grad der Abweichung erfolgt eine Bewertung als Problem.

Abb. 22
Illustration zu A › Ue

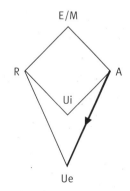

143

8.8 Von den sozialen Eigenschaften zu den sichtbaren Aktivitäten (Ue › A)

Allgemeine Frage: Welche Wirkungen hat die Veränderung der sozioökonomischen, sozioökologischen und soziokulturellen Situation auf das Verhalten/Handeln?

Erläuterungen: Weil sie für die Praxis von besonderer Bedeutung ist, kehren wir ausnahmsweise die vorher beschriebene Verbindung von A zu Ue um. Wir *denken* die direkte Verbindung, weshalb sie gestrichelt gezeichnet ist: konkret, als psychobiologischer Prozess, verläuft die Steuerung des Handelns immer über R › E/M. Die gedachte Verbindung Ue › A macht sichtbar, dass bestimmte sozioökonomische, sozioökologische und soziokulturelle Eigenschaften und Mitgliedschaften – die «soziale Situation» – für das Handeln massgebend sein können.

Fragen aus der Sicht der Praxis: Welche sozialen Verhältnisse – soziale Position und entsprechende Rollen – erfordern welches Handeln und schliessen welches aus, – mit welchen Sanktionen ist im letzteren Fall zu rechnen? Welches Verhalten erwarten wir von Herrn Meier in seiner Rolle als Klient?

Ein illustrierendes Beispiel: Der soeben arbeitslos gewordene Buchhalter erzählt, dass er die Stelle wegen eines Griffs in die Kasse verloren habe. Daraus kann direkt gefolgert werden – «ganz direkt» von Ue nach A –, dass sich die Berufsrolle und die entsprechenden Funktionen mit diesem Handeln nicht vertragen. Es bleibt etwa noch, nach den Motiven fragen, die dazu geführt haben (E/M). Ein solches Bild entsteht aufgrund der Hypothese, dass beim Buchhalter zuerst ein mehr oder weniger affektiv besetztes Motiv (E/M) da war, eine ökonomische Notlage zu bewältigen (Ue). Er wählte ein illegales Handeln (A), das nun zur sozialen Sanktion der Entlassung (Ue) geführt hat. Naheliegend erscheint ebenso, dass gerade ein Buchhalter auch über die Möglichkeiten verfügt, in die Kasse zu greifen (A › Ue). [53] – Es kann aber ebenso «direkt» festgestellt werden, dass der Erwerbslose (Ue) nun keiner Tätigkeit mehr nachgeht (A).

Abschliessend zur Verbindung Ue › A: In ihr wird die Spannung deutlich, wie sie in der Sozialen Arbeit in problematischen Situationen oft aufscheint: *Was soll problematisiert werden – das Verhalten bzw.*

53
Theorie der differenziellen Gelegenheiten nach Cloward und Ohlin, zit. in Lamneck, 1996⁶:203 f.

Abb. 23
Zur «gedachten» Relation Ue › A

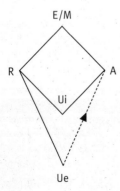

Handeln (A) oder die Verhältnisse (Ue)? Leben Menschen in sozial problematischen Situationen, weil sie «falsch» gehandelt haben oder handeln sie «falsch», weil sie in sozial problematischen Situationen leben? Anders gefragt: Zielt Soziale Arbeit auf die Veränderung der Verhältnisse, auf das Verhalten/Handeln oder auf beides?

8.9 «Gedachte» Relationen

Dieses Unterkapitel zur Dynamik zwischen den sichtbar gemachten Verbindungen der Dimensionen der Denkfigur kann nicht abgeschlossen werden, ohne fünf weitere, *in der Darstellung der Denkfigur lediglich «denkbare» Verbindungen,* kurz zu erläutern (gestrichelte Linien):

Abb. 24
Illustration zu
«gedachten» Relationen

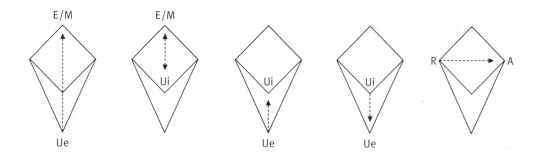

Warum sind diese Verbindungen bisher nicht vorgestellt worden? Einfach gesagt: Weil es *aus psychobiologischer Perspektive keine direkten Interaktionen* gibt. Informationsaufnahme ist in jedem Fall nur über die Rezeptoren bzw. über das sensorische System möglich. Der Lottogewinn (Ue) kann z. B. nicht «direkt» Freude auslösen und den Wunsch nach dem Kauf eines neuen Autos entstehen lassen (E/M); zuerst muss die Information empfunden, wahrgenommen und bewertet werden. Dennoch: Die hier gedachten Verbindungen sind für die Praxis relevant, weil sie im Zusammenhang mit der Beschreibung bzw. Hypothesenbildung zu individuellen Lebenssituationen thematisiert werden. Deshalb wird jede dieser Verbindungen kurz kommentiert: Welche Zusammenhänge, die für die Soziale Arbeit von

Interesse sind, kann man sich aufgrund der gestrichelt markierten Verbindungen *vorstellen?*

Ue › E/M: Worin besteht der Zusammenhang zwischen den sozioökonomischen Verhältnissen rund um die Wohnung oder den Arbeitsplatz, den sozioökologischen Bedingungen wie Freizeitumgebung, Arbeitsweg, Versorgung mit Bildungs- und Gesundheitseinrichtungen, aber auch der soziokulturellen Eigenschaften und den Zukunftsperspektiven, Hoffnungen, Lebensplänen und dem Wohlbefinden, also auf das Erleben? Aktuell ist ebenfalls der Zusammenhang zwischen beruflicher Qualifikation und Stellenmarkt – «Wir bedauern, Sie sind unter-/überqualifiziert!».

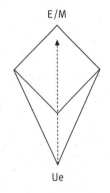

Abb. 25
Illustration zur «gedachten» Relation Ue › E/M

E/M

Ue

Aus der Lebenslaufforschung ist bekannt, dass das Wissen um die Unsicherheiten der Entwicklung der sozialstaatlichen Sicherungssysteme (Rentenhöhe = E/M über Ue, auf die Gestaltung der Lebensverläufe einen starken Einfluss hat (E/M › A) – Selbstbeobachtung kann der Plausibilitätsüberprüfung dieser These dienen (Allmendinger, 1995). Andererseits erwerben Individuen im Laufe des Lebenslaufs Bilder und Codes über «die Gesellschaft»; die erworbene mentale Struktur ist wiederum entscheidend für die individuelle Orientierung im sozialen Raum (Streit, 1994). – Eine weitere interessante Studie sei zum Zusammenhang zwischen sozioökonomischer Situation und bevorzugten Welt- und Menschenbildern angeführt: Heintz/Obrecht (1980) vergleichen die Gesellschaftsmodelle von Hausfrauen und erwerbstätigen Frauen. Dabei zeigen sich signifikante Differenzen insofern, als Hausfrauen zu einem «anthropozentrischen» und zu einem «kulturellen» Gesellschaftsbild neigen; das Erstere sieht die Gesellschaft als «unstrukturierte Ansammlung von Individuen». Im zweiten Modell sind unterschiedliche Werte, «Mentalitäten» und damit Kommunikationsschwierigkeiten für gesellschaftliche Konflikte verantwortlich. Demgegenüber überwiegt bei den erwerbstätigen Frauen das «strukturelle» Modell, gegenüber dem «kulturellen». Dieses dritte Modell stellt die Gesellschaft als vertikal organisiert dar, d. h. es besteht hier ein Bewusstsein für das Problem ungleicher Verteilung sozioökonomischer Güter und entsprechender sozialer Positionen – bei den Hausfrauen liegt dieses Modell klar an dritter Stelle. In dieser Untersuchung wird der Zusammenhang zwischen konkreter Lebenssituation und (Selbst-)Bewusstsein (Menge und Qualität von Bildern und Codes) offensichtlich.

Solche Zusammenhänge sind nur scheinbar auf direkte Wirkungen zwischen Ue und E/M zurückzuführen. Auch hier gilt: Was Menschen in ihrer Umgebung wahrnehmen, wird «vorher» via Rezeptoren im sensorischen Bereich empfunden.

E/M ‹ › Ui: Worin bestehen die Zusammenhänge zwischen der biologischen Ausstattung und der Art und Weise des Erlebens und Wissens – und umgekehrt? Biologische Eigenschaften wie Gesundheit, Krankheit oder eine Behinderung, das Geschlecht, das Alter oder die Hautfarbe werden durch das Individuum wahrgenommen und mehr oder weniger affektiv besetzt. Krankheit und Behinderung können zu Sorge Anlass geben. Verlaufen sie progredient oder sind sie gar akut lebensbedrohlich, liegen Angst und Hoffnung nahe beieinander. Die Lebensperspektiven engen sich vielleicht ein oder es entwickelt sich der Wille, den Rest des Lebens bewusster zu gestalten. Umgekehrt wirken Gefühle, sei es nun Freude, Angst oder Wut, auf den Körper. Stark verkürzt: Die Dynamik zwischen Ui und E/M betrifft u. a. den Bereich der *Psychosomatik*. Psychobiologisch verlaufen Empfindung und Wahrnehmung über den sensorischen Bereich (Ui › R › E/M).

Ue › Ui: Wie wirken welche sozioökonomischen, sozioökologischen und soziokulturellen Bedingungen auf den Körper – wenn sich in absoluter Armut lebende Menschen nicht ernähren können, die Erwerbsarbeit körperlich schädigend ist (Nässe, Kälte, giftige Dämpfe u. a.) oder die Abflugpiste direkt über die Wohnung führt (Lärm, Abgase)? Auch in solchen Situationen nehmen der sensorische und der assoziative Bereich die entsprechenden Informationen nacheinander auf und verarbeiten sie (R › E/M).

Während meines Bildungsurlaubs 1989 habe ich in Montréal einen TV-Bericht über Schulkinder aus armen Familien gesehen. Lehrerinnen schilderten, wie sie den Kindern am Morgen zuerst ein Frühstück verabreichen mussten, damit sie für den Lernstoff überhaupt aufnahme- und lernfähig wurden (Ue: Nahrungsmittel › Ui: Anregung des Stoffwechsels › E/M: Wecken der psychischen Grundfunktionen des Lernens › A: Am Unterricht teilnehmen als Voraussetzung, um mit der Lehrerin und den Mitschülerinnen in Interaktionen einzutreten (Beziehungsaspekt).

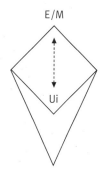

Abb. 26
Illustration zur «gedachten» Relation E/M ‹ › Ui

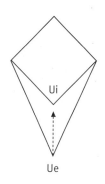

Abb. 27
Illustration zur «gedachten» Relation Ue › Ui

Abb. 28
Illustration zur «gedachten»
Relation Ui › Ue

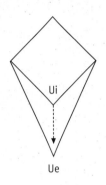

Abb. 29
Illustration zur «gedachten»
Relation R › A

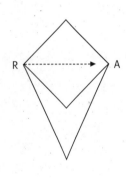

54
Zum Zusammenhang zwischen
biologischen Eigenschaften
und Armut, vgl. Schäuble,
1994: 70–75.

55
Vgl. Nolting/Paulus, 1999⁸:
70 f.

Ui › Ue: Worin besteht ein Zusammenhang zwischen biologischer Ausstattung und den sozioökonomischen, teilweise auch den soziokulturellen Verhältnissen? Je höher das Alter, desto geringer die Chancen auf dem Arbeitsmarkt. Frauen erhalten für die gleiche Funktion in einigen Wirtschaftsbranchen immer noch weniger Lohn als Männer. Oder Farbige werden bei der Wohnungssuche oder am Arbeitsplatz diskriminiert. Der Zusammenhang zwischen körperlicher Ausstattung und sozialer Position wird deutlich. Körperliche Eigenschaften sind, gerade auch unter dem Machtaspekt, auf ihre soziale Wirkung hin zu betrachten. [54]

R › A: Können bestimmte Informationen *direkt* Verhalten bzw. Handeln auslösen? Auf die Rezeptoren des peripheren Nervensystems auftreffende Stimuli können zu direkter motorischer Reaktion führen. Dies ist der Fall bei reflexhaften Bewegungen, z. B. wenn wir die Hand von der heissen Herdplatte wegziehen. Wir reagieren, bevor uns bewusst ist, weshalb. Das Bewusstwerden der Gefahr *folgt* hier dem Schutzreflex.

Von Reflexen abgesehen entspricht die Vorstellung direkter Beziehungen von R zu A dem klassischen Reiz-Reaktions-Modell, auch bekannt als «klassische Konditionierung»: Der «Gehalt» hinsichtlich kultureller Bilder und Codes, die das Verhalten steuern, ist sekundär; es interessiert vor allem der Output aufgrund eines Reizes; E/M ist bei diesem Ansatz eine «black-box». [55]

Bis hierher sind erstens beispielhaft einige Interaktionen innerhalb der SDF als Individuum und zweitens die zusätzlich *denkbaren* Verbindungen skizziert worden. Mit diesem Unterkapitel sind die Ausführungen zur systematischen Beschreibung der individuellen Eigenschaften bzw. Ausstattung mit Hilfe der Denkfigur abgeschlossen. Bereits die Beschreibung von Individuen erzeugt ein Bild, das differenziert ist und zu dem je nach verfügbaren Theorien Hypothesen gebildet werden können. Es ist nicht notwendig, in jedem Fall über jede Dimension in gleichem Umfang Informationen zu erheben. Sichtbar wird jedoch *eine* Funktion der SDF: Mit ihr lässt sich rascher und präziser erkennen, welche Informationen allenfalls «vergessen» wurden bzw. fehlen. Reflexionen und Austausch über die Zweckmässigkeit des Sammelns bestimmter Daten über Klientsysteme werden durch das Wissen über die Beschreibungsdimensionen

der Denkfigur angeregt und sind – immer im Rahmen der Daten-
schutzgesetzgebung – in der Zusammenarbeit mit Klientinnen und
Dritten objektivierbar. [56]

Im nächsten Kapitel wird die Analyse von sozialen Beziehungen
behandelt. Der allgemeinen Einführung folgen Ausführungen zu idealtypisch horizontal verlaufenden und anschliessend zu idealtypisch
vertikal verlaufenden Interaktionen zwischen Individuen bzw. zwischen Individuen als Repräsentantinnen von kollektiven Akteuren
an.

[56]
Vgl. Brack/Geiser, 2009⁴.

D Soziale Beziehungen besser verstehen

1. Individuen, soziale Systeme bzw. soziale Beziehungen und Soziale Arbeit

Worin besteht die spezifische Aufgabe Sozialer Arbeit? Professionelle der Sozialen Arbeit sind *Spezialistinnen und Spezialisten für die Bearbeitung von sozialen Beziehungen*, private, berufliche und öffentliche. Soziale Integration stellt einen leitenden Wert Sozialer Arbeit dar. Soziale Arbeit ermöglicht, unterstützt und verändert Beziehungen oder wirkt bei deren Auflösung mit. Die folgenden Ausführungen sind allgemeine Hinweise zum besseren Beschreiben, Erklären und Verstehen von Interaktionsprozessen und damit zum Funktionieren sozialer (Mikro- und Meso-)Systeme, als Grundlagen einer Bewertung als «Beziehungsprobleme».

Soziale Systeme, Beziehungen, Individuen und deren soziale Position und soziale Handlungen sind Kernthemen Sozialer Arbeit (vgl. Kap. B, S. 48 f.). Viele Adressatinnen und Adressaten wünschen sich Mitgliedschaften und dadurch Beziehungen, oder sie wünschen sich mehr Einfluss, um Beziehungen ihren Bedürfnissen entsprechend zu gestalten. Allenfalls fordern sie mehr Autonomie in einer Beziehung oder möchten eine sie belastende, sie in ihrer persönlichen Entwicklung behindernde Beziehung auflösen. Gegenstand Sozialer Arbeit sind auch soziale Systeme, innerhalb derer sich mindestens ein Individuum durch mindestens ein anderes überwiegend fremdbestimmt erfährt – sei dies durch dauerhafte Verweigerung von Gegenseitigkeit, durch legitime Abhängigkeiten oder durch Machtmissbrauch.

Eine aus der Sicht Sozialer Arbeit gelungene soziale Einbettung von Individuen in soziale Systeme ist gleichzusetzen mit Beziehungen,

die menschliche Bedürfnisse zu befriedigen vermögen: Faire Vertei-
lungs- und Interaktionsregeln unterstützen die soziale Integration
ihrer Individuen bzw. verhindern deren Desintegration. Der Prozess
des Hineinwachsens von Individuen in die gesellschaftlichen Subsysteme Familie, Schule und in die Arbeits- und Freizeitwelt, wird als
primäre, sekundäre bzw. tertiäre Sozialisation bezeichnet. [1] In der
Sozialen Arbeit interessieren Sozialisationsbedingungen und -pro-
zesse, die das Verhältnis des Einzelnen in und zu anderen sozialen
Systemen mitbestimmen und immer wieder von neuem nach Klärung
verlangen (Wandel vs. Systemstabilität).

Die soziale Position innerhalb des sozialen Systems erlaubt Individuen eine durch Grund- und Sozialrechte zugesicherte Teilhabe
an gesellschaftlichen Gütern –, was sich wiederum in Art, Dauer
und Intensität der sozialen Interaktionen ausdrückt und Bindungen
in erwünschter Weise festigt (Teilnahmechancen). Mit Unterstützung anderer organisieren und befriedigen sie ihre vielfältigen
Bedürfnisse und Wünsche und erfüllen ihre Pflichten. Soweit das
Ideal. [2]

Die Praxis Sozialer Arbeit hat sich oft mit *individuellem und sozialem
Handeln* zu befassen, das einen Versuch darstellt, strukturelle Spannungen zu lösen, ausgelöst z.B. durch eine Diskrepanz zwischen
Position und fehlenden Kompetenzen als Mitglied eines sozialen
Systems (Ungleichgewicht zwischen Positions- und Interaktionsstruktur), durch ein Statusungleichgewicht oder eine Statusunvollständigkeit (Rangspannung) u.a.m. In «abweichendem Verhalten»
können wir etwa einen Versuch des Akteurs erkennen, die anomi-
sche Spannung, die durch die Diskrepanz zwischen Bedürfnissen
und strukturellen Möglichkeiten ihrer Befriedigung entsteht, zu beheben. Strategien, diese Spannungen zu lösen, sind etwa die Relativierung von Werten, denen man nicht genügen kann, sozialer Rückzug oder Reaktanz in Form von Delinquenz u.a. [3]

Die Chancen eines Individuums, sozial integriert zu sein, sind auch
abhängig von seiner *sozialen Kompetenz*. Diese findet ihren Ausdruck in der konkreten Gestaltung des beeinflussbaren – und möglicherweise erweiterbaren – sozialen Handlungsraums. Handlungskompetenzen wie situativ angemessene Artikulationsfähigkeit, mimi-
sche und gestische Formen der Kommunikation, Körperhaltung,

[1]
Vgl. Durkin, 1996¹:51f.
(entwicklungssozialpsycholo-
gisch); Biermann, 1994:31–93
(soziologisch); Delhees,
1994:359 f. (sozialpsycholo-
gisch); Rauchfleisch, 1981
(psychodynamisch [Dissozia-
lität]); Böhnisch, 1999
(sozialpädagogisch).

[2]
Diese Fragen sind Gegenstand
der Mikrosoziologie bzw. der
hier präsentierten Bedürfnistheorie (Kap. B, 2.4.3).

[3]
Ausführungen zum Thema
der strukturellen (und
anomischen) Spannungen bei
Heintz, 1968:280f.

Dauer und Häufigkeit von sozialen Handlungen, bezogen auf andere Menschen, gegenüber Mitgliedern des eigenen Systems und solchen externer sozialer Systeme. Die möglichst übereinstimmende Einschätzung der subjektiven und objektiven Handlungsräume ist eine wesentliche Grundlage sozialer Kompetenz; man muss Handlungsmöglichkeiten kennen, um seine Handlungskompetenzen optimal zu nutzen. 4 Erfahrungen mit anderen Menschen, deren soziale Position, Kenntnis ihrer Erwartungen und Verhaltensweisen, ihr aktuelles Wissen, ihre Interessen, Einstellungen und Ziele bestimmen *Art und Intensität von Interaktionen im Rahmen von Beziehungen*; dies gilt im Verlauf einer Interaktionskette (z. B. Dialog) sowohl für das Individuum, das das Gespräch beginnt, wie für dasjenige, das darauf reagiert. Erscheinen die Handlungs- und Einflussmöglichkeiten gegenüber den Erwartungen eingeschränkt, kann das Individuum auf diesen Verlust von Freiheiten mit bestimmten Formen von *Reaktanz* innerhalb des Spektrums zwischen resignativem Nachgeben und aggressivem Widerstand antworten. 5

Soziale Arbeit kann auch soziale *Konflikte* bearbeiten. Solche bestehen aufgrund von dauerhaften Unvereinbarkeiten zwischen Individuen oder zwischen Individuen und sozialen Systemen. Im Alltag werden Konflikte oft als destruktiv und destabilisierend auf einzelne oder alle Mitglieder und damit auch auf die Struktur und Stabilität sozialer Systeme gewertet; oft bilden sie jedoch Anstoss für einen notwendigen (System-)*Wandel*. So betrachtet erzeugen Konflikte nicht nur Leid und Not. Soziale Arbeit ermöglicht den Adressaten Sozialer Arbeit, als Subjekte an Konfliktlösungen aktiv mitzuwirken. Interaktionsmuster zu analysieren, neue Regeln zu vereinbaren und einzuhalten setzt bei den Beteiligten die Bereitschaft und die Fähigkeit zur Kommunikation über Kommunikation (Metakommunikation) und zum (Um-)Lernen voraus. 6 Wandel innerhalb oder zwischen sozialen Systemen kündigt sich etwa an a) als Begehren, dysfunktionale Interaktionsregeln zu ändern («wir möchten einen anderen Umgang miteinander finden»), b) in einer neuen Bestimmung von Rollen und damit von Rechten und Pflichten («mein Partner muss sich mehr um unsere Kinder kümmern»), – spezifisch für Machtbeziehungen – c) in einer Neustrukturierung des sozialen Systems durch neue Machtansprüche, die legitimiert und durchgesetzt werden («durch Umstruktuierung in unserem Betrieb ist meine Stelle als Vorgesetzter aufgehoben worden, ich bin ‹normaler› Arbeitnehmer

4

Girgensohn-Marchand hält fest: «Eine beobachtbare ‹zwischenmenschliche Beziehung› als solche gibt es nicht, sondern nur in bestimmten Beziehungen gezeigtes Verhalten. Dieses ist abhängig von Eigenschaften der handelnden Personen, ihrer jeweiligen Einstellung zum und Erfahrung mit dem Interaktionspartner und der Situation, in der sie sich befinden» (1992:29).

5

Zu «soziale Kompetenz» vgl. Greif, in: Frey, Greif, 2001:312 f.; zu «Reaktanz», vgl. auch Gniech/Dickenberger, in: Frey, Greif, 2001:259–262.

6

Vgl. Delhees, 1994, S. 43 f., 324 f.

und habe einen neuen Chef»), oder d) durch Aufheben bestehender Abhängigkeiten («Ich habe mich entschlossen, die alltägliche Gewalt nicht weiter zu dulden, ich habe die Scheidung eingereicht»). Als Ergebnis des Wandels werden Handlungsmöglichkeiten einzelner Akteure oder Akteurgruppen entzogen, begrenzt oder erweitert: *Die Machtstrukturen und/oder die Tauschverhältnisse verändern sich* (Positions- und/oder Interaktionsstruktur). Solche durch Soziale Arbeit begleitete Wandlungsprozesse können die Beteiligten zumindest vorübergehend als *soziale Probleme* im Sinne von Positions- und/oder von Interaktionsproblemen erleben (vgl. Kap. B, 2.4.4, S. 57).

Im Mittelpunkt Sozialer Arbeit steht seit jeher das *Verhältnis zwischen einzelnen Adressatinnen und ihren Mitgliedschaften in sozialen Systemen.* (Die oben präsentierte Bedürfnistheorie ist ein wichtiger Schlüssel, um das Aufeinander-Angewiesen-Sein von Individuen und sozialen Systemen besser zu verstehen). Aus systemischer Perspektive zeichnen sich solche Verhältnisse zwischen Adressaten Sozialer Arbeit und sozialen Systemen wie Familie, Schulklasse, Betrieb, Mitbewohnern im Mehrfamilienhaus durch fortwährende gegenseitige Beeinflussung aus: Die Individuen «verarbeiten» die Informationen aus ihrer Umwelt, u.a. abhängig von ihren Bedürfnissen und ihrer strukturellen Position – sie lernen. Und sie beeinflussen ihren Möglichkeiten entsprechend die Schaffung, Sicherung, den Wandel und die Auflösung der genannten und anderer sozialer Systeme. [7]

Je nach strukturellen Merkmalen von Beziehungen (Positionsstruktur) gestalten sich die Interaktionen der Beteiligten und vor allem ihre Erwartungen aneinander auf andere Weise (Interaktionsstruktur). Deshalb werden im folgenden Kapitel Unterscheidungsmerkmale von Beziehungen präsentiert. Die Praxis Sozialer Arbeit kann sich hinsichtlich Bildung, Bestand, Neuorganisation und Auflösung von sozialen Systemen an ihrem «Kerngeschäft», an der Gestaltung sozialer Beziehungen beteiligen. Deshalb sind Kenntnisse der Merkmale «Struktur» und «Kultur» von sozialen Systemen je in ihren Differenzierungen erforderlich.

2. Struktur, Kultur und Prozesse sozialer Systeme

2.1 Was bestimmt Positions- und Interaktionschancen?

Damit Individuen überleben können, sind Mitgliedschaften in sozialen Systemen unverzichtbar. Sie sind Quelle sozialer Existenzsicherung (oder Armut), von Interaktionen in Form von affektiver Zuwendung (oder Gleichgültigkeit), von Solidarität (oder Eigennutz), sozialer Anerkennung (oder Verachtung) und von Liebe (oder Feindschaft) – soziale Beziehungen sind Quellen der Bedürfnisbefriedigung. Soziale Systeme können a) durch Merkmale ihrer *Struktur*, b) durch solche ihrer *Kultur*, und c) durch *Prozesse* (Interaktionen) je innerhalb und zwischen Komponenten, den Individuen, beschrieben werden (vgl. Kap. B, 2.4.1, S. 48).

Sozialstruktur und Kultur bestimmen den Handlungsraum von Individuen und sozialen Systemen mit. Dieser Umstand findet sich in folgenden Ausführungen umschrieben:

«Die elementare Funktion alltäglicher Lebensführung besteht darin, die sachlichen, zeitlichen, sinnhaften und emotionalen Erfordernisse des Lebens und die entsprechenden Aktivitäten in einem integrierenden Rahmen auf Dauer hin angelegt nach *Prioritäten, Art* und *Umfang* zu ordnen, methodisch zu planen, zu koordinieren, zu synchronisieren und praktisch umzusetzen. Dieser Rahmen wird konstituiert zum einen durch die *gesellschaftlich* ausdifferenzierten Lebens- und Handlungsbereiche von Erwerbsarbeit und Einkommenssicherung, von Wohnen und Haushaltführung, von Freizeit, Beziehungen und sozialen Interaktionen, bei familialer Lebensform zusätzlich durch den Bereich der Betreuung und Erziehung von Kindern. Zum anderen durch die *individuellen* Biografien und Charaktere, Lebenspläne und Orientierungen, Erfahrungen und Kompetenzen, Ansprüche und Kompetenzen, Ansprüche und Qualifikationen, Relevanzstrukturen, Reflexions- und Koordinationsniveaus. Dabei spielen die *Verfügbarkeit von Ressourcen* und ihre Verwendung in Abhängigkeit von Lebenslage und Lebensabschnitt eine wichtige Rolle: Ressourcen öffnen und schliessen Optionen» (vgl. Kudera, 1995:89).

Soziale Ungleichheit [8] betrifft nicht nur die von sozialen Positionen abhängige *unterschiedliche Verteilung von Gütern* im Sinne materieller und kultureller Ressourcen, sondern schliesst auch die von der Güterverteilung abhängigen *Interaktions- oder Beziehungschancen* ein. Kreckel (1992:19 f.) versteht soziale Ungleichheit wie folgt:

«Sozial strukturierte *Verteilungsungleichheit* (distributive Ungleichheit) liegt überall dort vor, wo die Möglichkeiten des Zugangs zu allgemein verfügbaren und erstrebenswerten sozialen Gütern in dauerhafter Weise eingeschränkt sind und dadurch die Lebenschancen der betroffenen Individuen, Gruppen oder Gesellschaften beeinträchtigt bzw. begünstigt werden. (Soziale Probleme als Positionsprobleme; KG).

Sozial strukturierte *Beziehungsungleichheit* (relationale Ungleichheit) liegt überall dort vor, wo die von Individuen, Gruppen oder Gesellschaften innerhalb eines gesellschaftlichen oder weltweiten Strukturzusammenhanges eingenommenen (erworbenen oder zugeschriebenen) Positionen mit *ungleichen Handlungs- und Interaktionsbefugnissen oder -möglichkeiten* ausgestattet sind und die Lebenschancen der davon Betroffenen dadurch langfristig beeinträchtigt werden.» (Hervorhebung: der Verfasser.) (Soziale Probleme als Interaktionsprobleme; KG).

Verteilungsungleichheit verweist demnach auf soziale Probleme als Positionsprobleme und Beziehungsungleichheit weist auf soziale Probleme in Form von Interaktionsproblemen hin.

2.2 Eigenschaften sozialer Systeme: Struktur und Kultur – und soziale Chancen

In Anlehnung an Obrecht (1999) lassen sich die Kultur- und Strukturaspekte in Form eines statischen Gesellschaftsmodells wie folgt unterscheiden:

Kulturelle Eigenschaften sind a) Werte/Normen (z. B. einer Ethnie oder Religion), b) Sprache und c) codifiziertes und allgemein zugängliches Wissen. Diese sind als Erzeugnisse «der Gesellschaft» bzw. sozialer Systeme zu sehen, die auch zu ihrer Verbreitung beitragen (Kirchen, Organisationen der Wissenschaft und des Bildungssystems, aber auch die Professionellen Sozialer Arbeit).

8
Wenn hier das soziologische Konzept der sozialen Ungleichheit als Problem aufgenommen wird, bedeutet das nicht, dass einer alle sozialen Differenzen nivellierenden «sozialen Gleichheit» das Wort geredet wird; aufgrund des hier vertretenen Ansatzes wird Ungleichheit anhand des Kriteriums «Legitimation» von Verteilungs- und Anordnungsregeln problematisiert oder nicht. – Stamm, Lamprecht, Nef (2003) geben einen aktuellen, auf die Schweiz bezogenen Überblick über Theorien zu sozialer Ungleichheit.

Strukturelle Eigenschaften sind a) Differenzierung nach sozialen Niveaus (Individuum, Familien, Gemeinde, Nation ... bis Weltgesellschaft); b) vertikale Differenzierung (z. B. Güterverteilung als massgebend für Schicht-/Klassenbildung); c) funktionale Differenzierung (biologische [Familie, Verwandtschaft], ökonomische, politische Arbeitsteilung); d) sozialräumliche Differenzierung (z. B. Stadt/Land, Berg/Tal); e) Nationalität; f) lebenszeitliche Differenzierung (Alterskategorien wie Kinder, Jugendliche, Erwachsene, Betagte); g) Geschlechtsdifferenzierung (Frauen, Männer).

Mit den Differenzierungen können nicht nur «die Gesellschaft», sondern auch Subsysteme auf allen sozialen Niveaus befragt und *beschrieben* werden: Der Kanton Bern, die Stadt Zürich, die TU Berlin, BMW, aber auch eine Familie. Obwohl es sich bei allen Beispielen um soziale Systeme handelt, ist der erklärungstheoretische Zugang je nach ihrer strukturellen Differenzierung und ihrer jeweiligen Kultur ein anderer – die systeminternen Prozesse unterliegen jeweils anderen Gesetzmässigkeiten.

Wie erwähnt bestimmen die strukturellen und kulturellen Gegebenheiten die soziale Position und auf diese Weise auch Art und Ausmass von sozialen (Interaktions-)Chancen – wie auch von sozialen Problemen von Individuen mit (emergente Eigenschaften der Komponenten sozialer Systeme; vgl. Kap. B, 2.4.1). Sie machen die *soziale Bedeutung intrinsischer Eigenschaften von Individuen* innerhalb eines sozialen Kontextes deutlich: Je nach ihrer Beschaffenheit als relationales Potenzial können sie das betreffende Individuum in seiner sozialen Integration begünstigen oder seine soziale Ausgrenzung bewirken. Struktur und Kultur als Eigenschaften sozialer Systeme stellen im Rahmen einer umfassenden Problem- und Ressourcenanalyse wichtige Hinweise dar, um vordergründig individuelle Probleme, Not und entsprechendes Leiden *als soziale Probleme* zu verstehen: Das Wissen um diese Eigenschaften bewahrt vor einem kurzschlüssigen, auf Persönlichkeitsmerkmale bezogenen Reduktionismus. [9] Dabei ist nicht zu übersehen, dass jede Eigenschaft allein Thema eines auf Soziale Arbeit bezogenen Forschungsvorhabens sein könnte ...

Kulturelle Eigenschaften sozialer Systeme repräsentieren sich durch das geteilte und grundsätzlich zugängliche Wissen und die Handlungsoptionen der ihnen angehörenden Individuen.

[9] Es sei an dieser Stelle auf die bereits zitierte, datenreiche Quelle von Geissler, 1994[2] verwiesen – nach Auffassung des Autors eine Pflichtlektüre für Professionelle der Sozialen Arbeit. – Differenzierte Ausführungen zur Sozialstruktur finden sich auch bei Esser, 1996:428–467.

Kenntnisse über *Werte und Normen* vermitteln individuellen Akteuren Orientierung. Die Normen dienen dazu, durch entsprechende (handelnde!) Gestaltung von Beziehungen die «vergesellschaftlichten» Werte zu realisieren (Staub-Bernasconi). Menschenrechte, Grund- und Sozialrechte schlagen sich als Systeme von Normen in staatlichen und wirtschaftlichen Strukturen nieder. Die Akzeptanz anderer und diejenige gemeinsamer Werte macht möglich, was in der Sozialen Arbeit etwa als «interkulturelle Verständigung» postuliert und angestrebt wird. Religiösen und ethnischen Merkmalen kommt in bestimmten Gesellschaften mehr oder weniger stark strukturbildende Funktion zu – sie fördern oder behindern die sozialen Teilnahme- und Teilhabechancen von Individuen (soziale Probleme als Positions- und/oder Interaktionsprobleme).

10

Zu «Der Klient in seinen sozialstrukturellen Bezügen», vgl. Witterstätter, 2002²:49 f.

Die *Sprache* ist das grundlegende Kommunikationsmittel. Analphabetismus kann nicht nur zum Verzicht auf kulturelle Teilnahme oder zu deren Verlust führen, sondern auch zu strukturellem Ausschluss. Können erwachsene Individuen weder lesen noch schreiben (Illettrismus) (soziale Probleme als Interaktionsprobleme), gefährdet dies insbesondere ihre soziale Integration in das Erwerbsleben (soziale Probleme als Positionsprobleme).

Allgemein zugängliches *Wissen* ist im weitesten Sinne verstanden die Grundlage, um im politischen, wirtschaftlichen und privaten Bereich Orientierung zu finden. Deshalb ist der Zugang zum Bildungssystem für alle Menschen – für Männer und Frauen! – entscheidend, um ihre strukturellen Chancen wahrzunehmen (soziale Probleme als Positionsprobleme).

Strukturelle Merkmale sozialer Systeme interessieren, weil sie sich bei Adressatinnen der Sozialen Arbeit in unterschiedlicher Ausprägung als Faktoren für das Entstehen und Bestehen sozialer Probleme konkretisieren. Gleichzeitig liefern die strukturellen Merkmale auch Anhaltspunkte für Gemeinsamkeiten von Adressatinnen Sozialer Arbeit. [10]

Differenzierung nach sozialen Niveaus: Soziale Arbeit befasst sich mit Akteuren als Mitglieder von Systemen eines bestimmten sozialen Niveaus; diese Systeme können horizontal oder vertikal organisiert sein. So ist etwa Armut ein soziales Problem, von dem das Individuum und seine Familie direkt, die Gemeinde, der Kanton und der

Bund, aber auch Wirtschaftsunternehmen indirekt betroffen sind. In Bezug auf Armut besteht der Auftrag Sozialer Arbeit darin, auf den unteren Niveaus praktische Probleme zu lösen, auf den oberen jedoch eher kulturelle Aktivitäten zu initiieren oder zu unterstützen, die strukturelle Folgen zeitigen, z. B. sich für die Realisierung der Menschenrechts- und Sozialrechtsfragen einzusetzen und die dazu notwendigen Mittel einzufordern (vgl. Staub-Bernasconi, 2003). Die Lösung sozialer Probleme «nicht zu Ende zu denken» kann dazu führen, dass auf dem individuellen Niveau «Arbeit statt Fürsorge» postuliert wird, jedoch makroökonomisch der Arbeitsmarkt weniger qualifizierten Menschen keine Beschäftigung zur Verfügung stellt.

Die Güterverteilung, vor allem im Sinne der Einkommens- und Vermögensverteilung, ist massgebend für den individuellen Status und für das soziale Prestige und dadurch für soziale Schichtung; [11] Schichtunterschiede kommen zustande aufgrund mehr oder weniger legitimer Verteilungsnormen. Solche Normen sind Ausdruck kultureller Bewertung im Sinne von «angemessen», «gerecht», «ungerecht» u. a. (z. B. arbeits- und steuerrechtliche Normen und ihre Legitimation). So hält etwa Strahm (1997) fest, dass in der Schweiz «1992 ... die 20% Ärmsten der Bevölkerung nur 7,9% des gesamten verfügbaren Einkommens der Haushalte, während die 20% Reichsten über 37,8% Einkommensanteil verfügten» (S. 51). Arme Menschen sind in der Regel auch Klienten Sozialer Arbeit. Die schweizerische Armutsstudie bestätigt u. a., was Sozialarbeitern wohlbekannt ist: «Alleinerziehende (Frauen) und alleinlebende Männer haben weiterhin die weitaus höchsten Armutsquoten» (Leu, Burri, Priester, 1997:135) (soziale Probleme als Positionsprobleme).

Funktionale Differenzierung ist vor allem eine Folge der Differenzierung des Bildungs- und Wirtschaftssystems in komplexen Gesellschaften. Sie konkretisiert sich in der Arbeitsteilung; dazu gehören u. a. das Entstehen und Verschwinden von Berufen, aber auch die Rollenteilung in sozialen Systemen. Was soziale Ungleichheiten in der Arbeitswelt betrifft, zeigen Studien auf, dass der Grad an Verantwortlichkeiten nicht zwingend mit der hierarchischen Position einhergeht. Hinsichtlich der Funktionen «Führung», «Kontrolle», «Entscheidung» und «Konzeption» zeigen sich Unterschiede hinsichtlich der Betriebsgrösse (Levy, Joye, Guye, Kaufmann, 1997 bzw. 1998:14 f.) (soziale Probleme als Positionsprobleme).

[11]
Der Begriff der Schicht als ein Modell sozialer Ungleichheit ist nicht in allen soziologischen Konzepten enthalten. So hat etwa Bourdieu den Begriff des "Sozialraums" entwickelt, innerhalb dessen Individuen je nach hohem oder tiefem ökonomischem, sozialem und kulturellem Kapital ihre Position einnehmen (Bourdieu, 1996⁶:195f.; vgl. auch Karrer, 1998). – Geissler (1994) und die Untersuchungen von Levy, Joye, Guye, Kaufmann (1997 bzw. 1998) zeigen jedoch, dass es durchaus gerechtfertigt erscheint, die zunehmenden Unterschiede hinsichtlich der Güterverteilung in der Schweiz in Form eines Schichtmodells darzustellen. – Zur Diskussion von Modellen, soziale Ungleichheiten darzustellen vgl. auch Stamm, Lamprecht, Nef (2003). – Reichhaltiges Zahlenmaterial bei Kissling, 2008.

Territoriale Differenzierung etwa im Sinne von Agglomerationen bzw. Stadt/Land ist ein für die Soziale Arbeit nicht zu unterschätzendes Strukturmerkmal. So unterscheidet sich das Ausmass der Armut nach Regionen, Sprachregionen bzw. nach entsprechenden Gemeinden. Die bereits zitierte schweizerische Armutsstudie stellt hinsichtlich der unteren Armutsgrenze kaum Unterschiede der Armutsquote nach Stadt/Land fest. Aber: «Deutliche Unterschiede zeigen sich nach Sprachregion ... Armut ist in der deutschen Schweiz ein wesentlich geringeres Problem als in der Romandie und insbesondere in der italienischsprachigen Schweiz.» Hingegen zeigt sich deutlich, dass die Armutsquote «mit Abstand am höchsten in touristischen und insbesondere in den agrarisch-peripheren Gemeinden [ist], wo sie über 13% beträgt» (vgl. Leu, Burri, Priester, 1997:135 f.). In der Sozialen Arbeit kann es beispielsweise eine Rolle spielen, ob die alleinerziehende, erwerbslose und durch Sozialhilfe unterstützte Klientin in einem kleinen ländlichen Dorf oder in der Grossstadt wohnt: die soziale Kontrolle ist auf dem Land wesentlich ausgeprägter (soziale Probleme als Positions- wie als Interaktionsprobleme).

Nationalität: Staatsbürgerschaft ist eine stabile Form der Mitgliedschaft. Abhängigkeit bedeutet der fremdenpolizeiliche Status als Ausländer, Asylbewerber oder anerkannter Flüchtling. *Angehörige von Ethnien oder Religionen* weisen gemeinsame kulturelle Eigenschaften auf, u. a. geteilte Werte, Sitten und Gebräuche. Diese Eigenschaften können sich insofern nachteilig auswirken, als sie – etwa bei den Roma – zu Diskriminierungen und letztlich zu sozial ausschliessenden Effekten führen können (kulturelle Probleme führen zu sozialen in Form von Interaktions- und Positionsproblemen).

Das *Alter* ist eine weitere Eigenschaft zur Differenzierung der Gesellschaft (Alterspyramide). Als biologisches Faktum kommt ihm sozialstrukturelle Bedeutung zu. So nimmt gemäss der schweizerischen Armutsstudie und gemessen an der unteren Armutsgrenze die Armutsquote «mit zunehmendem Alter mit Ausnahme eines leichten Anstiegs bei 70–79-jährigen kontinuierlich ab [...]. Die Armutsquoten der beiden jüngsten Altersklassen sind überdurchschnittlich [20 bis 29-jährige: 29,4%; der Verfasser], diejenigen der über 40-jährigen liegen entsprechend unter dem Bevölkerungsdurchschnitt» (Leu, Burri, Priester, 1997:131 f.). Oder: Je jünger, desto höher das Armutsrisiko. Dass sich die Altersstruktur der Schweiz auf die zukünftige soziale Sicherheit auswirkt, ist seit etwa 2002 sehr aktuell (Diskussion um die Kürzung von Altersrenten bzw. Erhöhung des Rentenalters). Immer weniger Erwerbstätige müssen – solange das entsprechende Finanzierungssystem gilt – für eine wachsende Zahl betagter Menschen aufkommen. Hier ist unschwer ein Zusammenhang zwischen strukturellen Bedingungen (gefährdete Finanzierung der Altersversicherung) und individuellem Wohlbefinden zu erkennen (Zukunftsängste). Die Praxis Sozialer Arbeit dürfte sich insofern verändern, als immer mehr vor ihrem Pensionsalter entlassene Menschen und eine wachsende Zahl von jungen Menschen Sozialhilfe beanspruchen werden (soziale Probleme als Positionsprobleme).

Auch dem *Geschlecht* kommt die Sozialstruktur differenzierende Wirkung zu. So weist beispielsweise Strahm nach, dass die Lohnunterschiede zwischen Frauen und Männern im öffentlichen Sektor und je nach Anspruchsniveau der Beschäftigung immer noch zwischen 3 und 10% liegen, in der Privatwirtschaft jedoch zwischen 19 und 23% (1997:124). Hinsichtlich der Bildungsunterschiede verringern sich die Differenzen zwischen den Geschlechtern. Vor allem die jüngeren Frauen holen auf (Strahm, 1997:126f.). In der Praxis Sozialer Arbeit zeigt sich, dass Frauen durch Rollenkumulation – Mutter, Hausfrau und Arbeitnehmerin – stärkerer Belastung ausgesetzt sind, Männer vor allem durch Unterhaltspflichten, die sie in die Armut führen können (soziale Probleme als Positionsprobleme).

2.3 Unterscheidung von Arten sozialer Systeme bzw. sozialer Beziehungen

Die Unterscheidung unterschiedlicher Arten von sozialen Systemen bzw. sozialen Beziehungen, der unterschiedlichen Umstände ihrer Entstehung und ihrer kulturellen und strukturellen Eigenschaften, ist praxisrelevant. In dem Sinne nämlich, als die Art der Beziehungen auch die Erwartungen der Mitglieder an die jeweiligen Rollen bestimmt. Oft sind es diese Erwartungen, die (nicht nur) die Adressatinnen Sozialer Arbeit als enttäuscht thematisieren. Umgekehrt kann das Wissen über die spezifische Art von Beziehungen den Professionellen Sozialer Arbeit Hinweise auf die Erarbeitung und Vereinbarung von dem System angemesseneren Interaktionen erschliessen. Wenn im folgenden einige Unterscheidungen vorgenommen und kommentiert werden, darf nicht übersehen werden, dass sich mehrere Unterscheidungsmerkmale in demselben sozialen System vereinen und für die Ausgestaltung der Beziehung wirksam sein können.

2.3.1 Natürliche und künstliche soziale Systeme bzw. soziale Beziehungen

Natürliche soziale Systeme finden wir vorerst in der Familie – die Beziehung des Kindes zu seinen Eltern ist eine natürliche. Ebenso diejenige zwischen den Eltern, von der wir annehmen, sie sei – in unserem Kulturkreis – aus beidseitigem freiem Willen entstanden. Ein struktureller Unterschied zwischen der Eltern-Kind-Beziehung und derjenigen zwischen den Eltern einerseits und zwischen Geschwistern andererseits ist zu beachten: die Positionen von Eltern und ökonomisch abhängigen Kindern sind vertikal geschichtet, diejenigen zwischen den Eltern und diejenige zwischen den Kindern zeichnen sich durch eine horizontale Struktur aus. Auch Freundschaften oder nachbarschaftliche Beziehungen sind natürliche und gleichzeitig horizontal strukturierte Beziehungen. «Natürlich» meint in diesem Zusammenhang, dass die Beteiligten die Interaktionsregeln stillschweigend voraussetzen können oder sie fortwährend, in mehr oder weniger hoher Verbindlichkeit, gemeinsam entwickeln, vereinbaren, der Bewährung aussetzen und allenfalls auf eigene Übereinkunft hin ändern. Die Ehe wird zu den natürlichen Systemen gezählt, obwohl die Partner auch zivilrechtliche Normen zu beachten haben. (An dieser Stelle soll nicht unterschlagen werden, dass Beziehungen zwischen Eltern und Kindern mindestens subjektiv und oft beidseitig auch als Zwangsbeziehungen erlebt werden können, obwohl sie sich bereits kennen – allen Praktikerinnen und Praktikern Sozialer Arbeit wohlbekannt!). Natürliche Systeme können allenfalls periodisch bestehen, z. B. der Stammtisch.

Künstliche Systeme zeichnen sich dadurch aus, dass deren Struktur und Interaktionsnormen überwiegend bis vollständig vorgegeben sind (z. B. Organisationen, Staaten). Die Normen dienen optimaler Effektivität und Effizienz in Richtung vorgegebener Systemziele (z. B. Leitbilder). Die Möglichkeiten zur Mitwirkung bei der Erarbeitung und Festlegung der Interaktionsregeln sind abhängig von der sozialen Position des Individuums im System. Bei expliziten Mitbestimmungsmodellen in Organisationen der Arbeitswelt erweitern sich die

Möglichkeiten; sie bleiben jedoch innerhalb des Rahmens, den die Entscheidungs- und Kontrollinstanz vorgibt. Dies erlaubt, zwischen Innen- und Aussenrollen zu unterscheiden – und so das System gegenüber anderen Systemen abzugrenzen.

2.3.2 Wahl- und Zwangsmitgliedschaft in sozialen Systemen

Zum Entstehen von sozialen Systemen bzw. sozialen Beziehungen können zwei Anlässe unterschieden werden: 1. Wahl: diese führt zur frei gewählten Mitgliedschaft in Systemen bzw. zu *Wahlbeziehungen* bzw. -mitgliedschaften, und 2. Zwang: dieser führt zu *Zwangsbeziehungen* in Systemen bzw. -mitgliedschaften.

- Zur *Wahlmitgliedschaft bzw. -beziehung*: Mindestens zwei Individuen legen durch Aushandeln den Zweck ihrer Beziehung weitgehend nach eigenem Ermessen fest. Dies geschieht im Rahmen struktureller und kultureller Gegebenheiten einer Gesellschaft und schliesst den Ort und die mehr oder weniger lange Dauer ein. Im Idealfall horizontal strukturierte Beziehungen sind etwa Freundschaften, Partnerschaften, Ehe, kollegiale Beziehungen. Vertikal strukturierte Beziehungen entstehen etwa durch den Eintritt in eine freiwillig gewählte Weiterbildung (Teilnehmer/Kursleiter), in einen Betrieb (Arbeitnehmerin/Arbeitgeberin), beim Arztbesuch (Patient/Arzt), – aber auch durch eine freiwillige Beratung bei einer Sozialberatungsstelle (Sozialarbeiterin/Klientin).

- Zur *Zwangsmitgliedschaft bzw. -beziehung*: Mindestens zwei Individuen werden in einem vorgegebenen, mehr oder weniger formalisierten sozialen Kontext, zur Erfüllung eines vorgegebenen Zwecks, innerhalb eines begrenzten Ortes und während einer mehr oder weniger vorgegebenen Zeit zusammengeführt. Hinsichtlich erzwungener, horizontal strukturierter Beziehungen geht es um Beziehungen zu «dienstälteren Kollegen» am neuen Arbeitsplatz, um Beziehungen unter Schulkolleginnen. Vertikal strukturierte Zwangsbeziehungen entstehen aus der Perspektive pubertierender Kinder durch Elternschaft, durch den Bezug von Sozialhilfe, durch das Errichten einer Vormundschaft, [12] durch erzwungene Einweisung in eine psychiatrische Klinik, durch eine Anklage vor Gericht u. a. Oder durch Heirat in einem sozialkultu-

[12]
Pflegschaft (Deutschland), Sachwalterschaft (Österreich).

rellen Umfeld, das von der Frau verlangt, sich den Sitten und Gebräuchen der Sippe des Ehemannes unterzuordnen.

Aus Wahlbeziehungen können Zwangsbeziehungen entstehen und umgekehrt. Wir können eine Wahlmitgliedschaft in einer Organisation wählen, uns um eine Stelle bewerben und sie auch bekommen. Unsere frei gewählte Mitgliedschaft in der Organisation verlangt von uns die Zusammenarbeit mit den uns zugewiesenen Kolleginnen und Kollegen (Zwangskooperation). Daraus können informelle, z.B. freundschaftliche Beziehungen entstehen; Letztere sind dann Wahlbeziehungen. Nicht zuletzt ist die Tatsache, dass Soziale Arbeit in Organisationen stattfindet, ein Anlass, die hier formulierten Ausführungen nicht allein auf die Arbeit mit den jeweiligen Adressaten zu beziehen, sondern auch auf die Beziehungen unter den Mitarbeiterinnen und Mitarbeitern. [13]

13
Vgl. Kieser/Kubicek, 1983²; Puch, 1994:161f.; Dechmann/Ryffel, 1997¹⁰:83–164; Kühn, 1994²:281–333.

Wahl oder Zwang wirken sich auf das Entstehen, Bestehen und Auflösen von Beziehungen und damit wiederum auf die Motivation und auf die Mitbestimmung und Nutzung des Handlungsraums aus. Tendenziell weisen durch Wahl oder Zwang entstandene soziale Systeme je andere Strukturen auf, u.a. weil sich bei den Ersteren die Interaktionen der Mitglieder eher aushandeln, «einspielen» und ändern lassen, dort jedoch entsprechende Funktionen, Machtpositionen bzw. normative Vorgaben den Handlungsraum bestimmen.

2.3.3 Formelle und informelle soziale Beziehungen bzw. Systeme

Innerhalb oder zwischen sozialen Systemen können formelle Beziehungen Zwangs- oder Wahlbeziehungen sein. Als «formell» werden sie bezeichnet, weil sie durch bestimmte Rollen bzw. Funktionen formalisiert sind und auf diese Weise die Inhalte und die Form der Interaktionen mehr oder weniger verbindlich vorgegeben sind (Normierung der Beziehung). Dabei ist auch der Spielraum zur Gestaltung der Beziehungsregeln bestimmt.

Im Rahmen *informeller Beziehungen* regeln die Beteiligten Art, Inhalt und Dichte von Interaktionen weitgehend selber; dadurch bildet sich eine informelle Struktur. Informelle Beziehungen entstehen spontan oder aufgrund «gestörter» formeller Beziehungen. Letzteres ist dann der Fall, wenn sich aufgrund von Konflikten in einer Organisation Spannungen ergeben. Die formelle Struktur wird mit einer informellen Beziehungsstruktur unterlaufen; eine solche kann sich auf derselben hierarchischen Stufe wie aber auch hierarchieübergreifend bilden. Gestützt auf Loyalitäten werden Koalitionen gebildet («gegen die da oben»). In der Praxis Sozialer Arbeit kann es demnach klärend sein und Hinweise auf Interventionsmöglichkeiten liefern, Konflikte als mögliche Verletzung von formellen oder informellen Interaktionsregeln zu erkennen (strukturell wirksamer Kulturaspekt!).

2.3.4 Systeminterne und systemexterne Beziehungen

Vertikal wie horizontal strukturierte soziale Systeme bzw. entsprechende Beziehungen, Wahl- oder Zwangsbeziehungen, aber auch formelle oder informelle Beziehungen können a) innerhalb eines sozialen Systems und b) zwischen Mitgliedern verschiedener sozialer Systeme bestehen. In der Regel pflegen Individuen sowohl systeminterne als auch systemexterne Beziehungen.

Systeminterne Beziehungen gestalten die Mitglieder des entsprechenden Systems. Die Interaktionen unter ihnen zeichnen sich durch höhere Dichte aus, als dies zu externen Systemen der Fall ist – dies gilt für den privaten und beruflichen Bereich wie für weitere Mitgliedschaften. So unterliegen eine Geschwisterbeziehung und eine Eltern-Kind-Beziehung der starken Kontrolle der Familienmitglieder (Normen/Verbindlichkeit). Das gilt ebenso für die Beziehungen innerhalb eines Produktionsteams, das als Kollektiv für eine bestimmte Leistung verantwortlich ist.

In *systemexternen Beziehungen* verlaufen die Interaktionen zwischen mindestens je einem Individuum zweier sozialer Systeme. Die betreffenden Individuen können der Kontrolle von Akteuren der beiden Systeme ausgesetzt sein, indem versucht wird, Einfluss auf Art, Inhalt, Häufigkeit und Intervalle ihrer Interaktionen zu nehmen. Dies kann etwa durch Erteilung eines Mandates geschehen (z. B. Mandatierung einer Mitarbeiterin des Jugendamtes [System «Jugendamt»] zwecks Schutzes eines Kindes [System «Familie»]. Interaktionen zwischen den Beteiligten können der Kontrolle der je übrigen Mitglieder beider Systeme weitgehend entzogen sein.

Beispiele: Befreundete Jugendliche zweier Familien treffen sich regelmässig; das Interaktionsgeschehen bleibt den jeweiligen Eltern verborgen. – Kinder geschiedener Eltern, die beide je wieder andere Partner haben: Menge und Komplexität der Interaktionen können zunehmen und die Kinder haben sich mit unterschiedlichen sozioökonomischen und soziokulturellen Bedingungen, also mit unterschiedlichen Werten und Normen und entsprechenden Erwartungen, zu befassen (sog. Patchwork-Familien). [14] – Wenn Kinder in einem gewissen Sinne die Quasi-Rolle eines *«go-between»* zwischen den Systemen übernehmen (müssen), leiden sie entweder unter Loyalitätskonflikten, – im positiven Fall entwickeln sie ein hohes Mass an Flexibilität hinsichtlich ihrer sozialen Kompetenzen, d. h., sie erwerben vielfältigere Bilder und Codes hinsichtlich der Gestaltung von für sie vorteilhaften Beziehungen.

Besondere Systemkonstellationen bzw. -konflikte entstehen dann, wenn sich ein Mitglied in externen Systemen stärker engagiert; die Bindung an externe Systeme oder die Verpflichtung ihnen gegenüber scheint stärker als im ursprünglichen System (Ablösung von Jugendlichen und Bindung an die Mitglieder der *peer-group*; starkes berufliches Engagement des Vaters im Betrieb zulasten der Familie).

Die Unterscheidung zwischen systeminternen und systemexternen Beziehungen reichert das Analyseinstrumentarium an. Dieser Unterschied impliziert etwa unterschiedliche «Interaktionsdichte» im Sinne einer qualitativen Ergänzung, möglicherweise auch eine Zunahme kultureller Differenzen innerhalb und zwischen verschiedenen Systemen. Kulturelle Differenzen können z. B. via Arbeitsplatz, Schule, Kirche oder Kegelklub in die Familie hineingetragen werden. Gerade in der Familienberatung ist es wichtig, diese Einflüsse zu verstehen und Erwartungen zu klären; oft liegen Auslöser für Konflikte und damit die Lösungen nicht nur in der Familie selbst. [15] Auch im Rahmen der Paarberatung kann die Unterscheidung zwischen systeminternen und systemexternen Beziehungen relevant sein (private und berufliche Aussenbeziehungen).

[14]
Vgl. Krähenbühl/Jellouschek/Kohaus-Jellouschek/Weber, 1991³.

[15]
Vgl. Staub-Bernasconi, 1995:229 f.

3. Voraussetzungen, Verlauf, Neuorganisation und Auflösung von Beziehungen

3.1 Voraussetzungen für Beziehungen – Chancen und Hindernisse

Was verstehen Sie unter «Vernetzung»? Diese Metapher ist in der Sozialen Arbeit verbreitet. Wahrscheinlich könnten wir uns rasch einigen, dass es sich um eine sozial erwünschte Bedingung handelt: ein soziales «Netz» sichert den Zugang zu sozialen Ressourcen in Form von Beziehungen, damit zu Individuen und zu unterschiedlichsten Zwecken.

Wie kann man sich ein möglichst gutes Bild über die soziale «Vernetzung» von Klienten machen? Voraussetzung ist die Suche nach bzw. die Erfassung weiterer Akteure als Beziehungspartner. Durch die Beobachtung und Analyse konkreter Interaktionen, des verbalen und averbalen Verhaltens, der Äusserungen der Beteiligten zu ihren jeweiligen Erwartungen und Perspektiven, ebenso zu ihren Selbst- und Fremdbildern, lässt sich ein im Idealfall möglichst zutreffendes Bild über Beziehungen und deren Qualität zeichnen. Ein Qualitätsmerkmal ist etwa die emotionale Bindung an andere Akteure im Sinne von Freundschaften, aber auch Identifikation der Arbeitnehmerin mit dem Betrieb. [16] In der Sozialen Arbeit haben wir es auch mit Menschen zu tun, die unfreiwillig allein sind. Hier stellt sich mit aller Dringlichkeit die Frage, auf welche Weise deren Interaktionschancen verbessert werden können – durch Verbesserung ihrer biopsychischen Ausstattung, insbesondere ihrer sozialen Position, und/oder durch Verbesserung ihrer sozialen Kompetenzen.

16
Zur Entwicklung der Bindung beim Kind, vgl. Zimbardo, 1995[5]:81 f.

Das Thema der Chancen und Hindernisse in Beziehungen ist Gegenstand der Sozialpsychologie, aber auch von ökonomischen Austauschtheorien (vgl. Bierhoff, 1997:136 f.; Etzrodt, 2003:121 f.). Die Fachliteratur ist reich und hinsichtlich der Menge an Publikationen nicht leicht zu überblicken (zu Machtproblemen in Beziehungen, siehe Kap. F).

Forgas (1995[3]) stellt in differenzierter und anregender Form einige beziehungsfördernde bzw. -behindernde Aspekte im Rahmen der Kommunikation dar. Er äussert sich zu biologischen Eigenschaften und Körpersprache, zum Augenkontakt, zur Rolle der Sprache, u. a., aber auch zu der kulturell unterschiedlichen Codierung solcher Eigenschaften. Hewstone/Fincham (1996[3]:210 f.) behandeln *Attributionen* der Akteure in Beziehungen. Sie diskutieren solche Einstellungen hinsichtlich ihrer Funktion in gestörten und in nicht gestörten Beziehungen und dem entsprechenden Partnerverhalten. Forgas (1995:71 f.) behandelt ausführlich das Verzerrungspotential von Attributionen hinsichtlich der Wahrnehmungen und Deutung des Verhaltens von anderen beurteilten Personen. Das Thema der *Affiliation*, des Bedürfnisses nach sozialem Kontakt, als einer Voraussetzung für die Beziehungsbildung, behandeln Buunk (1996[3]:363 f.) ebenfalls ausführlich Forgas (1995[3]:182–202), mit Ergänzungen zur *Anziehung*, die er verkürzt mit «... Glaubensannahmen über, Gefühle für und Verhalten in Zusammenhang mit dem anderen Menschen.» umschreibt (S. 193) (vgl. auch die Ausführungen zum Austauschpotenzial, Kap. E, S. 190).

17

Zur Theorie der sozialen Vergleichsprozesse als motivationspsychologisches Geschehen äussert sich ebenfalls Witte (1989:162 f.).

Ausnahmsweise ein Einschub im Sinne eines Objektwechsels: In Bezug auf Professionelle Helfer interessiert die Frage nach dem «Spezialfall» des Hilfeverhaltens. Bierhoff diskutiert es unter dem Titel «Prosoziales Verhalten» (1996[3]:395 f.). Zum gleichen Thema und unter der Bezeichnung «prosoziales und moralisches Handeln» behandelt Witte verschiedene Hilfsformen (1989:85 f.). Geser entwickelt eine Typologie von Orientierungen professioneller Hilfe in der Sozialen Arbeit (1983:223–238). Er unterscheidet Klienten-, Selbst-, kollegiale und institutionelle Orientierungen. Brändle befasst sich ausführlich mit Hilfe und vergleicht zwischen alltäglicher und professioneller Hilfe (1999).

Für das Zustandekommen von *Wahlbeziehungen* sind die Ergebnisse von *Vergleichsprozessen* der potenziellen Beziehungspartnerinnen massgebend. In der hier verwendeten Terminologie machen sich die Beteiligten ein Bild über die Austausch- bzw. Machtpotenziale – insbesondere über die *Sozialkompetenz* – des Gegenübers, bewerten sie, vergleichen sie mit ihren Einstellungen und fällen eine entsprechende Entscheidung. [17] In *Zwangsbeziehungen* entfällt die Entscheidung zur Aufnahme der Beziehung, was keineswegs ausschliesst, dass sich die Akteure ebenfalls ein Bild voneinander zu machen versuchen: zur Zusammenarbeit verpflichtete Kollegen versuchen daraus ergebnisbezogene Vor- und Nachteile zu erkennen und im Rahmen ihres Handlungsraums Vereinbarungen etwa über die Arbeitsteilung zu treffen; Vormund und Bevormundete müssen sich über ihre Rechte und Pflichten verständigen; die zur Zwangsbeziehung gewandelte Eltern-Kind-Beziehung verlangt von den Beteiligten Absprachen zwecks möglichst gerechter «Lastenverteilung».

Aufgrund der Fachliteratur – und an dieser Stelle auch in hoher Übereinstimmung mit verbreiteten Alltagserfahrungen – nehmen *Chancen* zum Aufbau von kontinuierlichen Beziehungen aufgrund individueller Eigenschaften aus der Sicht potenzieller Beziehungspartner zu, wenn ...

- die strukturellen Rahmenbedingungen – vor allem bei hierarchischen Beziehungen in Organisationen – allen Beteiligten bekannt sind und von ihnen akzeptiert werden;
- keine offensichtlich negativ bewerteten Eigenschaften bereits einen Erstkontakt ausschliessen;
- beidseits ein Minimum an Sympathie für den anderen wahrgenommen wird (Attraktivität);
- die Bereitschaft zum Beziehungsaufbau signalisiert wird;
- die vorhandenen Beziehungsmuster, insbesondere in Austauschbeziehungen die Reziprozitätsnorm, akzeptiert werden (beidseitiges, berechenbares Verhalten in bestimmten Situationen);
- der Aufbau einer Beziehung allen Beteiligten einen Nutzen verspricht;
- wenn Gemeinsamkeiten oder Unterschiede entdeckt werden, die attraktiv erscheinen.

Hindernisse für den Aufbau von Beziehungen entstehen dann, wenn aus der Sicht potenzieller Beziehungspartner/innen ...

- die strukturellen Rahmenbedingungen abgelehnt werden (z. B. bei illegitim bewerteten Zwangsbeziehungen – das Bedürfnis nach Autonomie bleibt unbefriedigt);
- den Individuen wichtige Ausstattungsmerkmale fehlen (z. B. Wissen, Interessen, Ideen, Fähigkeiten, Geld – die Bedürfnisse nach Stimulation und Sicherheit bleiben unbefriedigt);
- bestimmte Eigenschaften eine überwiegend negative Bewertung erfahren (z. B. ungepflegtes Äusseres, sich immer und überall in den Mittelpunkt stellen – das Bedürfnis nach Ästhetik/Schönheit wird nicht befriedigt);

Zum fast inflationär verwendeten Begriff der Solidarität
kann der informative Band
von Hondrich/Koch-Arzberger
(1992) empfohlen werden. Der
Autor und die Autorin stellen
u. a. sieben Bedingungs- und
Erklärungsfaktoren für Solidarität vor. – Im Band von
Bayertz (1998) behandelt
Khushf «Solidarität als
moralischen und politischen
Begriff» (S. 111–145). Im sel-
ben Band stellt Wildt die
Begriffsgeschichte vor und
formuliert eine Definition, die
neun Elemente enthält. Damit
steht ein Instrument zur Verfügung, um Beziehungen auf
ihren «solidarischen Gehalt»
hin zu analysieren (S. 202 bis
216). Und Thome diskutiert
«Solidarität» aus soziologischer Perspektive und behandelt ihre Bedeutung für die
Integration sozialer Systeme
(S. 217–262).

19

Es ist in der Regel geboten,
zuerst den lebensnotwendigen
physisch-ökonomischen
Bedarf der AdressatInnen
sicherzustellen, bevor Professionelle der Sozialen Arbeit
psychische und Beziehungsprobleme ausführlich bearbeiten wollen.

- keine Bereitschaft, kein Bedürfnis zur Beziehungsaufnahme signalisiert wird («Kommunikationssperre») und damit insbesondere in Austauschbeziehungen die Reziprozitätsnorm kaum realisiert werden kann und/oder
- keine Einigung über Beziehungsregeln (in wichtigen Bereichen) erzielt werden kann – und deshalb das Bedürfnis nach Orientierung nicht befriedigt wird;
- der Aufbau einer Beziehung mindestens einem Beteiligten mehr Kosten als Nutzen zu bringen scheint – und damit das Bedürfnis nach Gerechtigkeit nicht befriedigt wird.

Zu den aufgeführten Chancen und Hindernissen wird nicht behauptet, die sehr komplexen Prozesse des Aufbaus und des Bestehens von Beziehungen, ihrer Konflikte und ihrer Auflösung seien nun erschöpfend benannt. Es würde weit über den Zweck dieses Bandes hinausführen, weitere, auch für die Soziale Arbeit immer wieder aktuelle Themen wie Vertrauen und Misstrauen, Solidarität, [18] Loyalität, Ergebenheit, Bindung und Verbundenheit, Nähe und Distanz, Liebe, Leidenschaft und Hass, Freundschaft und Feindschaft, Sadismus und Masochismus u. a. m. aufzugreifen und sie hinsichtlich ihrer beziehungsfördernden bzw. systemstabilisierenden bzw. -destabilisierenden Effekte zu diskutieren.

3.2 Vier-Phasen-Modell der Arbeit in und mit Beziehungen – Kernaufgabe Sozialer Arbeit

Soziale Arbeit innerhalb und zwischen sozialen Systemen schliesst a) eine optimale Existenzsicherung der Beteiligten [19] (soziale Position) und b) die Berücksichtigung bzw. wenn nötig Einflussnahme auf soziale Einstellungen und soziales Handeln ein. Der Aufbau, die Stützung, die Konfliktbearbeitung und die Auflösung von Beziehungen bilden den Kern *Sozialer* Arbeit. Eine Problem- und Ressourcenanalyse basiert auf einem möglichst konkreten und vollständigen Bild über die relevanten Interaktionen, die als konkreter Ausdruck von Beziehungen zwischen mindestens zwei Individuen «ablaufen». Beziehungen – private, berufliche und öffentliche – lassen sich grob nach vier «Anlässen» oder Phasen unterscheiden; der Auftrag kann sich auf einzelne oder alle Phasen nacheinander beziehen; ich schlage deshalb ein *Vier-Phasen-Modell von sozialen Beziehungen* vor. Die vier Phasen sind die folgenden:

1. der *Aufbau* von Beziehungen – die Bildung sozialer Systeme (Klärung von Einstellungen, Bedürfnissen und Wünschen, Erwartungen und Zielen im Rahmen der Suche nach Beziehungspartnern; Abklärung und Platzierung von Pflege- und Adoptivkindern; Suche und Einsatz eines geeigneten Freiwilligen; Mobilisierung von Interessengruppen im Rahmen eines Projektes; Lobbybildung für eine bewusstseinsbildende Aktion im Sozialbereich; «Vernetzungsarbeit» zwischen verschiedenen Organisationen des Sozial- und Gesundheitswesens u. a. m.); [20]

2. das *(Unter-)Stützen und damit Sichern* bestehender Beziehungen – die Stabilisierung sozialer Systeme, indem die dafür nötigen individuellen Ressourcen durch Beratung – oder delegierte Therapie – geklärt, aktiviert bzw. mittels Beschaffung externer Ressourcen vermittelt werden;

3. *Neu-Organisierung* innerhalb bestehender, u. a. konflikthafter Beziehungen – die Umstrukturierung sozialer Systeme – durch Ausarbeiten und Vereinbaren von Regeln (sozialen Normen) im Rahmen einer Mediation oder durch Vermittlung zwischen Jugendhaus und Anwohnern (zwischen den Repräsentanten sozialer Systeme); Stützung eines Freiwilligen, der zu resignieren droht; konfliktklärende und normsetzende und -vereinbarende Interventionen bei Gewaltakten in Schulen u. a. m., und

4. die gezielte *Auflösung* von Beziehungen – die Steuerung des Zerfalls von sozialen Systemen (z. B. Scheidungsmediation, Fremdplatzierung von Kindern, Freigabe eines Kindes zur Adoption, Entlassung eines Klienten aus dem Erwerbsleben wegen Invalidität).

Durch Untersuchung von besonderen Merkmalen der vier Phasen einerseits und solchen der ausgewählten Systeme andererseits zeigen sich vielfältige Analyse- und Interventionsmöglichkeiten. Sie beziehen sich auf die *Beeinflussung der Positions- und/oder Interaktionsstruktur.* Im folgenden werden die vier Phasen in Anlehnung an die bisherige Terminologie hinsichtlich je wichtiger Merkmale beschrieben (3.2.1–3.2.4). [21] Unmittelbar anschliessend folgen jeweils Illustrationen zu praxisrelevanten Situationen der Sozialen Arbeit.

[20] Zur Entwicklung von Beziehungen, insbesondere bei Kindern, und zum Aspekt der Bindung vgl. Durkin (1996³:50–78).

[21] Bekannt sind Phasenmodelle zu Beziehungen aus der Gruppenarbeit (vgl. Langmaack/Braune-Krickau, 1987:72 f.), aber auch aus der Paar- und Familienberatung (z. B. Willi, 1996). Forgas beschreibt ein Modell der Beziehungsentwicklung in persönlichen Beziehungen: 1. das Stadium einseitiger Wahrnehmung, 2. das Stadium oberflächlichen Kontaktes und 3. das Stadium der Gegenseitigkeit. Nach einer eindrücklichen Liste von Faktoren, die für die Beziehungsbildung entscheidend sind, leitet er über zu einem allgemeinen Modell intimer Beziehungen. Dabei verweist er auf ein Fünf-Stadien-Modell von Levinger (1995³:234 f.). – Die Nützlichkeit eines Phasenmodells beschränkt sich im Übrigen nicht allein auf die Beziehungsanalyse, sondern bringt auch Nutzen für anschliessende «phasengerechte» Interventionen.

3.2.1 Die erste Phase: Der Aufbau der Beziehung

Der Aufbau von Beziehungen kann aus *individueller Perspektive* interessieren: Wie kann ein sozial isoliertes Individuum zu mindestens einem anderen Individuum eine Beziehung aufbauen und mit diesem ein soziales System (Partnerschaft, Arbeitsverhältnis) bilden? Beziehungen werden auch *zwischen sozialen Systemen* aufgebaut. [22] Dies ist im Rahmen der *Gemeinwesenarbeit* oder in der *Soziokulturellen Animation* der Fall. Am Aufbau sind in der Regel nicht alle Individuen der jeweiligen sozialen Systeme, z.B. einer Organisation oder eines Stadtteils, beteiligt. Die Aufbauarbeit liegt bei denjenigen, die Kraft ihrer sozialen Position im jeweiligen System dazu befugt bzw. für delegierte Aufgaben und Entscheidungen mandatiert sind. Interaktionen im Sinne von Kommunikation, von Kooperationen/Koproduktionen und/oder als Gütertausch verlaufen zwischen Repräsentantinnen und Repräsentanten sozialer Systeme ab, was Koordination erforderlich macht. Die Interaktionsmuster sind, ob zwischen gleichberechtigten Partnern oder solchen in unterschiedlichen Positionen, entweder formalisiert oder können durch die Beteiligten ausgehandelt werden (Vereinbarung über Rechte und Pflichten).

Die *Praxis Sozialer Arbeit* beschäftigt sich mit Problemen von Menschen, die allein leben, die über keine Beziehungen verfügen, denen ein Beziehungsnetz z.B. auch im Krankheitsfall fehlt – für Sozialarbeiter und Sozialpädagogen alltägliche Situationen. Menschen können auf Beziehungen verzichten, andere leiden unter dem Fehlen verlässlicher Beziehungen. Jemand kann unter Einsamkeit leiden und dennoch keine Beziehung eingehen wollen. [23] Oder zumindest keine *solche*, keine mit gerade *diesem* Menschen. Es mögen negative Erfahrungen mit Bekannten, Freunden oder Vorgesetzten sein, die es dem Betreffenden unmöglich machen, eine «Beziehungsperspektive» zu entwickeln. Es sei aber auch an Situationen erinnert, wo jemand vom hohen Austauschpotenzial einer anderen Person abhängig ist, wie etwa ein Chronischkranker von der Pflege durch den Partner/die Partnerin.

Sozialer Arbeit kommt im Rahmen von «Vernetzungen» die Aufgabe zu, zwischen Individuen und sozialen Systemen einerseits und zwischen sozialen Systemen andererseits Kommunikations- und Kooperationsverhältnisse aufzubauen (Case Management). Es gilt, zugunsten von Adressaten mit minimalem Aufwand externe Ressourcen zu beschaffen (Fonds und Stiftungen), durch Lobbying Unterstützung für die eigenen Anliegen zu erreichen, zwischen Jugendamt und Schule eine Aufgabenteilung herbeizuführen (Schulsozialarbeit) oder mit vorgesetzten Behörden ein Vertrauensverhältnis aufzubauen, damit deren Positions- und Ressourcenmacht optimal zugunsten von Klientinnen genutzt werden kann (Sozial- bzw. Vormundschaftsbehörden). [24]

3.2.2 Die zweite Phase: Unterstützen und Sichern von Beziehungen

Gegenstand dieser Phase sind Beziehungen innerhalb sozialer Systeme oder zwischen solchen, die sich durch Interaktionen zwischen mindestens zwei Individuen entwickelt haben. Eine Beziehungsanalyse beginnt – vor der Bewertung durch Professionelle – mit der Beschreibung der Interaktionen als Fakten und einschliesslich ihrer Bewertung in quantitativer und qualitativer Hinsicht durch die Beteiligten.

[24]
Weitere Illustrationen bei
Bullinger/Nowak, 1998.

1. *Quantitative Aussagen* über Anzahl und Häufigkeit von Beziehungen bzw. entsprechender Interaktionen (über alle Dimensionen der Denkfigur) setzen folgende Fragen voraus:

- Wie viele und welche Art von Beziehungspartnern sind vorhanden (Ehepartnerin, Kollegen am Arbeitsplatz, Vorgesetzte, Behördenmitglieder u. a.)?
- Wie viele Interaktionen zwischen den Personen A, B, C usw. finden statt?
- Wie häufig und wie lange werden welche Beziehungen «gepflegt»?

2. *Qualitative Aussagen* zur Beziehung erfordern Antworten auf folgende Fragen:

- In welcher sozialen Position/Rolle/Funktion begegnen sich die Beteiligten einer Beziehung (Ehepartner/in, Kollegin, Arbeitskollege, Untergebener, Antrag-/Gesuchsteller usw.)?
- Welches ist jeweils Ziel/Zweck der Begegnung, welche Bedeutung wird welchen Beteiligten und der mit diesen erwünschten Interaktionen zugeschrieben (Werte/Erwartungen/Sinn)?

- Was ist Inhalt der Interaktionen (Information, gemeinsame Aktivitäten, Zärtlichkeiten, Gütertausch)?
- Welche impliziten und/oder expliziten vereinbarten Regeln bestimmen die Interaktionen und wie bewähren sie sich aus der Sicht der Beteiligten?
- Welches sind die Wirkungen bzw. Ergebnisse (geplante/nicht geplante/erwünschte/unerwünschte) der Interaktionen?
- Was hat sich, je aus der Sicht der Beteiligten, bezogen auf einen vergangenen Zeitraum, hinsichtlich der Beziehungs- qualität im positiven oder negativen Sinn verändert – und wie erklären sie sich die Veränderung?
- Wie weit sind die Beteiligten mit den beidseitigen Leistungen und Gegenleistungen, mit den entsprechenden «Investitionen» in die Beziehung, zufrieden oder nicht? Welche Bedürfnisse und Wünsche werden erfüllt bzw. bleiben unerfüllt? Wird die legitime Reprozitätsnorm bzw. die Äquivalenznorm allseits erfüllt? Warum allenfalls von wem in welcher Hinsicht nicht?
- Wie werden Konflikte gelöst – durch Aushandeln, durch Herr- schaft?

25

Wenn auch auf dem Hinter- grund eines anderen System- verständnisses ist bei Simon (1988:182 f.) ein reichhaltiger Katalog von inhaltlichen Kriterien für Beziehungs- diagnosen von Familien zu finden.

26

Die Richtlinien der Schweiz. Konferenz für Sozialhilfe (SKOS) zielen auf die Ausrichtung von Sozialhilfe in einem Ausmass, das die Sicherstellung eines «sozialen Existenzminimums» gewähr- leistet; damit soll mehr als der Grundbedarf gedeckt werden.

Das Ergebnis dieser Analyse wird unter den Aspekten von *Bedürfnis- sen, Bedarf* und *Gerechtigkeit* hinsichtlich der Frage bewertet, ob es sich auf Dauer

- bei horizontal strukturierten Beziehungen um eine *einseitige/ wechselseitige bzw. gleichwertige/ungleichwertige Beziehung* (Erfüllung der Reprozitäts- bzw. Äquivalenznorm) und

- bei vertikal strukturierten Beziehungen um eine *behindernde oder begrenzende Machtbeziehung* handelt (Legitimation der Verteilungs- und Anordnungsregeln). [25]

Aus der *Perspektive der Praxis Sozialer Arbeit* richtet sich das Stüt- zen und Sichern bestehender Beziehungen nach folgenden beispiel- haften (Ideal-)Vorstellungen: Der existenziell notwendige finanzielle Bedarf von Familien ist im Sinne eines sozialen Existenzminimums [26] gesichert. Die Zusammenarbeit im Rahmen von Netzwerken, der Quartierarbeit und in grösseren Gemeinwesen kann sich auf die not- wendigen Finanzmittel und Infrastruktureinrichtungen stützen. Die involvierten Individuen sind bereit und in der Lage, im Rahmen einer legitimierten Arbeitsteilung ihre Aufgaben wahrzunehmen (Rollenhandeln). Es bestehen Regeln, die bedürfnisgerechte Interaktionen zwischen den Beteiligten ermöglichen, womit deren soziale Kompetenz gegeben ist bzw. weiterentwickelt wird (z. B. durch Paarberatung, Projektberatung, Supervision). In grösseren sozialen Systemen bestehen Regeln zur Steuerung von Informations- und Arbeitsbeziehungen; diese sind wenn möglich gemeinsam erarbeitet, werden veränderten Verhältnissen angepasst, legitimiert und realisiert: Wandel ist verhandelbar. Interaktionen im Rahmen von Austauschbeziehungen zeichnen sich insgesamt durch Gegenseitigkeit und Gleichwertigkeit aus, in Bezug auf Machtaspekte wirken sie begrenzend [27] und letztlich bedürfnisgerecht.

3.2.3 Die dritte Phase: Neu-Organisieren von Beziehungen

Konflikte können systemtheoretisch als Ungleichgewichte, als einseitige Distanznahme, als beidseits «unvereinbar» und demnach komplementäre Standpunkte und damit als «Erstarrung» des Systems verstanden werden. Allgemein sind sie Ausdruck von Spannungen zwischen Individuen im Rahmen von Beziehungen innerhalb oder zwischen sozialen Systemen. Manifestieren können sie sich *sowohl als Positions- wie Interaktionsprobleme*. In der Regel erleben die beteiligten Individuen solche Ungleichgewichte in Art, Dauer und Intensität unterschiedlich – nicht nur negativ, sondern auch als Erleichterung («Endlich kommt Bewegung in die Sache»). Solche Anlässe können die Akteure motivieren, den Wandel des Systems anzugehen. Wandel bedeutet, dass sich die *Interaktionen und damit die Struktur verändern – sie sind neu zu organisieren*. Damit einher geht möglicherweise das Abgeben oder Übernehmen von sozialen Rollen und Funktionen im System. Konkrete Bedingungen bilden den Rahmen, der allenfalls auch zu verändern ist (z. B. zusätzliche finanzielle Mittel, andere Arbeitsstelle, andere Wohnung).

In Anlehnung an die Dimensionen der Denkfigur bzw. an die durch sie bestimmten Interaktionsarten können sich *Beziehungskonflikte in verschiedener Hinsicht manifestieren*, nämlich durch:

a) *Kommunikations- bzw. Reflexionsprobleme* (E/M), indem sich die Beteiligten nicht (mehr) verstehen, unterschiedliche Interessen

[27]
Vgl. Kapitel F, S. 221, in welchem zwischen behindernden und begrenzenden Machtbeziehungen unterschieden wird.

verfolgen und sich eine «Entfremdung» abzeichnet; wenn der vereinbarte, vorgeschriebene und erforderliche Informationsfluss verzögert ist, Informationen zurückgehalten werden, die Informationen einseitig verlaufen oder eine Kommunikationssperre besteht, indem sich die Beteiligten anschweigen; Rechthabereien und Ignoranz gegenüber anderen Meinungen, fundamentalistisch oder subjektivistisch begründete Verweigerung von Argumenten («Ich erlebe es so ...»); pseudodemokratische Diskussionen mit und Vernehmlassungen bei der Belegschaft, obwohl die «richtige» Meinung auf Seiten der Mächtigen unverrückbar feststeht u.a. Als besonders belastend wirkt es sich aus, wenn keine Metakommunikation mehr möglich ist;

b) *Kooperations- bzw. Koproduktionskonflikte* (A), indem vorgegebene (z. B. in einer Zwangsbeziehung) oder ausgehandelte (z. B. in einer Wahlbeziehung) Handlungsregeln fortwährend verletzt werden, kein Einfluss auf bzw. keine Einigung über das «Wie» möglich ist, es an Verlässlichkeit mangelt, Koordinationsbemühungen fehlschlagen und die einen offensichtlich mehr leisten als andere, Letztere jedoch den Anspruch erheben, in gleicher Weise belohnt zu werden. Als Folge mangelhafter oder destruktiv-konflikthafter Kooperation bleiben allfällige Produktionsziele unter den Erwartungen;

c) *Verteilungskonflikte* (Ue), indem die Verteilungsregeln verletzt werden, so dass die einen dauerhaft objektiv benachteiligt werden, mehr geben, als sie als Gegenwert bekommen, oder durch Androhung von Gewalt etwas hergeben müssen; oder es fehlen Begründungen für grosse Besoldungsunterschiede für gleiche Funktionen bzw. diese sind nicht nachzuvollziehen;

d) *Konflikte im erotisch-sexuellen Bereich*, etwa durch einseitig abgelehnte oder durchgesetzte Wünsche und Praktiken des Partners oder durch Einsatz des Körpers als Machtmittel, in Verknüpfung mit einseitigen Handlungen (Ui/A).

Anzumerken ist zweierlei: 1. Es ist auch für b) bis d) zwingend, miteinander zu kommunizieren und 2. sind auch die Interaktionen im Sinne von a), c) und d) mit motorischen Aktivitäten verbunden.

Aus der *Praxisperspektive* der Sozialen Arbeit werden Konflikte positiv und negativ bewertet: positiv als Anlass, bisherige Ziele, die Positions- und/oder Interaktionsstruktur und -regeln auf dem Hintergrund von Bedürfnissen zu überprüfen; negativ als Behinderung der Autonomie einzelner Mitglieder, indem unerwünschte Effekte entstehen, die mit besonderen Anstrengungen und individuellen und sozialen Ressourcen behoben werden müssen (z. B. Schuldenmachen des Ehemannes –› Vorenthalten des Haushaltgeldes –› Schuldenmachen der Ehefrau bei befreundeten Personen –› entsprechende Vorwürfe des Ehemannes usw.).

Im Rahmen der im Folgenden beispielhaft aufgeführten Situationen erscheint es angezeigt, Beziehungen neu zu organisieren: Erarbeiten und Vereinbaren von Regeln zwecks Ablösung Jugendlicher von ihren Eltern. Das Thema der «Kollusion» bei Paaren thematisieren und neue Interaktionsregeln erarbeiten (Willi, 1990). Aufgrund der Arbeitslosigkeit eines Elternteils müssen Rechte und Pflichten neu ausgehandelt und festgelegt werden. Der gewalttätige Partner lernt mit seiner Partnerin die gemeinsame Bewältigung von sozialen Spannungen. Schüler lernen gewaltfreie Formen der Konfliktlösung. In Betrieben wird Mobbing als Problem gesehen und unter Kooperation der Arbeitnehmerinnen bearbeitet. Sozial unverträgliche Bauvorhaben in Stadtteilen werden durch Einbezug der interessierten Bevölkerung und durch transparente Informationspolitik in einem frühen Stadium verhindert.

Praxisrelevante Fragen zur Konfliktbearbeitung sind etwa: Kann der soziale Kontext unter Ausschöpfung von Ressourcen so weit verändert werden, dass die Beziehung mit der vorhandenen Ausstattung der beteiligten Individuen weitergeführt werden kann (z.B. neue Aufgaben durch Versetzung im Betrieb)? Finden die Beteiligten neue, gemeinsame oder je akzeptierte Ziele für ihre Beziehung? Welche Veränderung bestehender bzw. der Erwerb welcher neuer Eigenschaften würde die Beteiligten füreinander wieder attraktiv machen?

Die Konfliktregelung verläuft innerhalb eines bestimmten sozialen Kontextes, z.B. im Rahmen der vorgegebenen Positionsstruktur einer Organisation. [28] Sie besteht u. a. in der Klärung der individuellen Bedürfnislagen der involvierten Akteure, der gemeinsamen Ausarbeitung und anschliessenden Vereinbarung neuer Ziele und von

28
Zu Konflikten in Organisationen vgl. auch Lotmar/Tondeur, 1999⁶; Puch, 1994:151 f.

Regeln, die bedürfnisgerechte, koordinierte Interaktionsstrukturen ermöglichen, die ihrerseits wiederum strukturbildend und -stabilisierend sind. Unter Umständen führt ein negatives Ergebnis solcher Prozesse zur nachfolgend beschriebenen Auflösung der Beziehung.

3.2.4 Die vierte Phase: Das Auflösen von Beziehungen

Die Auflösung einer Beziehung setzt nicht in jedem Fall einen Konflikt voraus; die soeben beschriebene «dritte Phase» muss nicht zwingend durchlaufen sein. Eine Beziehungsauflösung kann aus drei Anlässen heraus erfolgen, nämlich a) auf Initiative eines Beteiligten, b) unter beid- bzw. allseitiger Mitwirkung oder c) durch eine systemexterne Instanz.

Als Beispiele für *einseitige Auflösungen* sind vorstellbar: Der Klient, als Arbeitnehmer unzufrieden, erkennt, dass die neue Stelle ihm nicht entspricht, und er kündigt aufgrund der Beratung durch die Sozialarbeiterin, bevor sich ein Konflikt manifestiert. Oder aufgrund einer so genannten Umstrukturierung wird er gleichzeitig mit einem grossen Teil seiner Kolleginnen und Kollegen entlassen. Die Ehefrau reicht die Scheidung ein, gegen den Willen des Ehemannes, der dennoch an der Auflösung «mitwirken» muss (Mediation). Zu den Beispielen gehört aber auch die radikalste Form der einseitigen Beziehungsauflösung: der Suizid.

Auflösungen *unter beid- bzw. allseitiger Mitwirkung*: Beziehungsauflösungen in Familien und Partnerschaften sind praxisrelevant, die unter beidseitiger Mitwirkung erfolgen. Dies ist in der Regel dann der Fall, wenn sich eine eingegangene Zweckgemeinschaft für die Beteiligten nicht mehr als lohnend erweist. Die Auflösung von Beziehungen «kündigt sich an», indem sich die Interaktionen zwischen den Beteiligten quantitativ wie qualitativ «verdünnen»; sie verlieren an Häufigkeit, Dauer und von den Beteiligten als positiv bewerteter Intensität – damit löst sich das soziale System auf. Bindungen schwächen sich ab, so etwa aufgrund veränderter individueller Ausstattungen, die ihrerseits als Reaktion auf Veränderungen von strukturellen und kulturellen Gegebenheiten verstanden werden können (z. B. Dilemma der Rollenübernahme in Familie und Beruf). Die Verliebten trennen sich, nachdem sie festgestellt haben, dass sich ihre privaten Perspektiven diametral widersprechen. Der Wille zur Beziehungsauflösung entspringt der Überzeugung, dass Bedürfnisse im Rahmen der bisherigen Beziehung nicht zu befriedigen sind. Daraus lässt sich ableiten, dass im Anschluss an die Auflösung der Beziehung wiederum die Ausstattung der nun getrennten Individuen im Zentrum des fachlichen Interesses steht.

Die Auflösung von Beziehungen *durch systemexterne Instanzen* ist in der Sozialen Arbeit dann gegeben, wenn z. B. eine Vormundschaftsbehörde den Obhutsentzug eines Kindes beschliesst, dieses den leiblichen Eltern wegnimmt und fremdplatziert. Oder der Richter, der im Rahmen der Scheidung – als «Nebenfolge» – die Kinder einem Elternteil zuspricht und damit die Beziehung zum anderen Elternteil zumindest schwächt; dieser Beschluss verlangt nach einer Neuorganisation der Beziehungen gemäss der oben beschriebenen dritten Phase. Aber auch die Verhaftung des Stiefvaters, der seine Stieftochter sexuell ausgebeutet hat und seine Verurteilung zu einer unbedingten Freiheitsstrafe, lösen diese Beziehung auf.

Die beschriebenen vier Phasen sind nicht nur zum besseren Verstehen von Prozessen und Zuständen in Beziehungen bzw. in sozialen Systemen nützlich. Sie enthalten auch Handlungsanweisungen: Systematisches Befragen [29] strukturiert die Bilder über Beziehungen in und zwischen sozialen Systemen. *Wiederum zeigt sich, dass eine Beziehungsanalyse sowohl die Interaktionen als soziale Prozesse wie auch interne Prozesse der beteiligten Individuen selbst einschliesst.* Je nach Phase stehen zuerst der soziale und danach der individuelle Aspekt oder umgekehrt im Zentrum der Aufmerksamkeit. Selbstverständlich verläuft eine Analyse dann «hin und her». Die phasenbezogenen Unterschiede zum Verlauf der Analyse sind im folgenden Modell aufgeführt.

[29] Um ein Missverständnis zu vermeiden: Es geht vorerst um das Wissen über das systematische Befragen. Die Sozialpädagogin muss sich im Klaren darüber sein, ob sie alle Aspekte der Beziehung kennt, sie überhaupt kennen muss und wie sie die Informationen dazu erheben kann. Nicht gemeint ist hier, dass die Adressatinnen und Adressaten einer Art «Verhör» unterzogen werden sollen.

Tab. 3
Beziehungsanalysen nach
Phase bzw. Anlass

Anlass bzw. Phasen	Im Vordergrund steht ...	anschliessend ...
1. Phase: Aufbau von Beziehungen	... die Analyse der je individuellen Ausstattung als Voraussetzung für die Einnahme einer anerkannten Position innerhalb einer bestimmten Systemstruktur ...	... die für die Beziehungsaufnahme erforderlichen sozialen Kompetenzen des Individuums (potenzieller Einfluss auf die Positions- und Interaktionsstruktur)
2. Phase: (Unter-)Stützen und Sichern bestehender Beziehungen	... die Analyse der Interaktionen bzw. der Interaktionsstruktur und der faktischen Positionsstruktur, eingeschlossen die sie leitenden Normen und die Risiken ...	... die Analyse der je individuellen Bedürfnisse, Wünsche, Erwartungen, des Bedarfs u.a.m.
3. Phase: Konfliktregelung innerhalb bestehender Beziehungen	... die Analyse der Interaktionen bzw. der Interaktionsstruktur, der sie leitenden Normen, der diesbezüglichen Übereinstimmungen und Differenzen ...	... der je individuellen Bedürfnisse, Wünsche, Erwartungen, des Bedarfs u.a.m. ...
4. Phase: Auflösung von Beziehungen	... die Analyse der je individuellen Ausstattung als Voraussetzung für ...	... die Analyse der Interaktionsregeln zur möglichst konstruktiven Auflösung der Beziehung ...

3.3 Durchführung der Beziehungsanalyse

Als Anknüpfungspunkt zur Problem- und Ressourcenanalyse von Beziehungen sei an die *Austausch- und die Machtpotenziale* erinnert (Kap. C, 6. und 7.). Dort wird kurz ausgeführt, dass im Rahmen der individuellen Problem- und Ressourcenanalyse zu klären ist,

1. über welche Ausstattung der *Austauschmedien* im Sinne von Ressourcen jemand verfügt,

   a) die aus der Sicht anderer Menschen im Rahmen von Austauschbeziehungen – im weitesten Sinne verstanden – die umfassende Attraktivität dieses Individuums für eine bestimmte soziale Position (soziale Rolle) ausmachen und damit seine Beziehungschancen mitbestimmen;

   b) die von potenziellen Beziehungspartnern als problematisch bewertet und deshalb aus bestimmten Gründen in Kauf genommen werden, eine Beziehung gar nicht entstehen lassen oder einen Konflikt begründen;

2) wie die *Machtquellen* beschaffen sind,

   a) die es jemandem ermöglichen, in bestimmten sozialen Positionen über andere Macht auszuüben, oder

   b) die jemanden hinsichtlich einer bestimmten Beziehung von anderen abhängig (ohnmächtig) machen.

Eine vollständige, «ideale» Beziehungsanalyse innerhalb oder zwischen sozialen Systemen beinhaltet in der Praxis (ebenso idealerweise immer in Zusammenarbeit mit den Adressatinnen):

· ihre *Beschreibung* in Bezug auf:

   a) die Nennung der analysierten Beziehung bzw. des sozialen Systems;

   b) sofern nicht offensichtlich: die Bestimmung der Beziehung nach den Merkmalen: 1. natürliche bzw. künstliche soziale Beziehungen bzw. Systeme; 2. Wahl- oder Zwangsbeziehung; 3. formelle und informelle Beziehungen; 4. systeminterne oder systemexterne Beziehung (vgl. Kap. D 2.3);

   c) die Bestimmung der Beziehungsphase (vgl. Kap. D 3.2);

   d) die Nennung der involvierten individuellen Akteure;

e) beobachtbare und/oder von den Akteuren geschilderte, erfolgte und unterlassene konkrete Interaktionen und allenfalls Interaktionsmuster, die sich in Form von Austausch- bzw. Machtstrukturen manifestieren (vgl. Kap. E bzw. F);

f) die Beschreibung der individuellen Ausstattung der an der Beziehung beteiligten Akteure, eingeschlossen ihre soziale Position (vgl. Kap. C);

g) soziale Normen, die diese Interaktionen erfordern bzw. ermöglichen (leitende Werte) (vgl. Kap. G);

h) beobachtbare und/oder berichtete Wirkungen der Interaktionen gemäss e) auf die beteiligten Individuen;

i) beobachtbare und/oder berichtete Wirkungen der Interaktionen gemäss e) auf Struktur und Prozesse des sozialen Systems.

- Bildung von *Hypothesen* der Beteiligten und des Sozialarbeiters/des Sozialpädagogen inbezug auf

a) Ausstattungsprobleme der beteiligten Individuen (vgl. Austausch- und Machtpotenzial), soweit sie sich auf Interaktionen bzw. soziale Kompetenz auswirken (individuell, strukturell und kulturell);

b) dauerhafte Ungleichgewichte in horizontalen Beziehungen und in legitimen und illegitimen Machtbeziehungen bzw. -prozessen, wie auch für entsprechende soziale Konflikte.

Je umfassender und präziser die Beschreibung der Interaktionen vorgenommen wird, umso reichhaltiger erweist sich der Zugang zu Hypothesen.

- eine erste *Bewertung* auf dem Hintergrund deklarierter Werte hinsichtlich:
a) ihrer Tauschaspekte (Gegenseitigkeit, Gleichwertigkeit);
b) ihrer Machtaspekte (behindernde bzw. machtbegrenzende Aspekte).

Die vorstehend aufgeführten Beschreibungen, Hypothesenbildungen und Bewertungen erfolgen auf dem Hintergrund der Frage, *inwieweit die Beziehung geeignet ist, Bedürfnisse der involvierten Akteure zu befriedigen oder deren Befriedigung zu be- oder verhindern.*

In den folgenden zwei Kapiteln wird illustriert, wie der hier vorgestellte systemtheoretische Ansatz durch die Anwendung der Denkfigur eine für die Praxis handhabbare Umsetzung erfährt.

- Im Kapitel E wird aufgezeigt, wie idealtypisch horizontal verlaufende soziale Interaktionen in Beziehungen hinsichtlich ihrer *Tauschaspekte* umfassend und konkret analysiert werden können;
- Im Kapitel F folgen ausführliche Hinweise zur Analyse von idealtypisch vertikal verlaufenden sozialen Interaktionen in Beziehungen, die sich durch *ihre Machthaltigkeit* auszeichnen.

Der Zusammenhang zwischen Positionsstruktur und Interaktionsstruktur von sozialen Systemen sollte durch die Ausführungen der beiden folgenden Kapitel deutlich werden. Die nachfolgende Abb. 30 verweist auf mögliche Systemkonfigurationen bzw. Interaktionsstrukturen, die Gegenstand der beiden nächsten Kapitel sind. Ausgehend von idealtypischen Positionstrukturen – je «reine» Austausch- und Machtbeziehungen – begegnen wir im Alltag und in der Praxis Sozialer Arbeit letztlich verschiedenen Konfigurationen. Diese Unterschiede beziehen sich auf die Schnittstelle zwischen horizontaler Differenzierung (z. B. Verteilung von Aktivitäten) und vertikaler Differenzierung (Schichtung) – die Analyse konkreter Beziehungen zeigt oft, dass die vorerst formale Festlegung nach sozialen Positionen («idealtypisch» horizontal oder vertikal), durch die reale Interaktionsstruktur «dynamisiert» wird: ein formales «Oben und Unten» kann gleichberechtigtes Miteinander enthalten, die vertikale Struktur kann sich umkehren, in formal partnerschaftlichen Beziehungen können sich machthaltige Interaktionen des einen gegenüber dem anderen Partner durchsetzen u. a. m. Die folgenden Grafiken zeigen in abstrakter Form solche «Mischformen» an.

«Idealtypische» Austauschbeziehungen
= horizontale Positionsstruktur (vgl. Kap. E)
Die Individuen stehen idealtypisch horizontal zueinander; sie verfügen je
über denselben Rollenstatus. Es gibt kein Entscheidungs- und Kontrollzentrum.

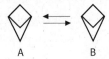

«Idealtypische» Machtbeziehungen
= vertikale Positionsstruktur (vgl. Kap. F)
Die Individuen stehen idealtypisch vertikal zueinander; ihr Rollenstatus ist nicht
identisch. Das Individuum «oben» repräsentiert das Entscheidungs- und Kontrollzentrum.

Machtbeziehung = vertikale Positionsstruktur mit (auch) horizontalen
Interaktionen (vgl. Kap. F, S. 235 f.)
Die Individuen stehen idealtypisch vertikal zueinander; ihr Rollenstatus ist nicht
identisch. Bestimmte Interaktionen haben «reinen» Tauschcharakter.

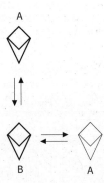

Austauschbeziehung = horizontale Positionsstruktur, mit (auch) vertikalen Interaktionen (vgl. Kap. F, S. 235 f.)
Die Individuen stehen idealtypisch horizontal zueinander; sie verfügen je über denselben Rollenstatus. Bestimmte Interaktionen sind machthaltig – je nach «Inhalt» der Interaktion ist dieses oder das andere Individuum «oben».

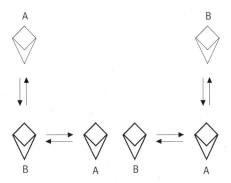

Umkehr der vertikalen Positionsstruktur (vgl. Kap. F, S. 244)
Die Individuen stehen stets vertikal, jedoch abwechselnd bzw. hinsichtlich bestimmter «Inhalte» der Interaktionen zueinander.

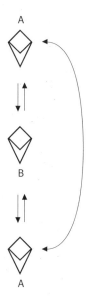

«Sonderfall»: Beziehung zwischen Elternteil (E) und unmündigem Kind (K) = vertikale Positionsstruktur, faktisch überwiegen Tausch-Interaktionen
(vgl. Kap. F, S. 242)

Eltern und unmündige, ökonomisch abhängige Kinder stehen idealtypisch vertikal zueinander – die Eltern oben, die Kinder unten. Es sind jedoch vielerlei Interaktionen denkbar, die «reinen» Tauschcharakter Aufweisen. Die «Schräglage» deutet an, dass diese Beziehung im Idealfall eine «milde» Abhängigkeitsbeziehung ist.

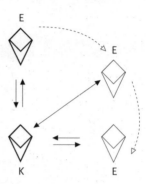

Hierarchische Positionsstruktur = vertikale Positionsstruktur, mit horizontalen Interaktionen im Rahmen eines temporär anderen sozialen Systems
(vgl. Kap. F, S. 241)

Als Vorgesetzter steht A über B. In ihrer Freizeit spielen die beiden Tennis, wobei der Untergebene B seinem Vorgesetzen das Spiel beibringt – die Beziehung in der Freizeit spielt sich innerhalb eines anderen sozialen Systems ab (grundsätzlich horizontale Positionsstruktur mit Wissensvorsprung des Untergebenen).

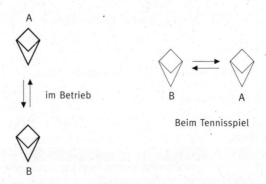

E Austauschbeziehungen – idealtypisch horizontal strukturierte soziale Systeme [1]

Als «Austauschbeziehung» werden über eine gewisse Dauer bestehende, horizontal strukturierte Beziehungen innerhalb eines sozialen Systems oder zwischen Individuen verschiedener sozialer Systeme bezeichnet; «horizontal strukturiert» bedeutet, dass solche Systeme *unabhängig von einem formalen Entscheidungs- und Kontrollzentrum* strukturiert sind. Der Rollenstatus der Beteiligten ist identisch. Horizontal verlaufender Austausch ist charakterisiert durch Interaktionen zwischen Akteuren auf gleichem sozialem Niveau. Dabei handelt es sich um ein formales Kriterium; es bedeutet, dass sich die Mitglieder eines sozialen Gebildes *in der gleichen sozialen Rolle* begegnen (Schüler/Schüler; Freund/Freundin; Kollegin/Kollege, Ehepartnerin/Ehepartner). «Austauschbeziehung» entstammt der konzeptuellen Arbeit von Staub-Bernasconi; sie findet im Sinne der Bezeichnung eines Idealtyps von Beziehungen weiter Verwendung, obwohl auch in vertikal strukturierten Systemen Tauschprozesse stattfinden (können). Beziehungsrealität ist jedoch oft, dass machthaltige Interaktionen eine Struktur bilden, die sich durch eine informelle Bildung von sozialen Niveaus auszeichnet: Im Laufe der Beziehung bilden sich z. B. Führerfiguren heraus. Auch in Austauschbeziehungen – z. B. Partnerschaften, kollegiale Beziehungen am Arbeitsplatz – sind die einen abhängiger von den anderen, den einen gelingt es, ihre Ideen gegen eine Mehrheit durchzusetzen.

1

Gegenüber der 1. Auflage dieses Buches bezeichnen wir solche Beziehungen als «horizontal strukturiert» und nicht mehr als «nicht-hierarchisch»; letztere Bezeichnung – wie auch «hierarchisch» – bleibt sozialen Positionen in Organisationen vorbehalten.

1. Gegenseitigkeit – Gleichwertigkeit – Symmetrie

Zur Beschreibung von Interaktionen in Austauschbeziehungen operiert Staub-Bernasconi mit den Kriterien *«gegenseitig/einseitig»*, und als gegenseitig erkannte Interaktionen werden mit dem Kriterium *«gleichwertig/ungleichwertig»* bewertet. Diese Kriterien zur Analyse von Beziehungen können ergänzt werden mit a) *gleichartigen/ andersartigen* Tauschgütern bzw. b) mit *komplementären* Interaktionen. Die genannten Kriterien lassen sich sowohl auf einzelne Interaktionsakte – z. B. Abfolge eines einzelnen Dialogs – als auch umfassender, auf die Gesamtheit an Tauschprozessen in Beziehungen «über die Zeit», anwenden; in der vorliegenden Arbeit wird das Gewicht auf Letztere gelegt.

Gegenseitigkeit (Reziprozität) bzw. Einseitigkeit als Kriterien für die Tauschrichtungen können eine Tauschbeziehung prägen. Es interessiert hier die Frage, wer wem etwas gibt und wer von wem etwas erhält. *Als erstes Ideal einer unproblematischen Tauschbeziehung wird angenommen, dass sie auf Dauer auf Gegenseitigkeit beruht, also nicht hinsichtlich einzelner Akte des Tausches, sondern insgesamt betrachtet, über eine gewisse Zeit (Staub-Bernasconi, 2007: 184).* Alle Beteiligten geben und empfangen. Offen bleibt, ob die Beteiligten die Beziehung auch subjektiv als gegenseitig bewerten.

Reziprozität in Beziehungen zeigt sich darin, dass die Beteiligten von gegenseitigen Erwartungen, Rechten und Pflichten ausgehen. In Tauschbeziehungen, etwa in kollegialen, partnerschaftlichen, freundschaftlichen und Liebesbeziehungen, ist diese Annahme nachvollziehbar. Besteht Gegenseitigkeit *auf Dauer* nur teilweise oder verläuft die Beziehung einseitig, erscheint die Beziehung gefährdet. Zur Reziprozität hinzu müssen Interaktionen als *zweites Ideal die Anforderung der Gleichwertigkeit, der Äquivalenz, erfüllen.* Dabei brauchen die getauschten «Güter» nicht in jedem Fall gleichartig zu sein; entscheidend ist jedoch, dass sie auf Dauer gleich*wertig* sind. Mit anderen Worten: Eine Beziehung kann gegenseitig, jedoch nicht gleichwertig verlaufen: «Was ich von dir bekomme, ist weniger Wert als das, was ich dir gebe.» oder «Was ich dir zu erzählen habe, ist wesentlich interessanter als das, was du mir aus deinem Berufsalltag berichtest.» Während Gegenseitigkeit bzw. Einseitigkeit weitgehend beschreibend erfasst und objektiviert werden kann, unterliegt das Kriterium «gleichwertig/ungleichwertig» dem Vorgang der Bewertung.

Die Stabilität der Beziehung ist dann wahrscheinlich, wenn die Interaktionen zwischen den Beteiligten «über die Zeit» ausgewogen sind;
Staub-Bernasconi verwendet dafür das Kriterium der *Symmetrie/
Asymmetrie; als symmetrisch* wird eine Beziehung bewertet, deren
Interaktionen insgesamt und auf Dauer gegenseitig und gleichwertig
verlaufen, [2] asymmetrisch sind folglich Beziehungen, in denen wohl
gegenseitige, aber ungleichwertige oder aber einseitige Interaktionen überwiegen.

Rechte und Pflichten *können* weder quantitativ noch qualitativ identisch sein. Von Eltern – vor allem minderjähriger, ökonomisch abhängiger Kinder – wird im Rahmen ihrer Rollenerfüllung «mehr Wert»
erwartet. Dabei handelt es sich bei diesem Beispiel nicht mehr um
eine «reine» Tauschbeziehung, sondern tendenziell bereits um eine
legitime Machtbeziehung (Quelle: elterliches Sorgerecht). Aber auch
in anderen Beziehungen kann die «reine» Reziprozitätsnorm nicht
jederzeit realisiert werden: «Die Reziprozitätsnorm kann freilich
nicht vollständig in Beziehungen zu Kindern, älteren Leuten oder
geistig und physisch Behinderten angewendet werden, und der theoretische Schluss ist zulässig, dass sich ihnen gegenüber andere,
grundsätzlich verschiedene Arten normativer Orientierung im moralischen Code entwickeln werden.» [3]

Hinsichtlich der Eltern-Kind-Beziehung darf angenommen werden,
dass die Reziprozität asynchron, «über die Zeit», im Rahmen des
Generationenvertrags, eingelöst wird: Wenn Kinder für ihre betagten
und pflegebedürftigen Eltern sorgen, erfüllen sie Erwartungen, wie
sie – weitere Motive nicht ausgeschlossen – aus der Reziprozitätsnorm abgeleitet werden können.

Komplementär (ergänzend) können Beziehungen gestaltet werden,
indem das Kriterium der *Gleichwertigkeit* durch Interaktionen über
andersartige Tauschdimensionen realisiert wird: Die Interessen, das
Wissen und das lebendige Erzählen des Partners faszinieren den
anderen, er hört zu und er profitiert davon; dies stellt für ihn eine
Bereicherung hinsichtlich Erleben und Wissen (E/M) dar. Durch Planen und Organisieren von regelmässigen Einladungen, durch Besu-
che von Veranstaltungen und Ausflügen leistet er andersartige Beiträge, die vom ersteren sehr geschätzt werden, u.a. durch Entlastung von konkreten Aufgaben (A). Im Weiteren können die

2
Der Symmetriebegriff wird
unterschiedlich verwendet,
u. a. auch für die Bewertung
einzelner Interaktionen im
Beratungsgespräch. –
Vgl. auch Delhees, 1994:316 f.

3
Vgl. Gouldner, 1984:118.

189

Interaktionsdichte – deren *Frequenz* und jeweilige *Dauer* – Qualitäts-
merkmale von Beziehungen sein. **4**

Eine Beziehung mit jemandem, der kein Interesse zeigt und sich
nicht artikulieren kann, wird für das Gegenüber bald langweilig. Kein
Geld haben erschwert den Bestand einer Beziehung mit jemandem,
der immer bezahlen soll/muss. Eine Diskussion mit jemandem, der
nur ästhetisch-emotional reagieren bzw. agieren kann, ist für denjenigen, der sich einem Thema auch kognitiv und argumentativ nähern
möchte, bald unergiebig – die beiden reden buchstäblich aneinander
vorbei (unterschiedliche Erlebensmodi). Folglich kann eine Austauschbeziehung auf Dauer nur dann aufrechterhalten werden, wenn
die Beteiligten einander etwas zu geben haben (von Erscheinungen
wie etwa einer «folie à deux» sei einmal abgesehen).

4

Hier werden die Voraussetzungen für dauerhafte Tauschbeziehungen erläutert. Ich
ignoriere nicht, dass es
Beziehungen gibt, die über
Jahrzehnte einseitig und/oder
ungleichwertig verlaufen und
sich – systemtheoretisch
betrachtet – in einem «problematischen» Gleichgewicht
befinden.

5

Vgl. Forgas, 1995: 182 f.;
Buunk, 1996[3]:373 f.;
Manz, 1997[4]:154 f. (dyadische
Interaktion).

2. Soziabilität und Attraktivität

Mit dem Austauschpotenzial (vgl. C 6.) sind auch zwei Voraussetzungen zur Aufnahme und Pflege von Beziehungen und damit der Mitgliedschaft in sozialen Systemen angesprochen. Beide stehen in
engem Zusammenhang, nämlich

1. die *Soziabilität* als Aspekt der individuellen Ausstattung, als das
   Bedürfnis und Streben nach Beziehungen (Affiliation), die Motivation und die Fähigkeiten, dazu die Initiative zu ergreifen und
   einen eigenständigen Beitrag zu deren Gestaltung zu leisten;
2. die *Attraktivität* als der Grad der Anziehung, die ein Individuum
   durch seine Ausstattung auf andere ausübt. **5**

Das Austauschpotenzial ist das Ergebnis der Einschätzung der Soziabilität, der sozialen Kompetenz und der Attraktivität, die sich als
«Gesamtbild» aus den individuellen Eigenschaften ergibt. So
betrachtet kann allein die individuelle Ausstattung die Ursache dafür
bilden, dass «Beziehungsprobleme» entstehen, z. B. aufgrund nicht
erfüllter Erwartungen und damit entsprechender Enttäuschungen.
*Solche «Beziehungsprobleme» sind soziale Probleme im Sinne von
Interaktionsproblemen.* Massgebend für das Zustandekommen und
Bestehen einer *Wahlbeziehung* sind einerseits Präferenzen des einen
Akteurs (Was möchte ich von dir?) und die Ausstattung eines ande-

ren Akteurs mit Ressourcen (Was habe ich, das ich dir geben kann?). Beide Aspekte können im Rahmen derselben Beziehungsanalyse bedeutsam sein: Jemand kann Beziehungsprobleme haben, weil er zu viel oder das Falsche von jemand anderem erwartet; ein anderer kann Beziehungsprobleme haben, weil er nicht das anbieten kann, was der andere wünscht. Im Rahmen von «horizontalen», formalen *Zwangsbeziehungen* ist der Gestaltungsraum weitgehend vorbestimmt: Schülerin und Schüler derselben Schulklasse haben sich nicht wählen können. Sie sehen sich den Normen der Lehrerin gegenüber, die die formelle Beziehung zwischen ihnen gestalten. Bei gegenseitig positiv bewerteter Attraktivität bleibt ihnen die Möglichkeit, ausserhalb der Schule eine *informelle* Wahlbeziehung (vgl. D 2.3.2) zu pflegen.

Die im Kapitel C erfassten und beschriebenen Eigenschaften des Individuums (mittels der vier Ausstattungsdimensionen der SDF) werden mit Blick auf Austauschbeziehungen zu Austauschmedien (vgl. Abb. 31). Der Körper, die ökonomischen Güter, das Wissen und Erleben und die Handlungskompetenzen dienen Tauschhandlungen zwischen mindestens zwei Individuen. Die sich entsprechenden Dimensionen der Beteiligten werden in einem Austauschverhältnis miteinander «in Beziehung» gesetzt (Ui mit Ui; Ue mit Ue; E/M mit E/M; A mit A).

Wissen, Denken und Fühlen

Ideen, Interessen, Werte u.a.

> symbolische Güter bzw. Erlebensmodi

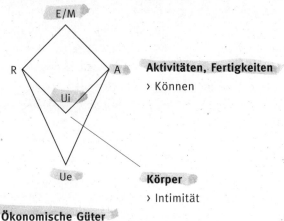

Aktivitäten, Fertigkeiten

> Können

Körper

> Intimität

Ökonomische Güter

> Einkommen, Vermögen,
Sachen, Zeit

(R ist kein Tauschmedium)

3. Austausch als Abbildung horizontaler Interaktionen

Abb. 32 zeigt die Ideal-Konfiguration eines horizontal strukturierten
sozialen Systems, das durch (mindestens) zwei Individuen gebildet
wird. Die horizontalen Verbindungen symbolisieren *mögliche Interaktionen* zwischen den Komponenten der beteiligten Personen. *Sie
zeigen die vier möglichen Arten des Austauschs* auf; sie werden hier

Abb. 32
Die Austauschbeziehung

(über R besteht kein
Austausch)

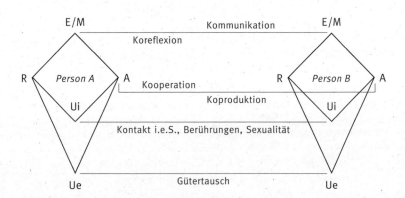

Kommunikation/Koreflexion, Kooperation/Koproduktion, Gütertausch und Kontakte/körperliche Beziehungen genannt.

Die Arten des Austauschs (Interaktionen) lassen sich wie folgt beschreiben:

E/M ‹–› E/M = Koreflexion/Kommunikation: **6** Damit wird der Informationsaustausch beschrieben. Im Sinne eines verbreiteten und umfassenderen Verständnisses von Kommunikation sind daran Wissen, kognitive, normative und affektive Prozesse und zusätzlich ihr psychomotorischer Ausdruck beteiligt. Mit Hilfe der Sprache, stimmlich getragen, begleitet von Mimik, Gestik, Augenkontakt und Körperhaltung, können Informationen im Rahmen von «Face-to-face»-Begegnungen transportiert werden. Während des Telefongesprächs fallen Mimik, Gestik, Augenkontakt und Körperhaltung weg, nicht aber die Stimme. Im Informationsaustausch durch E-Mail oder per Fax beschränken sich unsere Wahrnehmungen auf mehr oder weniger sachliche Inhalte, Stil, Syntax und Grammatik. **7** Praxisrelevant ist, *wie* Individuen bestimmte Informationen «empfangen» bzw. argumentativ «aufbereiten», über den Inhalt streiten, ihre Meinungen begründen, ihre Erfahrungen mehr oder weniger emotional wiedergeben oder einen Sachverhalt in verärgertem Ton behaupten.

Die Unterscheidung zwischen E/... und .../M macht auf den Unterschied zwischen *Kommunikation als Austausch von Inhalten* (Was sagt jemand dem anderen?) *und Koreflexion als die den Inhalt analysierende, strukturierende, synthetisierende und bewertende Form des Austausches von Inhalten* aufmerksam. Es zeigt sich, dass Kommunikationen nach a) Inhalt und Sprache (M) und b) nach der «Transport»-Form unterschieden werden können (E); Letztere etwa 1. nach ihrer kognitiven Struktur, Plausibilität der Argumente u.a., 2. nach ihrem emotionalen Gehalt und 3. nach ihrem psychomotorischen Ausdruck mittels Stimme (Ui), Mimik und Gestik (A). **8** Diese Differenzierung dient dazu, besser zu verstehen, gezielt nachfragen zu können, woran Menschen, die etwas sagen möchten und etwas zu sagen hätten, scheitern.

Kommunikation kann danach befragt werden, ob die Beteiligten eher normative, kognitive oder ästhetisch-emotionale Austauschmuster bevorzugen. Zum Thema A kann sich jemand stets sachlich und ruhig

6
Vorauszuschicken ist, dass der Begriff «Kommunikation» fast inflationär verwendet wird. War damit ursprünglich lediglich der *Austausch von Informationen* gemeint, werden mit Kommunikation – vor allem in Wirtschaft und Politik – der Inhalt, aber noch stärker die Form im Sinne von Rhetorik und Auftreten zusammengefasst. Der «kommunikative Typ» ist redegewandt, weiss seine ZuhörerInnen zu fesseln, wirkt sympathisch, wenn möglich verfügt er über Charisma und wirkt damit glaubhaft – und letztlich überzeugend. Oft ist jedoch die Form wirksamer als der Inhalt.

7
Zu nonverbaler Kommunikation, vgl. Forgas, 1995[1]:126 f.

8
Stroebe/Hewstone/Stephenson (Hrsg.) definieren «Ausdruck» wie folgt: «Durch Muskelinnervationen hervorgerufene Veränderungen im Gesicht, den Stimmorganen, den Armen und Händen sowie der Skelettmuskulatur im allgemeinen, die mit dem inneren Zustand des Organismus in Verbindung stehen, somit Hinweise für den jeweiligen Zustand darstellen und daher kommunikativen Zwecken dienen können. Infolgedessen wird Ausdruck oft manipuliert, um die angemessenen Signale bei einer sozialen Interaktion hervorzurufen» (1996[3]:620).

äussern, die Mitteilung zum Thema B wird jedoch begleitet von aggressiven Untertönen, rotem Kopf und fuchtelnden Händen (Thema der verbalen und averbalen Kongruenz) (vgl. Kap. C, S. 111 f.). Weitere Fragen zu diesen Interaktionen sind etwa: Worüber informiert wer wen? Wer informiert wen worüber nicht? Wer hat welche Geheimnisse? Verstehen beide, was sie einander sagen? Oder auf der Ebene der Teamarbeit: Wieweit teilen wir dasselbe professionelle Wissen, dieselben Werte und Normen beruflichen Handelns? Und im Quartier: Wieweit entsprechen sich die Vorstellungen der Mitglieder von Initiativgruppen über die Vorkehrungen, die für eine bessere Integration der arbeitslosen Jugendlichen unternommen werden sollten? Wie teilen sie einander ihre Vorstellungen mit? Sind die oft aggressiven Jugendlichen auch zur *Metakommunikation* fähig, d. h., gelingt es ihnen, über ihre Beziehungen offen zu sprechen – verfügen sie über ein gemeinsames Verständnis, wie ein schwieriges Gespräch fair gestaltet werden kann? Ist den Beteiligten bewusst, dass Wissen in jeglicher Form ein Gut ist, das sie weitergeben, mit anderen teilen können – und immer noch darüber verfügen? Wir wissen alle, dass Wissen Macht bedeutet – aber diese zu teilen fällt vielen Menschen schwer. Ein Hinweis: Im kommunikativen Austausch gelangt in Ausschnitten das zum Tragen, was Kultur ausmacht: Allgemein zugängliches Wissen, Werte und Normen, Sprache.

Die im folgenden beschriebenen Interaktionen erfordern Kommunikation; Informationsaustausch ist je Voraussetzung.

Ue ‹–› Ue = Gütertausch: Hier erfolgen Interaktionen in Form von *Gütertausch und Güterteilung.* Sozioökonomische Güter wie Geld, Gegenstände, Wohnanteil, «AutoTeilet» (mehrere Parteien nutzen ein Auto). Aber auch Zeit als individuelles Gut wird hier berücksichtigt – wer widmet wem wieviel davon? Im weiteren kann hier eine Aussage über den gemeinsamen Aufenthaltsort gemacht werden (territoriale Kriterien, aber auch räumliche wie gemeinsame Wohnung, Arbeitsplatz in der gleichen Werkhalle u. ä.).

A ‹–› A = Kooperation/Koproduktion: Der unter E/M ‹–› E/M beschriebene Austausch von Inhalten kann als «Face-to-face»-Interaktion in Form eines Gesprächs erfolgen. Das Gespräch ist eine gemeinsame Aktivität. Wir können im Weiteren etwa fragen: Was tun sie und er zusammen (funktionale Differenzierung)? Wie kooperieren sie im Alltag, in der Freizeit? Wie verläuft die kollegiale Zusammenarbeit in einem Team? Wer trägt mit welchen Fertigkeiten zum Gesamtprodukt bei? Wer leitet die Sitzung, wer schreibt das Protokoll? Wer spricht, wer schweigt und «spricht averbal» – wiederum mit Bezug zu Themen gemäss E/M? Wie werden die Zuständigkeiten im Rahmen von Arbeitsteilungen, etwa bezogen auf verschiedene Aufgaben der Haushaltführung, umgesetzt?

Ui ‹–› Ui = *Körperlicher Austausch, Kontakt, sexuelle Beziehung:* Der Körper ist ein Medium, das für die Gestaltung von Beziehungen eingesetzt werden kann. Im etymologisch engeren Sinne geht es vorerst um Kontakte (lat. contingere, «berühren»), darüber hinaus um Berührungen unterschiedlicher Intensität und Intimität wie Zärtlichkeiten und Sexualverkehr. Solche Formen des Austausches sind allein über Ui ‹–› Ui nicht möglich; sie sind immer mit Kommunikation und Handlungen verknüpft – also sind hier ebenfalls die Interaktionen über E/M ‹–› E/M und A ‹–› A einzubeziehen. Mit anderen Worten: Das Medium «Körper» kann in Austauschhandlungen eingebracht werden. Eine Umarmung zweier Verliebter ist eine Aktivität mit direkter Berührung. Oder die im Streitgespräch sichtbare körperliche Abwendung der Partner voneinander – Oberkörper zur Seite gewandt, Kopf halb seitlich gedreht und Augenkontakt meidend (A) – können wir als nonverbale Mitteilung mittels des Mediums «Körper» verstehen, als Ausdruck der Körpersprache.

(Hinweis: Zwischen R des einen und R des anderen Indivivuums gibt es keinen Austausch – R ist kein Tauschmedium).

Die Unterscheidung der soeben beschriebenen Arten bzw. Formen von Interaktionen unterstützt die differenzierte Analyse des Beziehungsgeschehens. Alltagssprachliche, oft metaphorische Aussagen beschreiben Beziehungen in der Regel sehr allgemein: «Die beiden wissen nicht mehr, wie sie miteinander umgehen sollen», «Herr und Frau X. pflegen eine intensive Beziehung», «Unsere Beziehung stimmt nicht mehr für mich» oder «Die Beziehung zwischen Eva und Bert ist gespannt». Es ist ein Unterschied, ob sich der Konflikt daran entzündet, dass sie sagt: «Ich finde deine Ansichten schlicht und einfach blöd», oder ob sie sagt: «Die Art und Weise, wie du dies gesagt hast, verbitte ich mir in Zukunft!» Die erste Aussage bezieht sich auf *Inhalte*, die zweite auf die *Form* von Mitteilungen. Das Wis-

9

Vgl. Watzlawick/Beavin/Jackson,1985[7]:92 f.

10

Grundsätzlich stellt sich die Frage, wer denn letztlich den Grad an Gegenseitigkeit, Gleichwertigkeit und damit die Symmetrie des Austausches bewertet – die Klienten, der Sozialarbeiter und Sozialpädagoge oder Dritte wie etwa Mitglieder von Behörden? Grundsätzlich stehen die Einschätzungen der Klienten im Vordergrund und sind für Art und Ausmass professioneller Intervention massgebend. Dennoch dürften alle Praktikerinnen und Praktiker Beziehungen kennen, die die Beteiligten als «in Ordnung» bezeichnen, die jedoch offensichtlich zu Lasten mindestens eines bzw. einer Beteiligten gehen. Die Gründe, die verschiedensten Motive von Menschen, ihr Leiden in der Beziehung nicht zu beklagen, es zu ertragen, zu verleugnen usw., können hier nicht behandelt werden. Grenzen der für die Zusammenarbeit massgeblichen Selbsteinschätzung zeigen sich in der Arbeit mit Psychischkranken oder im Zusammenhang mit Gewalt gegenüber und sexuellem Missbrauch von Kindern, wenn Eltern solches Handeln bestreiten, die Reaktionen des Kindes jedoch den Verdacht stützen.

11

Immer auch unter Berücksichtigung der Arbeiten von Buunk (1996[3]:363 f.) und Forgas (1995[3]:182 f.).

sen um die vier Relationen bzw. Interaktionsarten stellt einen *Code dar, der ein gezieltes Beobachten von Interaktionen, konkretes Fragen und bewussteres Zuhören erlaubt.*

Wir sprechen von *Austauschmustern,* wenn sich Interaktionen im Rahmen einer längeren Beziehung durch Regelmässigkeiten hinsichtlich Situation, Thema, Form, Häufigkeit und Effekt auszeichnen. Zu erwähnen ist etwa das Austauschmuster, das Watzlawick/Beavin/Jackson als «Interpunktion» bezeichnet haben. **9** Weitere Beispiele:

Beim Thema «Haushaltsgeld» erweist sich der Partner als «schwerhörig»; sie muss ihre Fragen und Begründungen für eine Erhöhung wiederholen. Fragt die Partnerin jeweils nach dem Tagesverlauf ihres Partners, muss sie sich mit einer knappen, eher missmutigen kurzen Antwort zufrieden geben, die sie als «Ach, lass' doch die Fragen, ich will meine Ruhe haben!» deutet. Zum Austauschmuster gehört dann, dass sie nicht mehr nachfrägt. Oder in einem Team lehnt sich immer derselbe Kollege im Stuhl zurück, den Blick nach unten, wenn es um die Zuteilung eines anspruchsvollen «Auftrags mit Berichterstattung» geht, und dies solange, bis eine andere Kollegin den Auftrag angenommen hat.

Zusammenfassend: **10** *Austauschprobleme als soziale Interaktionsprobleme* bestehen dann, **11** wenn Individuen ...

- unfreiwillig – aufgrund negativer Erfahrungen u.a. – sozial isoliert leben und darunter leiden;
- viele, jedoch nicht «tragende» Beziehungen haben (überall «Freunde» haben, die sich offensichtlich nicht um sie kümmern);
- anhaltende Einseitigkeit und/oder Ungleichwertigkeit zwischen «Geben und Nehmen» von Tauschgütern reklamieren (Austauschpotenziale sind unterschiedlich oder fehlen; evtl. auch ein Positionsproblem);
- gewisse Austauschmuster – Form und Inhalt regelmässiger Interaktionen – als nicht bedürfnisgerecht, nicht funktional, als belastend einschätzen («Kommunikationsspiele»);
- gewisse oder alle Austauschregeln ändern möchten, aber nicht wissen, wie (praktisches soziales Problem);
- das Fehlen legitimierter Austauschregeln und entsprechende Unsicherheiten in der situativen Gestaltung der Interaktionen beklagen (kulturelle Krise des sozialen Systems, z. B. Anomie);

- äussere Umstände, fehlende externe Ressourcen u.a. die Struktur des sozialen Systems auf Dauer destabilisieren oder regelmässige Interaktionen ganz verunmöglichen (z. B. Schichtarbeit der Partner; beruflich bedingte längere Abwesenheiten);
- der bisherige Nutzen der Beziehung nicht mehr aktuellen Bedürfnissen und Wünschen entspricht.

Das Vorhandensein von *Austauschressourcen* darf dann vermutet werden, wenn die Mitglieder des sozialen Gebildes

- Gegenseitigkeit und Gleichwertigkeit des Austausches und damit auf Dauer eine symmetrische Beziehung bestätigen (Austauschpotenziale sind befriedigend);
- sich auf Austauschmuster geeinigt haben und in der Lage sind, diese wenn nötig gemeinsam zu ändern (positiv bewertete Systemkultur);
- in äusseren Umständen leben, über Ressourcen verfügen, die sie in der konkreten Ausgestaltung ihrer Beziehung unterstützen (äussere Bedingungen der Systemstabilität);
- aufgrund der genannten Umstände ihnen wichtige Bedürfnisse innerhalb der Beziehung befriedigen können.

Hr. Meier klagt täglich über seine unbefriedigende Arbeitssituation, seine Frau meint, er müsse sich wehren, sonst sei er selber schuld. Sie macht ihm Vorwürfe wegen der Schulden. Er reagiert darauf gekränkt und verbal aggressiv, obwohl seine Grundstimmung bedrückt ist.

Abb. 33
Beziehung zwischen Herrn und Frau Meier vor der Scheidung (Aussagen von Herrn Meier)

Einziges Thema ist die Frage nach der Fortsetzung der Ehe. Hr. Meier will nicht in die Therapie.

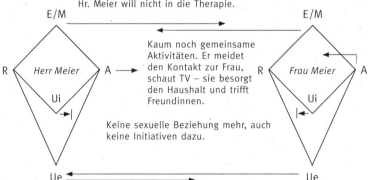

Kaum noch gemeinsame Aktivitäten. Er meidet den Kontakt zur Frau, schaut TV – sie besorgt den Haushalt und trifft Freundinnen.

Keine sexuelle Beziehung mehr, auch keine Initiativen dazu.

Frau Meier verwendet die Hälfte ihres Einkommens aus ihrer Teilzeitbeschäftigung für die Tilgung der Schulden ihres Mannes. Um seinen Anteil bittet sie ihn jeweils.

Sie besorgt den Haushalt, wäscht und kocht.

Tab. 4
Beziehung zwischen Herrn und Frau Meier vor der Scheidung (Aussagen von Herrn Meier)

Herr Meier Austauschmedien	Beschreibung der Interaktionen bzw. der Austauschmuster	Frau Meier Austauschmedien	Anmerkungen der Sozialarbeiterin
Wissen (.../M)	Erzählen sich praktisch nichts mehr von sich aus. Wohl unternimmt Frau Meier Versuche, etwas zu erzählen oder zu fragen, sie stösst jedoch auf «taube Ohren». Thema ist ab und zu die Frage nach dem Sinn oder Unsinn, ihre Ehe weiterzuführen. Frau Meier schlägt die Konsultation eines Eheberaters vor, Herr Meier findet das unnötig («Bringt eh nichts»). Frau Meier fordert von Herrn Meier, dass er mitkommt. Er lehnt ab («mit mir nie!»). Sie wirft ihm die Schulden vor.	Wissen (.../M)	*Sie hat Lösungsideen, er trägt zur Lösung der Krise keine Idee bei.*
Erlebensmodi (E/...)	Frau Meier formuliert mit Nachdruck, jedoch mit immer weniger Emotionen, was ihr ein Anliegen ist (Eheberatung). Sie resigniert zunehmend. Herr Meier ist zunehmend verschlossener und wortkarg. Längere Aussagen über ein «Ohne mich» oder «Vergiss' es!» hinaus macht er kaum noch. Gleichzeitig ist er aber offensichtlich bedrückt, hilflos, erduldend.	Erlebensmodi (E/...)	*Es scheint, dass Herr Meier nicht in der Lage ist, seine Ängste vor einer Trennung zu artikulieren; bleibt Verweigerung sein einziges Machtmittel!?*
Handeln (A)	Herr Meier zieht sich immer mehr zurück, meidet die Kontakte zu seiner Frau durch häufigere Abwesenheit, spätes Nachhausekommen. Frau Meier ist anfänglich aktiv, kocht für ihn, gibt jedoch dann auf, als sich seine nicht angekündigten Abwesenheiten häufen. Gemeinsame Aktivitäten gibt es nicht mehr; beide beschäftigen sich auf je eigene Art und Weise.	Handeln (A)	

	Sozioökon. und soziokult. Güter (Ue)	Sozioökon. und soziokult. Güter (Ue)
Sozioökon. und soziokult. Güter (Ue)	Frau Meier besorgt den Haushalt, wäscht und kocht. Verwendet die Hälfte ihres Einkommens aus ihrer Teilzeitbeschäftigung für die Tilgung der Schulden ihres Mannes. Herr Meier gibt ihr immer weniger Geld, sie muss darum bitten.	*Es zeichnet sich eine zunehmende Abhängigkeit von Frau Meier von ihrem Mann ab (Machtaspekt).*
Körper (Ui)	Seit mindestens einem halben Jahr pflegen Herr und Frau Meier keine sexuellen Beziehungen mehr. Auch Zärtlichkeiten (z.B. Abschiedskuss) bleiben aus. Es ergreift auch niemand mehr die Initiative.	Körper (Ui)

Gesamtbeurteilung (Gegenseitigkeit, Gleichwertigkeit) –> Grad und Qualität der «Vernetzung» durch reale Beziehungen – Klarheit und Akzeptanz von Austauschregeln u.a.

Erste Hypothesen

Hr. Meier: Angesichts seiner Arbeitslosigkeit sei er ausserstande gewesen, seiner Frau «vollwertig» zu begegnen. Er habe sich zurückgezogen, weil er sich als Versager erlebt habe, obwohl er die Schuld für seine Situation auch bei Aussenstehenden sehe.

Sozialarbeiterin: Durch die Arbeitslosigkeit hat sich das Austauschpotential von Herrn Meier massiv verschlechtert. Seine Rolle als Ernährer wurde bedroht, weil er der Schulden wegen über immer weniger Mittel verfügte. Seine Frau könnte sich unter diesen Bedingungen ausgenützt gefühlt haben, umso mehr als sie zur Schuldentilgung beiträgt und er sich in dieser Hinsicht «undankbar» zeigte.

Vorläufige Bewertung der Beziehung durch die Sozialarbeiterin:

Über das Thema der Eheberatung erfolgt noch ein Austausch, der jedoch ungleichwertig verläuft (Frau Meier formuliert ein Begehren, darauf folgen nur schroffe Absagen). Hinsichtlich der gemeinsamen Aktivitäten und der sexuellen Kontakte erfolgen kaum noch Interaktionen. Im sozioökonomischen Bereich zeichnet sich ein «Kippen» in eine Abhängigkeit von Frau Meier von ihrem Mann ab. Die Beziehung zwischen Frau und Herrn Meier ist ausgeprägt asymmetrisch bzw. in wichtigen Bereichen kann nicht mehr von einer Beziehung gesprochen werden.

4. Illustrationen zu Austauschbeziehungen

Zum Abschluss dieses Kapitels werden vier Variationen von Austauschbeziehungen bzw. deren Interaktionen beschrieben, nicht das Ehepaar Meier betreffend, sondern fiktive Beziehungen zwischen zwei Individuen. Sie illustrieren, dass das Kriterium der Gegenseitigkeit nicht nur dann erfüllt ist, wenn alle vier Interaktionsdimensionen je «hin und her» genutzt werden; Gegenseitigkeit kann auch a) über lediglich eine, zwei oder drei Austauschdimensionen und b) *komplementär* bestehen. Es ist vorerst an den Beteiligten, sofern sie Gegenseitigkeit im Grundsatz bestätigen, diese auch als letztlich gleichwertig zu bewerten. In diesem Fall wäre das Kriterium der Symmetrie erfüllt. Im übrigen sind eine Vielzahl weiterer Varianten denkbar.

Abb. 34
Paarbeziehung: Drei Austauschdimensionen zeichnen sich durch gegenseitige Interaktionen aus, über die vierte bestehen keine mehr.

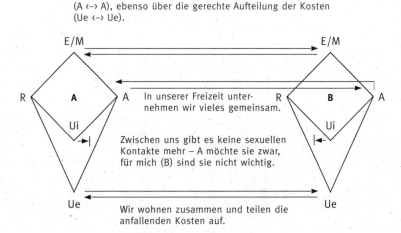

Wir können uns über gemeinsame Aktivitäten einigen (A ‹→› A), ebenso über die gerechte Aufteilung der Kosten (Ue ‹→› Ue).

In unserer Freizeit unternehmen wir vieles gemeinsam.

Zwischen uns gibt es keine sexuellen Kontakte mehr – A möchte sie zwar, für mich (B) sind sie nicht wichtig.

Wir wohnen zusammen und teilen die anfallenden Kosten auf.

Kommentar: Die Austauschbeziehung ist über drei Interaktionsarten hinweg gegenseitig (dieses Kriterium ist objektivierbar), ob sie gleichwertig ist, darüber müssten in erster Linie die Beteiligten befragt werden – die Frage der Gleichwertigkeit oder Ungleichwertigkeit bedarf einer Bewertung – und den Schluss, ob es sich um eine symmetrische oder asymmetrische Beziehung handelt.

Ich erzähle von meiner Arbeit, interessiere mich für Politik,
lese viel ..., aber B hört wohl zu, kann aber nichts beitragen,
– interessiert sich letztlich nur für Sport.

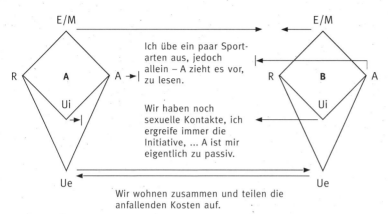

Ich übe ein paar Sport-
arten aus, jedoch
allein – A zieht es vor,
zu lesen.

Wir haben noch
sexuelle Kontakte, ich
ergreife immer die
Initiative, ... A ist mir
eigentlich zu passiv.

Wir wohnen zusammen und teilen die
anfallenden Kosten auf.

Abb. 35
Paarbeziehung: Über zwei
Dimensionen gegenseitiger
Austausch, eine weitere
ist von geringer Bedeutung,
die vierte entbehrt der
Gemeinsamkeit

Kommentar: Über zwei Dimensionen verlaufen die Interaktionen
offenbar gegenseitig. Bezüglich gemeinsamer Aktivitäten gehen die
Beteiligten je ihre eigenen Wege. Informationsaustausch scheint auf
die «Zweckgemeinschaft» beschränkt. Es gibt demnach zum Teil
Gegenseitigkeit, insgesamt darf man letztlich Gleichwertigkeit ver-
muten (dies müsste durch Befragen der Beteiligten überprüft werden
– und wiederum im Hinblick auf die «Bilanz» im Sinne von Symmetrie oder Asymmetrie).

Wir haben einander nicht mehr viel zu sagen ..., ausser
über die Kostenteilung des gemeinsamen Wohnens – das ist
praktisch und bewährt sich. Unsere sexuelle Beziehung ist
uns beiden jedoch wichtig.

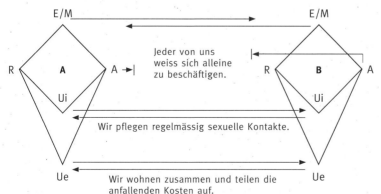

Jeder von uns
weiss sich alleine
zu beschäftigen.

Wir pflegen regelmässig sexuelle Kontakte.

Wir wohnen zusammen und teilen die
anfallenden Kosten auf.

Abb. 36
Paarbeziehung: Gegen-
seitige Interaktionen über
eine Austauschdimension,
über zwei weitere bestehen
teilweise komplementäre
Interaktionen, Aktivitäten
werden individuell getätigt

Kommentar: Die «Zweckgemeinschaft» funktioniert – das Wohnen wird geteilt (gegenseitig und gleichwertig), es wird noch etwas Intimität gelebt. Sonstige gemeinsame Aktivitäten sind kaum noch auszumachen. Auch hier gilt: Die Beteilligten müssten sich insgesamt zur «Gleichwertigkeit/Ungleichwertigkeit» und damit zu Aspekten von Symmetrie oder Asymmetrie äussern.

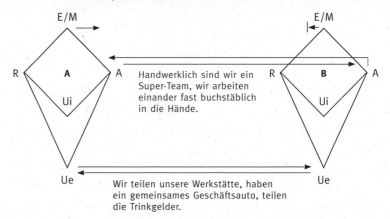

Ich (A) habe praktisch immer die guten Ideen, schlage das passende Vorgehen vor ... mein Kollege (B) lässt mich nachdenken, denkt nicht mit, wartet auf meine Aufforderung, dies oder jenes zu tun.

Handwerklich sind wir ein Super-Team, wir arbeiten einander fast buchstäblich in die Hände.

Wir teilen unsere Werkstätte, haben ein gemeinsames Geschäftsauto, teilen die Trinkgelder.

Kommentar: Als Kollegen pflegen beide das gemeinsame Gut «Werkstatt» und sind sowohl kooperativ wie koproduktiv. Der eine (A) dominiert hinsichtlich der Ideen und Realisierungsvarianten (könnte auch als Modellmacht gedeutet werden – B müsste gefragt werden, wie er die diesbezügliche Überlegenheit von A erlebt); beide können danach befragt werden, ob sie die Beziehung über die Zeit als symmetrisch oder eher asymmetrisch einschätzen.

Wir fassen zusammen: *Das Austauschpotenzial der Beteiligten kann sich durch Art und Häufigkeit der Interaktionen zwischen ihnen verändern,* weil sich auch ihre Eigenschaften verändern können (vgl. S. 129 f.). Infolge ihrer kausalen bzw. systemischen Wirkungen auf Komponenten und Gesamtsystem beeinflussen die faktischen Interaktionen auch die Struktur der jeweiligen sozialen Systeme, deren Komponenten die Beteilligten sind. Verlaufen diese Effekte nicht den Erwartungen entsprechend, sieht sich das betreffende Individuum mit einem sozialen Problem konfrontiert, mit dem praktischen Problem, auf das System, dessen Mitglied es ist, nicht im erwünschter Weise Einfluss nehmen zu können.

F Machtbeziehungen – idealtypisch vertikal strukturierte soziale Systeme

1. Einführung

Als Leserin oder Leser teilen Sie Ihre Ambivalenz und ihr Unbehagen gegenüber dem Thema «Macht» wahrscheinlich mit vielen Kolleginnen und Kollegen. Konfrontiert mit den vielfältigen Formen und Folgen von Machtmissbrauch und Ohnmacht erkennen Sie gleichzeitig, dass Sie ihren Auftrag nur erfüllen können, wenn Sie ihre Macht – als Einzelne wie gemeinsam als Profession – nutzen.

Macht und Ohnmacht sind alltägliche Realität Sozialer Arbeit. Das Thema «Macht» nimmt in den Arbeiten von Staub-Bernasconi – verknüpft mit der Frage der Menschenrechte – den wohl breitesten Raum ein.

«Idealtypische» Machtbeziehungen zeichnen sich aus durch eine vertikale Positions- und Interaktionsstruktur; die soziale Position der einen Akteure ist als ein «Oben», diejenige der anderen als ein «Unten» auszumachen. Der Rollenstatus der Beteiligten ist unterschiedlich. Machtbeziehungen sind sowohl Ergebnis wie Voraussetzung sozialer Chancen im Sinne von Mitgliedschaften, von Teilhabe an ökonomischen und symbolischen Gütern und damit bestimmend für den Grad an sozialer Integration. Aussagen über den (Rollen-) Status von Individuen implizieren Aussagen über ihren strukturellen Ort innerhalb von sozialen Systemen. Aussagen über die Art, Häufigkeit und Dauer der Teilnahme von Individuen am Interaktionsgeschehen zwischen ihnen und anderen Individuen können auf Art und Intensität ihrer Einbettung in soziale Systeme hinweisen. Adressatinnen Sozialer Arbeit verfügen oft (aber keinesfalls immer) über eine prekäre Statuskonfiguration, die *strukturelle Abhängigkeiten und oft auch sozialen Ausschluss aus ihnen wichtigen Mitgliedschaften oder zumindest Gefährdung derselben bedeuten*. Die Manifestation solcher sozialer Probleme sind wahrscheinlicher als beim «Durchschnitt» der Bevölkerung. Aufgrund des Mangels an machthaltigen Gütern ist ihnen die Bedürfnisbefriedigung erschwert, die Unmöglichkeit, auf Beziehungen wirksam Einfluss zu nehmen, und fehlendes Prestige zeichnen ihre Lebenssituation aus: sie leiden unter sozialen Problemen im Sinne von Positions- und Interaktionsproblemen (s. Kap. B, 2.4.4). Darin liegt das Interesse der Sozialen Arbeit am Machtthema begründet: im Wissen darum, *dass soziale Probleme im Sinne von Positions- und Interaktionsproblemen in den meisten Fällen als «Machtprobleme» zu Ungunsten der Adressaten Sozialer Arbeit verstanden werden müssen.*

«Macht», «Herrschaft» und «Gewalt» sind Begriffe, die mit Politik und Wirtschaft, aber auch mit privaten Beziehungen verknüpft sind. Sie sind ideologisch «belastet». Die Publikationen zu Macht, Herrschaft und Gewalt sind kaum zu überblicken; politische, sozialphilosophische, soziologische, sozialpsychologische und pädagogische Abhandlungen beschäftigen sich mit diesen Themen. [1] Angesichts der Komplexität, die hinter dem manchmal inflationären Alltagsgebrauch dieser Begriffe steht, wird im Folgenden ein Konzentrat herausgearbeitet, das die Ausgangsposition des Autors wiedergibt.

Macht

Macht bedeutet *Kontrolle über knappe Güter* im Sinne von Ressourcen für das Erreichen von Zielen. Macht ist das Vermögen eines individuellen oder sozialen Akteurs, ein gewünschtes Gut in seinen Besitz zu bringen und/oder es in einer selbstbestimmten Weise zu benutzen, zu verändern oder Dritten zu überlassen, z. B. mit der Verpflichtung zu einer Gegenleistung (Zins, Arbeit). Machthaltige Kontrolle wird – nach Popitz – verstanden als «Verfügungsgewalten über mehr oder minder knappe, mehr oder minder begehrte Güter» und ist in der Regel verbunden mit der Möglichkeit «der Veränderung des Verhaltens anderer in einer gewünschten Richtung». [2] Die Kontrolle über Güter kann legitim oder illegitim sein. Sie ist also nicht a priori negativ zu bewerten. Macht kennt eine *potenzielle* Form (u. a. Besitz von Geld und knapper Güter; Besetzen einer machthaltigen Position mit Entscheidungs-, Befehls-, Kontroll- und Sanktionskompetenzen). Die *aktuelle* Form ver-

1

Die Ausführungen enthalten u. a. vielfältige Hinweise von S. Staub-Bernasconi, W. Obrecht, M. Brändle. Mit Gewinn zu lesen ist das Buch «Phänomene der Macht» von Heinrich Popitz (1992²). Von hoher Anschaulichkeit ist u. a. die Schilderung über den Aufbau einer Machtstruktur. Am Beispiel einer wohlbekannten Situation auf einer Fähre formuliert er sinngemäss die machtspezifische Frage: Wem gelingt es auf welche Weise, die wenigen Liegestühle (knappes Gut!) für die Überfahrt zu nutzen, wem gelingt es nicht? Eindrücklich ist nachzuvollziehen, wie der Machtbildungsprozess die «Schiffsgesellschaft» strukturiert, wie verschiedene Gruppen von Passagieren sich in sozialen Niveaus differenzieren (vertikale Differenzierung oder Schichtbildung).

2

Vgl. Popitz, 1992²:227f.

wirklicht sich in der Interaktion zwischen Akteuren mit einem unterschiedlichen Mass an Kontrolle über die betreffenden Güter (u. a. einen Befehl erteilen; mit Geld Güter oder Dienstleistungen kaufen, Güter beschlagnahmen).

Knappheit ist das Ergebnis der Beziehung zwischen Wünschbarkeit und Verfügbarkeit, involviert wie erwähnt Akteure mit Zielen. Macht bedeutet, dass sich Akteure sowohl zu eigenen Gunsten als auch zu Gunsten der Schwächeren durchsetzen können. Auf diesen Umstand stützt sich die bekannte, weil immer wieder zitierte Machtdefinition von Max Weber: Macht bedeutet die Chance, innerhalb einer sozialen Beziehung den eigenen Willen auch gegen Widerstreben durchzusetzen, gleichviel worauf diese Chance beruht. Aus dieser Formulierung wird deutlich, dass über die Legitimität der Machtausübung noch nichts gesagt ist.

Herrschaft

Herrschaft ist *institutionalisierte Machtausübung* zwischen konkreten (Gruppen von) Akteuren. Wenn es Akteuren gelingt, innerhalb eines Interaktionsfeldes ein soziales Gebilde zu institutionalisieren, das hierarchisch und arbeitsteilig organisiert ist, dann handelt es sich um ein Herrschaftssystem: Bestimmte Akteure verfügen über Macht, das Verhalten anderer Akteure so zu steuern, dass die entstehenden Prozesse zu einer bestimmten Struktur führen, die den Herrschenden Vorteile bringt (z. B. den *Status quo* sichern, eine ungünstige Veränderung verhindern oder Veränderungen von oben ermöglichen). Herrschaftsverhältnisse zeichnen sich aus durch identifizierbare Akteure, die Befehle kraft Weisungsbefugnis erteilen und Gehorsam verlangen. Gehorsam gegenüber Befehlen – «freiwillig» oder «erzwungen» – stützt dementsprechend das Herrschaftssystem. Es geht um *Setzung, Sicherung und Durchsetzung von Normen in Bezug auf Verhalten, Denken und Werte.* Das Ziel der herrschaftlich Mächtigen ist es, den erzielten Ertrag zu kontrollieren, ihn allenfalls unter sich zu verteilen. Herrschaft kann legal und/oder legitimiert sein; Quellen der Legitimation sind etwa soziales Prestige und Autorität, die den Mächtigen zugeschrieben werden. Im Fall von legitimer Hierarchisierung basiert Autorität auf realer Kompetenz und sich daraus ergebendem Prestige und ist nicht lediglich qua Position zugeschrieben.

Herrschaftliche Kontrolle zeigt sich a) im Ergebnis der Verteilung, indem verschiedene Akteure über ein unterschiedliches Mass an Gütern verfügen, und b) in der Anordnungs-, Kontroll- und Sanktionsmacht über Menschen (Kontrollspanne). Solche einmal «errungenen» Herrschaftspositionen erlauben die Durchsetzung des eigenen Willens allenfalls auch ohne Begründung, ohne argumentatives Aushandeln, ohne Überzeugungsarbeit gegenüber den Abhängigen. Für die Letzteren entstehen dadurch praktische Abhängigkeiten, als Einschränkungen ihres Entscheidungs- und Handlungsraums, die sie als illegitim werten (soziales Positions- und/oder Interaktionsproblem).

Gewalt

Gewalt ist *eine* Möglichkeit unter anderen, Verteilung und Kontrolle von Gütern und Kontrolle über Menschen durchzusetzen bzw. Herrschaft zu sichern. Folgende Formen können unterschieden werden:

· die angedrohte und/oder reale, gezielte, direkte (Faustschlag, Messer) oder indirekte (Wurfmesser, Schusswaffe) Aktion gegenüber anderen Körpern zwecks Schädigung der Gesundheit bzw. Bedrohung des Lebens oder zwecks Aneignung von deren Gütern oder anderer Vorteile (Gewaltdelikte gegen Leib und Leben);
· der unkontrollierte Einsatz gegenüber anderen Körpern (Affekthandlung);
· der Gebrauch des körperlichen Einsatzes als Selbstverteidigung/Notwehr und
· der Einsatz von Gewaltmitteln aufgrund des Gewaltmonopols durch Polizei und Militär.

Diese Aufzählung beschränkt sich auf die *personale Gewalt* als Handlung von Menschen gegenüber dem Körper anderer Menschen. Eines eigenen Kapitels bedürften Erläuterungen zu *kollektiven Gewaltformen*, wie sie «Hooligans» ausüben, zu Bandenkriegen, zu Sachbeschädigungen anlässlich von Demonstrationen, Massenvergewaltigungen im Krieg u.a. Gewaltformen können legal/illegal bzw. legitim/illegitim sein. So muss z.B. nicht jede legale Gewaltausübung auch legitim sein; denken wir nur an die fast unvermeidlichen Diskussionen über die Angemessenheit von Polizeieinsätzen im Anschluss an «gewalttätige» Demonstrationen – über deren Legitimation bzw. Legalität jeweils ebenfalls gestritten wird.

Meiner Meinung nach schwächt ein *inflationärer Gebrauch des Begriffs «Gewalt»* dessen im Kern gesundheits- und lebensbedrohlichen und schadenstiftenden Gehalt. Es ist von «Sprachgewalt» die Rede, oder von «struktureller Gewalt» als ein begriffliches Erbe der 68er-Jahre, oder von «symbolischer Gewalt» (Werbung). Cremer-Schäfer hat Anmerkungen dazu gemacht, welche Folgen es hat, wenn wir das Vokabular «der Gewalt» in dramatisierender Absicht benutzen, um auf gesellschaftliche Probleme und Konflikte aufmerksam zu machen (1992:23–36).

Das Strafrecht kennt Tatbestände wie Nötigung, Erpressung, Drohung, mutwillige Sachbeschädigung und Zerstörung (anstelle von «Gewalt gegen Sachen») u. a. m., mit denen missbräuchliche Machtausübung bezeichnet werden kann. Deshalb ist Popitz (1992²) zuzustimmen: «Wir wollen den Begriff der Gewalt nicht dehnen und zerren, wie es üblich geworden ist. Gewalt meint eine Machtaktion, die zur absichtlichen körperlichen Verletzung anderer führt, gleichgültig, ob sie für den Agierenden ihren Sinn im Vollzug selbst hat (als blosse Aktionsmacht) oder, in Drohungen umgesetzt, zu einer dauerhaften Unterwerfung (als bindende Aktionsmacht) führen soll.» [3] Deshalb soll hier hinsichtlich Sachbeschädigungen oder Vandalismus nicht von Gewalt gesprochen werden, obwohl solche Aktionen zweifellos den Einsatz von körperlicher Kraft erfordern; solche Handlungen sind jedoch nicht gegen die Körper von Personen gerichtet (es sei denn, es werde ein Haus angezündet, in dem sich Menschen aufhalten).

Macht ist ein *Strukturierungsprinzip,* sie wirkt sowohl strukturbildend als auch -stabilisierend. Macht ist eine Quelle von Einfluss und erweitert oder beschränkt die Autonomie von Individuen bzw. von Subsystemen. Spezifische Prozesse von Machtausübung sind mehr oder weniger legale bzw. legitime, illegale bzw. illegitime, fremdbestimmende, kontrollierende und Abhängigkeit erzeugende Interaktionen zwischen Menschen. Je nach Position und Motiven (Bedürfnisse), nach verfügbaren Gütern und sozialem Kontext werden und sind Menschen innerhalb von Macht- bzw. Herrschaftsbeziehungen Subjekte oder Objekte, evtl. auch beides. Dabei ist die Situation derjenigen, die Objekte solcher Beziehungen sind, durch Fremdbestimmung gekennzeichnet; Letztere kann sich in Form von *Stress* manifestieren. [4] Stress wird umso intensiver erlebt, je einschneidender die für das Individuum wesentlichen Lebensbereiche fremdbestimmt sind und sein Handlungsraum eingeschränkt wird und je illegitimer es die Herrschaft bewertet. Aufgrund dieser individuellen Reaktion

3

Vgl. Popitz, 1992²:48.

4

Hinweis zu Kontrollbedürfnis vgl. Brändle, 1999¹⁰; Osterkamp, 1997⁴:222 f., zu Kontrolle und Hilflosigkeit vgl. Grabitz, 1997⁴:227 f.; Hewstone/Fincham, 1996¹: 206 f.

auf soziale Bedingungen, verknüpft mit der Organisation vieler in ähnlicher Weise Betroffener, kann wiederum Macht entstehen, durch solidarischen Zusammenschluss vieler Ohnmächtiger als organisierte Macht «von unten» (z. B. Streik, Revolutionen).

Macht kann zu *objektiven Einschränkungen und damit zu sozialen Behinderungen* führen. *Subjektiv* falsch gedeutete Einschränkungen wirken sich als psychische Blockierungen aus. Aus sozialpsychologischer Sicht geht es um die Frage, über welches *Kontrollkonzept* die Subjekte einer Macht- bzw. Herrschaftsbeziehung verfügen. Wir kennen sie alle, die so genannte *Selbstzensur.* Reaktionen auf Machtstrukturen und -prozesse geschehen oft im Sinne eines «vorauseilenden Gehorsams» gegenüber potenziell Mächtigen. Die Ohnmacht wird organisiert, ohne dass der Handlungsraum gegenüber kontrollierenden Akteuren ausgelotet würde; die Letzteren kalkulieren eine ohnmächtige Reaktion ein. Oft, aber nicht immer, ist es so. Einschätzungen über mögliche nachteilige Folgen des eigentlich nahe liegenden Handelns schaffen Raum für die Mächtigen – der Handlungsraum bleibt ungenutzt (Attributionen).

Beispiele: Der Verzicht auf das Ergreifen von Rechtsmitteln. Das Schweigen gegenüber den Vorgesetzten, weil es möglicherweise Auswirkungen auf die nächste Leistungsbeurteilung haben könnte. Aber auch: Welche Chancen auf ein faires Verfahren haben Klientinnen, welche sich zur Wehr setzen, lügen, nicht erscheinen, mit dem Anwalt und der Presse drohen usw.?

Bilder über gesellschaftliche Strukturen, über charismatische Persönlichkeiten und Autoritäten etwa, 5 beeinflussen unser individuelles Handeln. Soziale Bedingungen beeinflussen die psychischen; Denken, Fühlen und Handeln können besser verstanden werden, wenn die soziale Position des betreffenden Individuums berücksichtigt wird – ein Beispiel für die Angemessenheit einer transdisziplinären Analyse.

Eine *Kultur der Macht* schliesst das Wissen ein, dass es auch legale und legitime Macht gibt – und geben muss. Sie schliesst Werte ein wie *Bedürfnisse, Gerechtigkeit, Pflicht und Verantwortung.* Nicht zuletzt gehört zu einer Kultur der Macht das Wissen, dass sie von Menschen etabliert wird und – in einer Demokratie – ihre Legitima-

5
Lesenswertes zu Autorität in Form des Paternalismus ist bei Sennett zugänglich (1985:65 f.).

tion eingefordert, allenfalls widerrufen und neu festgelegt werden kann und darf. Es ist eine kulturelle Leistung, Machtstrukturen durch Verfassung und Gesetz zu gestalten und zu legitimieren und illegale oder «nur» illegitime Machtstrukturen zum politischen Thema zu machen oder mit gesetzlichen Mitteln zu bekämpfen (Gegenmacht). Um diese kulturellen Bedingungen realisieren zu können, bedarf es wiederum machthaltiger Strukturen zum Schutz vor Missbrauch und Übervorteilung – eine Kernfunktion der Demokratie, von Grundrechten des Rechtsstaates und von Sozialpartnerschaften in der Arbeitswelt. Dazu gehören unter Umständen auch Möglichkeiten, ausserhalb der gegebenen Strukturen ein Widerstandsrecht wahrzunehmen wie das Kirchenasyl im Bereich der Asylproblematik oder in Form eines Streiks von Arbeitnehmerinnen.

Soziale Arbeit ist ohne *legitime* Macht nicht denkbar (z. B. in Form von Fachwissen als knappes Gut oder als gesetzlicher Auftrag). Sie befasst sich nicht nur mit den Opfern legitimer und illegitimer Macht, sondern übt selber Macht aus, indem sie – stets mit Blick auf die Befriedigung von Bedürfnissen und legitimen Wünschen – machthaltige Strukturen und Akteure zu Gunsten Benachteiligter mobilisiert, knappe Güter erschliesst, aber kraft entsprechenden Auftrags auch Verfügungskompetenz über bestimmte Handlungsräume der ihr anvertrauten Klientinnen und Klienten stellvertretend wahrnimmt.

6

Dieses Kapitel F über Macht ist in Anlehnung an ein frühes Skript von Staub-Bernasconi grob strukturiert, inhaltlich aktualisiert mit Beispielen.

Unter dem Machtaspekt analysieren wir mit Hilfe der Denkfigur die formalen und faktischen *vertikalen Beziehungen zwischen Individuen bzw. zwischen Individuen als Repräsentanten sozialer Systeme* (z. B. Organisationen). Vorerst interessiert das Machtpotenzial, die zusammenfassende Beschreibung und Bewertung der *Ausstattung mit Machtquellen;* sie entsprechen den individuellen Komponenten und deren Eigenschaften. Wie bei der Analyse von Austauschbeziehungen ist auch bezüglich Machtbeziehungen der Perspektivenwechsel vom individuellen zum sozialen Niveau und zurück notwendig. Deshalb werden im Folgenden 1. die Machtprobleme aus der Sicht des Individuums und 2. Machtprobleme mit Blick auf soziale Systeme diskutiert. [6]

2. Macht – die individuelle Perspektive

2.1 Die Machtquellen des Individuums (vgl. auch Kap. C 7)

Die erste Einschätzung des Machtpotenzials dient dazu, die Aufmerksamkeit über die individuelle Analyse hinaus, unabhängig von einer konkreten Beziehung, auf das soziale Potenzial der beteiligten Individuen zu lenken, durch diese selbst wie durch die Sozialpädagogin. Im Rahmen einer konkreten Beziehung ist das Machtpotenzial mitbestimmend für die Chancen der Beteiligten, auf die Gestaltung der Beziehung mehr oder weniger Einfluss zu nehmen. Die wiederholt erwähnte soziale Funktion der individuellen Machtquellen konkretisiert sich. Machthaltige Eigenschaften sind u. a. eine Quelle für Autonomie, [7] also für Unabhängigkeit, für Einflussnahme – aber z. B. auch dafür, andere von sich abhängig zu machen.

[7]
Auch dazu Vertiefendes bei
Sennett, 1985:103 f.

Beispiele: Der fehlende Bildungsabschluss (Ue) führt dazu, dass Frau Weber die von ihr gewünschte Stelle nicht bekommt, sondern von weniger attraktiven Angeboten abhängig ist. Frau Blaser konnte ihre zertifizierten EDV-Kenntnisse (Ue) bei der Festsetzung des Gehalts erfolgreich in die Waagschale legen; sonst hätte sie eine andere Stelle angenommen. Die Lehrerin kann die Disziplin in der Klasse nicht mehr durchsetzen: Es gelingt drei grossen und kräftigen Schülern, andere Schüler einzuschüchtern (Ui/A), sodass diese «loyal» an Störungen des Unterrichts mitwirken. Die Tatsache, dass Herr Blaser Sozialhilfe bezieht (Ue), bedeutet, dass er sich zum Wechsel in eine kleinere Wohnung gezwungen sieht. Die schwere Erkrankung (Ui) von Frau Beck fesselt sie ans Bett (A), sodass sie auf die widerwillig gewährte Hilfe ihrer Schwiegertochter angewiesen ist.

Die Machtquellen lassen sich wie folgt darstellen:

Wissen, Denken und Fühlen
> Modell- und Artikulationsmacht

Abb. 38
Die Ausstattungsdimen-
sionen der Denkfigur als
Machtquellen

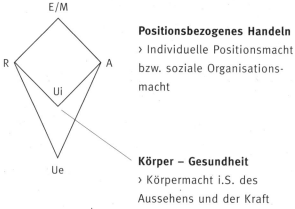

Positionsbezogenes Handeln
> Individuelle Positionsmacht
bzw. soziale Organisationsmacht

Körper – Gesundheit
> Körpermacht i.S. des
Aussehens und der Kraft

Ökonomische Güter
> Ressourcen- bzw. Marktmacht

(R ist keine Machtquelle)

Die nachfolgenden Ausführungen illustrieren die Machtquellen:

· Körper (Ui) > *Körpermacht* ist die Möglichkeit, allein aufgrund der
körperlichen Erscheinung auf andere Eindruck zu machen, Respekt
oder Angst zu wecken, Vorteile oder Nachteile zu erlangen.
Beispiele: Grösse, Gewicht (schlanke Bewerber/innen werden
bevorzugt); «Schönheit»; athletischer Körperbau («Schrank»); Kraft.
Viele Körper können für eine Demonstration genutzt werden. Unter
bestimmten sozialen Bedingungen ist die Hautfarbe eine Machtquelle oder in Machtbeziehungen nachteilig usw. Gewaltausübung
– oft dem Körper als Machtquelle zugewiesen – kann als Mittel für
die Ausübung von Positionsmacht (A) verstanden werden, z.B.
durch die Polizei. Für Übergriffe im sexuellen Bereich ist mehr oder
weniger Körpermacht notwendig; im Zusammenhang mit sexueller
Ausbeutung in der Familie kann zusätzlich von einem Missbrauch
der Positionsmacht (A) des Vaters gesprochen werden.
· Güter (Ue) > *Güter-, Ressourcen- bzw. Marktmacht* als Möglichkeit,
durch Kontrolle, Gewähren oder Vorenthalten grundsätzlich vorhandener Güter andere von sich abhängig zu machen.

Beispiele: Verwalten von Arbeitsplätzen, Wohnungen, Sozialhilfegeldern; den Zugang zu Bildungseinrichtungen restriktiv oder
liberal regeln *(numerus clausus)*. Aber auch künstliches Verknappen von Rohstoffen, um die Preise anzuheben. Ein Blick in die
nicht allzu ferne Zukunft: Wer die Kontrolle über das Süsswasser
dieser Erde ausüben kann, wird so reich werden wie die Ölschei-
che heute – es sei denn, das Süsswasser werde sozialisiert, also
in die Verfügungsgewalt der Staaten oder der UNO überführt.

· Wissen (.../M) › *Modellmacht* als Möglichkeit, seine Ideen durchzusetzen und andere von sich abhängig zu machen.
Beispiele: Wissen kann ohne Verlust geteilt werden. Oder zum
eigenen Vorteil zurückbehalten werden (Wissen ist Macht). Infor-
mationsmanagement in Organisationen: Wer erhält ungefragt welche Informationen, welche werden wem vorenthalten? Werden Ideen
unabhängig von ihrer Quelle geprüft oder kommt es darauf an, von
wem sie stammen (Ue)? Darf es sein, dass Untergebene eine bessere Idee haben als ihre Vorgesetzen? Werden die Erklärungen,
Ziele und Lösungsvorstellungen der Klienten zu ihrer Situation
durch die Sozialarbeiterin oder die Sozialpädagogin berücksichtigt
– oder setzen sie sich mit ihrem Expertenwissen darüber hinweg?

· Erlebensmodi (E/...) › *Artikulationsmacht* als Möglichkeit, für sich wie
für andere Ereignisse zu thematisieren, zu interpretieren – mündlich,
schriftlich und mit dem Einsatz weiterer didaktischer Mittel.
Beispiele: «SchnelldenkerInnen». Überzeugende Argumente entwickeln. Emotional angemessen reagieren und damit glaubwürdig
wirken – oder unbeherrscht und angsteinflössend «ausrufen».
In Diskussionen andere «überfahren». Rhetorische Raffinessen
beherrschen bzw. zaghaft und scheu und mit leiser Stimme sich
äussern. Präsentationstechniken, u. a. mit Hilfe von Mitteln aus
dem Multimediabereich.
Hinweis: Bei dieser Aufzählung wird offensichtlich, dass *erstens*
die Artikulationsmacht von der Qualität der psychischen Prozesse
abhängig ist, insbesondere von kognitiven Operationen wie «vergleichen» und «unterscheiden können» und damit von der Flexibilität der Argumentation, dass *zweitens* je nach sozialem Setting
die Artikulationsmacht ihre erwünschte Wirkung zeigt, indem man
die emotionalen «Überschüsse» kontrolliert oder ihnen «ihren
Lauf lässt», und *drittens* «Face-to-face»-Artikulationsmacht sich

in motorischen Äusserungen zeigt, also nicht vom Verhalten (A)
zu trennen ist (Gestik, Mimik).

· Handeln und Verhalten (A) › *Positionsmacht* als Möglichkeit, über
Menschen zu entscheiden, ihnen Arbeit zuzuweisen, zu entziehen,
die Arbeitsteilung zu beeinflussen. In sozialer Hinsicht sprechen
wir von *Organisationsmacht* als Fähigkeit und Möglichkeit, Beziehungen zu knüpfen und andere für seine eigenen Interessen ein-
zuspannen (Lobbyieren, Koalitionen bilden).
Beispiele: Kompetenzregelungen in Bezug auf Entlassungen. Wer
wählt unter den Bewerbern für eine neue Stelle aus? Wieweit
nützt eine Behörde ihre legalen Möglichkeiten aus, in den
Lebensalltag von Bevormundeten einzugreifen? Wie kann der Vermieter dazu gebracht werden, die Wohnungskündigung zurückzu-
ziehen? Wer setzt sich im Konfliktfall in der Familie durch? Welche Kompetenzen hat der Gruppenleiter, wenn sich Jugendliche
im Heim nicht an die Verhaltensnormen für den Ausgang halten?
Wessen soziale Position – oft in Kombination mit ökonomischer
Ressourcenmacht der Betreffenden – ist zu berücksichtigen, wenn
ein Projekt im Quartier genügend politischen Rückhalt und damit
Erfolg haben soll? Wem gelingt es, andere Kolleginnen und
Kollegen zu mobilisieren, um gegen das willkürliche Gebaren
eines Vorgesetzten vorzugehen?

*(Der Vollständigkeit halber sei auch hier darauf hingewiesen, dass R
keine Machtquelle ist, weil direkt von R zu R keine Interaktionen stattfinden können.)*

Aus der Sicht der Sozialen Arbeit *problematisieren wir Defizite hinsichtlich der Machtquellen.* Menschen mit schwachen Machtquellen –
wenig sozioökonomischen Gütern (Armut) (Ue), ungenügenden Bil-
dungsabschlüssen (Ue) und mangelnden Fertigkeiten (A) – bleibt oft
nur der Körper (Ui) als Machtquelle (Ausüben harter, körperlicher
Arbeit; Gewaltanwendung).
Eine sogenannte *Machtquellenanalyse* kann mit Hilfe einer «Entdeckungskarte» durchgeführt werden. Es handelt sich dabei um eine
Matrix, die in der Vertikalen die zu analysierenden Akteure und in
der Horizontalen deren Machtquellen entsprechend den individuellen
Ressourcen aufweist. Tab. 5 zeigt eine solche «Entdeckungskarte»,
erstellt für Herrn und Frau Meier vor ihrer Scheidung.

Tab. 5
Entdeckungskarte betr. Machtquellen von Herrn und Frau Meier vor ihrer Scheidung (nach M. Ulmann)

Kommentar:

+ bedeutet, dass sich die betreffende Person mit dieser Art von Macht durchsetzen kann.

− bedeutet, dass die entsprechende Machtquelle nicht zu Gunsten der betreffenden Person genutzt wird.

Insgesamt zeigt sich, dass Frau Meier letztlich über wirkungsvollere Machtquellen verfügt, die zudem aktiv eingesetzt werden, während Herr Meier nur teilweise über wirkungsvolle Machtmittel verfügt, mit denen er das Handeln seiner Frau nach seinen Vorstellungen beeinflussen (behindern) kann.
Letztlich wird Frau Meier die Idee der Scheidung durchsetzen, weil sie den Machtquellen innerhalb der ehelichen Beziehung des Mannes nichts Entsprechendes entgegensetzen kann.

Ausstattungsdimensionen SDF	Körper (Ui)	Sozioökonomische, -ökologische und -kulturelle (Ue)	Erlebensmodi (E/...)	Wissen (.../M)	Handeln (A)	
Machtquellen / *Akteure*	*Physische Ressourcenmacht*	*Sozioökonomische Ressourcenmacht*	*Artikulationsmacht*	*Definitions- / Modellmacht*	*Positionsmacht*	*Organisationsmacht*
Frau Meier	+ attraktiv − klein und körperlich eher schwach	+ Hausfrau + eigenes Einkommen − kein anerkannter Beruf	− weiss sich gegenüber ihrem Mann nicht zu wehren − schweigt gegenüber seinen Vorwürfen (vermag keine Gegenmacht zu leisten)	+ bezeichnet eine Eheberatung mit ihrem Mann als notwendig (sonst Scheidung)	+ bewältigt alltägliche Anforderungen, insbesondere den Haushalt	+ Sozialarbeiterin des Sozialdienstes + geht zur Eheberatung + Kontakt zu Tochter
Herr Meier	− sieht krank aus, aufgedunsenes Gesicht − ist und fühlt sich krank − übergewichtig + gross und kräftig	+ Alleinverdiener + gibt Haushaltsgeld nur ab, wenn Frau darum bittet − ist von Kündigung bedroht	+ Wutanfälle (die seine Frau einschüchtern)	− sieht nicht ein, wozu Eheberatung gut ist	+ Drohungen und Gewaltanwendung gegenüber Frau + Weigerung, in Eheberatung zu gehen	− zieht sich in Wohnung zurück

214

Die Machtquellenanalyse ist der erste Schritt zur Erklärung des «Oben» und «Unten» innerhalb vertikaler, jedoch auch horizontal strukturierter sozialer Systeme bzw. entsprechender Beziehungen. Grundsätzlich sind auch in vertikalen Beziehungen machthaltige Interaktionen «von unten nach oben» möglich. In der Regel verfügt jedoch das Individuum, das die strukturell höhere soziale Position einnimmt, über wirkungsvollere Machtquellen.

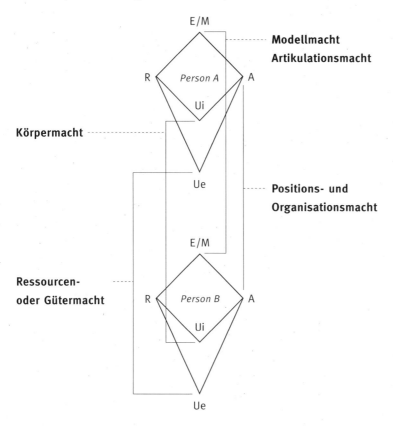

Abb. 39
Die vertikal strukturierte
Beziehung – Person A ist
mächtiger als Person B

2.2 IST und SOLL hinsichtlich individueller Macht

Im Rahmen von vorerst auf Individuen bezogenen Machtanalysen ist zwischen den folgenden zwei Fragen zu unterscheiden:

1. Wie potenziell mächtig *ist* ein Mensch?
2. Über welches Machtpotenzial *soll* er verfügen?

Zur ersten Frage: Innerhalb von Raum und Zeit erfahren die Ausstattungsdimensionen als Machtquellen unterschiedliche Bewertung.

Dies sei am Beispiel von Gewalt illustriert: Die Ausübung direkter Gewalt gegen andere Menschen ist für die Mehrheit unserer Bevölkerung nicht erstrebenswert; die Machtquelle «Körperkraft» (Ui) ist im Zusammenhang mit «Schlagen» als einer Form des Handelns (A) eher verpönt (dennoch ist Gewalt ein Thema in bisher davon unberührten sozialen Bereichen wie demjenigen der Schule). In anderen Gesellschaften ist Gewalt verbreiteter und wird als «Kommunikationsform» akzeptiert. Das wird uns dann bewusst, wenn es für Eltern ein «normaler», integrierter Aspekt ihres Erziehungsstils ist, ihre Kinder bei jedem noch so nichtigen Anlass zu züchtigen. Körperliche Kraft, Fitness, entsprechendes Training und die Bereitschaft, sie auch einzusetzen (A), ist wichtig für gewisse Gruppierungen wie Gangs, z. B. als «Überlebenshilfe» in den Favelas Lateinamerikas, zur Sicherung der Herrschaftsbereiche der Mafia usw. Bei uns ist die Machtquelle Körper unentbehrlich im Kriegsfall (Militär) oder in bestimmten Situationen für die Polizei, an die in Rechtsstaaten das Gewaltmonopol des Staates delegiert ist. Gewalt gegen Kinder und Frauen kann auch als Folge eines Mangels an anderen Ausstattungsmerkmalen verstanden (nicht gebilligt) werden, z. B. von Unkenntnis über altersgerechte Erziehung; oder von Machogehabe, erworben und gestützt durch geschlechtsspezifische Sozialisationsmuster. Kinder und Frauen verfügen in der Regel über geringere körperliche Kraft und können sich weniger gut wehren.

Am Beispiel der Machtquelle «Körper» wird offensichtlich, dass die Frage «Wie mächtig *ist* der Mensch?» *nicht losgelöst vom strukturellen und kulturellen Kontext beantwortet werden kann.* Die Antwort beruht auf der Analyse und Bewertung der individuellen Machtquellen und berücksichtigt deren individuellen und sozialen Nutzen unter bestimmten gesellschaftlichen Bedingungen. Die Machthaltigkeit eines Gutes ist nicht für alle Ewigkeit und überall dieselbe. Wer heute viel Boden besitzt, ist mächtig; würde der Boden in gemeinschaftlichen Besitz überführt, änderten sich diesbezüglich auch die Machtverhältnisse.

Wie potenziell mächtig ist Herr Meier? Seine Beziehung zur Kleinkreditbank ist eine vertikale Beziehung. Die Tatsache, dass er dort Schulden hat, lässt seine ökonomischen Ressourcen als Machtquelle ins Minus sinken (Ue). Der Vertreter der Bank kann sowohl seine Modellmacht (M und Ue = durch Vertrag legitimierte Forderung von

Fr. 12 000.–) wie auch seine Positionsmacht (A = Herrn Meier allenfalls der Zwangsvollstreckung unterwerfen) durchsetzen. Herr Meier ist gegenüber der Bank relativ ohnmächtig, weil er sich durch deren Forderung in seiner Existenz bedroht sieht und ihm nur das Verhandeln bleibt – und vielleicht sein überzeugendes Argument, dass die Bank durch eine moderate Abzahlungsvereinbarung mehr von ihrem Geld zurückerhält, als durch eine Zwangsvollstreckung (M = Modellmacht von Herrn Meier) (vgl. Abb. 40, S. 218).

Als Antwort zur oben stehenden zweiten Frage, «Wie mächtig *soll* ein Mensch sein?», nur so viel: *Menschen sollen mindestens so mächtig sein, dass sie eine soziale Position erreichen und halten können, die ihnen die Befriedigung ihrer Bedürfnisse aus eigener Kraft erlaubt, sie vor sozialer Verachtung und sozialem Ausschluss bewahrt, ohne dass dies andere Menschen in ihrer Bedürfnisbefriedigung einschränkt.* Eine vielleicht ideal anmutende Vorstellung, aber als Orientierung für Soziale Arbeit durchaus tauglich.

Über welches Machtpotenzial sollte Herr Meier, mit Blick auf seine Beziehung zur Kleinkreditbank, verfügen? Herrn Meier sollte es gelingen, eine Vereinbarung mit der Bank zu erzielen, die es ihm erlaubt, seine übrigen finanziellen Verpflichtungen zu erfüllen und seinen Lebensunterhalt in einem Rahmen zu bestreiten, der ihn vor der Verarmung und damit vor dem Verlust seiner Würde (akzeptierbares Selbst- und Fremdbild und damit Selbstachtung) bewahrt.

2.3 Machtquellen als Quellen von Prestige

Machtquellen und ihre Beschaffenheit können mehr oder weniger begehrenswert und/oder mehr oder weniger zweckmässig, d. h. funktional bedeutsam sein.

Kollektivierte, also in einer Gesellschaft verbreitete Bewertungsprozesse beziehen sich auf alle Ausstattungsdimensionen, so auf familiäre Herkunft (blaues Blut), Schönheit (Ui); Geld, Lebensstil (Ue), ästhetisches Erleben, kognitive Fähigkeiten bzw. aktuelles und richtiges Wissen (E/M); Konversationskunst als sichtbares Ergebnis von Artikulationsmacht (Ue > A). Aber auch Beziehungen selbst, insbesondere solche im Sinne von «Vitamin B», sind Machtquellen, etwa

Abb. 40
Machtbeziehung zwischen
Herrn Meier und
dem Repräsentanten
der Kreditbank

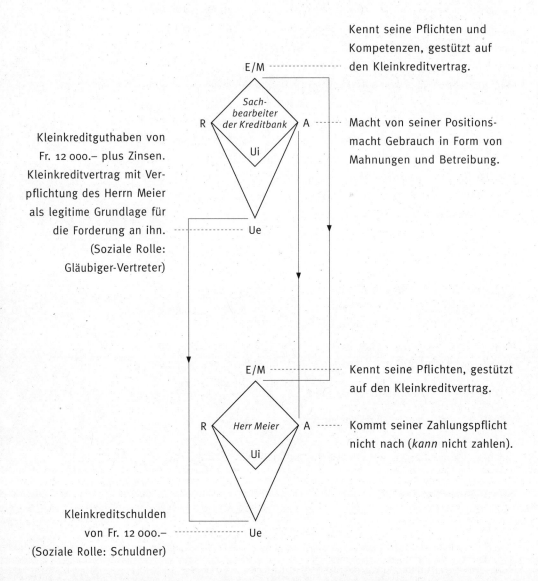

Kennt seine Pflichten und
Kompetenzen, gestützt auf
den Kleinkreditvertrag.

Kleinkreditguthaben von
Fr. 12 000.– plus Zinsen.
Kleinkreditvertrag mit Ver-
pflichtung des Herrn Meier
als legitime Grundlage für
die Forderung an ihn.
(Soziale Rolle:
Gläubiger-Vertreter)

Macht von seiner Positionsmacht Gebrauch in Form von
Mahnungen und Betreibung.

Kennt seine Pflichten, gestützt
auf den Kleinkreditvertrag.

Kommt seiner Zahlungspflicht
nicht nach (*kann* nicht zahlen).

Kleinkreditschulden
von Fr. 12 000.–
(Soziale Rolle: Schuldner)

Kommentar: Die Grafik symbolisiert, dass der Vertreter der Kleinkreditbank «oben» und Herr Meier «unten» ist. Aus der Beschreibung der Machtquellen ist ersichtlich, worauf die vertikale Positionsstruktur bzw. die einseitige Interaktionsstruktur des Verhältnisses zwischen Schuldner und Gläubigervertreter in dieser Beziehung gründet.

als soziales Prestige: Wer verkehrt mit wem bzw. zu welchem Zweck verkehrt wer mit wem? Auch hier dürfte die «Attraktivität» der Machtquellen ausschlaggebend sein. Prestigeträchtig sind ganz allgemein soziale Positionen, die sich durch wichtige, allenfalls hoheitliche Aufgaben und Kompetenzen auszeichnen (Ue); sie beinhalten hohe Modell- und Positionsmacht (M › A), ihrerseits wiederum Quelle von sozialem Prestige. Das trifft z. B. für Richter und Mitglieder von Sozialbehörden zu; zu ihren Kompetenzen gehört es u. a., im Rahmen gesetzlicher Bestimmungen und des Ermessens in das Privatleben und den Handlungsraum von Menschen einzugreifen.

Prestigemerkmale machen Macht begehrenswerter, sie dienen ihrem Auf- und Ausbau und festigen sie. So wirken Prestige und Ehre des einen Akteurs auf andere Akteure: Letztere berücksichtigen das entsprechende Machtpotenzial. In unserer modernen Dienstleistungsgesellschaft sind Bildung, Pflichterfüllung, Wissen, Erwerbsarbeit, Berufsposition, Einkommen und Vermögen nach wie vor die wichtigsten «offiziellen» Charakteristika zur Prestigebildung. Weitgehend verschwiegen wird die soziale Bedeutung des Geschlechts, der Hautfarbe, der prestigehaltigen Beziehungen usw. Nachzutragen ist, dass Mächtige auch darüber bestimmen, welchen Prestigemerkmalen welches Gewicht zukommt ...

Zu *problematisieren* sind *Eigenschaften,* die zu privilegierenden oder benachteiligenden Prestigemerkmalen werden können, *angeborene und gleichzeitig unveränderliche* wie familiäre Herkunft, Geschlecht, Hautfarbe, «Rasse» usw.

3. Macht – die gesellschaftliche Perspektive

Macht wird als soziales Thema aktuell, wenn

- bestimmte Tauschgüter, also Ressourcen, knapp (gemacht) sind und gleichzeitig notwendig und/oder begehrt sind;
- Menschen zu ihrem Nachteil in ihren Handlungsmöglichkeiten eingeschränkt werden;
- Reziprozitätserwartungen und -regeln verletzt werden;
- von irgendwelcher Seite Ansprüche auf (mehr) Ressourcen erhoben werden.

Daraus ergeben sich – nach Staub-Bernasconi – *vier Fragen* – ein Kernstück ihrer wissenschaftlichen Arbeiten zu sozialen Problemen:

1. Wie lassen sich Ressourcen auf einzelne und soziale Einheiten verteilen (insbesondere über den unmittelbaren Bedarf hinaus)?
   > *Macht als Ressourcenverteilungsmuster bzw. Schichtung*
2. Welches ist die beste soziale Anordnung von Menschen und Gruppen zur Produktion wie Erhaltung materieller und kultureller Güter?
   > *Macht als Arbeitsteilung und Herrschaft/Hierarchie*
3. Wie kommt es zur Anerkennung der getroffenen Lösung(en) des Verteilungs- wie des Anordnungsproblems durch möglichst viele?
   > *Macht als Legitimationsnormen und entsprechende Legitimationskriterien auf der Basis von gesellschaftskonstituierenden Ideen/Werten*
4. Wie kann kontrolliert werden, dass legitime Verteilungs- und Anordnungsregeln eingehalten werden, und wie kann deren Einhaltung erzwungen werden?
   > *Macht als Erzwingungs- und Durchsetzungsmacht, Einfluss, Gewaltausübung*

8

Vgl. Staub-Bernasconi, 1986/1987:245 f.

Zu unterscheiden sind demnach a) der Einsatz/die Nutzung der Machtquellen sowie b) aus bestimmtem Einsatz und bestimmter Nutzung entstehende Machtverteilung bzw. deren Ergebnis.

Die Kernfrage lautet: Ist Gesellschaft ohne Macht überhaupt denkbar? Dazu verweist Staub-Bernasconi auf sowohl zustimmende wie verneinende Antworten; ihr bedürfnisorientierter Ansatz besteht aus einer verneinenden Antwort. [8] Sie meint u. a.:

«Hätten Menschen nicht Grundbedürfnisse, u. a. nach Nahrung, Wasser, Obdach und Schutz, sexueller und anderer Aktivität, nach Orientierung in der Welt und Wissen über sich selbst, nach einem eigenbestimmten Leben wie nach gesellschaftlicher Teilnahme und Anerkennung, könnte es ihnen im Prinzip gleichgültig sein, welche Güter wie knapp und wie verteilt sind. Ebenso irrelevant wäre dann für sie, was die massgebenden Mitglieder in Familie, Nachbarschaft, Schule, Wirtschaft, Politik usw. über sie denken und was sie tun. Die Abhängigkeit von anderen für die eigene Bedürfniserfüllung ist nicht nur konstitutiv für liebevolle, fürsorgliche mitmenschliche Beziehungen, sondern gleichzeitig die Basis für Prozesse der Machtbildung (Popitz, 1992).»

In dieser Feststellung ist ersichtlich, dass das hier dargestellte Konzept der Macht und der Machtbildung ohne Berücksichtigung der einzelnen Mitglieder sozialer Systeme als u.a. *bedürfnisgesteuerte Subjekte* nicht auskommt. Behindernde oder begrenzende Macht als strukturelle Gegebenheiten sind nicht einfach Konstrukte, sondern wirken sich konkret als Einschränkung oder Erweiterung der Lebenschancen von Individuen aus. Aber: das hier vorgestellte Machtkonzept besetzt Macht nicht a priori negativ. Die Antwort auf die Frage nach ihrer Legitimation bildet sozusagen die Nagelprobe zu ihrer jeweiligen Bewertung. So unterscheidet Staub-Bernasconi *zwei Arten der Steuerung des Einsatzes/der Nutzung* von Machtquellen: [9]

1. Begrenzende Steuerung von Prozessen der Macht-Bildung ›
   Begrenzungsmacht
2. Behindernde Steuerung von Prozessen der Macht-Bildung ›
   Behinderungsmacht

Die *negativ bewertete Form von Macht* nennt Staub-Bernasconi *Behinderungsmacht:* In Anlehnung an die vier Fragen auf S. 220 zeichnen folgende Merkmale die Konstruktionsprinzipien dieser Machtform aus: [10]

«1. Die Kontrolle und Verteilung von knappen Gütern/Ressourcen und damit die Ausstattung von Menschen und sozialen Systemen erfolgt nach Merkmalen, die zugeschrieben und nicht veränderbar sind, so zum Beispiel Geschlecht, Alter, Hautfarbe, familiäre Abstammung, ethnische Zugehörigkeit, geografische Lage (...) (Macht als feudale und neo-feudale, patriarchale Kastenstruktur, Klassengesellschaft).

2. Die Kontrolle über Menschen bzw. Sozialsysteme wird so institutionalisiert, dass die ‹Oberen› praktisch ausschliesslich selektionieren, entscheiden, kontrollieren und die ‹Unteren› Rohdaten liefern und das Angeordnete im Sinne einer Gehor-

9
Vgl. Staub-Bernasconi,
1994⁴:29–38; 1986/1987:235 f.

10
Vgl. Staub-Bernasconi,
1986/1987:247; 2007:185 f.

samspflicht ohne Möglichkeit der Rücksprache ausführen (Macht als Herrschaft).

3. Die Kontrolle über gesellschaftskonstituierende Ordnungsideen und damit die Rechtmässigkeit von Kasten, Klassen, unfairer Schichtung als auch von Herrschaft erfolgt so, dass sie als von der Natur oder Gott oder der Geschichte so gewollt hingestellt werden (Macht als Legitimationsfigur und ‹strukturelle Gewalt›).

4. Die Denk- bzw. Verhaltenskonformität mit den von diesen Ordnungsideen abgeleiteten Normen, Gesetzen usw. wird notfalls mit Gewalt erzwungen (Durchsetzungs- und Erzwingungsmacht; direkte Gewalt).»

11
Vgl. Staub-Bernasconi, 1986/1987:247.

Behinderungsmacht bedeutet, zum eigenen Vorteil – ohne von aussen nachvollziehbare Leistungskriterien oder legitime Normen – Güter zu mehren, sie allenfalls künstlich zu verknappen und über den Handlungsraum von Menschen so zu befinden, dass diese in ihrer Bedürfnisbefriedigung und in ihrer sozialen Integration behindert sind.

Die *positiv bewertete Form von Macht* nennt Staub-Bernasconi *Begrenzungsmacht*. Folgende Merkmale zeichnen die Konstruktionsprinzipien dieser Machtform aus: [11]

«1. Die Kontrolle und Verteilung von knappen Gütern erfolgt hier aufgrund von menschlichen Bedürfnissen als auch aufgrund von Arbeitsleistungs- und damit gesellschaftlichen Belohnungsprinzipien, die soziale Unterschiede, wie es die Menschenrechtserklärung von 1789 in ihrem ersten Artikel fordert, im allgemeinen Nutzen begründet sehen. Dabei sind Haus- und Erziehungsarbeit auch Arbeitsleistungen, die zum allgemeinen Nutzen beitragen. Zügelloses Wachstum, unbehinderte Akkumulation und Expansion wie künstliche Verknappung von Ressourcen inklusive Wissen durch einige wenige werden begrenzt (faire Ressourcenverteilung bzw. Schichtung.

2. Die Kontrolle von Menschen im Rahmen der verschiedensten funktional ausdifferenzierten, arbeitsteilig organisierten gesell-

schaftlichen Teilsysteme (Familie, Bildung, Wirtschaft, Politik, Religion usw.) sieht die Möglichkeit bzw. das Recht zur Gegenkontrolle, Gewaltenteilung, Mitsprache, Kritik und Mitbestimmung, zur Rotation, zur ungehinderten Bildung neuer, menschengerechterer Strukturen vor (Hierarchie).

3. Die gesellschaftskonstituierenden Ordnungsideen berufen sich unter anderem auf allgemeinmenschliche, d. h. physische, psychische, soziale und kulturelle Grundbedürfnisse, deren Befriedigung mit Hilfe menschengerechter Strukturen sichergestellt werden muss. Je nach Ressourcenbasis einer Gesellschaft oder eines sozialen Teilsystems, können auch verschiedene Niveaus der allgemeinen Bedürfnisbefriedigung und individuellen Wunscherfüllung berücksichtigt werden. Dies darf aber nicht auf Kosten anderer Menschen bzw. Systeme erfolgen. Die Strukturregeln sehen eine Ausbalancierung von Rechten und Pflichten und mithin auch besondere Leistungen vor. Zugeschriebene Kriterien irgendwelcher Art sind keine Legitimationsbasis für irgendwelche Vorrechte (Bedürfnisse und Leistung als oberste Legitimationskriterien).

12
Vgl. den umfassenden Überblick bei Stark, 1996.

4. Die Durchsetzung der kollektiven Übereinkünfte, eingeschlossen der Strukturregeln (Normen, Gesetze), erfolgt einerseits unter Ausschöpfung aller nicht gewalttätigen Mittel inklusive positiver Sanktionen. Sie erfolgt anderseits unter Selbstbegrenzung, das heisst unter Verzicht auf Willkür und Gewalt als letztes Durchsetzungsmittel (Gewaltverzicht).»

Begrenzungsmacht bedeutet demnach, nicht legitimen, unmenschlichen, Ausbeutung ermöglichenden Strukturen und gesellschaftlichen Kräften entgegenzutreten und Grenzen zu setzen. *Neben anderen Akteuren kommt der Sozialen Arbeit diese Aufgabe zu.* Im Zusammenhang mit Begrenzungsmacht ist an die in den letzten Jahren verstärkte Diskussion rund um den *«Empowerment»-Ansatz* zu erinnern. [12] Eine Problem-, Ressourcen- und Machtstrukturanalyse im hier vertretenen Sinn ist eine Voraussetzung, um den Empowerment-Ansatz zu realisieren. Die systematische und gemeinsam mit den Adressatinnen Sozialer Arbeit erarbeitete Analyse macht die «Quellen der Ermächtigung» sichtbar. Bereits die Berücksichtigung der Adressaten als erste Informationsquelle ist ein relevanter Beitrag zu ihrer Stärkung und zur möglichst umfassenden Reduktion des Machtgefälles innerhalb der professionellen Beziehung. In gleichem Sinne können die Bemühungen des Pädagogen Paulo Freire als Begrenzungsmacht verstanden werden: Durch Bildung, die bei den Möglichkeiten der «Unterdrückten» beginnt, sollen sie befähigt werden, sich Wissensressourcen zu erwerben, um sich besser für ihre Rechte einzusetzen, ihre Artikulationsmacht zu stärken, im Sinne von «Bildung als Praxis zur Freiheit». [13]

Zusammenfassend: Die *Ergebnisse* von Begrenzungs- wie Behinderungsmacht sind demnach

a) soziale Schichtung als Ausdruck fairer bzw. unfairer Güterverteilung (bevorzugende oder benachteiligende Ressourcenverteilung)
   -> s. Kap. F 3.1.1;
b) Herrschaft bzw. vertikale Struktur als Verfügung über und Anordnung von Menschen (Entscheidungs- und Kontrollpositionen – Herrschafts- und Arbeitsteilungsproblem) -> s. Kap. F 3.1.2;
c) Legitimation von Schichtung und Herrschaft bzw. von a) und b)
   -> s. Kap. F 3.1.3, und
d) Durchsetzung der legitimierten Übereinkünfte zu a) und b) im Sinne von sozialer Kontrolle und allenfalls Gewalt
   -> s. Kap. F 3.1.4.

[13] Vgl. Freire, 1993.

Macht ist ein soziologisches und sozialpsychologisches Thema und schliesst demzufolge in erster Linie die Systeme der biopsychischen und sozialen Wirklichkeitsbereiche ein. Die Erörterung des Machtthemas verlangt – immer gemäss dem hier vertretenen Ansatz – nach einer theoretischen Verknüpfung mit einem psychobiologischen Menschenbild, das dem Individuum legitime Bedürfnisse zuschreibt. Mit anderen Worten: Mächtige tragen insofern soziale Verantwortung, als sie als «Ressourcenverwalter» den Zugang zum Bedarf zur Befriedigung von Bedürfnissen sowie die Belohnung für bestimmte Leistungen bzw. Gegenleistungen sicherstellen.

Das folgende Unterkapitel ist konkreteren Ausführungen zur *Behinderungsmacht* gewidmet. Diese wird hier stärker gewichtet als die Begrenzungsmacht, weil sie den Anlass für Interventionen Sozialer Arbeit bildet. Ergänzend wird auf Formen von Begrenzungsmacht hingewiesen.

3.1 Behinderungsmacht und Begrenzungsmacht konkret

Die vier Machtaspekte – Schichtung, Herrschaft, Legitimation und Kontrolle – werden im Folgenden, je ausgehend von Behinderungsmacht, näher beschrieben. Zur Illustration werden Beispiele aus Politik/Staat, Wirtschaft/Organisation/Team, Familie mit Kindern/Jugendlichen und wo möglich Partnerschaft eingefügt. Zum Abschluss wird zu jeder der vier Formen von Behinderungsmacht aufgezeigt, wie deren negative Effekte durch Einsatz von Begrenzungsmacht wenigstens gemildert werden könnten.

3.1.1 Ressourcen: Bevorzugung und Benachteiligung (Klassen-/Schichtungsproblem)

Die Ausgangsfrage lautet: Wie werden Güter verteilt, sodass sie in den Besitz der Mächtigen gelangen, gesichert bleiben und sich zu deren Gunsten mehren – zum Nachteil anderer?

Es gelingt einer Gruppe,

· bestimmte Ressourcen zu besetzen (vor allem Kapital, Bildung, Erwerbsarbeit und Wissen);
· Ausstattungsqualität wie -niveau der anderen so festzulegen, dass
· sich die besetzende Gruppe ein hohes und evtl. weiterhin ausbaubares Ausstattungsniveau (zu)sichert und entsprechend den Zugang zu diesen Ressourcen kontrolliert. [14]

Das Ergebnis ist eine *soziale Schichtung,* welche die einen bevorzugt und die anderen benachteiligt. Handelt es sich um sozioökonomische Güter, sprechen wir von «Klassen» oder «Schichten» («die Armen», «die Reichen» bzw. Ober-, Mittel- und Unterschicht). [15]

Nicht alle Güter sind in gleichem Masse begrenzt. In erster Linie können ökonomische Güter knapp sein oder bewusst verknappt werden. Ökonomische Ressourcen wie Einkommen und Kapital ermöglichen oder behindern ihrerseits den Zugang zu *symbolischen Gütern* wie etwa Wissen. Letztere sind insofern in beliebiger Menge vorhanden, als deren Besitzer sie weitergeben können, ohne sie gleichzeitig zu verlieren – wenn ich mein Wissen teile, besitze ich dieses Wissen immer noch vollständig (möglicherweise schwäche

14
Güterverteilung und daraus entstehende Schichtung erfordern nicht in jedem Fall ein Entscheidungs- und Kontrollzentrum. Verteilung kann sich auch ergeben aufgrund von Aspirationen von Akteuren, die ihrerseits durch kultur- und strukturspezifische Werte unterstützt werden. Konkurrenzverhältnisse (Markt!) können die Verteilung zwischen verschiedenen Akteuren, die darauf Ansprüche erheben, steuern.

15
Handelt es sich um zugeschriebene körperliche, ethnische wie kulturelle Eigenschaften, werden sie als «Status-Gruppen» bezeichnet («die Jenischen», «die Fremden», «die Aristokraten»).

ich dadurch meine [Macht-]Position). Ein Zusammenhang zwischen der Verteilung/Verbreitung symbolischer Güter und der Verteilung materieller Güter besteht darin, dass die Medien zum Transport der symbolischen Güter nicht vorhanden sind (Bücher, TV, Radio) oder keine Mittel, um z. B. Lehrer zu bezahlen, die Analphabeten schulen.

Die globale politische und wirtschaftliche Entwicklung lässt die Frage der Güterverteilung zunehmend brisant werden. Die rasch wachsenden Zahlen der Erwerbslosen und der Rentenberechtigten und die dadurch wachsenden Ausgaben der sozialstaatlichen Einrichtungen führen zu Umverteilungsprozessen von unten nach oben: Tendenziell wird bei den Erwerbslosen und Armen gespart, Anspruchsbedingungen werden verschärft, scheibchenweise werden Leistungen der Arbeitslosenversicherung, der Sozialhilfesätze und der Renten gekürzt. Lohnkürzungen und Steuererhöhungen treffen vor allem den Mittelstand.

16

Vgl. Caritas, 1999; 2006;
Kutzner, Mäder & Knöpfel,
2004.

Weitere Illustrationen von Behinderungsmacht betreffend den Zugang zu Ressourcen:

Politik / Staat: Hausbesitzer können legitimerweise ihre Aufwendungen für die Renovation des Eigenheims vom Einkommen in Abzug bringen und gelangen so zu Null-Einkommen; die Behinderungsmacht besteht darin, dass der Staat in seiner Umverteilungsfunktion behindert wird und die fehlenden Mittel bei den Arbeitnehmerinnen und Arbeitnehmern eingezogen werden. – Seit Jahren werden in rascher Folge Verschärfungen der Anspruchsbedingungen bei der Arbeitslosenversicherung, u. a. auch die allgemeine Kürzung der Taggelder, vorgenommen (u. a. Hartz IV). – Zu nennen sind auch die massiven Prämienerhöhungen der Krankenkassen für jahrelang Versicherte.

Wirtschaft / Organisation / Team: Die Arbeitslast steigt, die obersten Kader werden mit Umsatzboni belohnt, untere Chargen müssen auf eine Lohnerhöhung warten. – Die Leistung von Überstunden wird verlangt, ohne Entschädigung. – Der Arbeitsvertrag wird «den veränderten wirtschaftlichen Bedingungen angepasst» (Änderungskündigungen), d.h. höhere Arbeitszeit, tieferer Lohn –, wenn nicht unterschrieben wird, muss mit Kündigung gerechnet werden. – *working poor* – der Lohn für eine Vollzeitbeschäftigung reicht nicht zur Existenzsicherung. [16]

Familie / Kinder / Jugendliche: Der verdiente Lohn erreicht das Existenzminimum nicht, sodass die Familie durch die Sozialhilfe unterstützt
werden muss. – Sozialhilfeleistungen werden durch die Eltern zu
Lasten der Kinder verbraucht. – Der Mann und Vater hält sein Einkommen geheim. Er bestimmt die Höhe des Haushaltsgeldes. Ist er
guter Laune, gibt es eine Zulage. – Das Taschengeld der Kinder/
Jugendlichen liegt weit unter dem von Budgetberatungen empfohlenen
Betrag.

Paarbeziehung: Beide Partner haben einen eigenen Verdienst, doch
die Aufteilung der gemeinsamen Kosten des Haushaltes entspricht
nicht dem anteilsmässigen Einkommen; aus Angst vor Partnerverlust
bezahlt die Frau den grösseren Teil. – Sie besorgt den Haushalt,
kocht, wäscht für «ihn», er bezahlt nichts dafür.

Als sozial problematisch bewerten wir die *Bevorzugung/Privilegie-
rung einerseits und Benachteiligung andererseits* hinsichtlich der Verteilung von Gütern. Gesellschaftlich verfügbare Güter werden verknappt und/oder einseitig verteilt – die Kluft zwischen Armen und
Reichen wird grösser.

Begrenzungsmacht auszuüben hiesse etwa, in allen Wirtschafts-
zweigen Minimallöhne so festzulegen, dass Arbeitnehmer sorgenfrei
leben können. Dasselbe müsste mit Renten- und Sozialhilfesätzen geschehen. Eine Form von Begrenzungsmacht ist auch die Beteiligung der
Arbeitnehmerinnen am Betriebsvermögen und am -gewinn. Ebenso
sind Vorkehrungen, in denen sich die Umverteilungsfunktion des Staates konkretisiert, wie Zuschüsse zu den Krankenkassenprämien (s.
oben das Beispiel zu Behinderungsmacht), Stipendien, Kinderabzüge
bei den Steuern, Mietzinszuschüsse u. a. m. als Begrenzungsmacht zu
werten. In der «gesetzlichen» Sozialen Arbeit stellt das Durchführen
einer Lohnverwaltung die Ausübung von Begrenzungsmacht dar: Die
Vermittlung zwischen den Gläubigern und dem verschuldeten Klienten
kann die akuten Probleme reduzieren und eine Notlage verhindern.
Dieses Beispiel zeigt, dass eine solche Massnahme durch den Klienten
als Behinderung *erlebt* werden kann, d. h. als Einmischung in seine
Angelegenheiten und als Einschränkung seines Handlungsraums. Das
hebt die Tatsache nicht auf, dass wir es mit Begrenzungsmacht zu tun
haben, weil durch Güterabwägung die Schutzfunktion der Massnahme
legitimiert wird (= Bedürfnisbefriedigung sicherstellen).

3.1.2 Entscheidungs- und Kontrollpositionen – Herrschafts- und Arbeitsteilungsproblem

Die Ausgangsfrage lautet: Wie werden Individuen und Gruppen soziale Positionen und Funktionen zugewiesen, dass sie dem Erwerb, der Festigung und Mehrung von Macht der mächtigen Gruppen und Personen dienen?

Als *Problem* bewerten wir es, wenn eine Gruppe oder eine Person

· sich die attraktiven und prestigeträchtigen Aufgaben zuweist, sich damit privilegiert und zugleich den Anspruch auf Entscheidungs- und Kontrollpositionen erhebt – unabhängig von Leistungs- und Produktionskriterien;
· die Arbeitsteilung und die damit verbundenen Entscheidungs- und Kontrollkompetenzen so bestimmt, dass sich daraus eine verfestigte Arbeitsteilung und Entscheidungshierarchie (Herrschaft) ergibt – allein im Interesse der obersten Gruppe(n)/ Person(en) – und zudem die getroffenen Entscheidungen nicht kritikfähig sind («Wer was tun darf/zu tun hat und wer was und wer nichts zu sagen hat, das entscheiden wir»).

Das Ergebnis solcher Machtbildungsprozesse ist eine *starre soziale Niveaubildung* mit dem Merkmal, dass eine Gruppe oder Person das *Monopol über Arbeitsteilung und Entscheidungen* behält (Arbeitgeber bzw. *shareholder* versus Arbeitnehmer-Hierarchie – Erstere etwa gegen Mitbestimmung, die das Monopol aufbrechen würde). Am aktuellsten zu diesem Aspekt behindernder Machtausübung erscheinen die seit der Globalisierung und mit Verweis auf Wettbewerbsfähigkeit üblichen Entlassungen von Tausenden von Arbeitnehmerinnen und Arbeitnehmern. Ihre Positionsmacht erlaubt es einer kleinen Zahl von Managern, Tausenden von arbeitswilligen Menschen das Gut «Erwerbsarbeit» zu entziehen. Aufgrund *betriebs*wirtschaftlicher Kosten-Nutzen-Rechnungen erscheinen die Entlassungen notwendig. Wie legitim sind sie aus *volks*wirtschaftlicher Sicht, wenn die *shareholder* riesige Gewinne machen und der Staat für die Entlassenen sorgen muss?

Beispiele von Behinderungsmacht hinsichtlich der Verfügung über Menschen sind etwa:

Politik / Staat: Die Erhöhung der Unterschriftenzahlen für Initiativen und Referenden. – Die Forderung nach Verschärfung der Asylgesetzgebung unter Missachtung der Genfer Konvention. – Die Zumutbarkeit des Arbeitswegs von bis zu vier Stunden pro Tag für vermittlungsfähige Arbeitslose. – Die «Lösung» des Armutsproblems durch den Bau und die Privatisierung von Gefängnissen, besonders in den USA. – Im ökologischen Bereich problematisieren wir die Zerstörung von Landschaften zu Gunsten ökonomischer Vorteile einer Minderheit und die Beschränkung der Lebensqualität vieler Erholungssuchender.

Organisation / Team: Arbeit auf Abruf. – Zuweisung neuer bzw. Entzug bisheriger Aufgaben, ohne die MitarbeiterInnen vorher zu konsultieren. – Versetzung von Arbeitnehmerinnen gegen deren Willen an einen anderen Arbeitsort, der einen Umzug nötig macht.

Familie: Einseitige Verteilung der Haushaltsämtli [17] auf die Mädchen. – Der patriarchale Ehemann verbietet der Ehefrau die Pflege von Aussenkontakten. – Jugendliche Mädchen dürfen abends nicht in den Ausgang. – Die Wahrnehmung der schulischen Kontakte betr. der Kinder ausschliesslich durch die Mutter, auf Geheiss des Vaters bzw. Partners. – Sexuelle Übergriffe durch die Eltern auf ihre Kinder.

[17] Übernahme von Teilaufgaben z. B. im Haushalt oder im Heim durch Kinder und Jugendliche.

Paarbeziehung: Die Partnerin besorgt gegen ihren Willen den Haushalt, «weil ihn jemand machen muss», während sich der Partner stets mit «beruflicher Überlastung» diesen Aufgaben entzieht. – Der von seinem Kollegen in die eigene Wohnung aufgenommene Suchtkranke leert den Kühlschrank, der Erstere kauft (zu seinen alleinigen Lasten) ein.

Als *sozial problematisch* zu bewerten ist die Aneignung von Kompetenzen durch eine Gruppe, mit dem Ziel der Ausbeutung (Ue), der Manipulation und Kolonialisierung durch Ideen (E/M), der Produktionsmanipulation (A), der Ausbeutung von Natur und Körper (Ue/Ui).

Politik wirkt in Richtung *Begrenzungsmacht,* wenn sich die direkt Betroffenen organisieren (Empowerment!), wenn Beschwerden von Bürgerinitiativen – etwa in der Städteplanung – zugelassen werden; in einer Organisation, wenn Stellenbeschriebe und Pflichtenhefte klare Zuweisungen von Aufgaben und Kompetenzen enthalten und die hierarchischen Über- und Unterordnungen festgeschrieben und transparent sind. In der Familie gehört die Ausübung von Begrenzungsmacht zum Alltag: Dem Kind werden zu seinem Schutze Grenzen gesetzt; das Kind kann die Grenzen dennoch als behindernd *erleben,* weil es deren Sinn noch nicht verstehen kann. Als Begrenzungsmacht gelten auch behördliche Anordnungen im Zivilrecht, wie z. B. Wegnahme eines Kindes aus der Familie, ebenso der Fürsorgerische Freiheitsentzug [18] gegenüber einem Psychischkranken; ist er sachlich gerechtfertigt, bedeutet er die Ausübung von Begrenzungsmacht. Der Patient kann die Massnahme als Entlastung erleben – «Jemand hat endlich zu meinem und zum Schutz Dritter entschieden» –, ein anderer erfährt die Massnahme als Freiheitsberaubung, als Einschränkung seiner Handlungs- und Entscheidungsfreiheit und damit als behindernd.

3.1.3 Legitimation von Schichtung und Herrschaft

Ausgangsfragen: Warum sind und bleiben die einen oben und die anderen unten? Oder: Wie werden Schichtung und Herrschaf legitimierende Ideen entworfen, festgeschrieben und als gültig verbreitet?

Für die Mächtigeren ist es wichtig, das an «Ausstattung» Erreichte zu legitimieren und durch Errichtung der entsprechenden Entscheidungs- und Kontrollpositionen in rechtmässige Herrschaft über andere zu überführen und auf diese Weise zu sichern («wohlerworbene Rechte»). Die «Unteren» sollen dazu gebracht werden, das Erreichte der «Oberen» zu anerkennen. – Für die «Unteren» stellt sich also die Frage, ob sie die Legitimationsprinzipien der «Oberen» anerkennen wollen oder nicht.

Im Zentrum stehen *Vorstellungen über die Rechtmässigkeit* der einmal erreichten und gefestigten Ausstattungs-, Entscheidungs- und Kontrollverhältnisse. Die Anerkennung dieser Vorstellungen «erspart» das immer wiederkehrende Aushandeln im weitesten Sinne; diese Form der Anerkennung bezeichnen wir als *Legitimationsprinzip.*

Mit folgenden Antworten wird Behinderungsmacht legitimiert:

· *Ungleichheit* bzw. *Gleichheit* ist gerecht, weil gottgewollt, naturgegeben, wissenschaftlich erwiesen, offensichtlich usw.

18

Zitat Art. 397a ZGB (Schweizerisches Zivilgesetzbuch): «Eine mündige oder entmündigte Person darf wegen Geisteskrankheit, Geistesschwäche, Trunksucht, anderen Suchterkrankungen oder schwerer Verwahrlosung in einer geeigneten Anstalt untergebracht oder zurückbehalten werden, wenn ihr die nötige persönliche Fürsorge nicht anders erwiesen werden kann.
Dabei ist auch die Belastung zu berücksichtigen, welche die Person für ihre Umgebung bedeutet.
Die betroffene Person muss entlassen werden, sobald ihr Zustand es erlaubt.»

· *Ungleichheit* und *Gleichheit* sollen als Legitimationsprinzipien den Handlungsspielraum der jeweils Mächtigen sichern. Hier bricht der geschichtlich belegte und auch heute aktuelle Grundkonflikt zwischen (Neo-)Liberalismus und Sozialismus auf: Die Anhänger des Ersteren verweisen auf die individuelle (ideelle und materielle) Freiheit, die anderen auf die Notwendigkeit der kollektivierten Nutzung der Ressourcen, unter Zurückstellung individueller Interessen. Auf der einen Seite stossen wir auf Ängste der Liberalen, dass die Sozialisten «alles nivellieren», also den Wert der Gerechtigkeit überstrapazieren; auf der anderen Seite stossen wir auf die Ängste der Sozialisten, dass die Liberalen sich mit dem Wert der Freiheit durchsetzen und die Ressourcenverteilung dem «freien Markt» und damit im «Wettbewerb» dem «Stärkeren» überlassen.

Beispiele für die Legitimation von Behinderungsmacht im Hinblick auf Schichtung und Herrschaft:

· *Politik / Staat:* Forderungen bürgerlicher PolitikerInnen nach mehr Freiheit, mehr Selbstverantwortung und weniger Staat bedeuten – wo immer sie sich als politisches Prinzip durchsetzen – eine Schwächung der Legitimationsbasis der staatlichen Umverteilungs- und Lenkungsfunktion (z. B. auf dem Arbeitsmarkt). Seit einigen Jahren genügt ein Schlagwort des Neo-Liberalismus zur Legitimation sowohl national wie international behindernder Verteilungs- wie Anordnungsmechanismen: «der Markt» verlangt es so. Übrigens wird mit diesem Argument einem komplexen sozialen System – dem Markt – eine psychische Eigenschaft, nämlich ein Wille, zugeschrieben; eine Wirkung davon ist, dass die Akteure anonymisiert werden. Die Bedürfnisse der Mehrheit der betroffenen Subjekte, Arbeitnehmerinnen und Konsumentinnen, sind zweitrangig.

· *Organisation / Team:* Keine sachliche Begründung des Vorgesetzten für benachteiligende Anordnungen, die bei Nichtbeachtung sanktioniert werden – schliesslich trägt er ja die Verantwortung. – Die drei Regeln der Bürokratie zur Begründung behindernder Anordnungen: «Schon immer so gemacht – noch nie so gemacht – da könnte ja jeder kommen ...». – Auch dem Amts- und Berufsgeheimnis kann behindernde und machterhaltende Funktion zukommen, wenn es Arbeitnehmer daran hindert, über skandalöse «Interna» nach aussen zu informieren.

231

- *Familie:* Patriarchale Struktur – der Vater und Ehemann hat das letzte Wort – ungeachtet seiner Wirkungen. Weil es schon immer so war – weil es so in der Bibel steht ... – Früher (ist zu hoffen): als Frau brauchst du nichts zu lernen, du wirst ja eh heiraten ... – Frauen haben fraglos die Pflege kranker Eltern und Schwiegereltern zu übernehmen, weil diese Aufgabe ihnen «wesensmässig» besser liegt.

- *Paarbeziehung:* Den Haushalt besorgen – das kann die Frau «von Natur aus» besser.

Zur Legitimation von *Begrenzungsmacht:* Vordringlich erscheint die *Realisierung des Gerechtigkeitsprinzips* im Sinne eines *Ausgleichs von Leistung und Bedürfnis.* So verstanden wäre Ressourcenverteilung weder allein von der Umsetzung eines bestimmten Leistungsbegriffs, noch allein von Bedürfnissen bestimmter Gruppen abhängig. Der von Liberalen verurteilte «Egalitarismus» (Gleichmacherei!) ist unter dem Gerechtigkeitsaspekt ebenso wenig erstrebenswert wie die unbegrenzte Ausdehnung von sozialer Ungleichheit in jeglicher Form. Die Durchsetzung begrenzender Machtinstrumente scheint geeignet, eine gerechtere Ausstattung zu erzielen. Das bedeutet nicht, dass die Diskussion um das, was – im Ausgleich zwischen Leistung und Bedürfnis – als gerecht gilt, je einmal abgeschlossen werden könnte. Die Diskussion bleibt eingebettet zwischen ideologischen und bedürfnisorientierten Wertpositionen mit den daraus abzuleitenden Normen (Ethik) einerseits und den Folgen strukturell und kulturell bedingter Ausstattungsprobleme andererseits.

Auch hinsichtlich der so genannten *symbolischen Güter* stellt sich die Frage der Begrenzungsmacht. Das rasant zunehmende Wissen z.B. in der Biotechnologie wirft die Frage auf, ob dieses begrenzt werden sollte. Denn: Nicht abzusehen ist, welche Behinderungsmacht die Träger/Besitzer dieses Wissensmonopols einmal ausüben könnten – über wen?

Die Realisierung der *Freiheit des Bewusstseins* (E/M) ist für uns erstrebenswert. Durch einen unkritisch realisierten Freiheitsgedanken jedoch können im Übermass erworbene/gesicherte materielle Ressourcen (Ue) individuelle Freiheit behindern – durch Entzug/Vorenthaltung des Notwendigsten gegenüber den andern. Als Legitimationsbasis der individuellen Freiheiten sind *Freiheitsrechte* in den Verfassungen in Form von Grundrechten garantiert, Ungleichheiten zwischen Mann und Frau sollen aufgehoben werden (d. h. der Behinderungsmacht der Männer über die Frauen ist mit Begrenzungsmacht zu begegnen). Im Zusammenhang mit den Menschenrechten als Legitimationsmassstab sei doch darauf hingewiesen, dass das *Recht* überhaupt, die so oft beklagte «Verrechtlichung» des Sozialstaates, vorerst als Ressource zu sehen ist. Dem verbreiteten Seufzen und Stöhnen über die Bürokratie und die oft als einengend erlebte «Normierung des Alltags» durch materielles und formelles Recht kann aus dieser Perspektive Verständnis entgegengebracht werden. Das «Pochen aufs Recht» ist andererseits eine Möglichkeit, Behinderungsmacht durch die Begrenzungsmacht «Rechtsberatung und Rechtsprechung» zurückzuweisen (Mietrecht, Arbeitsrecht!).

3.1.4 Durchsetzung der legitimierten Übereinkünfte im Sinne von sozialer Kontrolle und allenfalls Gewalt

Die Ausgangsfrage lautet: Wie können einmal legitimierte Schichtung und Herrschaft/Hierarchie verteidigt, gesichert und wie allenfalls die die Legitimation anfechtenden Kräfte abgewehrt werden? Wenn Schichtung, Arbeitsteilung und Herrschaft eine legitimatorische Basis erhalten haben, gilt es, dieser Basis auch Nachachtung zu verschaffen. Das heisst: Die Normen und Gesetze müssen durchgesetzt werden – sei dies im Rechtsstaat, in einer Organisation oder in der Familie.

Weitere Fragen sind:

· Werden Besitzansprüche und -rechte der Besitzenden verletzt?
· Wird eine Kompetenz überschritten, ein Entscheid missachtet; besteht Ungehorsam oder Missachtung der Autorität der Entscheidungsbefugten?
· Werden zentrale kollektive Übereinkünfte für illegitim erklärt, was die Grundlagen des Zusammenlebens erschüttern müsste? Wird das Legitimationsprinzip «an sich» in Frage gestellt?

Nicht jede Interessengruppe bedient sich derselben Mittel zur *Durchsetzung des* aus ihrer Sicht verletzten *Anspruchs:* Während die einen den rechtsstaatlichen Apparat «bis nach Strassburg» ausschöpfen, begeben sich andere auf die Strasse, besetzen Häuser, bezahlen die Rechnungen des Elektrizitätswerks nicht, treten in den Hungerstreik usw. Wir begegnen der von breiten Minderheiten aktiv gestützten Legitimationsverweigerung unter dem umstrittenen Begriff des Widerstandsrechts z. B. im Asylbereich (Kirchenasyl usw.), bei Häuserbesetzungen, Aktionen durch Greenpeace-Aktivisten u. a. m.

Beispiele für Durchsetzungsmacht hinsichtlich legitimierter Normen im Alltag:

Politik / Staat: Strafklagen und -vollzug. – Fürsorgerischer Freiheitsentzug (s. Mrg. 18, S. 230). – Durchsetzung zivilrechtlicher Ansprüche bei Erbschaften, Scheidungen (Alimenteninkasso). – Zwangsvollstreckungen von Guthaben. – Massnahmen bei unrechtmässigem Bezug von Sozialhilfegeldern.

Organisation / Team: Administrativverfahren in der Verwaltung mit Sanktionen vom Verweis bis zur fristlosen Entlassung. – Leistungsbeurteilungen bzw. Qualifikationsgespräche mit positiven oder negativen Sanktionen (Lohnerhöhung oder Zurückstufung).

Familie: Belohnungs- und Bestrafungssysteme betr. Übernahme von Haushaltsaufgaben durch Kinder. – Liebesentzug gegenüber Kindern, die Anordnungen missachten (sei hiermit nicht empfohlen).

Jugendliche: Sanktionen gegenüber einem Mitglied der «Gang» nach Verletzung von Gruppennormen. – Durchsetzung der Heimnormen mit Sanktionen (z. B. Ausgangssperre).

Paarbeziehung: Nachweis der Aufgabenerfüllung gemäss Vereinbarung. – Liebesentzug ...

Je unsicherer, je anfechtbarer die Legitimationsbasis ist, auf die sich vor allem politische «Machthaber» abstützen, umso eher sichern sie ihre Macht durch Einsatz physischer Gewaltmittel. Diese werden gleichzeitig gegen die physische Integrität des Gegners gerichtet (Gewalt), wodurch in der Folge auch die psychische und soziale Identität des Gegners zerstört werden kann.

Zur Illustration einer Machtanalyse wählen wir – mangels Angaben zu Herrn Meier – die Situation von Herrn Weiss. Tab. 6 illustriert, wie sich die beschreibende Analyse einer Machtbeziehung darstellen lässt, nämlich die Beziehung zwischen Herrn Weiss und seinem Arbeitgeber, Herrn Steffen.

3.2 «Mischformen» von Austausch- und Machtbeziehungen – u. a. die Beziehung Klientin – Sozialarbeiterin/Sozialpädagogin

Bisher wurden zwei idealtypische Konstellationen von sozialen Systemen bzw. Beziehungen vorgestellt, nämlich Austausch- und Machtbeziehungen. Beide Beziehungsformen sind auf Dauer nicht «in Reinheit» zu haben. In *horizontal strukturierten* Beziehungen, etwa unter Kollegen, profilieren sich informelle Führer. Andere beschränken sich darauf, so lange zu «diskutieren», bis ihre Meinung allseits als die richtige akzeptiert wird. Wieder andere kommen regelmässig zu spät, was die Pünktlichen in der Erledigung ihrer Aufgaben behindert. Oder die Ehefrau muss für jeden Einkauf bei ihrem Ehemann betteln gehen.

In *Machtbeziehungen,* etwa zwischen dem Vorgesetzten und seinen Unterstellten, sind durchaus «horizontale» Interaktionen denkbar: Gemeinsame Interessen können zu einer informellen Beziehung führen – zu einem neuen sozialen System; bezogen auf das Thema besteht keinerlei Gefälle – ja, möglicherweise verfügt der Untergebene über einen Erfahrungs- und Wissensvorsprung. Solche horizontalen Interaktionen können sich wiederum positiv oder negativ (machtverschleiernd) auf die vertikale, formelle Beziehung auswirken.

Zur Abwechslung ein Objektwechsel: Die *Beziehung Klientsystem – Sozialarbeiterin/Sozialpädagogin* ist vertikal strukturiert, und zwar insofern, als die Sozialarbeiterin oder die Sozialpädadogin als Repräsentantin einer Organisation des Sozialwesens – eine Entscheidungs- und Kontrollinstanz – fungiert. Dies gilt vor allem für Soziale Arbeit, die aufgrund eines behördlichen Auftrags durchgeführt wird («gesetzliche Soziale Arbeit»), und unabhängig davon, ob eine staatliche oder private Organisation mit dem Vollzug des Auftrags betraut ist [19]. Die das Arbeitsverhältnis bestimmenden unterschiedlichen sozialen Positionen müssen dennoch nicht in jeder Phase der

19
Beispielsweise die Übernahme von gesetzlichen Vertretungen für Minderjährige durch Jugend- und Familienberatungsstellen mit privater Trägerschaft.

Tab. 6
Analyse einer Macht-
beziehung (Arbeitgeber –
Arbeitnehmer)

Peter Weiss Machtquellen	Beschreibung der Interaktionen	Albert Steffen Machtquellen	Anmerkungen der Sozialarbeiterin
Wissen (Modellmacht) (.../M)	Der Arbeitgeber verlangt von Herrn Weiss, dass dieser häufiger, nämlich vierzehntäglich, Zwischenabschlüsse erstellt und sie der Geschäftsleitung präsentiert. Herr Weiss weigert sich mit Hinweis auf seine Überlastung und meint, das bewirke gar nichts, denn es ändere nichts an der finanziellen Situation der Firma. (Nachdem Herr Weiss seit 12 Jahren in der Firma arbeitet, möchte er nicht riskieren, dass ihm gekündigt wird; seine Chancen auf dem Arbeitsmarkt seien seines Alters wegen gering. Seine Arbeitsbelastung sei jedoch enorm, die von ihm verlangte Überzeit steige stetig, ohne Entschädigung – Aussage gegenüber der Sozialarbeiterin).	Wissen (Modellmacht) (.../M)	Was hat Arbeitgeber getan, um Herrn Weiss zu motivieren? Einschätzung realistisch.
Erlebensmodi (Artikulationsmacht) (E/...)	Herr Weiss reagiert auf die Forderungen seines Vorgesetzten verärgert, sieht nicht ein, wozu diese Neuerung gut sein solle – ausser, dass sie ihm – und nur ihm – mehr Arbeit bringe. Herr Steffen beharrt auf seiner Meinung – «Die Geschäftsleitung» will das so! –, lässt sich nicht auf eine Diskussion ein. Lässt durchblicken –«andere wären froh, wenn...» –, dass Herr Weiss durchaus ersetzbar ist.	Erlebensmodi (Artikulationsmacht) (E/...)	
Handeln (Positionsmacht) Organisationsmacht (A)	Herr Steffen spreche jeweils ruhig, sachlich, packe auch seine versteckten Drohungen in fast sanfte Worte. Im Übrigen laufe er weg, wenn er, Herr Weiss, noch diskutieren möchte. – Herr Weiss sieht sich als unfähig, seine Ruhe zu bewahren. Es gelinge ihm nicht, in Stimme und Mimik seinen Ärger und auch seine Angst zu verbergen (Herr Weiss ist nicht Mitglied einer Gewerkschaft).	Handeln (Positionsmacht) Organisationsmacht (A)	Mitgliedschaft in der Gewerkschaft erwägen?

Sozioökonomische Güter (Ressourcenmacht) (Ue)	Herr Weiss leistet seiner Meinung nach pro Woche mindestens zehn Stunden Überzeit, ohne dass mit Herrn Steffen über eine Abgeltung nur zu diskutieren sei. Aus Angst vor Kündigung stellt Herr Weiss keine finanzielle Forderung.	Herr Weiss hat kein Vermögen.
Körper (Körpermacht) (Ui)	Hier nicht von Bedeutung.	
Sozioökonomische Güter (Ressourcenmacht) (Ue)		
Körper (Körpermacht) (Ui)		

Gesamtbeurteilung *(begrenzende bzw. behindernde Interaktionen):*

Erste Hypothesen (Warum?)

Herr Weiss: Die branchenspezifische Situation auf dem Arbeitsmarkt, sein Alter und fehlender finanzieller Rückhalt (Vermögen) erschwerten es ihm, sich für seine Rechte einzusetzen. Sollte er die Grenzen des Widerstandes überschreiten, hätte dies die Kündigung zur Folge, was ihn in eine ökonomische Abhängigkeit, im schlimmsten Fall in eine Langzeitarbeitslosigkeit führte.

Sozialarbeiterin: Einschätzung von Herrn Weiss wird geteilt.

Vorläufige Bewertung der Beziehung durch Sozialarbeiterin:

Herr Weiss erscheint behindernden Interaktionen ausgesetzt. Seine Mehrleistung wird nicht honoriert, sondern es werden noch mehr Anforderungen an ihn gestellt. Seine Einschätzung, dass er die Kündigung erhielte, wenn er sich aktiv gegen die eigentlich vertragswidrigen Praktiken wehren würde, ist nicht von der Hand zu weisen. – *Keine Interaktionen mit Tauschcharakter (horizontal) festzustellen.*

Zusammenarbeit durch alle Poren hindurch dringen. Sozialarbeiter und Sozialpädagogen üben Macht aus. Aber es sei das Ideal der «helfenden Beziehung» unterstellt, das sich von *begrenzenden* (Macht-)Interventionen leiten lässt. Zudem kann nicht ausgeschlossen werden, dass es innerhalb der professionellen Zusammenarbeit auch Phasen «gleichberechtigter» Annäherung zwischen Klientinnen und Sozialarbeiterinnen bzw. Sozialpädagoginnen gibt: Gemeinsame Erfahrungen und Interessen, gemeinsame Bekannte, geteilte Sorgen u. a. können das vertikale Verhältnis «kippen». Bevor der Autor von mahnenden Reaktionen ereilt wird, ausgelöst durch den Anspruch an «professionelle Reinheit», bekennt er, sich des problematischen Gehalts seiner Ausführungen wohl bewusst zu sein (Praxiserfahrung). Dennoch bleibt das hier Geschilderte Realität im Berufsalltag und gehört als Thema mindestens in die Bearbeitung durch Selbstreflexion.

Die Abb. 41 zeigt eine Möglichkeit auf, wie innerhalb einer Zweierbeziehung die «horizontalen» und «vertikalen» Interaktionen erfasst, strukturiert und zusammengefasst bewertet werden können. Das Beispiel ist der Situation des bereits bekannten Herrn Meier entnommen. Die Darstellung entstand aufgrund seiner Schilderungen über die Zeit unmittelbar vor der Scheidung.

Abb. 41
Beschreibung und vor-
läufige Bewertung einer
Paarbeziehung –
horizontale und
vertikale Interaktionen

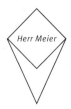

Herr Meier

A	E/M	Ue	Ui
Er schreit herum, droht seiner Frau, z.B. wenn sie nicht gekocht hat, wenn er nach Hause kommt. Sie fügt sich, weiss sich nicht zu wehren.	(Keine Hinweise)	Er gibt nur noch Haushaltsgeld ab, wenn seine Frau darum bittet, auch dann nur widerwillig.	Er droht ihr mit Schlägen – hat sie auch schon gepackt und zu schlagen versucht.
A	**E/M**	**Ue**	**Ui**

Einschätzung der Beziehung im Sinne der Kriterien «gegenseitig»/ «gleichwertig» bzw. «symmetrisch»/«asymmetrisch» und «begrenzend»/«behindernd» :

Die Beziehung zwischen Herrn und Frau Meier zeichnet sich als eine für beide behindernde Machtbeziehung aus. Wohl scheint Herr Meier mächtiger zu sein (Drohungen). Es gelingt aber auch Frau Meier nicht mehr, konstruktive Vorschläge zu machen – sie hat es lange Zeit versucht, Vorschläge betreffend Paarberatung gemacht, jedoch erfolglos. Nun reduziert sie ihre Bemühungen auf die Besorgung des Haushalts. Sie ist also durch die Beziehung ebenso in ihrem Alltag behindert wie er. Austausch gibt es praktisch keinen.

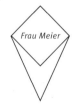

Frau Meier

Herr Meier

A — Unternehmen praktisch nichts mehr miteinander, er weicht seiner Frau so oft wie möglich aus. — **A**

E/M — Uneinigkeit zwischen Herrn und Frau Meier darüber, ob eine Eheberatung nötig sei. Sie fordert, dass er mitkommt, er weigert sich. — **E/M**

Ue — Sie besorgt den Haushalt, kocht, wäscht. Er gibt ihr immer weniger Geld; sie muss darum bitten. — **Ue**

Ui — Seit mindestens einem halben Jahr keine sexuellen Beziehungen mehr (er schläft im Wohnzimmer). — **Ui**

Nach der auf die Austauschbeziehung von Herrn und Frau Meier bezogene «Mischung» von horizontal verlaufenden Interaktionen mit zusätzlichen machthaltigen Interaktionen werden weitere Situationen illustriert, die «Mischformen» darstellen; entweder handelt es sich vorerst um formal vertikal oder formal horizontal strukturierte Systeme, deren Interaktionsstruktur jedoch auch je andere Aspekte aufweist, was faktisch die Positionsstruktur verändern kann. – Die dickeren Pfeile symbolisieren die dominierenden Interaktionen.

Interaktionen im
System Betrieb

Abb. 42
Beschreibung einer
hierarchischen Beziehung,
die zeitweise zu einer
(informellen) Austausch-
beziehung werden kann

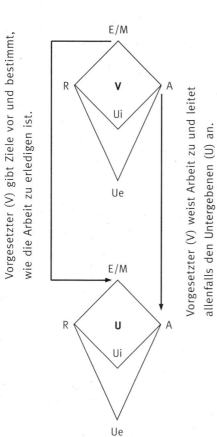

Vorgesetzter (V) gibt Ziele vor und bestimmt, wie die Arbeit zu erledigen ist.

Vorgesetzter (V) weist Arbeit zu und leitet allenfalls den Untergebenen (U) an.

Interaktionen im
System Tennisclub

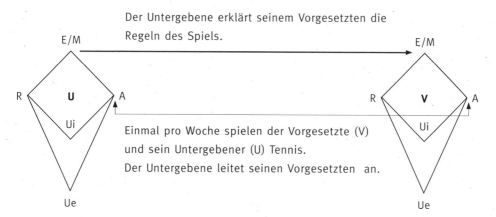

Der Untergebene erklärt seinem Vorgesetzten die Regeln des Spiels.

Einmal pro Woche spielen der Vorgesetzte (V) und sein Untergebener (U) Tennis.
Der Untergebene leitet seinen Vorgesetzten an.

Kommentar: Durch die gemeinsame Freizeitbeschäftigung begegnen sich der Vorgesetzte und sein Untergebener in einer anderen Rolle und bilden so ein neues System; zudem erklärt der Untergebene dem Vorgesetzten die Regeln – eine «milde» Form von Modellmacht.

Abb. 43

Beziehung zwischen Vater (V) und unmündigem Kind (K) – vertikale, horizontale und «schräge» Interaktionen innerhalb desselben sozialen Systems

Vater (V) und Kind (K) sprechen miteinander über ihre unterschiedlichen Ideen, was sie am nächsten Wochenende unternehmen könnten – die Vorschläge des Kindes nimmt der Vater auf, zeigt dem Kind die Vor- und Nachteile auf – und entscheidet letztlich.

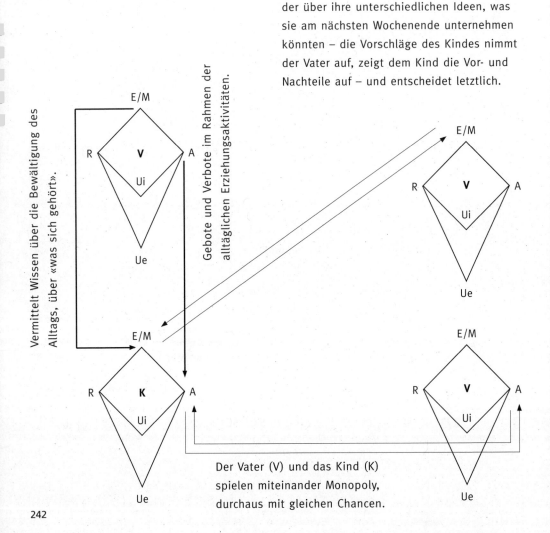

242

Kommentar: Das Eltern-Kind-Verhältnis ist grundsätzlich ein vertika-
les. Die Legitimation für die machthaltige Positionsstruktur ist die
elterliche Sorge. Erziehung bedeutet jedoch auch, dass sich Eltern
und Kinder – in denselben Rollen – mittels Interaktionen begegnen
können, die keinerlei Machtcharakter aufweisen. Ausschlaggebend
ist jedoch, ob im Konfliktfall – z. B. Verletzung von Spielregeln – eine
«friedliche» Verständigung möglich ist, oder sich die Eltern aufgrund
ihrer Positionsmacht durchsetzen, oder das Kind seine Positionsmacht z. B. durch Verweigerung und Weglaufen einsetzt. – Eltern
können Kinder in Entscheidungen über gemeinsame Aktivitäten einbeziehen; entweder nehmen sie den Vorschlag des Kindes auf, oder
sie setzen sich mit einem eigenen durch: solche Interaktionen
bezeichnen wir als «schräge», weil sie weder «rein» machthaltige,
noch «reine» Austauschinteraktionen sind (im Zweifel setzen sich die
Eltern durch).

Die nächste Grafik verweist auf die wechselnde Positionsstruktur
zwischen einem Elternteil und einem Jugendlichen. Diese Konstella-
tion bzw. die entsprechenden Interaktionen findet man oft zwischen
Eltern und Jugendlichen – obwohl die elterliche Sorge die Machtbeziehung legitimiert, kann sich in konkreten Interaktionen das
Machtgefüge zu Gunsten des Jugendlichen umkehren.

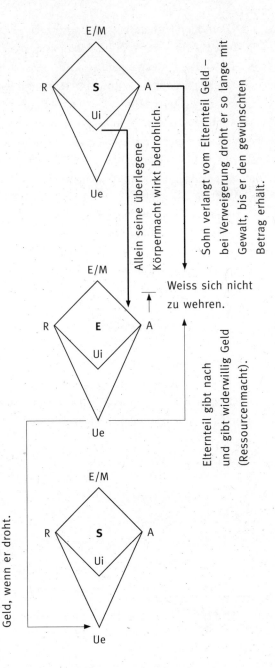

Abb. 44
Umkehr der vertikalen Positionsstruktur: Elternteil (E) leistet den Unterhalt ihres 20-jährigen Sohnes (S), dieser droht und übt Gewalt aus, wenn ihm seine Forderungen – z.B. nach Geld – nicht erfüllt werden

Allein seine überlegene Körpermacht wirkt bedrohlich.

Sohn verlangt vom Elternteil Geld – bei Verweigerung droht er so lange mit Gewalt, bis er den gewünschten Betrag erhält.

Weiss sich nicht zu wehren.

Elternteil gibt nach und gibt widerwillig Geld (Ressourcenmacht).

Elternteil kommt für den Unterhalt auf – zusätzlich erhält der Sohn dann Geld, wenn er droht.

Zusammenfassend muss aus der Sicht Sozialer Arbeit von sozialen Problemen im Sinne von *Machtproblemen* gesprochen werden, wenn ...

· einzelne, mehrere oder alle Mitglieder eines sozialen Systems einen beschränkten oder gar keinen Zugang zu gesellschaftlich vorhandenen ökonomischen (u. a. Erwerbsarbeit) und symbolischen Gütern (u. a. Bildung) haben, sodass sie ihre Bedürfnisse nicht befriedigen können. Behindernde Machtausübung findet in dieser Situation auch dann statt, wenn die Verteilungs*regeln* betreffend strittiger Güter legal sind oder legitim erscheinen (Schichtungsproblem);

· einzelne, mehrere oder alle Mitglieder des sozialen Systems in ihrem Handlungsraum eingeschränkt, ihrer Freiheit völlig beraubt sind, über- oder unterfordernde Arbeit zugewiesen erhalten, ihr Lebensmittelpunkt durch Dritte bestimmt wird, so dass sie ihre Bedürfnisse nicht befriedigen können (Arbeitsteilungsproblem);

· die gegenüber einzelnen, mehreren oder allen Mitgliedern eines sozialen Systems ausgeübte Macht im Sinne der Güterverteilungsregeln und der Herrschaft keine legale Basis hat, aber auch bei deren Vorhandensein, aufgrund ihrer negativen Effekte, als illegitim eingeschätzt werden muss (Legitimationsproblem);

· die gegenüber einzelnen, mehreren oder allen Mitgliedern eines sozialen Systems ausgeübte Kontrolle und allenfalls Durchsetzung von Güterverteilungsregeln keine legitime Grundlage hat, weil die Sanktion als unverhältnismässig und damit gegen die Bedürfnisbefriedigung der betroffenen Menschen gerichtet erscheint (Kontroll- und Durchsetzungsproblem).

Ressourcen zur Vermeidung oder Bewältigung von Machtproblemen sind demgegenüber ...

· transparente, auf Bedarfs- und Leistungskriterien beruhende Verteilungsregeln für ökonomische und symbolische Güter, die sich auf dem Hintergrund von Menschen- und Sozialrechten an gesetzlichen Bestimmungen, an den Idealen der Freiheit, Gleichheit,

Gerechtigkeit, der Bedürfnisbefriedigung und am sozialen Frieden orientieren;

- transparente und legitimierte Verfahren, die unter optimaler Gewährleistung von Mitbestimmungs- oder mindestens Mitspracherechten, die Entscheidungen von Machtträgern über die soziale Anordnung strukturell Abhängiger in den Bereichen Wohnen, Arbeit, Freizeit, Gesundheit, Mobilität u. a. leiten;

- die Kontrolle legitimierter Regeln bezüglich Güterverteilung und Anordnungs- und Weisungsbefugnis gegenüber Menschen, Ahndung der Verletzung legitimierter Regeln, allenfalls ebenso legitime Verfahren zur Abänderung einmal vereinbarter Regeln ohne Risiko, individuelle und soziale Sanktionen gewärtigen zu müssen.

Bisher wurden die zwei ersten Aspekte der Problem- und Ressourcenanalyse unter Beizug der Systemischen Denkfigur behandelt, nämlich 1. die individuelle Ausstattung und 2. die Beziehungen (Austausch und Macht). Nachdem in Kapitel E die Austauschbeziehungen und in diesem Kapitel die Machtbeziehungen vorgestellt worden sind, fasst die folgende tabellarische Übersicht deren Gemeinsamkeiten und Unterschiede noch einmal zusammen:

Tab. 7
Austausch- und
Machtbeziehungen im
(formalen) Vergleich

	Austauschbeziehungen	*Machtbeziehungen*
1. Entstehung durch ...	· Wahl oder Zwang.	· Wahl oder Zwang.
2. Strukturelle Merkmale	· Soziale Systeme, die über keine formelle Entscheidungs- und Kontrollinstanz verfügen «horizontale» Beziehungen (gleiches soziales Niveau).	· Soziale Systeme, über mindestens zwei soziale Niveaus, deren oberes über formelle Entscheidungs- und Kontrollkompetenzen verfügt.
3. Rollen / Funktionen	· Identischer Rollenstatus.	· Unterschiedlicher Rollenstatus.
4. Ausstattungs- dimensionen der Individuen sind zu be- trachten als ...	· Austauschmedien.	· Machtquellen.
5. Interaktions- quellen sind ...	· Austauschpotenzial.	· Machtpotenzial.
6. Interaktionen auf der Basis von ...	· Kommunikation, Koreflexion, Kooperation, Koexistenz und Sexualität als spezieller Form der Interaktion.	· Modell-, Artikulations-, Positions- bzw. Organisations-, Ressourcen- bzw. Marktmacht und Körpermacht.
7. Kernbegriffe	· Gegenseitigkeit (Reziprozität) · Gleichwertigkeit (Äquivalenz) · Symmetrie bezogen auf einzelne oder alle Interaktionsebenen und «auf Dauer».	· Behinderungsmacht · Begrenzungsmacht in Bezug auf Schichtung, Arbeits- teilung, Legitimation und Durchsetzung von Verteilungs- und Anordnungsregeln.

	Austauschbeziehungen	*Machtbeziehungen*
8. Probleme/ Konflikte	· Verletzung der Reziprozitätsnorm (Einseitigkeit).	· Offensichtliche Behinderungs- macht, die nicht legitimiert ist.
	· Ungleichwertigkeit, obwohl Reziprozität gegeben.	
	· Auf Dauer wird das Verhältnis zwischen Geben und Nehmen durch mindestens ein Individuum und/oder von aussen als asymmetrisch bewertet.	· Auf Dauer werden illegitime Behinderung, Einschränkung, Aus- beutung, Missbrauch u.ä. beklagt bzw. von aussen festgestellt.
	· Austauschpotenziale sind (zu) unterschiedlich, nicht den Erwar- tungen des Interaktionspartners entsprechend, mangelhaft und/ oder lassen sich nicht verändern.	· Machtpotenzial des Unterliegen- den ist ungenügend und lässt sich nicht verändern.
	· Mangel an Normen/Standards, die Gewähr bieten, dass die Interaktio- nen auf Dauer gegenseitig und gleichwertig verlaufen und als symmetrisch eingeschätzt werden.	· Mangel an Normen/Standards bzw. ihrer Durchsetzung, die die behindernde Macht legitimieren und damit begrenzen.
9. «Lösung»	· Gemeinsam Tauschregeln erarbei- ten, auswählen, vereinbaren und deren Einhaltung kontrollie- ren (Legitimation durch Konsens bzw. Vertrag).	· Verteilungs-, Entscheidungs- und Kontrollregeln erarbeiten, aus- handeln, vereinbaren, anwenden und deren Einhaltung kontrollie- ren, die durch ihre Durchsetzung zu legitimer Verteilung von Gütern und Anordnung von bzw. Weisungen gegenüber Menschen führen (Vertrag mit Sanktions- möglichkeiten).
10. Auflösung der Beziehung	· Einseitig, beidseitig oder durch Einwirkung Dritter.	· Einseitig, beidseitig oder durch Einwirkung Dritter.

Im nächsten Kapitel wird der dritte Teil des Modells «Systemische Denkfigur», die Bestimmung von Problemen und Ressourcen, erläutert. Darin wird aufgezeigt, weshalb aus der Sicht Sozialer Arbeit ein bestimmter Sachverhalt als physikalisch-chemisches, biologisches, psychisches oder soziales (eingeschlossen kulturelles) Problem oder als entsprechende Ressource aufgefasst werden kann.

G Bewertung von Fakten als Probleme und als Ressourcen

1. Werte, soziale Probleme und Ressourcen

Weshalb und unter welchen Umständen bewerten Sozialarbeiter, Klienten oder Mitglieder von Behörden eine bestimmte soziale Situation als «problematisch»? Wie kommen sie dazu, ein bestimmtes Handeln als «ungerecht» oder die vorhandenen Güter als «ungenügend» zu bewerten? Weshalb lässt sich in Bezug auf die Bewertung derselben Situation unterschiedlich argumentieren? Und unter welchen Bedingungen werden gewisse individuelle Eigenschaften und soziale Beziehungen als «Ressourcen» bezeichnet? Sozialarbeiterinnen und Sozialpädagoginnen sind auch «Definiererinnen und Definierer» sozialer Probleme. [1] Sie bewerten Situationen als professioneller Einflussnahme und Veränderungen bedürftig: Sie müssen begründen können, weshalb sie einen bestimmten Zustand oder ein bestimmtes Verhalten ihrer Adressatinnen als Problem bestimmen. Ihren Bewertungen liegen Werturteile der Betroffenen (was ist für sie wichtig?), Wissen über Normen und Standards und ihre fachliche Einschätzung der Situation – z. B. eine erklärungstheoretisch fundierte Prognose – zugrunde. «Begründen» erfordert, sich über dauerhafte Differenzen zwischen Soll- und Ist-Werten zu äussern, und zwar zu biologischen, psychischen und sozialen: von Professionellen der Sozialen Arbeit wird ein Werturteil verlangt. *Aussagen über Probleme und Ressourcen erfolgen letztlich aufgrund von Wertewissen: Welche Werte sind – mit welchen Folgen – nicht realisiert? Und: Welche Normen werden nicht befolgt, welche Standards sind nicht erfüllt, um bestimmte Werte zu gewährleisten?* Die bewusste und systematische Orientierung an massgebenden Werten beantwortet die Frage nach der *Wichtigkeit gefährdeter oder fehlender Güter bzw. individueller*

[1] Im Folgenden wird die Bezeichnung Problembestimmung verwendet. Von Problem‹definition› wird wohl verbreitet geschrieben, was jedoch nicht korrekt ist; definiert werden Begriffe.

251

und sozialer Zustände (Was ist gut?, oder: Was sollte sein? bzw. Was ist nicht gut?). Entsprechende Antworten beeinflussen die Einschätzung der Dringlichkeit bzw. Veränderungsbedürftigkeit und Veränderungsmöglichkeit einer allfälligen professionellen Intervention. [2]

Bereits an dieser Stelle anzumerken ist, dass eine Situation auch dann problematisch ist und in die Zuständigkeit Sozialer Arbeit fallen kann, wenn die direkt Betroffenen «offensichtlich» kein Problem haben, sie oder Dritte jedoch psychosozialen Gefährdungen ausgesetzt sind, – was ihnen, aus welchen Gründen auch immer, (noch) verborgen bleibt. Oder weil die Erkenntnis unangenehm oder gar bedrohlich wäre und darum verborgen bleiben «muss».

Im Folgenden werden die Begriffe *Wert, Wertewissen, Werturteil, Wertkonflikte, soziale Norm* bzw. *sozialer Standard* näher erläutert:

2. Begriffe rund um die Bewertung von Bildern (Sachverhalten)

Die Frage: Was sind *Werte*? beantwortet die Werttheorie oder Axiologie. Die *Werttheorie* (und die Ethik) gehört zum philosophischen metatheoretischen Rahmen auch des Systemtheoretischen Paradigmas. «Danach sind Werte jene Eigenschaften, Subsysteme und Vorgänge innerhalb und ausserhalb von Biosystemen, die zu deren Fähigkeit beitragen, ihren artspezifischen Lebenszyklus fortzusetzen. ... Alle anderen Eigenschaften und Prozesse sind entweder neutral oder schädlich» (Obrecht, 2001:39). Werte sind relational, d. h. sie sind nicht «in sich» oder «als solche» wertvoll, sondern nur mit Blick auf andere, allenfalls sie konkurrenzierende. Und Werte – insbesondere die so genannten arationalen oder biotischen Werte des Organismus – sind nicht in jedem Fall bewusst, müssen also nicht kognitiv erkannt werden (Mahner und Bunge, 2000:151–152). Die Werttheorie macht begründete Aussagen über erwünschte Zustände von Individuen und sozialen Systemen, mit Blick auf deren Entstehen, Bestehen und Wandel.

Das Thema «Werte» ist eng mit moralischen bzw. ethischen Fragestellungen verknüpft. Im Systemtheoretischen Paradigma ergibt sich – verträglich mit der Werttheorie – die handlungsrelevante Orientie-

[2]
Oft besteht hinsichtlich des Unterschiedes zwischen Wichtigkeit und Dringlichkeit eine Unklarheit, sie werden oft gleichgesetzt. *Wichtigkeit* bezieht sich auf den Wert des Objektes bzw. seiner Eigenschaften, während die Frage der *Dringlichkeit* den Zeitaspekt berührt. Es ist möglich, dass etwas vorerst «nur» Dringliches ganz wichtig wird, weil man z. B. aufgrund einer Verwirkungsfrist einen finanziellen Anspruch verliert. Kurz: Dringliches ist nicht immer wichtig, Wichtiges jedoch oft auch dringlich.

rung am *moralischen Realismus*: Dieser besagt, «dass es, da es Biowerte gibt, menschliche Individuen selbstwissensfähig und auf ein
Leben in Gesellschaft angewiesen sind, auch moralische Fakten wie
Mord und Freiwilligkeit und deshalb auch moralische Wahrheiten …»
gibt. Aus dieser Sicht hat Moral ihre Grundlage einerseits in der Biologie, andererseits in der Gesellschaft und ihrer Kultur (Obrecht,
2001:55). Der moralische Realismus ist der gesellschaftlich-kulturelle
Ort, wo moralische Fragen gestellt und Antworten in Form von
Regeln entwickelt, ausgehandelt und vereinbart werden. Hier geht es
z. B. um Differenzen hinsichtlich Machtfragen, in Bezug auf Güterverteilung oder Herrschaftsausübung. Finden wir moralische Begründungen «für das, was gut ist»?

Zwischen moralisch begründeten Regeln und der Bedürfnistheorie
besteht ein Zusammenhang: der moralische Realismus fragt mit
Blick auf Bedürfnisse nach den zu ihrer Befriedigung notwendigen
Bedarfen (Gütern). Aus der Sicht Sozialer Arbeit heisst das: *Was ist
durch wen und auf welche Weise zu tun, um die biologischen, biopsychischen und sozialen Werte zu gewährleisten?* Eingeschlossen ist die
Frage, wer dafür die moralische Verantwortung trägt (Legitimation
der Balance zwischen Selbst-/Fremdverantwortung). Gestützt auf die
Bedürfnistheorie können Argumente formuliert werden, um, über
quantifizierbare Notwendigkeiten hinaus, die Bedarfe auch moralisch
zu begründen. Diese Überlegungen führen zu handlungstheoretischen Folgerungen: das Methodenrepertoire der Professionellen
der Sozialen Arbeit und die durch sie erschlossenen externen Ressourcen müssen geeignet sein, die sozialen Lebensbedingungen
ihrer Adressatinnen unter deren Mitwirkung so zu beeinflussen, dass
die Befriedigung von biologischen, psychischen und sozialen Bedürfnissen – auch in Zeiten der Ressourcenknappheit auf Seiten des
Staates etwa – dauerhaft sichergestellt ist: das ist moralisches
Handeln.

Gesundheit, Wohlbefinden und soziale Integration sind wichtige
(Soll-)Werte. Obrecht unterscheidet zwischen *arationalen* und *rationalen* oder *funktionalen* Werten. [3] Die ersteren sind als Soll-
Zustände im menschlichen Organismus selbst begründet, direkt
«einsichtig» und universell, sie werden auch *biotische oder organis-
mische* Werte genannt. Sie sind nicht immer bewusst; dennoch kann
sich das Unterschreiten bestimmter Werte als gesundheitliche «Stö-

3

Vgl. Obrecht, 1996a:149 f. –
Die Ausführungen geben zur
Bedeutung der Frage «Was ist
gut?» bzw. «Was ist nicht
gut?» direkt nutzbare Antworten. Zur Frage, wie Bewertungen zu sozialen Problemen
zustande kommen, finden sich
hier plausible Erläuterungen.

rung» (als Ungleichgewicht oder Spannung des Organismus = Bedürfnis) manifestieren, z. B. als zu hoher Blutdruck, Diabetes oder Dehydratation. Bewusst werden uns in der Regel Hunger, Durst und sexuelle Spannungen. Aufgrund der Bewertung solcher organismischer Bilder einerseits und der Bewertung der Bilder über unsere soziale Umwelt andererseits versuchen wir unser Gleichgewicht aufrecht zu erhalten, indem wir durch adäquate Handlungen unsere Bedürfnisse befriedigen.

Die *rationalen* oder *funktionalen* Werte gründen in gesellschaftlichen Übereinkünften. Die «idealen» oder «moralischen» Werte – Liebe, Ordnung, Rücksicht, Respekt, Gerechtigkeit, Sicherheit u. a. – haben ihre Wurzeln zu einem grossen Teil im systemisch begründeten Umstand, dass wir auf Verletzung solcher Ideale reagieren: sie erst ermöglichen die Realisierung der arationalen Werte. So muss z. B. der Wert «Bildung» erfüllt sein, um den Wert «Verstehen» und damit das universelle Bedürfnis «nach orientierungs- und handlungsrelevanter Information» zu realisieren (vgl. II.8b in Anhang 7).

Wertewissen ist das Gesamt von Wissen über biologische, psychische und soziale Fakten,

a) die für das unmittelbare Funktionieren und Bestehen des
   Organismus unabdingbar sind,
b) die innerhalb eines bestimmten sozialkulturellen Kontextes als
   für die soziale Integration erforderlich erscheinen und die Voraussetzungen erfüllen, um die Werte gemäss a) sicherzustellen
   bzw. die Bedürfnisbefriedigung dauerhaft zu gewährleisten.

Das Wissen über arationale oder biotische Werte wird von allen Menschen weitgehend geteilt, die Werte gelten universell, unabhängig von strukturellen und kulturellen Bedingungen: Nahrung, Kleidung und Obdach bilden den Bedarf, der der Befriedigung von biologischen Bedürfnissen mit geringer Elastizität dient, denn anhaltender Hunger und Durst lassen den Organismus relativ rasch kollabieren. Weniger selbstverständlich ist Übereinstimmung angesichts von sozialen Werten wie etwa «Zugehörigkeit» und *«soziale Anerkennung»*. 4 Ihre andauernde Nichtbefriedigung kann gesundheitsbedrohende Zustände hervorrufen (z. B. soziale Verachtung –› soziale Isolation –› Depression –› körperliche Erkrankung). Während Bedürf-

4
Zur Bedürfnistheorie vgl.
Kap. B, 2.4.3.

nisse universell sind, sind *Wünsche* abhängig von gesellschaftlichen Bedingungen. Wie auch immer: Der Verlauf von Bewertungsprozessen, bezogen auf elastische Bedürfnisse und Wünsche, und die «Chance» ihrer Vergesellschaftung hin zu anerkannten Werten, wird auch durch die jeweiligen strukturellen und kulturellen Bedingungen (Moral) beeinflusst.

Das Gesamt an biologischen, psychischen, sozialen und kulturellen Werten, das das Funktionieren unseres Organismus gewährleistet, bezeichnen wir als *Wertsystem*. Bunge kommentiert diesen Begriff, ohne ihn explizit mit demjenigen des Bedürfnisses zu verknüpfen; der Zusammenhang wird jedoch klar: «Man kann ihn (den Begriff ‹Wertsystem›; KG) auf einfache und einleuchtende Weise klarstellen, indem man von folgender Annahme ausgeht: *Das, was Organismen für wertvoll halten, das ist, sich in bestimmten Zuständen zu befinden. Demzufolge schätzen sie nur solches von aussen Kommende (Dinge oder Ereignisse), insoweit es dazu dient, diese inneren Zustände zu erreichen.*» [5] (Werte sind zu unterscheiden von Zielen, welche im Einzelfall auf der Grundlage von Werten beabsichtigte und überprüfbare Zukunftsbilder von Zuständen oder Verhalten darstellen). Oder anders formuliert: Bedürfnisse sorgen dafür, dass sich Organismen so verhalten, dass sie die für ihr Wohlbefinden (Affekte!) und ihre Gesundheit erforderlichen Werte erreichen – unter der Bedingung, dass sie die strukturellen Bedingungen nicht daran hindern.

Werturteile von Professionellen sind explizite bewertende Aussagen über vorher beschriebene biologische, psychische und soziale Fakten, deren Referenzgrösse bestimmte Werte inbezug auf das Beschriebene sind und von denen sie abweichen. Sie basieren auf Werten bzw. Bedürfnissen, die als wissenschaftliche gestützt gelten. (Dem Laien billigen wir zu, dass er subjektive Werturteile spricht, auch ohne das bewertete Bild vorher explizit *beschrieben* zu haben).

Soziale Wertkonflikte können verstanden werden als das Ergebnis der unterschiedlichen Gewichtung von funktionalen Werten durch verschiedene Akteure. [6] Bei schwierigen Entscheidungen sprechen wir vom Vorgang der *Interessen- und Güterabwägung*: Abwägen bedeutet, die Werte zu gewichten, den «Aufwand» für ihre Gewährleistung mit dem «Ertrag» zu vergleichen, ein Vergleich, der sich aus der Perspektive Sozialer Arbeit wiederum an Bedürfnissen orientiert.

5

Vgl. Bunge/Ardila, 1990:259.

6

Neben den gesellschaftlichen Auseinandersetzungen um Werte sind auch intrapersonelle Wertkonflikte denkbar: Eine Person ringt mit sich selbst um die Wichtigkeit dieses oder jenes Gutes in einer bestimmten Situation (Güterabwägung), Ausdruck dieser Auseinandersetzung ist dann z. B. Entscheidungsunfähigkeit, Ambivalenz.

So genannte «Werthierarchien» spielen etwa dann eine Rolle, wenn sich das Problem der Verteilung knapper Güter stellt und daraus Verteilungskonflikte entstehen (Machtproblem): die *Einstellung zu bevorzugten Werten* kann sich ändern, obwohl sich (Soll-)Werte – biologische, psychische und soziale – naturgemäss nicht ändern. Man denke etwa an den Wert «Beschäftigung» in Zeiten der Hochkonjunktur und während Wirtschaftskrisen: Wie kann das psychosoziale Bedürfnis eines Langzeitarbeitslosen nach gesellschaftlicher Anerkennung auch ausserhalb der Arbeitswelt befriedigt werden, ja, wird es überhaupt als Bedürfnis gesehen? Oder anerkennen die politisch Verantwortlichen nur noch offensichtliche physische (unelastische) Bedürfnisse und damit das Sichern des Überlebens als ihre Aufgabe?

Soziale Normen sind explizite oder überlieferte (tradierte) Handlungsregeln (Gebote/Verbote); ihre Nicht-Beachtung wird sanktioniert. Sie dienen der Realisierung bestimmter Werte. Sie unterliegen der Frage nach der Verbindlichkeit des Handelns: «Muss, soll oder kann man etwas tun – oder soll man es lassen?» («kann» ist als normative Erwartung tiefer Verbindlichkeit gemeint!). Hier wird – soweit es um divergierende Auffassungen zur Frage «Was muss oder sollte man tun – oder lassen?» geht – der Bezug zur Moral bzw. Ethik sichtbar.

Als *soziale Standards* werden in diesem Band Bilder über gesellschaftlich anerkannte physikalische, chemische, nicht-humanbiologische und ökonomische Soll-Zustände verstanden. Im Unterschied zu Normen sind sie «statische» – jedoch auch von Handlungen abhängige – Voraussetzungen zur Konkretisierung von Werten. Standards sind Bilder als Antwort auf die Frage: Wie sollte ein Objekt beschaffen sein, damit es bedürfnisgerecht ist und damit der Erfüllung anerkannter Werte dient? Beispiele: Mindestlöhne, die Anzahl Zimmer einer Wohnung pro Kopf, fliessendes Wasser, die ergonomische Gestaltung des Arbeitsplatzes, Mindestgrösse einer Zelle in einem Gefängnis, allgemein zugängliche Informationen über die Infrastruktur des Gesundheits-, Bildungs- und Verkehrssystems, u. a. m.

Hinweis: Normen sind zu unterscheiden von Regeln, deren Umsetzung oder Unterlassung nicht sozial sanktioniert werden. Die hier vorgenommene Unterscheidung zwischen Normen und Standards kann mit bekannten Systemen von Normen bzw. Standards divergieren: Man spricht z. B. von Baunormen, von DIN-Normen oder von ISO-Normen; diese Normen beziehen sich vor allem auf Zustände, seltener auf Handlungen. In diesem Band bleibt der Begriff der *sozialen Norm* jedoch für *Handlungen* reserviert.

3. Werte und Wertprobleme konkret

Im folgenden werden Wertprobleme aus der Praxis Sozialer Arbeit anhand ausgewählter kurzer Beschreibungen konkretisiert. Oft sind so genannte «Wertfragen» bei näherem Betrachten durchaus sachlich zu beantworten. Die Feststellung «Das ist eine Wertfrage» kann ein Versuch sein, die inhaltliche Diskussion und Argumentation zu vermeiden oder das Problem zu relativieren und als subjektive Einschätzung abzuwerten.

Der Zugang zu Werten als Indikatoren für die Einschätzung einer Situation als problematisch oder ressourcenhaltig wird im Folgenden auf zwei Arten vorgenommen. Erstens werden ausgewählte Werte je Dimension der Denkfigur und der Austausch- und der Machtbeziehungen benannt – «naturgemäss» eine unvollständige Aufzählung (3.1). Zweitens werden in ebenso strukturierter Abfolge konkrete Aussagen formuliert, die auf die massgebenden Werte explizit oder implizit hinweisen (3.2). Dabei *kann* sich eine Aussage auf einen bestimmten ontologischen Ausschnitt beziehen, der Wert jedoch auf einen anderen (z. B.: der biotische Wert «Gesundheit» kann auch entscheidend sein für das Erreichen des funktionalen Wertes «Autonomie»).

3.1 Bedürfnisse und Werte hinsichtlich individueller Ausstattung und Austausch- und Machtbeziehungen

Bei den eingetragenen Werten handelt es sich um eine subjektive Wahl; ausdrücklich bleibt die Möglichkeit offen, dass Leserinnen und Leser zu anderen bzw. weiteren Bewertungen gelangen – sie lägen einer argumentativen Auseinandersetzung zugrunde (z. B. einer bedürfnis- und werttheoretischen Forschungsarbeit!).

Tab. 8
Individuelle Ausstattung:
Bedürfnisse und Werte

3.1.1 Individuelle Ausstattung

Dimension der SDF	Bedürfnisse	Funktionale Werte
Körper (Ui) und Rezeptoren (R)	– nach physischer Integrität	Gesundheit, Sauberkeit, Sicherheit
	– nach für die Autopoiese erforderlichen Austauschstoffen (verdaubare Biomasse, Wasser, Sauerstoff, Licht)	Gesundheit, Leben
	– nach sexueller Aktivität und Fortpflanzung	Körperliche Attraktivität, Lust, Elternschaft
	– nach Regenerierung	Erholung
Soziales (Ue)	– Zugehörigkeit durch Teilnahme	Mitgliedschaft, Zugehörigkeit, Status, Rechte und Pflichten, Herkunft, soziale Integration
Erlebensmodi und Wissen (E/M)	– nach sensorischer Stimulation	–› siehe Bedürfnis nach Abwechslung
	– nach schönen Formen	Schönheit, Ästhetik
	– nach Abwechslung	Abwechslung
	– nach Information (via sensorischer Stimulation)	Wissen, Wahrheit, Orientierung, Objektivität
	– nach angemessenen Codes bzw. nach «Sinn»	Vernunft, Verstehen, «Sinn», «Überzeugung», Sensibilität, Intuition
	– nach subjektiv relevanten Zielen und deren Erfüllung	Orientierung, Überzeugung, Hoffnung, «Sinn», Tradition
Verhalten/Handeln (A)	– nach effektiven Fertigkeiten, Regeln und sozialen Normen in Abhängigkeit der subjektiv relevanten Ziele (Kontroll- und Kompetenzbedürfnis)	Können, Kompetenz, Leistung, Kontrolle, Mobilität, Beschäftigung

3.1.2 Austauschbeziehungen bzw. ihre Interaktionen

Dimension der SDF	Bedürfnisse	Funktionale Werte
		Gegenseitigkeit und Gleichwertigkeit für alle Items
Tauschmedium Körper (Ui ‹ – › Ui)	– nach sexueller Aktivität und Fortpflanzung	Alter, (physische) Nähe, Geborgenheit, Zärtlichkeit, Treue, Sicherheit
Tauschmedium Güter (Ue ‹ – › Ue)	– nach (Austausch-)Gerechtigkeit	Teilhabe, Gerechtigkeit
	– nach sozialer Anerkennung	Leistung, Akzeptanz, Status, Respekt
Tauschmedium Erlebensmodi und Wissen (E/M ‹ – › E/M)	– nach Information	Transparenz, Kommunikation, Verständigung, Identität
	– nach Unverwechselbarkeit	
Tauschmedium Handeln (A ‹ – › A)	– nach Autonomie	Eigenleistung, Autonomie (als Wert), (Selbst-)Verantwortung, Freiheit
	– nach Teilnahme im Sinne einer Funktion	Kooperation, Mitwirkung, Verlässlichkeit, Verbindlichkeit
	– nach spontaner Hilfe	Hilfsbereitschaft, Solidarität, Loyalität

3.1.3 Machtbeziehungen bzw. ihre Interaktionen

Dimension der SDF	Bedürfnisse	Funktionale Werte *Begrenzung und Legitimation für alle Items*
Machtquelle Körper (Ui ‹ – › Ui)	– nach physischer Integrität	Kraft, Beweglichkeit, Gewaltfreiheit
Machtquelle Gütermacht (Ue ‹ – › Ue)	– nach (Austausch-)Gerechtigkeit	Besitz, Gerechtigkeit, Ausgleich, Verzicht
	– nach für die Autopoiese erforderlichen Austauschstoffen (verdaubare Biomasse, Wasser, Sauerstoff, Licht)	Teilhabe
	– nach sozialer Anerkennung	Status, Alter, Respekt
Machtquelle Erlebensmodi und Wissen (E/M ‹ – › EM)	– nach Information	Wissen, Transparenz, Kommunikation, Begründung, Verständigung
	– nach Unverwechselbarkeit	Identität
Machtquelle Handeln (A ‹ – › A)	– nach Autonomie	Mitbestimmung, Kontrolle, Ordnung, Selbstverantwortung, Freiheit
– Positionsmacht	– nach Teilnahme im Sinne einer Funktion	Gehorsam, Chancengleichheit, Rücksichtnahme
– Organisationsmacht	– nach Mitgliedschaft	Rechte und Pflichten, Solidarität, Loyalität, Hilfsbereitschaft

3.2 Aussagen hinsichtlich nicht realisierter Werte

a) Wertprobleme in Bezug auf das Vorhandensein bzw. Fehlen
bestimmter Eigenschaften von Individuen («Ausstattung»)

Körper (Ui)
· Mit einer körperlichen Behinderung sind die Chancen auf dem
  Arbeitsmarkt gering (Gesundheit vs. Leistung).
· Kann eine Frau das? (Biologistisches Vorurteil vs. Tradition).

Soziale Eigenschaften (Ue)
· Ledig, verheiratet oder geschieden zu sein, kann in einem
  bestimmten sozialen Kontext ein Nachteil sein
  (Status vs. Chancengleichheit).
· Ein Diplom gilt oft mehr als das faktische Können
  (Bildung vs. Kompetenz).
· Armutsgrenzen und Existenzminima werden doch völlig will-
  kürlich festgelegt! (Objektivität vs. Subjektivität).

Erlebensmodi – Wissen (E/M)
· Denken/Wissen sind mir wichtiger als alles «gut zu erleben»
  (Intellekt vs. Gefühl).
· (Schul-)Wissen wird als wichtiger eingestuft als Phantasie
  (Leistung vs. Kreativität).

Eigenschaften des Handelns (A)
· Meine Kollegen dürfen autofahren und ich – als bevormundeter
  19-jähriger – nicht (Autonomie vs. Recht)

b) Wertprobleme in Bezug auf Austauschbeziehungen bzw.
ihre Interaktionen

Körper als Austauschmedium (Ui)
· Mir ist die sexuelle Beziehung nicht mehr so wichtig –
  ich bin einfach froh, nicht allein zu sein (Lust vs. Gemeinschaft).
· Seit ich behindert bin, werde ich kaum noch eingeladen
  (Beziehung vs. Mobilität).

Güter als Austauschmedien (Ue)
· Das Diplom in Sozialer Arbeit wird durch denselben Arbeit-

geber tiefer bewertet als ein Universitätsabschluss
(Bildung vs. Status).

- Als Mann soll ich im Haushalt helfen, wo ich doch auswärts
  arbeite und den Lohn nach Hause bringe
  (Hausarbeit vs. Erwerbsarbeit).
- Meine Ideen werden nie beachtet, im Team ziehe ich immer den
  Kürzeren. Es sind immer die anderen, die ihre Meinung durchset-
  zen, ohne auf meine Argumente einzutreten (Macht vs. Diskurs).

Austausch betr. Kommunikation/Koreflexion (E/M)

- Mein Kollege muss zuerst alles konkret erleben und erproben
  können, um es zu verstehen (Erfahrung vs. Theorie).
- Du bist zu weich mit den Kindern; so lernen sie nie, sich im
  harten Wirtschaftsleben zu behaupten (Bedürfnisse vs. Leistung).

Austausch betr. Kooperation/Koproduktion (A)

- Ich möchte, dass du am Sonntagnachmittag mit mir den Haus-
  berg besteigst und nicht ständig vor dem Fernseher sitzst
  (Beziehung vs. Autonomie).
- Mein Beitrag an den gemeinsamen Haushalt in Form von Garten-
  arbeit gilt offenbar nichts (Hausarbeit vs. Erwerbsarbeit).

c) Wertprobleme in Bezug auf Macht-/Abhängigkeitsbeziehungen
und ihre Interaktionen

Körper als Machtquelle (Ui)

- Eltern strafen ihre Kinder durch Zufügen von Schmerzen
  (Gehorsam vs. Gesundheit).
- In vielen Wirtschaftsbranchen erhalten Frauen mit gleicher Quali-
  fikation und in der gleichen Funktion weniger Lohn als Männer
  (Biologisches Vorurteil vs. Gleichberechtigung).
- Wir vermieten keine Wohnungen an Farbige! (Biologistisches Vor-
  urteil vs. Gleichbehandlung).

Güter als Machtquellen (Ue)

- Im Spital besteht zwischen dem Lohn für die Putzfrau und
  demjenigen für den Professor der Chirurgie eine rund zehn- bis
  fünfzehnfache Differenz (Verantwortung vs. Gerechtigkeit).
- Asylbewerbern ist das Arbeiten untersagt (Teilhabe vs. Sicherheit
  [i.S. von Attraktivität des Asyllandes]).

- Das Sozialamt droht dem Klienten, der mit dem Existenzminimum lebt, sein Budget zu kürzen, wenn er nicht arbeiten geht (Existenz vs. Gegenleistung).

Artikulations- und Modellmacht (E/M)
- Mein Chef gibt mir im Qualifikationsgespräch nicht die Zeit, meine Meinung zu äussern; er lässt mich nicht ausreden – ich bin nicht so schnell (Hierarchie/Status vs. Mitsprache)

Positionsmacht (A)
- Ich bin empört, dass der Vorgesetzte befugt ist, gerade mich zu entlassen (Macht vs. Gerechtigkeit)
- Der Chef bevorzugt bei Beförderungen offensichtlich jüngere, aber unerfahrenere Frauen (Attraktivität vs. Erfahrung)
- Ich wage es nicht, bei meinem Mieter gegen die ungerechtfertigten Mietzinserhöhungen zu reklamieren oder gar gegen ihn vorzugehen (Gerechtigkeit vs. Sicherheit)

7
Vgl. Staub-Bernasconi, 1998:35–41; 2007:189 f.

Organisationsmacht (A)
- Nur ein Teil der Untergebenen des Vorgesetzten schliesst sich zusammen, um bei dessen Chef eine Beschwerde über ihn zu deponieren (Solidarität vs. Loyalität)
- Die meisten Verkäuferinnen sind nicht Mitglieder einer Gewerkschaft (Individualismus vs. Solidarität)

Zusammenfassend sprechen wir dann von *Wertproblemen*, 7 wenn.:

a) legitimierte und von der Mehrheit/den Machthabern vertretene Werte und entsprechende Normen und/oder Standards *nicht realisiert* werden (z. B.: Eigentum für alle – für die Mehrheit unerschwingliche Boden- und Liegenschaftenpreise in der Schweiz);
b) legitimierte und von der Mehrheit/den Machthabern vertretene Werte und Normen und/oder Standards *willkürlich realisiert* bzw. *nicht realisiert* werden (z. B. Gleichberechtigung – tiefere Löhne für Frauen in gleicher Funktion);
c) es für bestimmte Situationen/Probleme *noch keine gemeinsamen, allgemein geteilten Werte oder Normen und/oder Standards* gibt (z. B. Biotechnologie: was darf man, was nicht?);
d) von verschiedenen Akteuren zum gleichen Problem *unterschiedliche Werte bzw. Normen und/oder Standards* vertreten und deren

Durchsetzung versucht wird (soziale oder medizinische Indikation beim Schwangerschaftsabbruch? Suchtprobleme: unterschiedliche Sanktionierung des Alkohol- und Haschischkonsums);

e) legitimierte *Werte gezielt relativiert*, lächerlich gemacht (z. B. Menschlichkeit als «humane Duselei»), oder gar dämonisiert werden.

4. Die Bestimmung von Problemen und Ressourcen und ihre Begründung

Die folgende Darstellung beschreibt die *Methode der Problembestimmung* in drei Schritten. Auch die Feststellung von Ressourcen im Klientsystem ist das Ergebnis einer Bewertung von vorher beschriebenen Fakten; dem Auftrag entsprechend ist die Bestimmung von Problemen anspruchsvoller – und das Fehlurteil in Form eines Werturteils folgenschwerer.

Die Tabelle 11 lässt durch die waagrechte Lesart die einzelnen Schritte der Methode erkennen, die in die Problembestimmung münden. Die senkrechte Lesart weist auf die Unterscheidung der Handlungsregeln, des handlungstheoretischen Vorgangs und der jeweiligen theoretischen Grundlagen hin.

	1. Wertabweichung feststellen	2. Werturteil formulieren	3. Problem(klasse) und -art bestimmen
Handlungsregel	Stelle die Differenz zwischen Ist (= faktischer Systemzustand) und Soll (= bevorzugter Systemzustand) eines bestimmten Zustandes/Verhaltens des Objektes fest	Formuliere ein Werturteil, d.h. erkläre, ob und inwiefern es sich bei den formulierten Ist-Soll-Differenzen um Verletzungen von Werten handelt – welcher? – und expliziere deinen Code.	Verorte das codierte Bild im Objektbereich Sozialer Arbeit (Legitimation der Zuständigkeit).
Handlungstheoretischer Vorgang	Beschreibung der Differenz zwischen Soll- und Ist-Zustand.	Erhebung und Vergleich der werttheoretisch «bevorzugten» Codierung des Bildes der Klienten und Dritter.	Die Zuständigkeit Sozialer Arbeit zur Bearbeitung des Objektes plausibel darstellen, die Spezifität des Problems als «soziales» hervorheben.
Theoretische Grundlagen	Axiologie im Sinne der Kenntnis von Werten, die Systemstabilität gewährleisten.	Bedürfnistheorie. Professionelle Werte. Moralischer Realismus (-› normative Ausführung, gestützt auf Berufskodex). Gesellschaftlich legitimierte funktionale Werte (Menschenrechte, Verfassung, Gesetze).	Theorie sozialer Probleme.

Sozialarbeiter und Sozialpädagogen sind gehalten, das, was sie als Problem bestimmen, auch zu begründen. Antworten auf diese Fragen finden wir

- durch Aussagen über *normative Wertabweichungen und ein entsprechendes Werturteil,* indem wir angesichts einer «problematischen» sozialen Situation nach den «eigentlich» situationsangemessenen sozialen Normen und Standards und damit nach den kulturellen (gesellschaftlichen bzw. funktionalen) Werten fragen, die nicht oder willkürlich realisiert, noch nicht verbindlich geregelt oder deren Normierung/Standardisierung umstritten ist;

- durch Aussagen über eine *Abweichung von organismischen Werten und ein entsprechendes Werturteil,* indem wir angesichts einer «problematischen» Situation nach den Bedürfnissen fragen, die dauerhaft nicht befriedigt werden können (dieser Vorgang kann mit der Begründung moralischer Urteile gekoppelt erfolgen); wir zeigen auf, dass die dauerhafte Nicht-Befriedigung von Bedürfnissen wegen Überschreitens ihrer Aufschiebbarkeit (Elastizität) zu Folgeproblemen führen kann (vgl. Kap. 2.4.3);

- durch *weitere nomologische Aussagen (Beschreibungs- und Erklärungstheorien),* die bezüglich ihrer Korrelationen bzw. Gesetzmässigkeiten aufzeigen, dass sich die bestehende Situation nicht nur negativ verfestigen, sondern sich bei Nicht-Intervention in problemverschärfender Weise verändern wird.

Zwischen der normativen und der erklärungstheoretischen Bewertung besteht ein Zusammenhang: letztlich beruht die negative Bewertung der Verletzung von sozialen Normen/Standards auf empirisch oder theoretisch gestütztem Wissen über Folgeprobleme. Beispiele: Wo am Arbeitsplatz Normen zu Gunsten des Wertes «Gesundheit» fehlen, werden Arbeitnehmerinnen häufiger krank (Standards betr. Gesundheitsvorsorge und -versorgung). [8] Der Wert «Erwerbsarbeit» ist deshalb wichtig, weil erwiesen ist, dass dauerhaft erwerbslose Menschen einen tiefen Selbstwert (= Selbst-Bewertung eines psychischen Zustandes in Form eines vom Soll abweichenden Selbstbildes) aufweisen und physisch und psychisch krank werden können. [9] Bedürfnistheoretisch formuliert: Intensität und Dauer der Bedürfnisspannungen übersteigen die Elastizität (Aufschiebbarkeit)

8
Vgl. Geissler, 1994²:195 f.

9
Vgl. Wacker, 1998.

der Bedürfnisse: der Organismus befindet sich in einem zu lange anhaltenden Ungleichgewicht.

Für eine Problembestimmung und ihre Begründung mag es vorerst genügen, die Abweichung von Werten oder die Unmöglichkeit adäquater Bedürfnisbefriedigung festzustellen und die Abweichung mittels Werturteil (Was ist nicht gut?) zu problematisieren. Oder auf empirische Studien abzustellen, die das gesetzmässige Entstehen von Folgeproblemen belegen. *Damit sind jedoch weder der Änderungsbedarf noch der Handlungsbedarf festgelegt.* Diese werden erst erkennbar, wenn eine Prognose formuliert wird, unter der Annahme, man unternehme von professioneller Seite nichts, man lasse der aktuellen Situation ihren weiteren Lauf (s. Kap. 4.2). (Zwischen Änderungs- und Handlungsbedarf besteht ein Unterschied: man kann einen Änderungsbedarf feststellen, jedoch aufgrund weiterer Kriterien zum Schluss kommen, dass bis auf Weiteres nichts zu tun ist.)

Mächtige Akteure, insbesondere wirtschaftliche, politische und kulturelle, sind u. a. damit befasst, Werte zu kodifizieren, sie in soziale *Normen* [10] zu fassen, die das Handeln von Individuen in Wirtschaft, Staat und Privatleben leiten, um eben diese Werte (= Soll-Zustände) zu gewährleisten. Staub-Bernasconi beschreibt diesen Vorgang als *«Vergesellschaftung von Werten»*; [11] *er gehört zu den kulturellen Leistungen einer Gesellschaft.* Den Anlass zu einer neuen, ergänzenden oder anpassenden «offiziellen» Normierung bilden strukturelle und kulturelle Veränderungen und entsprechende politisch mehrheitsfähige Vorschläge.

Soziale Arbeit sieht sich mit Wertproblemen konfrontiert, 1. wenn «vergesellschaftete Werte» (Staub-Bernasconi) nicht realisiert, willkürlich realisiert oder relativiert werden (normativ-funktionale Problematisierung) oder sie unter sozialen Problemen leiden, für die der öffentliche Normierungsprozess noch nicht abgeschlossen oder ein solcher (noch) undenkbar erscheint (z. B. Gewalt in der Familie bzw. Geschichte der Frauenhäuser); 2. wenn Menschen dauerhaft unter sozialen Problemen im *bedürfnistheoretischen Sinne* leiden (s. Kap. 2.4.4), ihre Lebenssituation so beschaffen ist, dass sie unter dauernder Bedürfnisspannung leiden, biologisch, psychisch und/oder sozial-kulturell; diese Begründung von Problemen kann mit weiterem erklärungstheoretischem Wissen aus verschiedenen Disziplinen ergänzt werden (z. B. mit der Theorie struktureller und anomischer Spannungen, vgl. Heintz, P., 1980).

10

Staub-Bernasconi verwendet den Begriff «Kriterien»; um die Relevanz der Wertdimension für das Handeln sichtbar zu machen, konkretisiere ich «Kriterien» in Form von Normen im Sinne von sozial relevanten Handlungsregeln einerseits und als Standards im Sinne von Soll-Zuständen von Objekten andererseits (1998:35–41).

11

Vgl. Staub-Bernasconi, 1998:35–41; 2007:193; Solidar-, Gerechtigkeitswerte und Sozialrechte sind daran orientiert, die bedürfnisgerechte Teilhabe an den gesellschaftlichen Ressourcen zu ermöglichen; [...].

Für die normative Begründung von Problemen hat Staub-Bernasconi ein Verfahren entwickelt, das als «normativer Dreischritt» bezeichnet und im folgenden Kapitel dargestellt wird.

4.1 Begründung von Problemen mittels Durchführung des «normativen Dreischrittes»

Schildert uns Herr Meier, den Tränen nahe, wie sehr er die Kontakte zu seiner Tochter vermisse, registrieren wir diese Aussage 1. *beschreibend:* «Er vermisst regelmässige Kontakte zu seiner Tochter, was ihn traurig stimmt» und 2. *bewertend:* «Für Herrn Meier stellen die fehlenden Kontakte zu seiner Tochter ein ihn belastendes soziales und psychisches Problem dar, dies umsomehr, als er ohnehin relativ isoliert lebt. Sein Wunsch nach Kontakten mit seiner Tochter ist legitim» (Wert: Elternschaft).

Wenn Adressatinnen der Sozialen Arbeit einen Zustand oder ein Verhalten als Problem bewerten, tun sie dies letztlich im Wissen um eine ihrer Meinung nach bestehende Wertabweichung (vgl. Tab. 11, S. 265), eine nicht ausgeführte Norm bzw. einen nicht realisierten anerkannten Standard. Ihre Angehörigen, Arbeitgeber und Vermieter, Ärzte, Polizisten u. a. bewerten die zur Diskussion stehende Situation ebenfalls. Meistens erkennen Sozialarbeiterinnen und Sozialpädagoginnen dieselbe Situation als Problem, weil hinsichtlich häufig auftretender Probleme wie Einkommensschwäche, Erziehungsversagen, Sucht oder Gewalt in der Familie in der Bewertung doch weitgehende Übereinstimmung besteht *(common sense)* (an dieser Stelle sei auf die Vervielfachung der W-Fragen verwiesen, s. Kap. H, S. 304 f.).

Zur Begründung dieser Bewertungen wird die Durchführung der Methode des so genannten *«normativen Dreischrittes»* vorgeschlagen. Dieser «Dreischritt» umfasst das Bezeichnen 1. des bestimmten Problems, 2. der dadurch verletzten Norm bzw. des Standards und 3. des Wertes, der mit der Norm/dem Standard realisiert werden sollte.

Zur Illustration wird in tabellarischer Form dargestellt, wie Analysen von Wertproblemen im Sinne des normativen «Dreischrittes» praxistauglich durchgeführt werden können; der Dreischritt wird in der *senkrechten Struktur* der Tabelle abgebildet. Die fünf Merkmale, die

a) Nicht realisierte Werte

Thema	Nicht realisierte Werte	Willkürlich realisierte Werte	(Noch) Keine eindeutigen Werte	Unterschiedliche Werte	Relativierte Werte
Arbeitslosigkeit von Herrn Meier					
Was ist das Problem?	Herr Meier, 49-jährig hat (gegen seinen Willen) keine Erwerbsarbeit				
Abweichung von welcher Norm/welchem Standard?	Ein 49-jähriger Mann hat eine Stelle				
Welche Werte sollen durch die Normen/Standards realisiert werden?	Erwerbsarbeit Soziale Integration				

Tab. 12
Darstellung der Analyse von Problemen, Normen/Standards und funktionalen Werten

b) Willkürlich realisierte Werte

Thema	Nicht realisierte Werte	Willkürlich realisierte Werte*	(Noch) Keine eindeutigen Werte	Unterschiedliche Werte	Relativierte Werte
Bemessung von Sozialhilfeunterstützung nach Sympathie*					
Was ist das Problem?		Die Behörde unterstützt objektiv vergleichbare Unterstützungseinheiten ohne Begründung völlig unterschiedlich			
Abweichung von welcher Norm/welchem Standard?		Unterschiedliche Berechnung von Sozialhilfebudgets sind begründet und nachvollziehbar			
Welche Werte sollen durch die Normen/Standards realisiert werden?		Transparenz Gerechtigkeit			

* Ein Wertproblem im Sinne von Willkür wären nicht transparente Kriterien, die zu unterschiedlichen Sozialhilfebudgets führen, z.B. aufgrund von Sympathie, Wohlverhalten u.a.

c) Keine eindeutigen Werte

Thema (kein Beispiel gefunden) **Sterbehilfe***	Nicht realisierte Werte	Willkürlich realisierte Werte	(Noch) Keine eindeutigen Werte	Unterschiedliche Werte	Relativierte Werte
Was ist das Problem?					
Abweichung von welcher Norm/welchem Standard?					
Welche Werte sollen durch die Normen/Standards realisiert werden?					

* Lediglich Hinweis auf ein nicht klientbezogenes Beispiel für «noch nicht eindeutige Werte», da Diskussionen und Regelungen, sofern solche vorhanden, sehr unterschiedlich verlaufen.

d) Unterschiedliche Werte

Thema **Fehlende Kontakte zwischen Tochter und Vater**	Nicht realisierte Werte	Willkürlich realisierte Werte	(Noch) Keine eindeutigen Werte	Unterschiedliche Werte	Relativierte Werte
Was ist das Problem?				17jährige Tochter will ihren, von ihrer Mutter geschiedenen Vater nicht sehen.	
Abweichung von welcher Norm/welchem Standard?				Auch Kinder geschiedener Eltern treffen ihren Vater oder ihre Mutter.	
Welche Werte sollen durch die Normen/Standards realisiert werden?				Elternschaft Beziehung	

e) Relativierte Werte

Thema	Nicht realisierte Werte	Willkürlich realisierte Werte	(Noch) Keine eindeutigen Werte	Unterschiedliche Werte	Relativierte Werte
49-jährig und keine Erwerbsarbeit *					
Was ist das Problem?					Herr Meier, obwohl erst 49-jährig, hat keine Erwerbsarbeit mehr
Abweichung von welcher Norm/welchem Standard?					Ein Mann arbeitet bis 65. Ein 49-jähriger Mann ist arbeits- und leistungsfähig
Welche Werte sollen durch die Normen/Standards realisiert werden?					Leistung Produktivität Effizienz

* Die Relativierung bezieht sich bei diesem Beispiel auf die Bedeutung des Alters, indem man aus ökonomischen Gründen bereits den 49-jährigen Arbeitnehmer als nicht mehr leistungsfähig genug einschätzt.

in der *waagrechten Differenzierung* die Wertprobleme nach dem Grad der Realisierung von Werten unterscheiden, stammen von Staub-Bernasconi (vgl. S. 263–264). Auch subjektive Werturteile sind auf diese Weise bis zu einem gewissen Grad objektivierbar: Es ist mit diesem Vorgehen eher möglich, zu argumentieren, weshalb jemand welchen Umstand als Problem bewertet; deshalb ist dieser Dreischritt – wiederum unter Beachtung der Vervielfachung der W-Frage «Was-ist-nicht-gut?» – wenn möglich mit den Klienten vorzunehmen.

Nach der tabellarischen Darstellung der Methode des «normativen Dreischritts» folgen Ausführungen zur prognostischen Begründung von Problembestimmungen.

4.2 Erklärungen und Prognosen als Voraussetzungen zur Begründung von Problembestimmungen

Prognosen sind Schlüsse von Bekanntem auf das zukünftige Unbekannte. Sie dienen dazu, die Bewertung eines aktuellen Zustandes deshalb als problematisch zu begründen, weil sein Fortbestehen entweder eine Verschlimmerung der Situation mit sich bringen und/oder Folgeprobleme erzeugen könnte. Aus der nachvollziehbaren Darstellung von Folgeproblemen, die in der Prognose enthalten sein müssen, muss die Folgerung gezogen werden, dass diese wenn möglich zu vermeiden sind. Ausgehend von bekanntem Wissen über Fakten (Vergangenheitsbild, Gegenwartsbild: Beschreibung und Erklärungen) lässt sich auf ein mögliches Zukunftsbild (Prognose) schliessen. Erklärungstheorien (Objekttheorien) dienen dazu, gesetzmässige Prozesse von Individuen und sozialen Systemen zu verstehen. Sie sind *Quellen hinsichtlich der Begründung, weshalb ein Sachverhalt problematisch ist, ungeachtet dessen, welches seine Ursachen sind.* Im Rahmen professionellen Handelns geht es in dieser Phase darum, eine Prognose zu formulieren, unter der *Annahme, es werde von professioneller Seite nicht interveniert (vgl. Wohin-Frage, S. 297).*

Prognosen werden entwickelt, indem ausgehend von beschriebenen Fakten und in Kenntnis der Korrelationen und/oder Gesetzmässigkeiten, welche diese Fakten determinieren, mögliche Zukunftsbilder entworfen werden. Bei deren Vorhersagbarkeit ist Vorsicht geboten: Die wissenschaftliche Prognose ist bloss eine Vorausschau, und es

Tab. 13
Prognostische Begründung
der Problembestimmung

Problembestimmung	Prognosen als theoretisch begründete, antizipierte Bilder	Welche Bedürfnisse bleiben dauerhaft unbefriedigt? (Grundlage: Bedürfnistheorie)	Andere erklärungstheoretische Hypothesen als Grundlagen von Prognosen
Herr Meier, 49j., findet (gegen seinen Willen) keine Erwerbsarbeit	Folgeprobleme: Weiterhin keine Tagesstruktur, Mangel an sozialen Kontakten, Vernachlässigung von sich selbst, Alkoholkonsum nimmt zu. Erkrankung, Notfalleinweisung in med.-psychiatrische Klinik?	Keine Erwerbsarbeit auszuüben bedeutet auch, das Bedürfnis nach Zugehörigkeit (in der Arbeitswelt) nicht befriedigen zu können.	Wenn man auf Dauer keine Erwerbsarbeit ausübt, dann verfügt man auch über keine Tagesstruktur und man verliert die Orientierung in Raum und Zeit. (Sozialpsychologie).
Herr Meier kann seine Tochter nicht sehen. Er leidet unter dem Abbruch der Kontakte (durch seine Tochter).	Folgeprobleme: Wenn der Vater weiterhin seine Tochter nicht sehen kann, keine Zuwendung mehr erfährt, wird er – als untauglicher Versuch, seine Spannungen zu reduzieren – die Alimente nicht mehr zahlen, sein Verhältnis zur Tochter wird zum – auch juristisch – manifesten Konflikt werden.	Das Bedürfnis des Vaters nach emotionaler Zuwendung wird nicht befriedigt. Ebensowenig dasjenige nach sozialer Anerkennung, das er nur durch Wahrnehmung seiner Rolle befriedigen kann.	Wenn Eltern den Kontakt zu ihren Kindern nicht pflegen können, dann verlieren sie faktisch eine soziale Rolle, der sie sich de jure nicht entledigen können: dieser Umstand führt u.a. zu anomischen Spannungen (strukturelle Position und zugängliche Mittel divergieren) (Familiensoziologie).
Herr Meier zieht sich in seine Wohnung zurück und pflegt kaum kollegiale Beziehungen.	Folgeprobleme: Wenn Herr Meier weiterhin keine Kontakte pflegt, wird er zu einem «verschlossenen, komischen Kauz», der dann auch von anderen gemieden wird – er vereinsamt (ausser Zwangskontakten mit Behörden, Ämtern).	Menschen bedürfen der Zugehörigkeit, der emotionalen Zuwendung und sozialer Anerkennung – Beziehungen sind Quellen dafür. Der Rückzug in die Wohnung verunmöglicht soziale Kontakte als Voraussetzung der entsprechenden Bedürfnisbefriedigung.	Wenn Menschen soziale Kontakte meiden, dann entfallen Anregungen; die daraus resultierende Reizarmut kann zu Depressionen führen (Psychologie).

lässt sich nicht vollständige Gewissheit erreichen: Möglichkeiten für Fehler und Irrtümer sind zahlreich. Denn Gesetzmässigkeiten von Prozessen und Zuständen lassen nur eine begrenzte Veränderung bestimmter Eigenschaften von Objekten zu – man bezeichnet diese Tatsache wirklichkeitstheoretisch als «Zustandsraum von Objekten». [12] Die zukünftige Entwicklung eines aktuellen Sachverhaltes kann deshalb nicht beliebig verlaufen. Und deshalb kann auch nicht eine beliebige Menge von Zukunftsbildern beschrieben werden. Bei der Entwicklung von so genannten «passiven Prognosen» ist deshalb nicht von Wundern auszugehen, nicht von der Begegnung mit dem Traumprinzen, nicht vom Lottogewinn, aber auch nicht vom zwingenden Absturz in eine Depression und der nachfolgenden Einweisung in eine psychiatrische Klinik.

12

Vgl. Bunge/Mahner, 2004: 51f.

13

Die systemexternen Ressourcen sind im Laufe des eigentlichen Problemlösungsprozesses zu erschliessen (Womit-Frage).

Dennoch: Die Frage an Klienten oder Beteiligte nach deren optimistischen («im besten Fall») und deren pessimistischen («im schlechtesten Fall») Prognosen kann im Verlaufe eines Gesprächs durchaus ihre Berechtigung haben. Die Frage nach der Einschätzung der Wahrscheinlichkeit der einen oder andern Prognose kann der Bewusstseinsbildung förderlich sein, durch Aussagen zu Indikatoren zu der einen und der anderen Prognose kann ein Realitätsbezug ermöglicht werden. Solche Zukunftsbilder können mit den Beteiligten diskutiert werden und tragen im Idealfall dazu bei, dass man sich in der Formulierung einer realistischen Prognose findet und der Veränderungs- und damit der Handlungsbedarf eher erkannt wird (Motivation).

Tabelle 13 (S. 275) erwähnt in der ersten Spalte das bestimmte Problem. Anschliessend folgt die Formulierung der Prognose. Die beiden weiteren Spalten rechts der Prognose enthalten erklärungstheoretische Begründungen für die Prognose (mit Pfeilen angedeutet), wobei den bedürfnistheoretischen Ausführungen eine eigene Spalte zugewiesen ist.

4.3 Die Ressourcen der Adressatinnen und Adressaten [13]

Die Durchführung der Problem- und Ressourcenanalyse erfordert anschliessend an die Problembestimmung die *Bewertung von Fakten als Ressourcen (zum Begriff, vgl. Glossar, Anhang 1)*. Dabei interessieren diejenigen Fakten zur individuellen Ausstattung und zu den sozialen Beziehungen des Klientsystems, die als Beitrag zur Bearbeitung der Probleme gesehen werden könnten. Systeminterne Ressourcen sind nicht immer direkt erfassbar, sie zu entdecken ist – als weiterer Schritt aufgrund der konsensual bestimmten Probleme – das Ergebnis einer gezielten Erhebung und Bewertung von Fakten: im Rahmen der ersten Beschreibung der Situation und der anschliessenden Bestimmung der Probleme sind die entsprechenden Ressourcen vielleicht nur zufällig ins Blickfeld geraten. Mit dem Fokus auf die Lösung von Problemen kann gezielt nach Ressourcen gefragt und gesucht werden. Oft sind solche den Adressatinnen selber nicht bekannt, aber dennoch vorhanden (z. B. Bekannte mit Beziehungen zu Vermietern; «verschüttete» Interessen an anderen Erwerbstätigkeiten; handwerkliche Fertigkeiten; der Wille, die belastende Situation ändern zu wollen, ist ebenfalls eine Ressource u. a. m.).

Die Analyse des Austausch- und des Machtpotenzials der Adressatinnen und Adressaten kann mit Bezug auf die Frage nach Ressourcen eine entscheidende Rolle spielen; eine «Schlaufe» zurück kann, nachdem auch die Fakten zu den sozialen Beziehungen bekannt sind, hier den Blick auf wertvolle Ressourcen erschliessen (S. 129 f.).

Es wird empfohlen, die Schwelle zur Bewertung von Fakten als Ressourcen tief anzusetzen: andernfalls sieht man bei problembelasteten Klientsituationen nichts Nutzbares mehr. Umgekehrt ist nicht alles, was «positiv» ist, eine Ressource. *Ressourcen sind eine relationale Grösse*: sie sind immer mit Blick auf vorher bestimmte Probleme vorhanden oder nicht. So sind Ressourcen z. B. relevant für die Prognose – bei Vorhandensein wichtiger systeminterner Ressourcen fällt diese «positiver» aus, was sich wiederum in den Zielen niederschlagen sollte.

Zurück zur Denkfigur: Diese steht nicht wertneutral im Raum – sie repräsentiert einen Menschen, seine Bedürfnisse und seine Mitgliedschaften in sozialen Systemen. Die Auswahl der Dimensionen, die beim Individuum beschrieben werden, und die Unterscheidung der Austausch- und Machtbeziehungen sind das Ergebnis des theoretischen Konzeptes, gestützt auf das Systemtheoretische Paradigma der Sozialen Arbeit. Die relevanten Aspekte sozialer Probleme lassen sich mit diesem Instrument darstellen. Bestimmte Beschreibungen vorhandener resp. fehlender Eigenschaften führen zu Bewertungen

Tab. 14
Fragen zur Gesamtsituation von Herr Meier – Zusammenfassung

Die Elemente der SDF	Individuelle Ausstattung (Bedürfnisse als Basis)	Austausch-beziehungen (Tauschmedien als Basis)	Machtbeziehungen (Machtquellen als Basis)	Werte und Bedürfnisse als Basis (Funktionale Werte und Bedürfnisse als Basis)
Ausstattungsdimensionen von Individuen				
Körperliche Ausstattung, als Austauschmedium und Körpermacht	· Gesundheitlicher Zustand? · Ist er in ärztlicher Behandlung? (Folgen des Alkoholkonsums?)			*Wert, nicht realisiert:* Gesundheit *Bedürfnis, nicht befriedigt:* nach körperlicher Integrität
Soziale Ausstattung, als Austauschmedium und Ressourcen- und Marktmacht	· Wie lange kann er seine Wohnung noch bezahlen? · Wie lange ist er noch bei der Arbeitslosenversicherung bezugsberechtigt, ab wann muss er Sozialhilfe beziehen?		· Müsste (und möchte) seiner Tochter Alimente bezahlen, kann aber nicht. · Ist mit seinen Gläubigern ein Nachlass zu vereinbaren?	*Werte, nicht realisiert:* Erwerbsarbeit, Pflicht, (finanzielle) Sicherheit, Autonomie *Bedürfnisse, nicht befriedigt:* nach Kontrolle und Kompetenz, nach Autonomie, nach sozialer Anerkennung
Ausstattung mit Erlebensmodi und Wissen, als Austauschmedium und Modell- und Artikulationsmacht	· Aufgrund welcher Umstände denkt er, seine Tochter wolle nichts mehr von ihm wissen? · Worunter leidet er am meisten?	· Wann hatte er letztmals eine Beziehung zu einer Frau? (überhaupt ansprechen?)	· Wie erklärt er sich die Weigerung seiner Tochter, ihn zu sehen? · Was bedeutet ihm meine Anerkennung für sein	*Werte, realisiert:* Pflicht (Alimente) *Werte, nicht realisiert:* Lebensfreude, Selbstwert *Bedürfnisse:* nach emotionaler Zuwendung

				Werte, nicht realisiert: / Bedürfnisse, nicht befriedigt:
Verhalten/Handeln, als Austauschmedium und als Positions- und Organisationsmacht	· Zu welchen «sinnvollen» Beschäftigungen – ausser TV – ist er auch noch fähig? · Wie oft trinkt er was und wieviel?	· Welche Stimmungen kennt er, – was bedrückt ihn, – gibt es auch noch Erfreuliches in seinem Alltag?	· Was bedeutete ihm eine Beziehung zu einer Frau? · Wie ist der Kontakt zu seiner geschiedenen Frau heute?	Bemühen, die Alimente für seine Tochter zu bezahlen? · Welche Perspektiven – auch wenn arbeitslos – vermag er noch zu entwickeln, – ist er dazu überhaupt motiviert? (Aktivitäten, Selbstbelohnungen u.ä.) · Kann er gegenüber den Gläubigern die Initiative ergreifen und so eher der «Agierende» sein? *Werte, nicht realisiert:* Aktivität *Bedürfnisse, nicht befriedigt:* nach Stimulation und Abwechslung; nach Zugehörigkeit (Rollen?)
Beziehungschancen/ Chancen für Mitgliedschaften, basierend auf Austausch- und Machtpotenzialen	· Was möchte er mit der Tochter unternehmen, wenn er sie sehen könnte? · Was würde er gerne mit Freunden/Kollegen unternehmen, – wenn er welche hätte?	· Hat er nicht doch noch Freunde/Kollegen, die mit ihm etwas unternehmen würden?	· Soll ich mit seiner Tochter einen Vermittlungsversuch unternehmen zwecks Aufnahme des Kontaktes?	*Werte, nicht realisiert:* Elternschaft, Beziehung *Bedürfnisse, nicht befriedigt:* nach sozialer Zugehörigkeit (Familie), nach Anerkennung (durch Tochter)

im Sinne von «problematisch» bzw. «ressourcenhaltig». Wertewissen lässt dieses oder jenes Problem als «schlimmer», «wichtiger» oder «dringender» erscheinen als ein anderes.

Nachdem in diesem letzten Kapitel zur Problem- und Ressourcenanalyse die Bewertung von Fakten bzw. das Vorgehen zur Begründung von Problemen erläutert und beispielhaft illustriert worden sind, werden in Tab. 14 (S. 278f.) nun wesentliche Fragen aufgelistet, deren Antworten ein Gesamtbild über die aktuelle Situation (Momentaufnahme!) ergeben. Die Fragen zur Situation von Herrn Meier sind nach den Dimensionen der SDF strukturiert bzw. zugeordnet. Die Spalte ganz rechts weist a) auf funktionale Werte hin, die zur Begründung der bestimmten Problemdimension massgebend sind, und b) verweist auf Bedürfnisse, die aufgrund der Aussagen über Fakten dauerhaft nicht befriedigt scheinen (zur Orientierung hinsichtlich der Bedürfnisse vgl. Anhang 7, S. 352/353).

Im Anhang 23 sind beispielhafte Fragen zur Vergangenheit, Gegenwart und Zukunft zu allen Dimensionen der SDF aufgelistet. Sie beziehen sich nicht auf eine spezifische Situation, sondern sollen dazu dienen, die jeweiligen Themen bzw. deren Zuordnung zu veranschaulichen.

5. Zusammenfassende Analyse zur Situation von Herrn Meier

Als vorläufigen Schlusspunkt fasst die Sozialarbeiterin die Situation von Herrn Meier in einem Gesamtbild zusammen und zwar in Form der bekannten grafischen Darstellung. Nachstehend wird das praktische Vorgehen bei der Analyse beschrieben – im Idealfall erfolgen alle Schritte gemeinsam mit Herrn Meier, andernfalls muss auf die Quelle hingewiesen werden (vgl. Abb. 45):

1. Die Elemente der Zusammenfassung

   1.1 Klient und relevante Akteure
   - Herr Meier bildet das Zentrum der grafischen Darstellung;
   - die geschiedene Frau befindet sich in der Darstellung seitlich auf derselben Höhe, und etwas unterhalb sehen wir seine Tochter mit den bis jetzt bekannten Eigenschaften (Quelle: Herr Meier);

- die drei Instanzen, von denen Herr Meier abhängig ist, die Bank, das Steueramt, das Arbeitsamt bzw. deren Repräsentanten, sind als Individuen und machthaltige Akteure über ihm angeordnet, die Pfeile symbolisieren die jeweiligen Forderungen an ihn;
- die Sozialarbeiterin gehört ebenfalls zur Situation von Herrn Meier; ihr Verdacht betr. Alkoholkonsum von Herrn Meier wird nicht «unterdrückt»;

1.2 Probleme und Ressourcen aus der Sicht von Herrn Meier: Diese sind in der grafischen Darstellung ersichtlich.

1.3 Anschliessend werden – immer als Momentaufnahme – das Austausch- und das Machtpotenzial formuliert, wie es Herr Meier zur Zeit einschätzt; die dazu massgeblichen sozialen Rollen sind erwähnt.

2. Mitgliedschaften, soziale Beziehungen

2.1 Austauschbeziehungen: Sofern solche vorhanden, sind sie hier zu nennen bzw. zu beschreiben.

2.2 Machtbeziehungen: Sofern solche vorhanden, sind sie hier zu nennen bzw. zu beschreiben.

3. Hypothesenbildung: zu den Problemen, die der Klient genannt hat, formuliert die Sozialarbeiterin Hypothesen (Einzelaussagen zu möglichen Erklärungen).

4. Prognosen der Sozialarbeiterin bei Nicht-Intervention.

5. Begründung der Probleme unter Anwendung des normativen Dreischritts und durch Verweis auf Bedürfnisse (aufgrund der Situation allein durch Ressourcen von Herrn Meier nicht zu befriedigen).

6. Zuletzt erfolgt eine ebenso vorläufige, zusammenfassende Problem- und Ressourcenbeschreibung der Gesamtsituation (Synthese). Sie schliesst ab mit der Priorisierung der zu bearbeitenden Probleme.

Abb. 45
Gesamtbild über die
Probleme und Ressourcen
von Herrn Meier

Bank   Steueramt   Arbeitsamt

1. Beschreibung der Situation von Herrn Meier

Sachbearbeiter
fordert Rest
Kleinkredit

Sachbearbeiter
fordert
Steuerschuld

Sachbearbeiter
verlangt, dass er sich
bewirbt/stempelt

1.1 Beschreibung des Individuums

Hegt Verdacht auf
Alkoholmissbrauch durch
Herrn Meier

Sozial-
arbeiterin

· Ich leide körperlich an ... (s. Ui)...

  · Ich bin verbittert, ... weil mir gekündigt wurde, angeblich, weil
                         ich persönliche Probleme habe.
  · Ich bin verzweifelt, ... denn trotz Bewerbungen erhalte ich keine Stelle,
                         nur Absagen, weil «die» denken, ich sei dann
                         häufig krank.
  · Ich verstehe nicht ... ... weshalb meine Tochter nichts mehr von mir wissen will.

· Alle wollen etwas von mir, z.B. das Steueramt,
  die Bank ... Hat das alles noch einen Sinn –
  ich sehe keinen Ausweg!

Ressourcen (durch Klienten benannt)
· Ich bin verpflichtet, Alimente zu bezahlen, und
* ich akzeptiere diese Pflicht.*
· Ich habe Erfahrung als Hilfsarbeiter/Magaziner.
· Ich bin ein verlässlicher Arbeiter.

?

?   ?

    ?

?

Frau M.

E/M

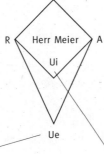

R   Herr Meier   A

Ui

Ue

Probleme (durch
Klienten benannt):
· Sehstörungen
  (zeitweise auftretend)

· Verbringe meine
  Freizeit vor dem TV

Probleme (durch
Klienten benannt):
· Kettenraucher (Finanzen)

Ressourcen (durch
Klienten benannt):
· Bewerbe mich immer noch
* um Stellen*
· Gehe regelmässig beim
* Arbeitsamt stempeln*

Will angeblich
nichts von
ihrem Vater
wissen

Weigert sich
(angeblich), ihren
Vater zu treffen

Tochter

· Vater einer 17-jährigen Tochter
· Geschieden seit drei Jahren
· Kein anerkannter Berufsabschluss
· Arbeitslos seit drei Monaten
· Bezieht Leistungen der Arbeitslosen-
  versicherung
· Ist krankenversichert

Probleme (durch Klienten benannt):
· Alimentenschulden
· Steuerschulden (rund SFr. 4 000.–)
· Kleinkreditschulden (SFr. 12 000.–)

Ressourcen (durch Klienten benannt):
· Hat günstige Wohnung: wohnt in
* 2-Zi.-Wohnung (SFr. 880.–)*

49-jährig.

Rötliches, aufgedunsenes
Gesicht. Wiegt wahrscheinlich
mehr als 100 kg. Riecht nach
Alkohol (Feststellung des
S'arb.)

Problem (durch Klienten
benannt): Leidet unter Atem-,
Herz- und Magenbeschwerden

1.2 Probleme und Ressourcen aus der Sicht des Herrn Meier

Diese sind in der nebenstehenden Grafik ersichtlich – ausser seinem Alter gibt es keine nicht-problematisierten, «neutralen» Beschreibungen. Ressourcen, die er für die Bearbeitung seiner Probleme als nützlich einschätzt, sind kursiv gedruckt.

Mit Blick auf die Beschreibung (inbegriffen die Probleme und Ressourcen, die der Klient sieht) erfolgt seine Einschätzung seiner Austausch- und Machtpotenziale:

1.3 Austausch- und Machtpotenziale in Bezug auf relevante soziale Rollen

- *Austauschpotenzial:* Rolle Kollege: Herr Meier sieht seine Möglichkeiten zum Aufbau und zum Erhalt von horizontalen Beziehungen als stark eingeschränkt. Er verkrieche sich zu oft in seiner Wohnung vor dem TV. Erwerbslosigkeit, Verschuldung und für alle sichtbare gesundheitliche Probleme liessen ihn als «Problemhaufen» erscheinen. Seine oft düstere Stimmung spreche allenfalls Leute an, die ihm so genannt «helfen» wollten. Wer mit ihm eine Beziehung unterhalten würde, würde ihn als pflichtbewussten, verlässlichen Kollegen erleben.

- *Machtpotenzial:* Rolle Arbeitsloser/Klient: Herr Meiers Möglichkeiten zum Aufbau und zur Pflege von vertikalen Beziehungen schätzt er als beschränkt ein: Er stehe unter Druck von legitimen Forderungen, z.B. von Gläubigern, und verfüge über keinerlei Mittel, diese zu befriedigen oder sich ihnen zu entziehen. Als Arbeitsloser und – neu – als Klient sei er abhängig. Sein Wille, sich aus Abhängigkeiten zu befreien, und seine Angelegenheiten in Ordnung zu bringen, gebiete ihm sein Pflichtgefühl.

2. Mitgliedschaften, soziale Beziehungen

- **2.1** *Austauschbeziehungen:* Zu seiner geschiedenen Frau hat er offenbar keine Beziehung mehr (wünscht sie auch nicht). – Sein sozialer Rückzug führt dazu, dass er auch keine Beziehungen zu Kollegen mehr pflegt.

- **2.2 *Machtbeziehungen:*** Bank, Steueramt und Arbeitsamt sind Instanzen, die von ihm legitimerweise (Herr Meier bestreitet keine Forderung), ihn subjektiv belastend und ihn damit behindernd, die Bezahlung seiner Schulden im Betrag von mindestens Fr. 16 000.– verlangen. Tochter weigert sich, mit ihm Kontakte zu pflegen (Weigerung = Machtmittel).

3. Hypothesenbildung der Sozialarbeiterin (Warum?) ...

... zu ihr wesentlich scheinenden sozialen Problemen, die der Klient genannt hat; die Schulden sind offensichtlich und bedürfen keiner näheren Erklärung. (Im Sinne der Vervielfachung der W-Fragen interessieren auch die Hypothesen von Herrn Meier).

- ***Problem 1:*** Herr Meier möchte eine Beschäftigung, findet jedoch keine: Angesichts seines Alters (49-j.) und seiner formalen Bildung ist Herr Meier auf dem Arbeitsmarkt nicht gefragt (ökonomische und soziologische Hypothese).

- ***Problem 2:*** Herr Meier kann seine Tochter nicht sehen, sie will ihn nicht sehen; a) sie schreibt ihm die Schuld an der Scheidung der Eltern zu; b) sie schämt sich, sich mit ihm in der Öffentlichkeit zu zeigen; Gleichaltrige könnten sie sehen. Sie erlitte einen Prestigeverlust, was für ihre labile Identität in der Pubertät kaum zu bewältigen ist (Entwicklungspsychologie); c) sie meidet den Loyalitätskonflikt zur Mutter.

- ***Problem 3:*** Herr Meier zieht sich in seine Wohnung zurück und pflegt kaum kollegiale Beziehungen: a) Er schämt sich, arbeitslos und verschuldet zu sein. Er leidet unter einem negativen Selbstwertgefühl, denn: im Selbstbild weist er ein negatives Austauschpotenzial aus («Ich bin kein attraktiver Gesprächspartner») ([Sozial-]Psychologie). b) Die Diskrepanz zwischen Wunsch und Wirklichkeit führt zu Spannungen, die vor allem im Rahmen von sozialen Interaktionen manifest werden. Rückzug ist für ihn ein selbstschützendes Bewältigungsverhalten – es erspart ihm subjektiv unangenehme Konfrontationen (soziologisch-interaktionistischer Ansatz).

4. Prognose der Sozialarbeiterin zur Situation (Wohin?), ...

... unter der Annahme, dass sie selbst nichts tut:

Herr Meier wird sich weiter in seine Wohnung zurückziehen, aus Mangel an sozialen Kontakten sich selbst und die Wohnung vernachlässigen, seine finanziellen Verpflichtungen völlig «vergessen» («hat doch keinen Sinn»), wahrscheinlich stärker dem Alkohol zusprechen. Durch Betreibungen wegen seiner Schulden (angekündigte Zwangsvollstreckungen) wird er einem Sozialdienst gemeldet. Wesentlich für seinen psychischen Allgemeinzustand wird die fehlende Beziehung zu seiner Tochter sein – er wird weiterhin unter der faktischen Zurückweisung durch sie leiden.

5. Begründung der Probleme (Was-ist-nicht-gut?)

a) Begründung mittels normativem Dreischritt

Problem	Verletzte Norm(en) bzw. Standards	Verletzte(r) Wert(e) (Was sollte sein?)
1. Erwerbslosigkeit, obwohl er arbeiten möchte	Jeder Mensch hat Anspruch auf eine existenzsichernde Erwerbsarbeit.	Beschäftigung Sicherheit
2. Herr Meier kann seine Tochter nicht sehen.	Eltern pflegen Kontakte zu ihren Kindern.	Elternschaft Verantwortung
3. Soziale Isolation durch Rückzug	Menschen sind soziale Wesen und suchen die Gemeinschaft mit anderen.	Gemeinschaft Beziehung
4. Kann Schulden nicht bezahlen	Man gibt soviel aus, wie man einnimmt. Im Falle mangelnder finanzieller Mittel zum Bestreiten der «normalen» Verpflichtungen geht man zum Sozialamt, nicht zur Bank	Pflicht Verantwortung Autonomie Vernunft

Zur Erinnerung: Die Problembestimmung basiert auf dem Werturteil über festgestellte Wertabweichungen. Mit dem normativen Dreischritt wird deutlich gemacht, worin die Differenz zwischen dem Wert (Was sollte sein?) und den problematisierten Fakten (= Ist) besteht. Die Erfüllung der «verletzten Normen/Standards» ist Bedingung, um die Werte zu realisieren.

b) Begründung mittels der Bedürfnistheorie

Problem	*Nicht befriedigtes Bedürfnis* *(vgl. Anhang 7, S. 352f.)*
1. Erwerbslosigkeit, obwohl er arbeiten möchte	Psychisches Bedürfnis nach Kontrolle und Kompetenz Soziales Bedürfnis nach Zugehörigkeit durch Teilnahme im Sinne einer Funktion (Rolle) innerhalb des sozialen Systems Betrieb
2. Herr Meier kann seine Tochter nicht sehen	Soziale Bedürfnisse nach Zugehörigkeit durch Teilnahme im Sinne einer Funktion (Rolle) – hier als Vater; nach emotionaler Zuwendung
3. Soziale Isolation durch Rückzug	Soziale Bedürfnisse nach emotionaler Zuwendung (Liebe, Freundschaft – Liebesbedürfnis), und nach sozialer Anerkennung (das nur durch Beziehungen befriedigt werden kann).
4. Kann Schulden nicht bezahlen	Soziale Bedürfnisse nach Autonomie (ist vom Gläubiger abhängig), nach sozialer Anerkennung (wird nicht erfüllt, weil er seinen Verpflichtungen nicht nachkommt).

Kommentar: Unter 3. (S. 284) wurde die vorläufige Problemliste erfasst; sie hat sich auch aufgrund der Hypothesen bzw. Prognosen nicht verändert. Einzig das Problem, dass er die Schulden nicht bezahlen kann, wird hier ergänzt; obwohl kaum lösbar, bildet es dennoch eine Quelle der Belastung für Herrn Meier. Im übrigen sieht der Klient die Probleme und ist kooperativ (Ressource).

6. Vorläufige, zusammenfassende Problem- und Ressourcen-beschreibung

Objektive Daten: 49-jähriger Mann, Magaziner, geschieden (17-j. Tochter), bewohnt eine 2-Zi-Wohnung für SFr. 880.–.

Probleme: Ist seit drei Monaten erwerbslos, stempelt. Bewirbt sich erfolglos. Hat ernsthafte gesundheitliche Probleme. Ist verbittert über die Erfolglosigkeit seiner Bemühungen und über seine Tochter, die den Kontakt verweigere. Ist verschuldet mit mindestens SFr. 16 000.–. Abhängig von Bank und Steueramt. Keine Zukunftsperspektive › überwiegend affektive Reaktionen.

Ressourcen: Ist pflichtbewusst, anerkennt seine Alimentenzahlungspflicht. Wohnung und Krankenversicherung sind (noch) gesichert. Bezieht SFr. 3100.– (Betrag genau?) von der Arbeitslosenversicherung. Zeigt sich in der Zusammenarbeit kooperativ.

Prioritäten der Probleme, durch die Sozialarbeiterin neu formuliert: 1. Soziale Isolation, Rückzug. 2. Abbrauch der Kontakte durch Tochter, 3. Bezugsberechtigung von Leistungen der Arbeitslosenversicherung läuft bald aus, 4. Überschuldung im Betrag von SFr. 16 000.–: Gläubiger lassen Herrn Meier noch nicht in Ruhe, obwohl ihre Bemühungen offenkundig sinnlos sind.

Die zuletzt formulierte zusammenfassende Problem- und Ressourcenanalyse (Befund) stellt eine *Synthese der Gesamtsituation zu einem bestimmten Zeitpunkt* dar: Die im Laufe der Analyse vorgenommene Fokussierung vieler einzelner Aspekte verdichtet sich hier wiederum zu einem Gesamtbild.

Mit diesem Beispiel ist die Vorstellung des Modells der Systemischen Denkfigur abgeschlossen; alle Aspekte – Individuum, Austausch- und Machtbeziehungen, Begründung von Problembestimmungen – sind vorgestellt worden. Das Ergebnis ist nicht in Stein gemeisselt. Handlungstheoretisch betrachtet können von jedem Analyseschritt aus erneut «Schlaufen» zu vorhergehenden Schritten gemacht werden, um Informationen zu ergänzen, alternative Hypothesen zu formulieren, die Probleme auf andere Weise zu priorisieren usw.

Das nächste Kapitel enthält einige Hinweise zum praktischen Vorgehen, ergänzend zu den Anweisungen, wie sie dem oben stehenden Beispiel vorangestellt worden sind.

H Anwendungen – Illustrationen zum Nutzen der Systemischen Denkfigur

Dieses letzte Kapitel bildet den Brückenschlag zur Praxis. Obwohl in diesem Band keine umfassende Handlungslehre für die Soziale Arbeit präsentiert werden kann: die SDF weist einen hohen praktischen Nutzen aus, der im einzelnen skizziert wird. Die Anwendung der SDF gehört zu den Elementen professionellen Handelns und ist für das systemtheoretische Bearbeiten von Problemen unverzichtbar. Im ersten Teil dieses anwendungsorientierten Kapitels sind deshalb einige Überlegungen zum professionellen Vorgehen eingefügt. Der zweite Teil enthält im Sinne von Anregungen Hinweise zu situativ spezifischen Anwendungen der SDF.

Worin besteht der Nutzen der SDF?

Es lassen sich mindestens die folgenden acht praxisbezogenen Möglichkeiten formulieren, die SDF im Berufsalltag einzusetzen:

1. Im Rahmen des systematischen Vorgehens unterstützt sie das Erzeugen eines möglichst vollständigen Bildes über die Ausgangslage; aufgrund dieses Bildes erfolgen alle weiteren Schritte des Problemlösungsprozesses;
2. sie erzeugt ein auf ontologischer Grundlage basierendes differenziertes, strukturiertes Bild und zeigt auf, in welcher Hinsicht dieses gezielt vervollständigt werden muss, andererseits zeigt sie auf, welche Aussagen über Fakten bewusst weggelassen werden können (zum Strukturieren siehe auch Anhang 8);
3. sie generiert Fragen zu Prozessen zwischen den Komponenten

des Individuums und zwischen Interaktionen der Individuen innerhalb eines sozialen Systems; dadurch unterstützt sie die Suche nach Erklärungen aus einer systemtheoretischen Perspektive;

4. sie verbessert die intra- und interprofessionelle Verständigung und die Zusammenarbeit mit Dritten durch einen an Wissenschaft orientierten gemeinsamen Code und lässt diese damit effektiver, effizienter und für alle Beteiligten befriedigender gestalten;

5. sie lässt sich auf sich selbst, auf die Professionellen, anwenden – sie kann der vielzitierten Selbstreflexion dienen, z. B. durch Erzeugung eines Selbstbildes in der professionellen Rolle;

6. sie unterstützt thematisches (ontologisches) Strukturieren der klientbezogenen Aktenführung (u. a. Verlaufsnotizen, Berichte) und der entsprechenden klient- oder projektbezogenen Dokumentation;

7. sie unterstützt die konkrete Darstellung des Gegenstandes Sozialer Arbeit anhand konkreter Situationen;

8. sie weist auf das Erfordernis transdisziplinären wissenschaftlichen Wissens hin bzw. sie unterstützt dessen gezielte Auswahl für die Praxis.

Im folgenden Kapitel werden die genannten Funktionen näher erläutert.

1. Nützliche Funktionen konkret

1.1 Die Beschreibung der Situation und weitere methodische Schritte

Es ist in den vorherigen Kapiteln dargelegt worden, weshalb und auf welche Weise es notwendig ist, sich über die Situation von Adressaten ein möglichst gutes, ein möglichst vollständiges und wahres Bild zu machen; dazu wird der Gebrauch der SDF empfohlen. Die dadurch entstehende systematische Beschreibung der involvierten Individuen und sozialen Systeme bildet die Grundlage für das weitere ebenso systematische Vorgehen; diese Beschreibung ist eine Antwort auf die WAS-Frage, als erste der so genannten W-Fragen. Was hat es mit diesen W-Fragen auf sich? In den Abb. 4 und 6, S. 86 und 91, ist je der Hinweis auf «Allgemeines normatives Wissen über das systematische Bearbeiten von Problemen» enthalten; es handelt sich dabei um

Handlungswissen, das zum allgemeinen methodischen Professionswissen gehört (vgl. Geiser, 2006). Am Schluss des Kap. B, S. 66 f., ist
auf die allgemeine normative Handlungstheorie hingewiesen worden; sie liegt den so genannten W-Fragen bzw. deren Antworten
zugrunde: die W-Fragen strukturieren den logischen, sequenzierten
Handlungsverlauf systematischen Problemlösens. In Form der folgenden Tabelle werden die W-Fragen präsentiert und ihre Funktionen
je wissens- und handlungstheoretisch kommentiert.

Tab. 15
Die W-Fragen bzw.
Wissensformen als
ihre Antworten

Ausgangslage ist in der Regel die Feststellung eines praktischen Problems als
Beschreibungsanlass.

Frage	Wissens- bzw. handlungstheoretischer Kommentar
1. WAS? (inkl. WANN-, WO- und WER-Fragen)	Die Wissensform ist die *Beschreibung*. Die WAS-Frage erzeugt mittels Beschreibung von Fakten gegenwartsbezogene Bilder über die in der Sozialen Arbeit relevanten Objekte, d.h. Individuen, Familien, Gruppen etc. und deren Eigenschaften. Mit Hilfe der *Systemischen Denkfigur* ist gewährleistet, dass die Professionellen ein möglichst vollständiges Bild des Klientsystems und weiterer relevanter Akteure erhalten.
2. WOHER? (inkl. WANN-, WO- und WER-Fragen)	Die Wissensform ist die *Beschreibung der Vor- bzw. Problemgeschichte*. Die WOHER-Frage erzeugt mittels Beschreibung früherer Ereignisse (Fakten) vergangenheitsbezogene Bilder über die relevanten Objekte; damit kann u.a. die Entstehungsgeschichte von Problemen nachvollzogen werden, ebenso sind bisherige Lösungsversuche und ihr Ergebnis sind bekannt.
3. WARUM? (Weshalb?) (inkl. WANN-, WO- und WER-Fragen)	Die Wissensform ist eine *Erklärung*, d.h. eine Aussage (Hypothese) oder ein System von Aussagen (Theorien) über gesetzmässige Beziehungen zwischen Eigenschaften von Dingen unter bestimmten Bedingungen. Die WARUM-Frage führt über Erklärungen zu einem integrierten Bild, in dem die Fakten nicht als von einander isoliert, sondern als miteinander verknüpft aufgefasst werden. Erklärungen oder die Bildung von Hypothesen als Erklärungsversuche dienen dem bessseren Verstehen der in der Regel problematischen Situation. Sind die ihr zugrundeliegenden Gesetzmässigkeiten («Zusammenhänge») bekannt; ergeben sich Hinweise zur Wahl der Methode – diese muss geeignet sein, auf die postulierten «Zusammenhänge» – soweit dies möglich ist, einzuwirken. (Anmerkung: Es gibt Gesetzmässigkeiten, die sich nicht durch Handeln beeinflussen lassen).
4. WOHIN? (inkl. WANN-, WO- und WER-Fragen)	Die Wissensform ist ein *Zukunftsbild* (Prognose). Die Wohin-Frage erzeugt über die Extrapolation von Trends Zukunftsbilder (Fortschreibung von Zuständen oder Entwicklungen der unmittelbaren Vergangenheit und Gegenwart in die Zukunft). Oder aufgrund von Erklärungstheorien Prognosen über künftige Zustände der Wirklichkeit bzw. Ausschnitten von ihr. Auch für das Erstellen von Prognosen kann die *Systemische Denkfigur* beigezogen werden.

Frage	*Wissens- bzw. handlungstheoretischer Kommentar*

---

4. WOHIN?
(Fortsetzung)

Prognosen als Antworten auf die WOHIN-Frage sind unter zwei Voraussetzungen handlungsrelevant:

a) es wird bis auf Weiteres von einer professionellen Einwirkung auf das Objekt abgesehen und

b) es wird aufgrund eines Handlungsplans gezielt auf das Objekt Einfluss genommen.

Prognosen gemäss a) dienen der Beurteilung von Wichtigkeit und Dringlichkeit professionellen Handelns und solche gemäss b) der Risikoabschätzung im Sinne von unerwünschten Nebeneffekten.

---

5. WAS IST (NICHT) GUT?
(inkl. WANN-, WO- und WER-Fragen)

Die Wissensform ist die *Bewertung*.

Die Antwort auf die WAS-IST-GUT-Frage oder die Frage: WAS SOLLTE SEIN? führt zu einem Bild über den bevorzugten Zustand eines Systems an einem bestimmten Ort und zu einer bestimmten Zeit (Was ist für Menschen und soziale Systeme der funktionale [Soll-]Wert, welche Bedürfnisse sollten befriedigt sein?)

Die Antwort auf die WAS-IST-NICHT-GUT-Frage führt zu einer Problembestimmung (bewertete Abweichung) in Bezug auf ein Objekt an einem bestimmten Ort und zu einer bestimmten Zeit.

Bewertungen liefern Hinweise auf die erforderliche Ausrichtung professioneller Aktivitäten bzw. deren Wichtigkeit und Dringlichkeit (Prioritäten).

6.

Zusammenfassende Problem- und Ressourcenbeschreibung (keine W-Frage)
- Motto, Metapher, Lebensweisheit o. ä. zur Situation
- Beschreibung der aktuellen Situation (harte Daten)
- Probleme
- Ressourcen, auf die Probleme bezogen
- Priorisierung der Probleme

7.
WORAUFHIN?
(inkl. WANN-, WO- und WER-Fragen)

Die Wissensform ist ein *Ziel*.

Die Antwort auf die Woraufhin-Frage führt zu einem Zukunftsbild (› Systemische Denkfigur) der angestrebten Zustände. Die Zielfindung orientiert sich an der WAS-IST-GUT-Frage, also an (Soll-)Werten. Nach entsprechender Zielsuche, -auswahl und -formulierung bilden diese Zukunftsbilder die Grundlage, um den Problemlösungsprozess zu steuern. So betrachtet stellt dieser Arbeitsschritt auch einen mittelbaren Beitrag für die Motiviationsklärung der AdressatInnen dar, an der Problembearbeitung mitzuwirken.

Frage	Wissens- bzw. handlungstheoretischer Kommentar

8. WIE?
(inkl. WANN-,
WO- und
WER-Frage)

Die Wissensform ist eine *Strategie, Methode (Verfahren) bzw. Arbeitsweise (vgl. Staub-Bernasconi, 1995:173 f. zu Arbeitsweisen vgl. auch 2007:297 f.)*

Die Antwort auf die WIE-Frage führt zur Bestimmung des für die Zielerreichung geeigneten Vorgehens.

Die WIE-Frage orientiert sich am vorher formulierten Ziel; ihr Nutzen besteht darin, sich zu überlegen, mit welcher Methode das Ziel am effektivsten und effizientesten erreicht werden könnte. Deshalb ist es wichtig, sich auch an den Antworten zur WARUM-Frage zu orientieren; die dort formulierten Hypothesen stellen gleichzeitig Aussagen über Mechanismen dar, mit denen Probleme gelöst bzw. die entsprechenden Ziele erreicht werden können.

9.
WOMIT?
(inkl. WANN-,
WO- und
WER-Frage)

Die Wissensform ist ein (in der Regel ökonomisches) *Mittel.*

Die Antwort auf die WOMIT-Frage besteht aus der Festlegung der für die Zielerreichung erforderlichen externen Ressourcen, die in Kombination mit der gewählten Methode zu erschliessen sind (die systeminternen Ressourcen der Adressaten sind im Rahmen der Problem- und Ressourcenbestimmung – als Antwort auf die WAS-IST-(NICHT)-GUT-Frage – berücksichtigt).

Die WOMIT-Frage unterstützt das Suchen nach in der Regel ökonomischen Ressorcen ausserhalb der AdressatInnen, um ein bestimmtes Verfahren durchzuführen (WIE-Frage).

10.
Verfahrens-
entscheidung
bzw. 2.
WOHIN-Frage

Die *Entscheidung* ist die Antwort auf die WELCHE-Frage, gekoppelt mit der 2. WOHIN-Frage, deren Antwort eine Prognose unter nun bekannten Bedingungen ist (Plan).

Es muss die Entscheidung über die Umsetzung des Plans (= Antworten auf die WORAUFHIN-, WIE- und WOMiT-Fragen) getroffen werden. Es kann hier noch einmal geprüft werden, ob die vermuteten Nebeneffekte bei der Umsetzung des Plans tragbar sind bzw. ob sie das unter der WORAUFHIN-Frage formulierte Ziel in jedem Fall rechtfertigen.

11.
Realisierung

Alle motorischen (Teil-)Operationen, die zur Ausführung des Plans (WORAUFHIN-, WIE- und WOMIT-Frage) notwendig sind.

12.
Ergebnis-
kontrolle

Die Wissensform ist eine *Aussage zu einem Ist-/Soll-Vergleich; der Vergleich bezieht sich auf die Ziele und den Ist-Zustand.*

Fragen zu WIRKSAMKEIT, WIRTSCHAFTLICHKEIT und WÜNSCHBARKEIT des weiteren Vorgehens:

1 Vergleich des aktuellen Gegenwartsbildes (WAS-Frage) mit den formulierten Zielen;

2 Einschätzung von Aufwand und Nutzen (was hätte man auch mit weniger Aufwand erreichen können?).

Wird entsprechend dem bestehenden Plan weitergearbeitet, wird der Plan geändert/aktualisiert – oder wird der Fall/das Projekt abgeschlossen?

Die tabellarische Darstellung wird mit Erläuterungen zu einzelnen W-Fragen ergänzt.

a) WANN-, WO- und WER-Frage

Aus der einleitenden Tabelle zu den W-Fragen ist ersichtlich, dass bis zur 8. W-Frage jeweils auch die WANN-, WO- UND WER-Fragen enthalten sind. Die WANN-Frage bezieht sich auf den Zeitpunkt, einen Termin, eine Frist. Die WO-Frage bezieht sich auf den territorialen Ort, z. B. «Wohnung des Klienten» oder «Schülerheim, wo sich Peter aufhält». Die WER-Frage ist mit Blick auf die Akteure – ausser den Mitgliedern des Klientsystems – zu stellen, die zur Situation gehören bzw. zur Problemlösung beigezogen werden müssen.

b) WAS- und WOHER-Frage – Beschreibung

Die Situationsbeschreibung kann sich auf die gegenwärtige Situation beziehen; Individuen und soziale Beziehungen werden unter Beizug der SDF dargestellt. Welche Akteure in die Analyse einbezogen werden sollen, ist vom sozialen Kontext des «Anlassproblems», jedoch auch davon abhängig, inwieweit sich die Beteiligten als Problem-«betroffene» und potentiell an der Lösung Mitwirkende verstehen; im Laufe der Analyse kann sich die Notwendigkeit ergeben, weitere Akteure einzubeziehen. Die Analyse kann auf die Vorgeschichte zurückgehen, indem man z. B. eine Denkfigur über ein Individuum und seine Beziehungen zeichnet, wie es sich aufgrund seiner Schilderungen vor fünf Jahren präsentierte.

c) WARUM-Frage – Erklärungen

Eine Vorbemerkung: Anhand des Psychobiologischen Erkenntnis- und Handlungsmodells, der Theorie menschlicher Bedürfnisse und der Theorie sozialer Probleme ist deutlich geworden, dass wir Menschen bzw. menschliches Verhalten und Handeln nur dann verstehen können, wenn wir gleichzeitig biologisches, psychologisches und soziologisches Wissen berücksichtigen. Es handelt sich dabei um (ontologisch) *mehrniveaunale Erklärungen*. Eine einniveaunale Erklärung, auch als Beschreibungstheorie bezeichnet, ist z. B., übermässigen Alkoholkonsum allein mit «mangelndem Willen» zu erklären. Dabei handelte es sich um einen psychologistischen Erklärungsver-

1

such. Gerade Abhängigkeiten von Suchtmitteln können weder nur biologisch («vererbt»), noch allein psychologisch erklärt werden. In der Regel sind die sozialen Probleme, mit denen die Abhängigen konfrontiert sind, offensichtlich, nicht erst als Folge des Suchtmittel-konsums, sondern bereits vorher; es sei an strukturelle Spannungen erinnert, die zu anomischen führen können: der Genuss von Sucht-mitteln ist eine Möglichkeit, die Spannungen wenigstens vorüberge-hend zu mildern.

Dem Gegenstand Sozialer Arbeit entsprechend können Antworten in *Beschreibungs- und Erklärungstheorien* aller Disziplinen (Objekt-theorien) gefunden werden. Aber nicht im additiven Sinne, bezie-hungslos nebeneinander, sondern systemisch, bezogen auf jeden Wirklichkeitsbereich und verknüpft mit anderen. [1] Eine «systemische Erklärung» ist insbesondere eine solche, die eine gesetzmässige Aussage zu internen Prozessen eines Individuums hinsichtlich Pro-zessen seiner sozialen Desintegration macht, z. B. eine Erklärung, weshalb sich mit zunehmender Dauer der Arbeitslosigkeit mit hoher Wahrscheinlichkeit das Risiko einer Depression erhöht.

Vorausgesetzt, die Erklärungen des Klienten und relevanter Dritt-personen seien erhoben und geprüft, empfiehlt sich folgendes Vor-gehen:

· ein Anlassproblem, das man besser verstehen will, bewusst nach verfügbaren Theorien aller Disziplinen zu befragen (gibt es biolo-gische, psychologische, psychopathologische, soziologische, ökonomische u. a. Erklärungen?); das Wissen um die Wirklich-keitsbereiche (ontologische Niveaus) bzw. um die verschiedenen Dimensionen bzw. Konfigurationen der SDF schützt davor, unre-flektiert die «bevorzugte» Hypothese zu bilden, allenfalls immer und zuerst eine psychologische oder ökonomische;
· neueste Fachliteratur zu konsultieren;
· erklärungstheoretisches Wissen bei spezialisierten Kolleginnen und Kollegen und bei anderen Fachleuten zu erfragen.

Das gezielte Suchen nach Hypothesen wird durch den Blick auf die SDF sowohl erweitert wie erleichtert. Jedes beschriebene Individuum und die Qualität von Beziehungen können Fragen nach möglichen Erklärungen nahelegen. Denn *Nicht-Verstehen* ist ein *kognitives*

Problem, das das professionelle Handeln behindern kann. Die Komplexität der Fragen bzw. Antworten kann unterschiedlich ausfallen, aber es ist nicht ausgeschlossen, dass auch einmal Alltagstheorien zur Erklärung einer (Alltags-)Situation, eines Alltagshandelns, genügen.

d) 1. WOHIN-Frage – Prognose ohne Intervention von Seiten der Sozialen Arbeit

Prognosen können nach zukünftigen Entwicklungen unterschieden werden, die a) ohne unsere Intervention eintreten können und b) solche, die sich als zukünftige Prozesse und Ergebnisse aufgrund der mit Klientinnen und Klienten oder Projektbeteiligten vereinbarten Handlungspläne einschätzen lassen. Es gibt keine «theoriefreie» Prognose (man berücksichtige die Antworten auf die WARUM-Frage).
Die SDF kann dazu dienen, Prognosen konkret zu formulieren, *indem die Individuen und ihre Beziehungen zum zukünftigen Zeitpunkt X beschrieben werden.*

e) WAS-IST-(NICHT)-GUT-Frage

Ausgehend von Werten (WAS IST GUT? bzw. WAS SOLLTE SEIN?) werden die Abweichung festgestellt, ein Werturteil gefällt und das Problem bestimmt = WAS-IST-NICHT-GUT? Liegen mehrere Probleme vor, werden die Prioritäten ihrer Bearbeitung festgelegt.

f) Zusammenfassende Problem- und Ressourcenbeschreibung

Bei diesem Schritt – am Beispiel von Herrn Meier ausgeführt (vgl. S. 286) – handelt es sich nicht um eine W-Frage, sondern um einen Zwischenschritt im Laufe des systematischen Vorgehens, basierend auf den bisher beantworteten W-Fragen. Die Situation wird hinsichtlich der sozialen Integrationschancen der Adressatinnen und Adressaten gewürdigt, die Probleme werden priorisiert und lösungsrelevante Ressourcen berücksichtigt.
Die Analyse auf der Grundlage der SDF liefert im Rahmen der vorhergehenden Schritte die Informationen für diesen Schritt. Allenfalls zeigt sich spätestens hier, dass die Antworten auf diese oder jene bisher beantwortete W-Frage noch ungenügend sind – es sind

Schlaufen zurück zu den vorausgehenden W-Fragen vorzunehmen. Die Struktur dieser Zusammenfassung sollte folgende Elemente enthalten: a) allenfalls ein Motto, einen Slogan, ein Sprichwort, eine Metapher, b) Fakten zur Situation, nicht bewertet («harte» Daten), c) Probleme, d) systeminterne Ressourcen in Bezug auf bestimmte Probleme, e) Prioritäten der zu bearbeitenden Probleme/Themen.

g) WAS-IST-GUT-Frage und WORAUFHIN-Frage – es gibt keine wertfreien Ziele

Ziele werden inbezug auf ein Problem formuliert. So gehört zu diesem methodischen Schritt, dass die der vorgesehenen Veränderung der Situation zugrunde liegenden Werte explizit benannt werden – WAS-IST-GUT-Frage bzw. WAS SOLLTE SEIN? –, um sie allen Akteuren bewusst zu machen. Die Ziele, formuliert als aktive, konkrete und überprüfbare Zukunftsbilder, stellen die aktive Konkretisierung von Werten dar und können sich auf alle Aspekte der SDF beziehen: Man kann eine SDF für ein Individuum und soziale Beziehungen als Soll-Bilder zum zukünftigen Zeitpunkt X zeichnen.

h) WIE- und WOMIT-Frage – Methoden und Mittel

Hier basieren die Antworten auf den vorher formulierten Zielen. Die Unterscheidung zwischen Methoden (oder Verfahren) und Mitteln ist nicht einfach; in der Fachliteratur sind Hinweise zu finden, die auch Methoden als Mittel bezeichnen. In diesem Band wird wie folgt unterschieden: Während die WIE-Frage nach der Methode, nach der professionellen Aktivität fragt, verlangt die WOMIT-Frage eine Antwort auf die Frage nach *systemexternen* Ressourcen, die für die Durchführung der Methoden erforderlich sind. Die Ziele und die Beantwortung der WIE- und WOMIT-Frage ergeben einen *Handlungsplan*. Zu verknüpfen mit dem WIE? sind die Antworten auf die Fragen WER? (Akteure, die bei der Lösung der Probleme mitwirken), WO? (Ort der Realisierung) und WANN? (Zeitaspekt i. S. von Terminen/Fristen).

Die WIE- und WOMIT-Fragen werden in der Praxis durch Rückgriff auf spezifische Handlungstheorien beantwortet, also durch die viel zitierten «Methoden». [2] Staub-Bernasconi hat das Konzept der SDF ergänzt mit der Erarbeitung von so genannten «Arbeitsweisen». Es handelt sich dabei um einen Ordnungsversuch, um verschiedene

2
Vgl. Brack, 1997:642–645.

Methoden, die sich auf die Bearbeitung desselben Problembereichs beziehen, zu bündeln. [3] Es können folgende Arbeitsweisen unterschieden werden:

- *Ressourcenerschliessung*, bezieht sich auf Methoden, mit denen sich die Probleme der sozioökologischen, sozioökonomischen oder soziokulturellen, aber auch auf bestimmte Probleme der körperlichen Ausstattung bearbeiten lassen (Ui/Ue). Sie umfasst insbesondere den weiten Bereich der wirtschaftlichen Hilfen, der Sozialhilfe und der Infrastruktur im Bereich der Gesundheit, des Sozialwesens, der Schule oder der Freizeit. Ressourcenerschliessung ist sowohl auf individuellem wie auf sozialem Niveau möglich (vgl. auch Brack, 1998).

- *Bewusstseinsbildung und Modell-, Identitäts- und Kulturveränderung* bezieht sich auf Methoden, die sich «auf Probleme der Bildung von Begriffen, Bildern und Codes (Theorien)» (vgl. Staub-Bernasconi, 1998:60–63) und auf deren Verfügbarkeit beziehen (E/M) (vgl. Ansätze wie z. B. bei Freire (1993), oder bei Sidler Karaaslan/Leimbacher, 1996).

3
Ausführlicher:
Staub-Bernasconi, 2007;
297–418

- *Handlungskompetenz-Training und Teilnahmeförderung* schliesst Methoden ein, mit denen sich «... Probleme der Passivität oder Inkompetenz (A) in Bezug auf die individuelle oder kollektive aktive Gestaltung des Alltags» (vgl. Staub-Bernasconi, 1998:63) bearbeiten lassen. Probleme sind abweichendes Verhalten, Kriminalität, Gewalt, Unzuverlässigkeit am Arbeitsplatz, Verschuldung als «kompensatorisches Verhalten» u. a. Es geht um das Einüben und Vermitteln von bestimmten rollenbezogenen Handlungsweisen durch Anleitung und Training (vgl. auch den Coping-Ansatz bei Simmen, 1990, und Empowerment-Ansätze bei Stark, 1996).

- *Soziale Vernetzung und Ausgleich von Pflichten und Rechten* meint Methoden, die der Bearbeitung von Problemen der sozialen Isolation dienen (vgl. Staub-Bernasconi, 1998:64 f.). Dabei geht es um (Re-)Sozialisierung im Sinne der sozialen Integration durch Ermöglichen und Unterstützen von Mitgliedschaften. Zudem um die Erarbeitung und Vereinbarung von Regeln des Austausches, Diskurses oder der interkulturellen Verständigung (s. Literatur zu Netzwerken, Selbsthilfe, Nachbarschaftshilfe u. a.).

- *Umgang mit Machtquellen und Machtstrukturen* fasst Methoden zusammen, die sich zur Bearbeitung «von Problemen der individuellen Ohmacht und anderseits der aktiven Ausübung und Institutionalisierung von Behinderungsmacht» eignen (vgl. Staub-Bernasconi, 1998:66 f.). Auch hier geht es um Einflussnahme auf Beziehungen durch Erarbeitung und Durchsetzung von Regeln, die Machtgefälle reduzieren bzw. die begrenzenden Machteinflüsse legitimieren und Raum schaffen und die behindernden zurückdrängen (vgl. Empowerment-Ansätze bei Stark, 1996, oder Ansätze der Gemeinwesenarbeit bei Elsen, 1997).

- *Kriterien- (Werte und Normen/Standards) und Öffentlichkeitsarbeit* 4 bezieht sich auf die Bearbeitung von Problemen der Nicht-Realisierung oder willkürlicher Realisierung von Werten. Es geht um die öffentliche Wahrnehmung von Missständen, die auf der Verletzung von Menschen- und Sozialrechten beruhen. Insbesondere auch um Organisierung von Aktivitäten gegen Tendenzen, solidarische Prinzipien des Sozialstaates zurückzunehmen und für individuelle Selbstverantwortung zu plädieren – was für die Mehrheit der Bevölkerung nicht mehr tragbare Risiken mit sich bringt.

4
Wie in der Marginalie 10 auf S. 266 bereits erwähnt, ersetze ich den Begriff «Kriterien» durch «Norm» bzw. «Standard».

- *Sozialmanagement:* Der Vollständigkeit halber sei – immer nach Staub-Bernasconi – auf diese Arbeitsweise verwiesen (vgl. Staub-Bernasconi, 1998:69 f.), der eine wachsende Bedeutung zukommt. In der Terminologie der SDF geht es hier um die Gestaltung horizontal und vertikal strukturierter Beziehungen in und zwischen Organisationen, unter Berücksichtigung der einzelnen Akteure und ihrer Bedürfnisse. Strukturbildung und -stabilisierung, Prozesse und Organisationskultur sind die Stichworte zu dieser Arbeitsweise (vgl. dazu z. B. Lotmar/Tondeur, 1999[6]; Puch, 1994; Puch/Westmeyer, 1999).

An dieser Stelle ist auf einen verbreiteten Irrtum hinzuweisen: *Problembereiche sind nicht in jedem Fall auch Interventionsbereiche.* Unangemessenes Rollenhandeln (A) kann seine Ursache in den Arbeitsbedingungen haben (Ue); geringes Einkommen (Ue) kann eine Folge ungenügender Berufsqualifikation sein (E/M, A); Verzweiflung (E/M) kann ihre Erklärung in der belasteten Partnerbeziehung finden (Austausch). Probleme sind oft Manifestationen komplexer

Prozesse. Sie mit plausiblen Theorien erklären zu können – die Mechanismen, die zum Problem geführt haben, zu verstehen (WARUM?) –, führt zur Wahl der Intervention; das Problem Arbeitslosigkeit kann in vielen Fällen nicht «linear» mit der Zuweisung eines Arbeitsplatzes gelöst werden. Oft sind «Umwege» notwendig wie z. B. medizinisch-psychologische Therapien, eine Zusatzausbildung u. a.: Mit den Kürzeln der SDF ausgedrückt: Das Problem liegt in Ue, dessen Lösung führt via Ui (Arzt) zu E/M (Psychotherapie), dann zu A (Weiterbildung besuchen) und erst dann allenfalls wieder zu einem Arbeitsplatz (Ue). Und nicht zuletzt: Auch die beste Problem- und Ressourcenanalyse vermag den Klienten nicht in jedem Fall zu überzeugen, bei der Veränderung der Situation mitzuwirken.

i) 2. WOHIN-Frage (Prognose) unter der Annahme, der Handlungsplan
   (–› WIE- und WOMIT-Fragen bzw. Antworten) werde realisiert

Dieser Handlungsschritt bezieht sich auf den entwickelten Handlungsplan und fragt nach möglichen positiven und negativen Nebenwirkungen. Auch jetzt liefern Erklärungstheorien die Anhaltspunkte für Effekte, die sich als «Begleiterscheinungen» manifestieren könnten, würde man den Handlungsplan realisieren. Auch hier ist die Frage an die Klientin zu richten, welche sonstigen Veränderungen sie sich erhoffen oder befürchten. Die SDF kann dazu dienen, ein Zukunftsbild über die Situation des Klientsystems unter der Annahme zu zeichnen, der Handlungsplan sei durchgeführt.

k) Verfahrensentscheidung (WELCHE-Frage)

Gestützt auf die Antworten auf die 2. Prognose wird darüber entschieden, den Handlungsplan durchzuführen oder einzelne vorausgegangene Schritte noch einmal durchzuführen bzw. die gewonnenen Informationen zu ergänzen. Erst nach Revision des Handlungsplans würde über seine Realisierung erneut entschieden.

l) Realisierung

Dieser Schritt besteht aus dem eigentlichen Vollziehen des Handlungsplans. Dabei geht es um die motorischen Operationen, also um die Tätigkeiten der im Sinne einer Arbeitsteilung tätigen Akteure (WER-Frage).

m) Ergebniskontrolle (WIRKSAMKEITS-, WIRTSCHAFTLICHKEITS- UND WÜNSCHBARKEITS-Fragen)

Referenz für die Ergebniskontrolle sind die im Handlungsplan formulierten Ziele (Ist-Soll-Vergleich). Sind sie erreicht, teilweise, vollständig – oder gar nicht (Wirksamkeit)? Lässt sich der Aufwand rechtfertigen (Wirtschaftlichkeit)? Ist das Verfolgen der formulierten Ziele weiterhin erstrebenswert (Wünschbarkeit)? Die Ergebniskontrolle schliesst die systematische Selbstreflexion des Sozialarbeiters ein. [5]

Soweit einige Ausführungen zur Funktion der SDF im Verlauf methodischen Arbeitens. Idealvorstellung ist, dass systematisches Vorgehen (W-Fragen) mit systemischer thematischer Strukturierung (SDF) und mit entsprechendem Akteurwissen verknüpft wird (vgl. Abb. 4, S. 86).

5
Zu Evaluationsfragen vgl. Brack/Geiser, 2009⁴:53 f.; Heiner, 1998⁴.

Die W-Fragen sind im Sinne eines *Verhandlungsmodells* möglichst gemeinsam mit den Adressatinnen zu beantworten; sie können übereinstimmende oder unterschiedliche Antworten ergeben. Beispiel: Der Sozialarbeiter beantwortet die WARUM-Frage zum vermuteten Problem, d.h. er formuliert eine Hypothese zu den Ursachen. Der Klient bestreitet diese und erklärt das Entstehen des Problems auf seine Weise. Deshalb ist es unerlässlich, die Quellen von Aussagen zu allen Wissensformen benennen zu können. Wer sagt, was das Problem ist? Wer sagt, wer eines hat? So lauten die Fragen, die oft von Aussenstehenden gestellt werden. Sie zeigen, dass die W-Fragen grundsätzlich durch alle Akteure gestellt und beantwortet werden sollten; ein methodisches Vorgehen kommt nicht ohne sie aus. Diesen Aspekt professionellen Handelns nennen wir «Vervielfachung der W-Fragen». Das folgende Beispiel veranschaulicht, was damit gemeint ist; die W-Fragen und die Wissensformen werden in Form eines fiktiven Problemlösungsprozesses konkretisiert (Tab. 16).

Ausgangslage: Eine Drittperson meldet eine ihrer Auffassung nach gefährdete Person. Dieses Anlassproblem führt nach näherer Abklärung der Beobachtungen und Motive der meldenden Person zur Kontaktaufnahme mit dem Gemeldeten; diese Vorabklärung geschieht z. B. im Rahmen eines Intake. Anschliessend resultiert zwischen dem Gemeldeten und der Sozialarbeiterin/Sozialpädagogin eine Arbeitsvereinbarung; sie ist Anlass dafür, dass der Gemeldete seine neue Rolle als Klient akzeptiert. – (Würde je nach Problem via zuständige Behörde noch ein psychiatrisches Gutachten in Auftrag gegeben, könnten auch diese Informationen im Sinne der W-Fragen codiert und die entsprechenden Antworten zu den Wissensformen angereichert werden).

Um einem Missverständnis vorzubeugen: Antworten des Klienten oder der Drittperson werden nicht der Reihe nach, im Sinne eines Verhörs, erzeugt; vielmehr sind deren Aussagen im Laufe der Entgegennahme der Gefährdungsmeldung bzw. des Beratungsgesprächs entsprechend der W-Fragen zu codieren. Nur wo die Antworten noch fehlen, kann durch entsprechende Fragen deren Ergänzung versucht werden.

Die tabellarische Darstellung ist im ersten Teil der Tabelle wie folgt zu lesen:

· die linke Spalte weist auf die W-Fragen, die sich der Klient stellt oder die ihm gestellt werden bzw. auf dessen Antworten hin;
· die mittlere Spalte weist auf die W-Fragen, die sich die Drittperson stellt oder die ihr gestellt werden bzw. auf deren Antworten hin;
· die rechte Spalte weist auf die W-Fragen hin, die sich die Sozialarbeiterin/Sozialpädagogin stellt bzw. enthält deren Antworten.

Die Aussagen der Klientin und der Drittperson werden zu Bildaspekten der Beschreibung, die die Sozialarbeiterin/Sozialpädagogin erstellt. Mit anderen Worten: die Antworten der Klientin und der Drittperson werden zu einem Teil der Antwort auf die WAS-Frage – zur Beschreibung der Situation –, die die Professionelle formuliert.

Die *Zusammenfassende Problem- und Ressourcenbeschreibung* verfasst die Sozialarbeiterin allein – nicht zuletzt auch im Sinne einer Zwischenbilanz.

Die Phase «Zielsetzung und Planung», das Erstellen des Beratungs- oder Entwicklungsplans, also die Antworten auf die WORAUFHIN-, WIE- und WOMIT-Frage, erstellt sie wieder gemeinsam mit der Klientin; die Drittperson (Melderin) ist im vorliegenden Fall nicht mehr involviert.

Tab. 16
Schematische Darstellung
der Vervielfachung der
W-Fragen bzw. der Wissens-
formen als ihre Antworten.
– Der systematische
Problemlösungsprozess am
Beispiel der Zusammen-
arbeit mit einem Klienten

Phase I: Situationsanalyse

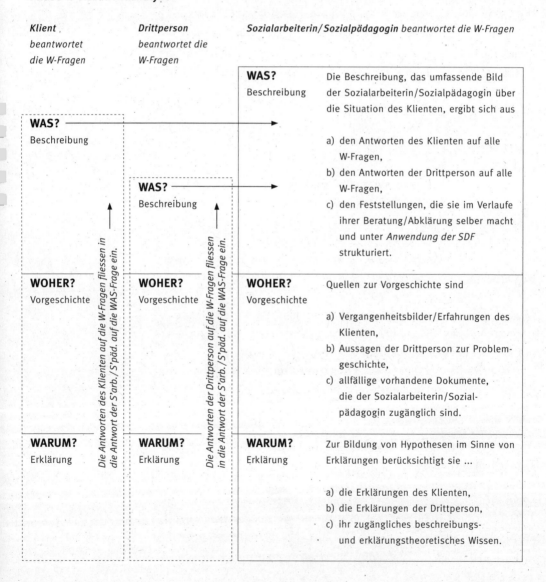

Klient beantwortet die W-Fragen

Drittperson beantwortet die W-Fragen

Sozialarbeiterin/Sozialpädagogin beantwortet die W-Fragen

WAS?
Beschreibung

Die Beschreibung, das umfassende Bild der Sozialarbeiterin/Sozialpädagogin über die Situation des Klienten, ergibt sich aus

a) den Antworten des Klienten auf alle W-Fragen,
b) den Antworten der Drittperson auf alle W-Fragen,
c) den Feststellungen, die sie im Verlaufe ihrer Beratung/Abklärung selber macht und unter *Anwendung der SDF* strukturiert.

Die Antworten des Klienten auf die W-Fragen fliessen in die Antwort der S'arb./S'päd. auf die WAS-Frage ein.

Die Antworten der Drittperson auf die W-Fragen fliessen in die Antwort der S'arb./S'päd. auf die WAS-Frage ein.

WOHER?
Vorgeschichte

Quellen zur Vorgeschichte sind

a) Vergangenheitsbilder/Erfahrungen des Klienten,
b) Aussagen der Drittperson zur Problem-geschichte,
c) allfällige vorhandene Dokumente, die der Sozialarbeiterin/Sozial-pädagogin zugänglich sind.

WARUM?
Erklärung

Zur Bildung von Hypothesen im Sinne von Erklärungen berücksichtigt sie ...

a) die Erklärungen des Klienten,
b) die Erklärungen der Drittperson,
c) ihr zugängliches beschreibungs- und erklärungstheoretisches Wissen.

304

Klient beantwortet die W-Fragen	Drittperson beantwortet die W-Fragen	Sozialarbeiterin/Sozialpädagogin beantwortet die W-Fragen

WOHIN 1?

Prognose, sofern keine professionelle Aktivität durch S.A. erfolgt

WOHIN 1?

Prognose, sofern keine professionelle Aktivität durch S.A. erfolgt

WOHIN 1?

Prognose, sofern keine professionelle Aktivität durch S.A. erfolgt

Antworten im Sinne von Prognosen (Zukunftsbilder; auch unter *Anwendung der SDF* möglich!) erfolgen durch entsprechende Fragen

a) durch den Klienten,
b) durch die Drittperson (prognostische Überlegungen waren wahrscheinlich für die Meldung ausschlaggebend – «so kann es nicht weitergehen»),
c) antizipierte Entwicklung der Situation aufgrund von Erklärungstheorien (vgl. Antworten auf die WARUM-Frage).

Die Antworten des Klienten auf die W-Fragen fliessen in die Antwort der S'arb./S'päd. auf die WAS-Frage ein.

Die Antworten der Drittperson auf die W-Fragen fliessen in die Antwort der S'arb./S'päd. auf die WAS-Frage ein.

WAS-IST-(NICHT)-GUT?

Problembestimmung

WAS-IST-(NICHT)-GUT?

Problembestimmung

WAS-IST-(NICHT)-GUT?

Problembestimmung

Die Bestimmung von Problemen – orientiert an Soll-Werten – erfolgt durch

a) Aussagen des Klienten selbst,
b) die Formulierung des Melde-Anlasses durch die Drittperson,
c) normative und/oder prognostische Aussagen, letztere unter der Annahme, es werde von Seiten der Sozialen Arbeit nichts getan.

Sozialarbeiterin/Sozialpädagogin nimmt die **zusammenfassende Problem- und Ressourcenbeschreibung** vor (keine W-Frage, sondern ein methodischer Zwischenschritt zwecks «Bilanzierung» aufgrund der vorhandenen Informationen). Es erfolgt

a) allenfalls ein Motto, das die Gesamtsituation charakterisiert, «auf den Punkt bringt» (Metapher, Lebensweisheit, Sprichwort ...),
b) eine kurze Beschreibung der Fakten, im Sinne der «harten» Daten,
c) die Benennung der Probleme,
d) die Benennung der klientbezogenen Ressourcen,
e) die Priorisierung der zu bearbeitenden Probleme.

Die zusammenfassende Problem- und Ressourcenbeschreibung ist die Grundlage für die folgenden Schritte (eigentlicher Handlungs bzw. Beratungsplan).

Phase II: Zielsetzung und Planung *(ab dieser Phase ist die Drittperson nicht mehr involviert).*

Klient beantwortet
die W-Fragen

Sozialarbeiterin/Sozialpädagogin beantwortet die W-Fragen

WORAUFHIN? Ziele	**WORAUFHIN?** Ziele	Ziele (zu realisierende Zukunftsbilder; auch unter *Anwendung der SDF* möglich!) werden formuliert aufgrund a) der Ziele des Klienten, b) der Ziele der Sozialarbeiterin/Sozialpädagogin. Im Idealfall finden sich übereinstimmende, konkrete und erreichbare Ziele (Zielvereinbarung).
WIE? Methode/ Arbeitsweise	**WIE?** Methode/ Arbeitsweise	Methoden, wie die Ziele erreicht werden sollen, werden bestimmt aufgrund von a) Vorgehensvorschlägen des Klienten, b) zielgerechter Auswahl aus dem Methodenrepertoire der Sozialarbeiterin/Sozialpädagogin.
WOMIT? Externe Ressourcen	**WOMIT?** Externe Ressourcen	Externe Ressourcen (Mittel) werden erschlossen durch a) dem Klienten in seinem nahen sozialen Umfeld zugängliche Quellen (Familie, Freunde, Bekannte), b) durch Anfragen beim weiteren sozialen Umfeld wie Arbeitgebern, Lehrer, Nachbarn, Selbsthilfegruppen u.a., c) durch Anfragen bei privaten und kirchlichen Instanzen, anderen Professionellen, Hilfswerken u.a., d) Geltendmachung von Ansprüchen im staatlichen System sozialer Sicherheit wie Sozialversicherungen, Sozialbehörden bzw. -ämtern.
WOHIN 2? 2. Prognose, aufgrund des Beratungsplans	**WOHIN 2?** 2. Prognose, aufgrund des Beratungsplans	Die 2. Prognosen (Zukunftsbilder; auch unter *Anwendung der SDF* möglich!) werden unter Annahme formuliert, dass der Beratungsplan realisiert wird; es steht die Frage nach möglichen Nebeneffekten im Vordergrund. Sie können formuliert werden a) durch den Klienten, b) durch Bilder über die antizipierte Entwicklung der Situation aufgrund von Erklärungstheorien: Welche systemtheoretisch begründeten Nebeneffekte könnten eintreten?

Die Antworten des Klienten auf die W-Fragen fliessen in die Antwort der S'arb./S'päd. auf die WAS-Frage ein.

Phase III: Verfahrensentscheidung

Klient   *Sozialarbeiterin/Sozialpädagogin*

Der Klient wirkt mit	**Verfahrensentscheidung** (WELCHE-Frage): Aufgrund der Antworten auf die 2. Prognose wird möglichst *gemeinsam mit dem Klienten* darüber entschieden, a) ob der Beratungsplan realisiert wird, oder b) ob er revidiert wird – und «Schlaufen» zu vorherigen W-Fragen bzw. ihre Antworten erforderlich sind.

Phase IV: Realisierung *(Sozialarbeiterin/Sozialpädagogin, Klient und allenfalls weitere Akteure)*

Realisierung: Unter Annahme einer Verfahrensentscheidung im Sinne von a) besteht die «Realisierung» aus allen motorischen Handlungen der *im Beratungsplan involvierten Akteure*, die auf das dort formulierte Ziel gerichtet sind.

Phase V: Ergebniskontrolle

Klient   *Sozialarbeiterin/Sozialpädagogin*

Ergebnis-kontrolle Ergebnis als Vergleich zwischen Ziel und aktuellen Fakten	**Ergebnis-kontrolle** Ergebnis als Vergleich zwischen Ziel und aktuellen Fakten	Zu einem bestimmten Zeitpunkt werden die Ziele mit dem aktuellen Zustand verglichen (Soll-/Ist-Vergleich). Übereinstimmungen und Abweichungen werden a) beschrieben, b) bewertet im Sinne von «vollständig», «teilweise» oder «nicht» erreicht (Wirkungsprüfung). Die Beteiligten äussern sich zum Verhältnis von Aufwand und Ertrag (Wirtschaftlichkeitsprüfung). Die Beteiligten äussern sich zu ihrer Befindlichkeit im Rahmen der Zusammenarbeit («Atmosphäre», Vertrauen) (Wünschbarkeitsprüfumg; Metakommunikation). Die Beteiligten ziehen Folgerungen hinsichtlich a) Weiterarbeit wie bisher, b) Revision des Beratungsplans, c) Abschluss der Kooperation.

Eine *Anmerkung zu den Entscheidungen*: Nicht nur der Verfahrensentscheid ist ein «entscheidender Schritt». Entscheidungen sind grundsätzlich vor jedem Handlungsschritt – vor jeder W-Frage – bzw. vor jeder Phase zu treffen: Soll man mit der systematischen Beantwortung bzw. Realisierung der Teilschritte weiterfahren, oder ist es angezeigt, weitere Informationen einzuholen und allenfalls in Form einer Schlaufe zu vorherigen Schritten zurückzugehen?

In seiner Systematik ist das oben beschriebene Vorgehen übertragbar auf *Entwicklungspläne im stationären Bereich* wie auch auf die *Projektarbeit*. Auch in diesen Arbeitsfeldern geht es um professionelles und damit systematisches Lösen bzw. um das Bearbeiten vorerst noch nicht genau bestimmter Probleme, unter Einbezug stets mehrerer Akteure.

1.2 Thematisches (ontologisches) Strukturieren des methodischen Vorgehens

Dazu genügt ein kurzer Kommentar: Diese Funktion darzulegen ist das zentrale Anliegen dieses Bandes. Die Systemische Denkfigur ist ein meta- und erklärungstheoretisch fundiertes kognitives Instrument im Sinne eines Codes, der es erleichtert, Aussagen nach ihrer ontologischen «Herkunft» zu ordnen (Unterscheidung bestimmter Objektklassen bzw. wissenschaftlicher Disziplinen), gezielt – unter Vorbehalt situativ-methodisch angemessener Regeln – zu ergänzen und als Ergebnis eine zur Bearbeitung durch die Soziale Arbeit relevante Beschreibung eines strukturierten Vergangenheits-, Gegenwarts- oder Zukunftsbildes zu liefern.

1.3 Unterstützung beim Suchen nach Erklärungen (WARUM-Frage)

Im Kapitel C, 8. «Individuen besser verstehen» wird auf diese Funktion bezüglich Individuen hingewiesen. Was durch das Befragen der Relationen zwischen einzelnen Dimensionen bzw. Konfigurationen der SDF an Antworten resultieren kann, sind Erklärungen. Dieses Fragen fördert das Erklären und damit das Verstehen der internen Dynamik von Individuen in Abhängigkeit von externen Fakten (Ue).
Dasselbe gilt für das Verstehen von sozialen Beziehungen, wozu in Kapitel D viele Hinweise zu finden sind. Allein eine gezeichnete Paarbeziehung – zwei einzelne Denkfiguren, die horizontal zueinan-

der stehen und das Hinzufügen von Informationen über die Interaktionen zwischen ihnen – weisen auf Zugänge zur Hypothesenbildung hin. Um Missverständnissen vorzubeugen: Mit diesen Hinweisen soll nicht einer Mikroperspektive das Wort geschrieben werden. Auch Probleme in einer Paarbeziehung sind nur dann «systemisch» zu erklären, wenn die systemexternen Beziehungen berücksichtigt werden, die die Partnerin, der Partner pflegen bzw. von denen sie abhängig sind.

1.4 Intra- und interprofessionelle Verständigung und Zusammenarbeit mit Dritten

Der verbreitete Gebrauch der SDF kann einer besseren Verständigung «nach innen und aussen» dienen. Dies gilt insbesondere hinsichtlich folgender Aktivitäten:

- Das kollegiale, fachbezogene Gespräch. Dank eines allseits bekannten Begriffskatalogs (Codes) werden gemeinsame Analysen (z. B. Fallbesprechungen) vereinfacht und effektiver. Die Arbeit der Einzelnen wird vergleichbarer, was wiederum eine professionelle Teamkultur unterstützt und dem Aussenbild der Organisation zugute kommt.
- Das Gespräch mit Angehörigen anderer Professionen wird insofern erleichtert, als die SDF eine begründet strukturierte und damit professionelle Beschreibung von Problemen und Ressourcen ermöglicht, – im Idealfall mit Begriffen, die wissenschaftliche Theorien repräsentieren.
- Die Zusammenarbeit mit Behörden erfährt ebenfalls einen Qualitätszuwachs: Die Wiedergabe der Ergebnisse von Abklärungen, die vertraute und plausible Struktur von Berichten – in Verbindung mit einer handlungsbezogenen Struktur gemäss den W-Fragen –, spiegeln in starkem Masse eine objektivierbare Professionalität (s. Ziff. 1.6, folgende Seite).

1.5 Selbstanwendung

Im Rahmen schwieriger Situationen – in belastender Auseinandersetzung mit Klientsystemen oder in Konflikten im Team – kann es klärend sein, für sich selber eine SDF zu zeichnen. Das selbstkritische Beschreiben der Dimensionen – insbesondere zu Selbstwissen und

Selbstkompetenz – kann weiteren selbstreflektierenden Arbeitsschritten dienen (z. B. in der Supervision).

1.6 Thematische Strukturierung der Aktenführung und Dokumentation

Die thematischen Aspekte der Dimensionen der SDF (Individuum, Beziehungen und Werte/Normen) sind geeignet, die klientbezogene Aktenführung und Dokumentation zu strukturieren und durch entsprechende Vorgaben (Teilstandardisierung) das Festhalten gemäss SDF-codierter Informationen zu erleichtern. Gleichzeitig kann eine inhaltliche Struktur zum Verfassen von Berichten entwickelt werden. [6]

Die thematische und handlungslogische Struktur der klient- bzw. projektbezogenen Dokumentation lässt sich als ein Mittel zur Formulierung von *Qualitätsstandards* nutzen. Die Kenntnis der SDF unterstützt das systematische Vorgehen: zu allen Aspekten der SDF einerseits (individuelle Ausstattung, Beziehungen – je mit Rückgriff auf Werte) und bezogen auf die Realisierung einzelner Handlungsphasen andererseits, können Soll-Vorstellungen formuliert werden. Idealerweise erfolgt diese Arbeit mit Blick auf die Frage, welche individuelle Ausstattung und welche Art von sozialen Beziehungen erforderlich sind, um Bedürfnisse zu befriedigen und optimale soziale Integration zu erreichen.

1.7 Konkretisierung des Gegenstandes der Sozialen Arbeit

Die SDF repräsentiert ein system- und bedürfnistheoretisches Verständnis sozialer Probleme und der für die Soziale Arbeit typischen «Mehrfachproblematiken». Diese Mehrfachproblematiken, unter denen Individuen leiden und die soziale Systeme tangieren, stellen den Kern der Gegenstandsbeschreibung dar. Indem der Gebrauch der SDF zum Beizug unterschiedlichsten Wissens auffordert, kann mit entsprechenden Problem- und Ressourcenbeschreibungen der Gegenstand Sozialer Arbeit konkretisiert werden. [7] Die Probleme zeigen sich durch die Übertragung der gesammelten Informationen in die SDF bzw. in der Darstellung der sozialen Systeme und der auf Individuen und Beziehungen bezogenen Analyse der Wertprobleme.

6

Vgl. Brack/Geiser, 2009[4] und Brack, 2003[4]; für Informatik-Applikationen siehe www.sozialinfo.ch/enith/.

7

Dem Autor schwebt vor, einmal eine Stichprobe von «Fällen» in einem Sozialamt unter Beizug der SDF zu analysieren und so die Beschaffenheit der Klientsysteme (Arten der Probleme und Vorhandensein der entsprechenden Ressourcen) als Aspekt der Gegenstandsbeschreibung empirisch zu belegen. Oder: Wer verfasst eine entsprechende Diplomarbeit?

1.8 Disziplinäres Wissen und dessen bewusste Auswahl

In Kapitel B sind die massgebenden Theorien vorgestellt worden, die zum Modell SDF geführt haben, – alle basierend auf dem Systemtheoretischen Paradigma. Allein von da her bedeutet der Beizug der SDF, systemisch zu denken und zu arbeiten. Im Weiteren ist auf Objekttheorien zu verweisen wie Psychologie, Soziologie, Sozialpsychologie u. a.

Der Beizug der SDF zur Analyse von Beziehungen erfolgt aufgrund der Einbindung von Individuen in strukturelle und kulturelle Bedingungen der Gesellschaft bzw. sozialer Systeme. Der konsequente Blick auf die sozialen Ausstattungen von Individuen einerseits und auf ihre sozialen Positionen andererseits schützt vor einem unreflektierten Individualismus oder vor einem den Handlungsraum des Individuums ignorierenden gesellschaftlichen Holismus. Dazu sind *psychologische, soziologische und sozialpsychologische Objekttheorien* erforderlich, die die systemische Analyse unterstützen – und damit ein Akteurmodell des Individuums zwingend erfordern.

8

Anregungen zur Anwendung der Denkfigur gemäss der früheren Version finden sich bei Häberle/Ulmann, 1989.

Durch die Analyse mit der SDF werden biologische, psychische und soziale *Bedürfnisse* offensichtlich. Ist man sich des Zusammenhangs zwischen Bedürfnissen und Werten bewusst, kann dies so genannte «Wertdiskussionen» erleichtern (Bedürfnistheorie).

2. Hinweise zur Anwendung der SDF

Die folgenden Ausführungen ergänzen die früher eingefügten Illustrationen, insbesondere diejenigen zu «Herrn Meier». Hier wird auf die Durchführung einer Analyse im Einzelfall, im Rahmen eines Projektes, für Fallbesprechungen in Teams bzw. in der Organisationsentwicklung und zur Unterstützung der Supervision hingewiesen. Dennoch: Solche Hinweise können die Übung – mit Vorteil mindestens zu zweit – nicht ersetzen! [8]

2.1 Allgemeines

Die folgenden Hinweise gelten für jede Situationsanalyse; sie sind nicht spezifisch für das Arbeiten mit der SDF, sie kennzeichnen eine systematische Arbeitsweise.

Vor der Analyse ist zu entscheiden,

1. welchen Zeitausschnitt sie umfassen soll;
2. welchen sozialen (und territorialen) Raum die Analyse abdeckt;
3. welche Akteure in die Analyse einbezogen werden sollen und
4. welche Mittel für die Durchführung der Analyse benötigt werden.

- Zum *Zeitausschnitt:* Eine Analyse kann sich auf verschiedene Zeitpunkte beziehen. Es ist zwischen der *Vorgeschichte* und der *aktuellen Situation* zu unterscheiden, ebenso sind sie je zu *beschreiben*. Die Vorgeschichte *kann* Hinweise für Erklärungen aktueller Probleme liefern. **9** In der Praxis ist die Analyse der aktuellen Situation in jedem Fall zwingend, wenn auch in unterschiedlichster Differenzierung.

9
Ein aktuelles Problem, insbesondere sozial problematisches Handeln, kann seine Ursache in der Vergangenheit haben (traumatische Erlebnisse als Kind), in der Gegenwart (aus strukturellen Gründen soeben entlassen worden) wie auch in der Zukunft (ohne genügenden Schulabschluss in Zukunft kaum Chancen auf dem Arbeitsmarkt).

Nicht zur Problem- und Ressourcenanalyse im engeren Sinne gehört das Erstellen eines Zukunftsbildes als gedankliche Vorwegnahme einer erwünschten Situation in der Zukunft («Wie wünschen Sie, dass Ihre Situation in einem Jahr aussehen soll?»). Jedoch kann auch ein solches «Wunschbild» unter Beizug der Denkfigur entstehen (.../M des Klienten).

- Der *soziale bzw. territoriale Raum:* Im Einzelfall kann er sich auf den Privatbereich beschränken, den Arbeitsplatz oder die Schule der Kinder einbeziehen u.a. Varianten sind ebenfalls denkbar in der Projektarbeit (Strassenzug, Quartier, Gemeinde, Region, aber auch die Einrichtungen des Bildungs-, Gesundheits- und Sozialwesens u. a.).

- Welche *Akteure* einbezogen werden sollen bzw. welche «draussen bleiben», beeinflusst massgeblich die «Ganzheitlichkeit» der Analyse (WER-Frage bzw. «Multiperspektive»). Sie bezieht sich auf den – verbreitet so genannten, oft aber nur auf soziale Systeme bezogenen – «systemischen Aspekt». Je mehr Akteure einbezogen werden, desto komplexer die Situation und desto anspruchsvoller die Analyse und (wahrscheinlich) vieldeutiger das Ergebnis. An Komplexität gewinnt die Analyse, wenn die Akteure Repräsentanten sozialer Systeme sind (z. B. der Lehrer vertritt die Schule – und diese die Gemeinde; der Steuerbeamte vertritt das Steueramt – und dieses die Gemeinde, den Kanton, letzterer auch den Bund). Es zeigt sich die Notwendigkeit, die Akteure den je entsprechenden sozialen Niveaus zuzuordnen, nicht zu individualisieren, sondern sich über die Struktur und Kultur des durch sie repräsentierten sozialen Systems ins Bild zu setzen. Es sei daran erinnert, dass soziale Systeme nicht durch *eine* SDF dargestellt werden können, sondern lediglich ihre Repräsentanten als deren Komponenten mit einem bestimmten Rollenstatus.

Das Erziehungsheim wird nicht in Form einer SDF gezeichnet, sondern die Heimleiterin, zusätzlich die Gruppenleiterinnen, ebenfalls die Sozialarbeiterin im Sozialdienst des Heims. Diese Akteure sind Rollen- bzw. Funktionsträger, was sich in ihrer hierarchischen Stellung, ihren Aufgaben und Kompetenzen, in ihren spezifischen Kenntnissen und Informationen, niederschlägt. – Es handelt sich vorstehend um Beispiele für emergente Eigenschaften, die Individuen durch ihre Mitgliedschaft in sozialen Systemen erwerben.

· Welche *Informationsquellen* stehen zur Verfügung? Wichtigste Informationen liefern die Adressatinnen bzw. die Klientinnen und z. B. die Mitwirkenden an Projekten. Mit diesen Informationen sind diejenigen aufgrund eigener Beobachtungen zu verknüpfen, jedoch im Sinne der «Vervielfachung der W-Fragen» (vgl. Kap. H, S. 304 f.) nach ihrer Quelle auseinanderzuhalten. Wieweit ist das soziale Umfeld (Arbeitgeber, Vermieter, Lehrer, Verwandte, Nachbarn u.a.) als Informationsquelle zu nutzen? Wieweit sind offizielle Dokumente von Behörden, Beratungsstellen und Heimen einsehbar und beizuziehen – immer unter Beachtung der Datenschutzbestimmungen?

· Die Art der *Hilfsmittel zur Durchführung der Situationsanalyse* ist u. a. abhängig davon, ob ein Sozialpädagoge mit der Klientin zusammen oder allein die Analyse vornimmt, ob im Rahmen der Supervision gearbeitet wird oder im Team usw. Es ist zu entscheiden, ob die Analyse den Beizug der grafischen SDF erfordert oder ob die Form einer Matrix («Entdeckungskarte») angemessener ist. Empfehlenswert ist, Formulare (Vordrucke) in Form von A4- oder A3-Blättern griffbereit zu halten. Sie eignen sich als Gesprächsvor- oder -nachbereitung; über die vorhandenen oder fehlenden Informationen kann man sich leicht ins Bild setzen. Sie sind auch geeignet, um mit dem Klienten gemeinsam die Situation oder Ausschnitte davon zu zeichnen, verschiedene Aspekte zu fokussieren u. a. m. [10] Allenfalls ist je nach Arbeitssetting mit Zeichnungen, Figuren u. a. zu arbeiten. Die Verwendung der einzelnen SDF als Grafik zwecks Analyse der Situation einer einzelnen Person ist dann möglich, wenn die Terminologie zur Bezeichnung der Dimensionen vereinfacht und in Frageform gekleidet wird (s. Anhänge 9 und 10). Dasselbe gilt für die Analyse von Beziehungen; auch hier können Fragen eine anregende Wirkung haben und die Beteiligten zu möglichst konkreten Antworten auffordern (s. Anhänge 14 bzw. 17). Eine weitere Möglichkeit, sich rasch einen Überblick zu verschaffen, ist ein Blatt mit vier Feldern, das dazu auffordert, wesentliche Angaben zum Individuum, seinen Austausch- und Machtbeziehungen und zu den Wertproblemen «im Blitztempo» zusammenzutragen (s. Anhang 24).

10

Staub-Bernasconi weist auf die unmittelbare Anwendbarkeit solcher Hilfsmittel im direkten Klientenkontakt hin (1998:78).

11

Die Entwicklung von Hilfsmitteln ist keineswegs abgeschlossen. Anwenderinnen und Anwender der Denkfigur sind eingeladen, ihre eigenen, möglicherweise auf ihre Organisation abgestimmten Arbeitsblätter zu entwickeln und zu testen; an neuen Kreationen ist der Autor sehr interessiert. – Anregendes bei Heiner, 1998⁴ und von Spiegel, 1998⁴.

Die SDF bietet die Möglichkeit zur Sammlung umfassender und sehr differenzierter Angaben. Gegen das Arbeiten mit der SDF wird oft vorgebracht, *sie verlange zu viele und unnötige Angaben, eine Analyse sei deshalb zu aufwendig.* Tatsächlich erfasst die SDF, kohärent mit ihren konzeptuellen Grundlagen, ein breites Spektrum vorerst nicht bewerteter Fakten, das geeignet ist, eine für die Soziale Arbeit relevante Situation zu beschreiben. *Es besteht jedoch keine «kontextlose Pflicht», alle Dimensionen der einzelnen SDF und alle möglichen Interaktionen immer und in jedem Fall «krampfhaft» erfassen zu müssen.* Professionelles Arbeiten verlangt, dass sowohl die umfassende Erhebung, wie auch der Verzicht auf bestimmte Informationen fachlich begründet werden können. Dies gilt insbesonders für klientbezogene Dokumentationssysteme, die klar zwischen «Pflichteinträgen» und «situativ erforderlichen Einträgen» unterscheiden sollten.

Die Anhänge 9–24 zeigen Hilfsmittel zur Problem- und Ressourcenanalyse als Grafiken und in tabellarischer Form; sie sind nicht mit der eigentlichen Aktenführung zu verwechseln, können diese jedoch ergänzen. [11]

2.2 Beispiele

2.2.1 Situationsanalyse mit einer Klientin/mit einem Klienten

Mit Klienten kann eine Problem- und Ressourcenanalyse im Rahmen von Gesprächen durchgeführt werden. Dieses Vorgehen gelingt insbesondere dann, wenn

- Klient und Sozialarbeiter/Sozialpädagoge sich überhaupt verbal verständigen können;
- die Motivation von Seiten des Klienten vorhanden ist, seine Situation betrachten und an Veränderungen mitwirken zu wollen;
- dem Klienten die Funktionen entsprechender Arbeitsblätter klargemacht worden ist und er sie verstanden hat;
- der Klient bereit ist, sich zu seiner Situation zu äussern, sei es zur Vergangenheit, zum Ist-Zustand und/oder zu Zukunftsvorstellungen;
- die Vorläufigkeit des gemeinsam gezeichneten Bildes beidseits anerkannt ist und die Möglichkeit von Veränderungen, ein Wandel der Einschätzungen, allen Beteiligten zugestanden wird.

Der jeweilige Fokus der Analyse kann unterschiedlich sein: *Der einzelne Klient* kann beschrieben werden. Dazu dient das Formular in Anhang 10; es eignet sich dafür, die wichtigsten Informationen zu den Dimensionen der SDF festzuhalten. Das Bild bleibt dynamisch; die Interaktionen zwischen den Komponenten des Individuums können ebenfalls kommentiert werden. Die Formulare in Anhang 12 und 13 dienen dazu, das Individuum in tabellarischer Form zu beschreiben.

2.2.2 Situationsanalyse inbezug auf horizontal oder vertikal strukturierte soziale Beziehungen (z. B. Paarberatung bzw. Elternteil – kleines Kind)

Sollen *Beziehungen der Klientin bzw. eines Klientsystems* in Form einer Dyade beschrieben werden, kann auch dies in zeichnerischer oder tabellarischer Form geschehen. Das Formular in Anhang 15 kann der Darstellung *horizontal strukturierter Beziehungen* dienen, Anhang 16 dient demselben Zweck in tabellarischer Form.

Anhang 18 erlaubt es, *Beziehungen innerhalb vertikaler Positions-strukturen* grafisch darzustellen; Anhang 19 wiederum dient dem Erstellen einer entsprechenden Tabelle. Das Formular in Anhang 22 kann beigezogen werden, wenn die Beziehung in mancher Hinsicht sowohl horizontale wie vertikale Interaktionen aufzuweisen scheint (vgl. auch Abb. 41, S. 239). Zur Ergänzung der Analyse von offensichtlichen Machtbeziehungen kann eine umfassende *Machtquellen-analyse* der beteiligten Klienten vorgenommen werden (vgl. Anhang 21). Diese führt in der Horizontalen alle Analysedimensionen der SDF auf, in der Vertikalen lässt sie Raum für Probleme und Ressourcen zu den einzelnen Personen. In tabellarischer Form können Beschreibungen festgehalten werden, die – stets bezogen auf die analysierte Situation, als machthaltig (+) bzw. nicht machthaltig (–) bewertet werden.

Die *Ausgangssituation von Individuen* kann auch mit einem «Vier-felderformular» aufgelistet werden: in Feld 1 wird das Individuum, in Feld 2 werden die Austauschbeziehungen mit Machtaspekten, in Feld 3 die Machtbeziehungen mit Austauschaspekten und in Feld 4 werden die Probleme und entsprechenden Werte beschrieben (vgl. Anhang 24). Dieses Formular dient der *Analyse im «Blitztempo»*. Aufgrund eines Erstgesprächs («Intake») kann mit geringem zeitlichem Aufwand ein erster Überblick über relevante Themen erstellt werden (Beispiel aus der Praxis in Anhang 25).

Der Anhang 23 enthält eine Sammlung beispielhafter Fragen zu allen Aspekten der SDF, ohne bestimmte Adressaten vor Augen zu haben. Sie dienen der Klärung der Frage, was denn eigentlich mit diesem oder jenem Aspekt konkret gemeint ist. Die Fragen beziehen sich auf die Vergangenheit, die Gegenwart und die Zukunft.

2.2.3 Situationsanalyse mit einer Familie oder Gruppe

Die Situationsanalyse einer Familie oder Gruppe umfasst sowohl systeminterne Beziehungen wie ausgewählte Eigenschaften der beteiligten Personen. Es empfiehlt sich, auf die soziale Soll-Position der verschiedenen Akteure zu achten und für jede und jeden eine SDF auf dem Blatt so zu positionieren, dass die Darstellung annähernd dem strukturellen «Oben» und «Unten» entspricht.

Stellen wir uns vor, wir arbeiteten mit einer Familie – Elternpaar und zwei Geschwister, wovon eines in der Schule angeblich Probleme aufweist. Der Lehrer hat sich an das Jugendamt gewandt und ersucht um Abklärung der familiären Situation, weil eines der Geschwister auffallende Leistungs- und Verhaltensstörungen aufweise. Er vermutet die Ursache in einer «gespannten» Familiensituation.

Für die Darstellung der geschilderten Situation beachten wir z. B. je die horizontalen Beziehungen zwischen Sozialarbeiter und Lehrer, zwischen den Eltern und zwischen den Geschwistern. Eine vertikale Anordnung zwischen den Eltern und den Kindern wird ebenfalls sichtbar gemacht. Den Sozialarbeiter und den Lehrer zeichnen wir als «Autoritäten» ganz oben, weil ihnen ihren Funktionen entsprechend Modell- und Positionsmacht zugeschrieben werden muss. Als nächster Schritt folgt dann die Beschreibung von Interaktionen zwischen den Beteiligten. Soweit diese interessieren, kann die Zuordnung von Informationen über individuelle Eigenschaften erfolgen – ohne Zwang, überall etwas hinschreiben zu müssen. Dennoch ist darauf zu achten, dass bei jeder SDF «rundherum» Raum vorhanden ist, um die Individuen zu beschreiben. Sowohl die individuellen Eigenschaften der Beteiligten als auch die horizontalen und vertikalen Interaktionen können so gezeichnet bzw. beschrieben werden (s. Abb. 46 zur Ausgangslage).

Abb. 46

Ausgangslage einer
Situationsanalyse mit
einer Familie und
dem Lehrer eines Kindes
(gemäss Positions-
struktur)

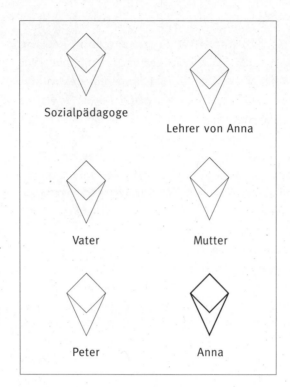

Sozialpädagoge

Lehrer von Anna

Vater

Mutter

Peter

Anna

12

Matter stellt verschiedene grafische Verfahren vor, die die
Bilderzeugung im Rahmen der
Familienberatung verbessern
helfen (1999:45–54):
Genogramm, Strukturdiagram-
me und die Kombination des
Genogramms mit Beziehungs-
symbolen. Vor allem das
Genogramm kann zur Vervoll-
ständigung biografischer Hinweise und «verdeckter» Fami-
lienerfahrungen gute Dienste
leisten, u. a. ist der «Ertrag»
abhängig von der Artikulationsfähigkeit des Klientsystems gerade auch über
emotionale Erfahrungen. – Die
beiden anderen Verfahren
machen deutlich, dass die
verbalen Ergänzungen der
grafischen Symbole bereits
Bewertungen sind, so z. B.
«flexible, klare Grenzen»,
«Annäherung», «übermässiges
Engagement», «verdeckter
Konflikt» bzw. «distanziert»,
«emotional» usw. Der Informa-
tionswert solcher Darstellun-
gen erhöht sich markant,
wenn ihnen eine *Beschreibung
vorausgeht (WAS-Frage)*, eine
Beschreibung von Interaktionen im hier vorgeschlagenen
Sinne (Kap. E und F). –
Heiner (1998⁴) verweist auf
Arbeitshilfen wie Kräftefeld-
analyse und Eco-Map.

Es ist denkbar, dass – immer beispielhaft gedacht – besonders die
Beziehung zwischen der Schülerin und dem Lehrer interessiert; in
diesem Fall nehmen wir ein Arbeitsblatt, das der konkreten Beschreibung einer vertikalen Beziehung dient (s. Anhang 18). Dem Varian-
tenreichtum an Fokussierung und Synthese sind fast nur da Grenzen
gesetzt, wo das Blatt vor lauter «SDFen», eingezeichneten Linien
und Text nicht mehr lesbar ist! Wenn wir diese Grenzen sehen, stellt
sich sofort die Frage, was denn die Alternative wäre. [12] Komplexität,
die Unübersichtlichkeit und Undurchschaubarkeit einer *Situation*
sind oft Realität – mit oder ohne SDF.

2.2.4 Situationsanalyse im Rahmen der Gemeinwesen- und Projektarbeit

Für die Projektarbeit gilt im übertragenen Sinne, was zur Darstellung
einer Familie oder einer Organisation festgehalten wurde: Jeder
Akteur, ob Individuum oder Repräsentant einer Interessengruppe,
Organisation, Behörde usw., wird mit einer SDF dargestellt. Vorerst
werden, soweit bekannt, die sozialen Positionen der Akteure festge-

halten, um den strukturellen Kontext der Ausgangslage zu verdeut-
lichen (soziale Niveaus). Anschliessend werden relevante individuelle Eigenschaften bestimmter Personen beschrieben, um sich
über deren soziale Rollen, Fachwissen, Interessen und Motivation
klarer zu werden und so auch ihr Handeln besser zu verstehen. Es
kann nützlich sein, wenn die Sozialpädagogin als Projektleiterin sich
mit Hilfe der SDF *vorbereitend* über die Gemeinsamkeiten und Unterschiede der Projektbeteiligten ein Bild zu machen versucht und
gestützt darauf Fragen für die nächste Sitzung herausarbeitet. Das
Wissen um den jeweiligen Inhalt zu .../M – hier etwa die Interessen
und Lösungsvorstellungen.der Akteure – ist für den Start der Projektarbeit entscheidend, eingeschlossen die Reflexion über die eigenen Ideen und Wertorientierungen als Projektleiterin.

Im Rahmen der Projektarbeit interessieren oft vorerst weniger die
beteiligten Individuen als vielmehr bestimmte Austausch- und
Machtbeziehungen. Die Machtstrukturen in Form von Tendenzen zu
Schichtung und Arbeitsteilung zu erkennen ist Aufgabe der Projekt-
leitung. Behindernde oder begrenzende Einflüsse unterscheiden und
sie möglichst frühzeitig zu benennen, kann für das Gelingen oder
Scheitern eines Projektes entscheidend sein. Es kann sich die Notwendigkeit ergeben, nur Teilsysteme zu analysieren und mit ihnen zu
arbeiten, um Einzelaspekte von Konflikten besser, d. h. konkreter zu
erkennen und sie auch – z. B. ohne Gesichtsverlust – zu bearbeiten
(Komplexitätsreduktion). So zeigt sich erneut, dass dank des systemischen Ansatzes eine Veränderung von Machtstrukturen und von
Kommunikations- und Kooperationsbeziehungen nicht losgelöst vom
Lernen der Individuen zu erreichen ist.

Abb. 47
Ausgangslage eines
Quartierprojektes
«Tempo 30» – Modell-
inhalte der Beteiligten
(gemäss Positions-
struktur)

Die Beteiligten reden
miteinander, verstehen
die jeweils unterschied-
lichen Positionen.
Sicherheit der Kinder,
Spielmöglichkeiten und
Eltern, die keine Angst
haben müssen. Wohn-
qualität als wichtiger
Wert.

*Sozial-
pädagogin und
Projektleiterin*

Die Massnahmen
müssen im Interesse
aller Bewohnerinnen
und Bewohner des
Quartiers liegen –
keine Privilegien für
die Anwohner dieser
Strasse.

*Vertreter
des Quartier-
vereins*

Wahlversprechen
erfüllen durch Einsatz
dort, wo Motorfahrzeug-
verkehr eingeschränkt
werden kann.

*Grüner Gemeinderat
aus dem Quartier
als Mitinitiant*

Zufahrt für
Feuerwehr muss
gesichert sein.

*Vertreter der
Feuerwehr*

Sicherheit muss
gewährleistet sein.
Signalisation
gesetzeskonform.

*Vertreter der
Verkehrspolizei*

Allfällige bauliche
Massnahmen müssen
bestehende Leitungen
berücksichtigen.

*Vertreter des
Tiefbauamts*

Klarheit über
Bepflanzungswünsche
und entsprechende
Budgetsicherheit.

*Vertreter des
Gartenbauamts*

Die Autos dürfen nur noch mit 30 km/h durch unsere Strasse fahren. Die Durchfahrt muss so beschaffen sein, dass die Lenker es sich sehr gut überlegen, ob sie überhaupt durchfahren wollen. Das Beste wäre eigentlich ein Fahrverbot, mit Ausnahme für die Anwohner.

*Elternvertreter
als Mitinitiant*

*Elternvertreterin
als Mitinitiantin*

*Elternvertreterin
als Mitinitiantin*

In praktischer Hinsicht zeigen sich – bei grosser Anzahl involvierter Akteure – bezüglich Vollständigkeit der Analyse «auf einen Blick» und entsprechender Übersichtlichkeit zweifellos Grenzen. Dies spricht keinesfalls gegen die Arbeit mit der SDF – im Rahmen von Projekten ist Komplexität ein Faktum, mit dem zu rechnen ist, sie entsteht nicht erst durch den Beizug der SDF.

Und noch ein Hinweis: Die Darstellung der Akteure mit Hilfe der SDF kann dazu verleiten, die Gesamtsituation einfach als eine Ansammlung von individuellen Akteuren mit unterschiedlichen Ausstattungen zu begreifen. Bei nochmaligem Betrachten des nebenstehenden Bildes stellen sich jedoch weit darüber hinausgehende Fragen: Kenne ich (als Projektverantwortliche) die strukturelle Einbettung etwa des Vertreters des Tiefbauamtes in seine Organisation, in das Gesamtsystem «Stadtverwaltung» wie in das Teilsystem «Tiefbauamt»? Kenne ich seinen Handlungsspielraum? Wem gegenüber hat er Verantwortung für sein Mitwirken in der Projektgruppe abzulegen? Welches könnten seine positionsbezogenen Machtquellen sein, die ich nutzen müsste? Solche und ähnliche Fragen lassen sich zu allen Beteiligten stellen. Sie dienen dazu, die Zusammenarbeit über die Individuen hinaus – verbunden mit Sympathien und Antipathien, mit persönlichen Befürworterinnen oder gar Gegnern des Projekts – *stets in struktureller Hinsicht zu analysieren*. Das heisst u. a., dass ich mir etwa Kenntnisse über die Organisation, die politischen Interessen der Vorgesetzten, die gesetzlichen Bestimmungen und die finanziellen Rahmenbedingungen, in denen die einzelnen Mitwirkenden tätig und in die Projektgruppe delegiert worden sind, beschaffe.

13
Einzelne Teilnehmerinnen und Teilnehmer früherer Weiterbildungsveranstaltungen zur Denkfigur finden sich regelmässig zu autonomen Lerngruppen zusammen und besprechen schwierige Fallsituationen.

2.2.5 Situationsanalyse im Rahmen der Fallbesprechung im Team

Kenntnis der Terminologie der SDF vorausgesetzt, werden *Fallbesprechungen* zwischen Sozialarbeiterinnen bzw. zwischen Sozialarbeitern und Sozialpädagogen erleichtert. Die Beschreibung einer bestimmten Situation erfolgt für alle transparent und ist damit für ergänzende Fragen und Kritik zugänglich. Die von Professionellen erwartete Objektivierbarkeit, z. B. die sachbezogene Begründung einer Problem- und Ressourcenanalyse, erhöht die Effektivität und Effizienz solcher Besprechungen, wirkt entlastend und erhöht die Zufriedenheit, nicht zuletzt deshalb, weil Kollegialität zu einer äusserst nützlichen Ressource wird. [13] Auch im Rahmen von Fallbesprechungen kann mit Hilfe eines Flipcharts oder einer Tafel die Situation zeichnerisch dargestellt werden: Die Beteiligten des Klientsystems werden je als Individuen mit der SDF gezeichnet (s. Abb. 48).

Für die fallführende Sozialarbeiterin kann sich das Visualisieren der Gesamtsituation als anregend erweisen. Es vermag in der scheinbar festgefahrenen Situation mit entsprechender Ratlosigkeit neue Perspektiven für die weitere Zusammenarbeit mit dem Klientsystem zu eröffnen. Dasselbe Vorgehen kann im Rahmen von *Standortgesprächen* in stationären Einrichtungen sehr ergiebig sein.

Abb. 48
Fallbesprechung im Team
(Visualisierung z.B. mit
Flipchart)

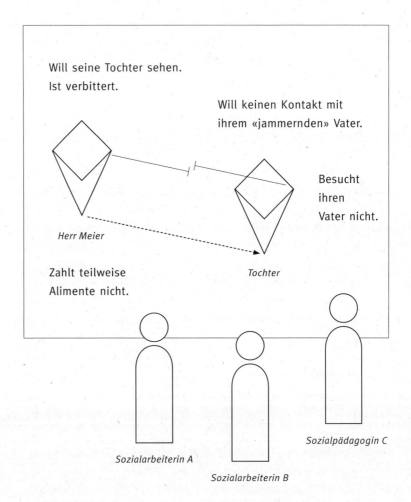

Im Rahmen der *Teamarbeit* bzw. *Organisationsentwicklung* können *Selbst- und Fremdbilder* der Teammitglieder gezeichnet und ausgewählte Beziehungen konkret dargestellt werden. Anstelle von Metaphern [14] und anderen deutungsbedürftigen Äusserungen lässt sich der Gehalt von Aussagen konkretisiert und verbindlicher fassen. So kann z.B. die Aussage «Unsere Beziehung ist gespannt, weil wir unseren Konflikt noch nicht verarbeitet haben», mit dem Nachfragen nach den jeweiligen Bildern, Gefühlen und Handlungen bzw. den jeweiligen verbalen und averbalen Interaktionen in eindeutigeren Begriffen beschrieben werden: Die Darstellung von Selbst- und Fremdbildern der an einem Konflikt Beteiligten und das möglichst präzise Beschreiben von Interaktionen tragen dazu bei, die Situation zu objektivieren – auch nach subjektiven Aspekten zu fragen und die Antworten festzuhalten. Gemeinsamkeiten und Differenzen erfahren klarere Konturen und werden für eine «Bearbeitung» zugänglich. Selbstverständlich soll nicht übersehen werden, dass – wie in jeder Konfliktsituation – Vertrauen, Mut und Offenheit zu den Voraussetzungen gehören, sich miteinander in konstruktivem Streit auseinander zu setzen – die SDF bietet dafür keinen Ersatz.

2.2.6 Anwendung der Denkfigur in der Supervision

Was sich im Rahmen der Teamarbeit und der Fallbesprechung als nützlich erweist, lässt sich weitgehend auch auf die Supervision übertragen. In deren Verlauf kann die SDF – unter der Voraussetzung, sie ist Supervisandin und Supervisorin vertraut – eine «offene» Analyse unterstützen. So können das Aufzeichnen der Arbeitsbeziehung zwischen Supervisorin und Supervisandin und das Eintragen der Austauschmedien und ihrer Eigenschaften, das Bezeichnen von Machtquellen und das Beschreiben konkreter Interaktionen ein objektivierbares Bild über die inhaltlichen Dimensionen der Zusammenarbeit ergeben (s. Abb. 49).

[14] Das ist keine grundsätzliche Absage an Metaphern; diesen kommt, etwa im Rahmen der Beratung gezielt eingesetzt, bewusstseinsbildende Funktion zu. Im Rahmen von Konflikten können sie jedoch auch dafür «missbraucht» werden, Tatbestände zu verschleiern und das Gegenüber über den eigentlichen Gehalt einer Aussage im Unklaren zu lassen.

Supervisandin:
· schildert Situation, ihre Einschätzung zu Problemen und
  Ressourcen (zusammenfassende Problem- und Ressourcenbeschreibung);
· verfügt über Konzepte/Theorien bzw. Hypothesen zur Erklärung
  der Problemgeschichte;
· schildert bisherige Bemühungen zur Lösung der Probleme;
· bezeichnet Prioriäten in Bezug auf Interventionsbereiche; ·
· äussert Zielvorstellungen (entsprechende Werte) und Lösungs-
  möglichkeiten.

Supervisorin:
· stellt Fragen, die die Supervisandin darin unterstützen, den
  Auftrag und die Funktionen zu klären, Thema und eigene
  Verantwortung einzugrenzen;
· hilft beim Herausarbeiten und Reflektieren nicht genannter
  Aspekte des Problems und der Ressourcen;
· fördert insbesondere die Suche nach biografischen «Parallelen»,
  «Übertragungen», «Blockierungen» – kurz: nach Reaktivierung
  von situationsnahen Erfahrungen (Codes und Bilder aus der Vergangenheit) und reflektiert deren aktuell förderliche und/oder
  behindernde Wirkungen;
· befragt kritisch und sucht mit Supervisandin nach einer
  Einschätzung in Bezug auf Prioritäten (Werte [Bedürfnisse],
  Güterabwägung).

Beide:
Entwicklung der argumentativen
Strukturierung des Problems/der Situation – kognitiver Austausch
im Sinne der objekt- und subjekt-
bezogenen Reflexion (je abhängig
von Codes und Bildern > E/M)

Supervisorin:
Empathie (kognitiv und emotional)

Supervisorin:
fordert Supervisandin auf,
nach möglichen Interventionen
im Rahmen eines Beratungs-
plans/Projektes zu suchen –
eigene Ideen zum Vorgehen.
Übt mit Supervisandin (z.B.
Rollenspiel).

Supervisorin:
setzt z.B. averbale Mittel ein
wie Zeichnung, Puppen, Skulp-
turen usw. zur Bilderzeugung
(Analogien, Metaphern u.a.).
Verbale und averbale Formen,
Gefühle mitzuteilen (von
beiden)(Bezug zu E/M).

Bekräftigung, Stützung durch
Supervisorin, wenn
Ereignisse/Situationen zu psychischen Spannungen bei
der Supervisandin führen und
dessen Handlungsfähigkeit
zu beeinträchtigen drohen.

Supervisorin:
von Supervisandin abhängig –
oft ist Supervisorin selbstständig
erwerbend.

Supervisandin:
Kosten für Zeit und motivierende,
fachliche Hilfe.

Supervisorin:
Berührungen je nach Grad der Vertrautheit und der eingesetzten
«Methode» möglich (z.B. Massage).
Beachtung der Mimik, Atmung, Körperhaltung usw. und Bezugnahme
darauf (M > A).

324

Die kurzen Hinweise zu Arbeitssettings unter Beizug der SDF zeigen noch einmal auf, dass dieses Hilfsmittel geübt sein will. Die wichtigsten Vorteile liegen in der Transparenz der Zusammenarbeit mit den Adressatinnen, in der Visualisierung, Strukturierung und gemeinsamen Begrifflichkeit im Rahmen der Teamarbeit und im kollegialen Austausch über komplexe Situationen.

Zum Schluss wird in tabellarischer Form zusammengefasst, was eine vollständige Situations- bzw. Problem- und Ressourcenanalyse, strukturiert nach den W-Fragen und unter Anwendung der SDF an Informationen enthält.

2.2.7 Kriterien für eine vollständige Problem- und Ressourcenanalyse

Tab. 17
Kriterien für eine
vollständige Problem- und
Ressourcenanalyse

Aspekt der Analyse	Erfüllt, wenn ...	Hinweise für ungenügende, unpräzise Beschreibungen ...
WAS-Frage: Beschreibung *(zu denen auch die Antworten der KlientInnen und Dritter auf alle W-Fragen gehören)*		
Akteure	· Alle Akteure, die gegenwärtig und zukünftig von Bedeutung sein könnten, sind identifiziert. Das Klientsystem ist bestimmt.	
Beziehungen	· Alle sozialen Beziehungen, die gegenwärtig relevant erscheinen, sind identifiziert und vorerst formal, nach Austausch- und nach Machtbeziehungen, unterschieden.	
Beschreibung von Individuen	· Alle Dimensionen (Ui/R, Ue, E/M, A) sind konkret und eindeutig beschrieben. · Es ist vermerkt, wenn keine Informationen vorliegen. · Mit Fragezeichen versehen sind die Einträge, die Vermutungen sind und näherer Abklärung bedürfen. · Es sind Einschätzungen zum Austausch- und Machtpotenzial vorhanden (bezogen auf bezeichnete Rollen).	Ui: jung Ue: hat Arbeit R: sinnesbehindert E/M: enttäuscht A: unternehmungslustig Die Einschätzungen zum Austausch- und/oder Machtpotenzial fehlen.
Beschreibung von ausgewählten Beziehungen	· Beziehung zwischen bezeichneten Akteuren sind in Form von Interaktionen beschrieben. · In Beschreibungen von Austauschbeziehungen wird auf allfällige machthaltige Interaktionen verwiesen, im Rahmen der Beschreibung von Machtbeziehungen auf solche, die Tauschcharakter aufweisen.	Keine formale Bezeichnung als Austausch- oder Machtbeziehung. Es sind keine Interaktionen beschrieben, aber es wird eine Einschätzung formuliert («Es handelt sich um eine behindernde Beziehung»).

Aspekt der Analyse	Erfüllt, wenn ...	Hinweise für ungenügende, unpräzise Beschreibungen ...
WARUM-Frage: Erklärungen		
Unsere Erklärungen zu vorläufig genannten Problemen (durch KlientInnen oder Dritte)	· Es werden bereits durch die KlientInnen und Dritte genannte Probleme und Erklärungen dazu aufgegriffen und – sofern für SozialarbeiterIn/SozialpädagogIn im Moment nachvollziehbar – Hypothesen gebildet. · Im Vordergrund stehen wiederum Hypothesen für wahrscheinliche soziale Probleme.	Es gibt keine expliziten Hypothesen. Es ist nicht klar, welches Problem erklärt wird.
WOHIN-Frage: Prognosen *(ohne Intervention)*		
Unsere Prognosen zu genannten Problemen (durch KlientInnen oder Dritte)	· Es werden Zukunftsbilder unter der Annahme gezeichnet, dass von SozialarbeiterInnen/SozialpädagogInnen nichts unternommen wird.	Es gibt keine expliziten Prognosen. Die Prognose ist nicht erklärungstheoretisch begründet, insbesondere nicht bedürfnistheoretisch.

WAS-IST-(NICHT)-GUT-Frage:

Bewertungen als Probleme und Ressourcen

Unsere Bewertungen	Gestützt auf die Erklärungen und die entsprechenden Prognosen stehen – gemäss allgemeinem Auftrag der Sozialen Arbeit – *soziale Probleme* (Positions- und/oder Interaktionsprobleme) im Vordergrund.	Die Begründung von Problemen fehlt.
Werte und Wertprobleme bzw. Bedürfnistheoretische und weitere erklärungs-theoretische Begründungen	· Es sind aus fachlicher Sicht *Bildausschnitte bewertet*, als Ergebnisse der Bewertung sind *Probleme* bestimmt. Anschliessend wird *begründet*, weshalb ein Zustand oder Verhalten ein Problem ist. Diese Bewertung kann mit derjenigen des Klientsystems bzw. mit derjenigen Dritter übereinstimmen oder von ihr abweichen. · *Probleme der individuellen Ausstattung* sind beschrieben, wenn nötig detailliert (nach Dimensionen Ui/R, Ue, E/M, A).	Es werden Probleme be-stimmt bzw. begründet, die in der Beschreibung – Individuum resp. Beziehungen – nicht vorkommen.

Die Begründung von Problembestimmungen – Weshalb handelt es sich um ein Problem? – erfolgt ...

a) unter Beizug des «normativen Dreischritts»: weshalb ist ein Zustand oder Verhalten ein Problem? (Problem –> nicht realisierte Norm/nicht realisierter Standard –> nicht realisierter Wert –> WAS IST GUT? bzw. WAS SOLLTE SEIN?).

b) durch Verweis auf dauerhaft nicht befriedigte Bedürfnisse oder durch andere Erklärungstheorien begründete Werturteile und so begründete Prognose.

Die Begründung im Rahmen des «Dreischritts» und/oder via Verweis auf Bedürfnisse ist nicht schlüssig.

Ressourcen der Individuen, *soweit sie für die Lösung der be-schriebenen Probleme relevant erscheinen*, sind beschrieben und ebenfalls begründet.

· *Probleme in sozialen Beziehungen* (bzw. entsprechende Interaktionen) sind beschrieben und begründet (ebenfalls «normativer Dreischritt» und/oder Prognosen aufgrund der Bedürfnistheorie und/oder weiterer Erklärungstheorien).

Die Beschreibung von Ressourcen steht nicht im Zusammenhang mit den vorher beschriebenen Problemen.

Aspekt der Analyse	*Erfüllt, wenn ...*	*Hinweise für ungenügende, unpräzise Beschreibungen ...*
	· Austauschbeziehungen sind hinsichtlich Gegenseitigkeit/ Gleichwertigkeit und in Bezug auf Symmetrie bewertet; · Machtbeziehungen sind hinsichtlich Behinderungs- und Begrenzungsmacht bewertet.	
	Ressourcen in sozialen Beziehungen sind, *soweit sie der Problemlösung relevant erscheinen*, beschrieben und begründet.	

Zusammenfassende Problem- und Ressourcenbeschreibung

| Befund, Einschätzung | · Es handelt sich um eine Zusammenfassung im Sinne einer Synthese, innerhalb derer die vorher festgestellten Probleme und Ressourcen priorisiert sind.
 · Die Situation wird hinsichtlich der sozialen Integrationschancen der Adressatinnen und Adressaten gewürdigt.

 Diese Zusammenfassung ist strukturiert:
 · Allenfalls ein Motto, ein Slogan, ein Sprichwort, eine Metapher zur Situation
 · Fakten zur Situation, nicht bewertet («harte» Daten)
 · Probleme
 · Ressourcen in Bezug auf bestimmte Probleme
 · Prioritäten der zu bearbeitenden Probleme/Themen | Es werden Probleme und Ressourcen erwähnt, die vorher nicht beschrieben worden sind.

 Es werden nur Probleme beschrieben, für die Soziale Arbeit nicht zuständig ist. |

Die «Zusammenfassende Problem- und Ressourcenbeschreibung» bildet die Ausgangslage für die Erarbeitung des Beratungs-, Entwicklungs- oder Projektplans (WORAUFHIN-, WIE- und WOMIT-Frage) → vgl. Kap. H, S. 298.

329

I Schlussbemerkungen

Die Systemische Denkfigur unterstützt die Durchführung möglichst umfassender Situations- bzw. Problem- und Ressourcenanalysen; diese stellen *differenzierte und vergleichbare Bildausschnitte über die Wirklichkeit Sozialer Arbeit* dar. Angenommen, immer mehr Organisationen Sozialer Arbeit würden ihre Aktenführung bzw. Dokumentation inhaltlich vergleichbar strukturieren, wären über die Praxis Sozialer Arbeit aussagekräftigere Bilder zu gewinnen, nicht nur im Einzelfall. Weit über die heute verbreiteten Leistungsstatistiken hinaus könnte es gelingen, das Substanzielle Sozialer Arbeit sichtbar und vermittelbar zu machen. Dokumentierte Aussagen zu individuellen und strukturellen Erscheinungsformen sozialer Probleme und zur Frage, wie solche durch die Adressatinnen und Adressaten erlebt werden, erlaubten fundierte Begründungen sozialpolitischer Notwendigkeiten einerseits und die Legitimation qualifizierter Sozialer Arbeit andererseits (Sozialberichterstattung).

Die SDF ist ein Arbeitsinstrument, das die oft zitierte systemische Denk- und Arbeitsweise konsequent und praktisch umsetzen hilft. Sie unterstützt einerseits das *systemische* Denken und Arbeiten (wirklichkeitstheoretischer Aspekt), andererseits zeigt sie – in Verbindung mit den W-Fragen – auch auf, was gleichzeitig *systematisches* Arbeiten ist (wissens- bzw. handlungstheoretischer Aspekt). Ihre Anwendung verlangt und unterstützt einen für Profession und Praxis spezifischen Zugang zu sozialen Problemen und hilft gleichzeitig, Komplexität erfassbar und sichtbar zu machen. Dies wiederum legt den konsequenten Einbezug von Adressatinnen und Dritten nahe, womit Transparenz und Verbindlichkeit hinsichtlich der Zusammenarbeit selbstverständlich werden.

Oft wird mir entgegengehalten, die Anwendung der SDF in der Praxis benötige viel zu viel Zeit. Ich nehme solche Vorbehalte ernst, aber: Was ist die Alternative? Wie nehmen Sozialarbeiterinnen und Sozialpädagoginnen üblicherweise eine «Situationserfassung» oder ein «assessment» vor? Die Alternative zu einem theoretisch, d.h. auch begrifflich begründeten und strukturierten Bild ist oft eine Beschränkung auf das Vordergründigste, in der Regel auf die ökonomischen Probleme der Klientinnen. Diese Probleme sind existenziell und gehören zur Sozialen Arbeit. Sie zu bearbeiten ist jedoch nicht hinreichend, um professionelle Soziale Arbeit zu leisten. Dem Vorbehalt, die hohe Fallbelastung im Sinne des Mengenproblems erlaube keine aufwendigen Analysen, ist entgegenzuhalten, dass es letztlich wesentlich mehr Zeit erfordert, aufgrund eines unvollständigen und unklaren Bildes mit Klienten zu arbeiten. Es ist im Übrigen längst nicht in jedem Fall notwendig, eine umfassende Situationsanalyse vorzunehmen. Das Wissen um die Dimensionen der Denkfigur, um die Interaktionsarten, die der konkreten Beschreibung von sozialen Beziehungen dienen, wirkt in jedem Fall auch dann entlastend, wenn der entsprechende Code nicht nur vorhandene Informationen zu «identifizieren» erlaubt, sondern auch Fragen erzeugt, die der Beschaffung noch fehlender Bildausschnitte dienen.

Die Anwendung der SDF erfolgt mit einer gewissen Selbstverständlichkeit, wenn man a) über aktuelles theoretisches Wissen aus den Disziplinen Psychologie, Soziologie und Sozialpsychologie verfügt (mindestens) und b) wenn man Gelegenheit hat, z.B. im Rahmen von Fallbesprechungen mit der SDF zu üben. Es müssen nicht in jedem Fall alle Elemente der SDF (Individuum, Beziehungen und Werte) analysiert werden; dies hängt u.a. von organisationellen Vorgaben wie Statistiken, Sozialberichterstattung und dem Bedarf an anonymisierten Informationen zur Unterstützung sozialpolitischer Vorstösse ab. Es sind drei fachlich begründete *Indikationen*, die für eine umfassende Analyse unter Beizug der Denkfigur sprechen:

a) es besteht Unübersichtlichkeit hinsichtlich der Ausgangssituation
   u.a. in Bezug auf die Anzahl involvierter Akteure und mit Blick
   auf die Vielfältigkeit der Probleme, so dass ohne systematische
   Anstrengungen kein Gesamtbild erstellt werden kann;

b) obwohl über längere Zeit ein grosser zeitlicher Aufwand geleistet worden ist, hat sich die Situation nicht verändert, allenfalls noch verschlimmert – und Erklärungen für diesen Zustand fehlen oder sind unbefriedigend;

c) es ist ein ausführlicher Bericht mit Empfehlung an eine Behörde zu erstellen, der u. a. eine differenzierte und umfassende Darstellung der Situation enthalten muss.

Es sei noch darauf hingewiesen, was die Systemische Denkfigur *nicht* ist: Sie ist keine «Methode» im Sinne einer speziellen Handlungstheorie, die einer bestimmten soziologischen, psychologischen, psychotherapeutischen, pädagogischen oder betriebsökonomischen «Schule» verpflichtet wäre oder einen bestimmten Ansatz repräsentierte. Es ist ein Missverständnis und sachlich falsch, etwa festzustellen: «Ich arbeite nach Case Management und nicht mit der Denkfigur», oder «Ich arbeite nach Gestalt und nicht mit der Denkfigur». [1] Sie ist keine Alternative zu solchen und anderen «Methoden» bzw. «Schulen» im engeren Sinne. Sie bietet jedoch einen Rahmen an, innerhalb dessen indizierte Methoden so genannt anschlussfähig sind.

Fazit: Das Ergebnis der Problem- und Ressourcenanalyse lässt die Wahl der «Methode» offen, favorisiert keine und schliesst keine aus.

Eine Konsequenz ist dennoch zu nennen: Die mehr oder weniger differenzierte Problem- und Ressourcenanalyse erlaubt ein gezielteres theoretisches Fragen und als Folge eine umfassendere Hypothesenbildung – sie *ersetzt jedoch die Objekttheorien nicht.* Im Gegenteil: Durch die Analyse wird noch deutlicher, wie wichtig aktuelle Theorien aus den Human- und Sozialwissenschaften sind, um effektivere Problemlösungen zu erarbeiten. Diese müssten sich in der Wahl der Methode niederschlagen.

Ich betrachte es als notwendig, der Sozialen Arbeit als wissenschaftlicher *Disziplin* den ihr angemessenen Status zu verleihen und den Mitgliedern der *Profession* hinsichtlich grundlegenden Wissens und Handelns so viele Gemeinsamkeiten wie möglich verfügbar zu machen: Das Systemtheoretische Paradigma der Wissenschaft Sozialer Arbeit, zu dem die Systemische Denkfigur gehört, erlaubt es den Professionellen, wesentlich deutlicher die Gemeinsamkeiten im Gegenstand Sozialer Arbeit, in sozialen Problemen, in den zu ihrer

1
Es handelt sich um konkrete Aussagen, die grundlegende Unklarheiten aufzeigen. Case Management ist keine Methode in dem Sinne, als damit – nach entsprechender Indikation – ein bestimmter Wirklichkeitsausschnitt bzw. bestimmte Probleme behandelt werden könnten. Case Management ist ein bedarfsorientiertes Analyse-, Planungs-, Organisations- und Koordinationsverfahren, das am ehesten mit der W-Fragen-Struktur vergleichbar ist, jedoch nicht alle W-Fragen stellt. – In Weiterbildungen mit Sozialarbeiterinnen und Sozialpädagoginnen, die z. B. über eine Gestaltausbildung verfügen, zeigt sich jeweils rasch, dass die Analyse mit Hilfe der Denkfigur nicht ein «Entweder-Oder» darstellt, sondern auf einer Metaebene zusätzliche Einsichten in die Problem- und Ressourcenlage von Klientinnen zu erschliessen vermag.

Bearbeitung erforderlichen Ressourcen und in der handlungsleitenden Wertorientierung zu erkennen, als dies gemeinhin der Fall ist. Davon ausgehend kann sich in der Praxis, im Berufsalltag, eine *Begründungskultur* entwickeln, die den verbreiteten Individualismus, das «Einzelkämpfertum», zugunsten einer kollektiven Berufsidentität relativiert. Welches *Wissen* fachlichen Auseinandersetzungen zugrundeliegen soll, beantwortet sich nicht allein aufgrund themenbezogener Kriterien, sondern sollte auch berufsethischen Ansprüchen genügen. Berufsidentität zeigt sich darin, dass Professionelle sagen können, welches der Gegenstand Sozialer Arbeit ist, welche Probleme aufgrund welchen Auftrags sie bearbeiten, welches Wissen sie dazu benötigen, welche Methoden sie anwenden und an welchen Werten sie sich orientieren – und wenn sie es gesagt haben, erkennen andere Kolleginnen, Kollegen überwiegend Gemeinsamkeiten. So betrachtet wohnt der inhaltlichen Struktur der Denkfigur ein Aufforderungscharakter inne: sie fordert zu Fragen auf. Damit stellt sie einerseits ein Angebot zur besseren Verständigung unter den Professionellen Sozialer Arbeit dar, andererseits erleichtert ihre Kenntnis es den Professionellen, den Anspruch der Adressatinnen auf sachliche Begründungen ihrer Entscheidungen einzulösen.

Zum Schluss dieses Bandes kommt eine Studierende des 3. Ausbildungssemesters zu Wort: Für das erste Ausbildungspraktikum hatte sie sich u. a. das folgende Ziel gesetzt (der Studierenden wurde noch die alte Terminologie vermittelt): «Anhand der prozessual-systemischen Denkfigur habe ich mir ein Bild gemacht von den Verhältnissen der Familie B.» Am Ende des 1. Praktikums schreibt sie im Rahmen der Praktikumsevaluation:

«Die PSDF hat mir ermöglicht, die verschiedenen Dimensionen (Phänomene, Ereignisse, Handlungsweisen der Familie) miteinander in Beziehung zu bringen und sie objektiver, also sachlicher, zu gewichten. Die PSDF hat meinen ersten Eindruck (ich habe das Gefühl, dass...) oft korrigiert.
Die PSDF hat mich neue Fragestellungen erkennen lassen, die ich dann gezielt mit der Hilfe eines Dolmetschers habe abklären können. (...) Mit der PSDF zu arbeiten hat mein Selbstvertrauen gestärkt – ich kann meine Entscheide erklären, begründen und auch verantworten. Teammitglieder und Heimleitung haben meine Handlungsschritte aufgrund meiner Begründungen unterstützt.»

Anhang

Verzeichnis der Anhänge

1. Informative Ergänzungen

Anhang	Bezeichnung	Seite
Anhang 1	Glossar	337
Anhang 2	Allgemeines methodisches Professionswissen	345
Anhang 3	Die Hypothesen des ontologischen Systemismus (Systemtheorie)	346
Anhang 4	W-Fragen bzw. Wissensformen (original nach Obrecht)	349
Anhang 5	Die frühere Version der Prozessual-systemischen Denkfigur	350
Anhang 6	Die Analysedimensionen der SDF in Form eines logischen Baumes	351
Anhang 7	Biologische, biopsychische und biopsychosoziale menschliche Bedürfnisse	352
Anhang 8	Strukturieren als kognitiver Prozess	354

2. Arbeitsmittel – Beispiele und leere Formulare

Anhang	Bezeichnung	Seite
Anhang 9	Hinweise zur Analyse eines Individuums (Selbstbild)	357
Anhang 10	Hinweise zur Analyse eines Individuums (Fremdbild)	358
Anhang 11	Analyse des Individuums (Grafik)	359
Anhang 12	Analyse des Individuums (Tabelle, Variante 1)	360
Anhang 13	Analyse des Individuums (Tabelle, Variante 2)	361
Anhang 14	Fragen an eine Austauschbeziehung (Paarberatung)	362
Anhang 15	Analyse einer Austauschbeziehung (Grafik)	363
Anhang 16	Analyse einer Austauschbeziehung (Tabelle)	364
Anhang 17	Fragen an eine Machtbeziehung (Grafik)	365
Anhang 18	Analyse einer Machtbeziehung (Grafik)	366
Anhang 19	Analyse einer Machtbeziehung (Tabelle)	367

Anhang 20	Individuelle Machtanalyse – Berufsrolle	
	(Tabelle)	368
Anhang 21	Machtquellenanalyse in sozialen Beziehungen	369
Anhang 22	Beziehungsanalyse – horizontale und vertikale	
	Interaktionen	370
Anhang 23	Beispiele zu Fragen zu allen SDF-Dimensionen,	
	Beziehungen und Werten – nach Zeitaspekten	371
Anhang 24	Vierfelder-Schema zur raschen Analyse	375
Anhang 25	Beispiel zum Vierfelder-Schema	376

Gesamtübersicht zur SDF

Glossar

Im Folgenden werden wenige ausgewählte Schlüsselbegriffe, die im Zusammenhang mit der Problem- und Ressourcenanalyse Verwendung finden, näher erläutert:

a) *Theorie:* Eine Theorie ist ein System von Aussagen (begriffliches System, dessen Einzelaussagen Komponenten sind). Es werden 1. *Metatheorien* (z. B. philosophische wie Wirklichkeits- und Erkenntnistheorie, philosophische Handlungstheorie) und 2. *Objekttheorien* unterschieden. Die letzteren können ihrerseits unterschieden werden als 2.a *Beschreibungstheorien* (Aussagen über konstante Beziehungen zwischen zwei oder mehreren Eigenschaften des Objektes bzw. «unechte» Erklärung oder «Wie ist es?»), und 2.b als «echte» *Erklärungstheorien* im Sinne von Aussagesystemen, die die in einer Beschreibungstheorie formulierten Gesetzmässigkeiten als Folge der gesetzmässigen Wechselwirkungen zwischen den Komponenten von Objekten erklären (Mechanismen bzw. «Warum ist es so?»); Erklärungstheorien verknüpfen zwei und mehr ontologische Niveaus (Interdisziplinarität). Im Weiteren werden 3. unterschieden: *Handlungstheorien,* nämlich 3.1 *allgemeine (philosophische)* (Was sind und wie erzeugt man «gute» Handlungen?), 3.2 allgemeine normative (Wie sollen Professionelle Probleme [anderer Menschen] lösen, unabhängig von deren Beschaffenheit?), und 3.3 *spezielle* (Technologien/Methoden)(Wie sollen Professionelle ein bestimmtes Problem eines Individuums/eines sozialen Systems in einer bestimmten Situation bearbeiten?).
Bei den meisten Theorien, die in der Sozialen Arbeit Verwendung finden, handelt es sich um *Hypothesen* (Einzelaussagen) in sprachlicher (nicht mathematischer) Form im Sinne von 2.a, die die Gesetzmässigkeiten beschreiben. Die meisten Hypothesen entnimmt die Soziale Arbeit den Human- und Sozialwissenschaften; im Rahmen des hier vertretenen Paradigmas bilden die unterschiedlichen Theorien und ihre Verknüpfung die Struktur der Wissenschaft Sozialer Arbeit (vgl. Obrecht, 2000:125 f.).

Die Bezeichnung «Modell» ist in diesem Band in viererlei Hinsicht zu finden:

Nicht-SDF-spezifische Verwendung:

b) *Modell der Sozialen Arbeit als Praxis:* Eine auf der Theorie Sozialer Arbeit beruhende allgemeine Vorstellung über Gegenstand, Auftrag, professionelles Erklärungs- und Handlungswissen, Wertorientierung und erforderliche Fertigkeiten.

c) *Psychobiologisches Erkenntnis- und Handlungsmodell des Individuums* (PsybiEHM) als auf Wissen aus den Diszplinen Biologie, Neurobiologie und Psychobiologie basierendes wissenschaftliches Menschenbild (model of man bzw. Akteurmodell).

d) *Modell («internes Modell»),* als ein Aspekt des PsybiEHM, als eine Teilmenge psychischer Prozesse und Zustände (kulturelle Codes, Bilder, Werte) (vgl. Kap. C, 4.2, S. 115);

SDF-spezifische Verwendung:

e) *Modell der Systemischen Denkfigur (SDF):* Umsetzung der Theorie sozialer Probleme (verknüpft mit der Theorie sozialer Systeme, dem Psychobiologischen Erkenntnis- und Handlungsmodell des Menschen (PsybiEHM) und der mit dieser kompatiblen Theorie menschlicher Bedürfnisse) in die Form einer grafischen Darstellung, die alle relevanten Wirklichkeitsausschnitte repräsentiert, die für die Beschreibung physikalisch-chemischer, biologischer, psychischer, sozialer und kultureller Probleme und der für die Problemlösung vorhandenen Ressourcen der Adressatinnen und Adressaten relevant sind. Die SDF ist demnach ein Modell einer allgemeinen Handlungstheorie, ein Verfahren zur Analyse von Situationen, die dem Gegenstand Sozialer Arbeit als Praxis entsprechen. Auf der Grundlage der SDF kann ein umfassendes, strukturiertes Vergangenheits-, Gegenwarts- oder Zukunftsbild einer bestimmten Situation von AdressatInnen Sozialer Arbeit erzeugt werden. Elemente des Modells sind a) die Denkfigur in ihrer Grundform mit ihren fünf Dimensionen (repräsentiert ein Individuum), b) zwei Konfigurationen von sozialen Systemen bzw. sozialen Beziehungen als Relation zwischen mindestens zwei Denkfiguren (Individuen): je eine horizontale und eine vertikale Konfiguration, entsprechend den «idealtypischen» unterschiedlichen Positionsstrukturen.

Ergänzt wird das Modell c) mit den methodologischen Regeln der systemtheoretischen Erklärung und den Methoden zur Bewertung

von Bildern über Individuen und soziale Beziehungen als
Probleme (normativer Dreischritt und prognostische Begründung)
und der entsprechenden Bestimmung von systeminternen
Ressourcen.

f) Innerhalb der Analyse unter Anwendung des Modells SDF wird
die Bezeichnung «Modell» noch in zwei weiteren Zusammenhängen verwendet:

- «Modell» (M) als ein Aspekt einer Dimension der SDF; gemeint
  sind Erkennen/Erleben (Erlebensmodi) und Wissen, insbesondere
  aber auch das «interne Modell» im Sinne von d);
- im weiteren wird das *Phasenmodell* zum Entstehen, Bestehen
  und Auflösen von sozialen Systemen bzw. sozialen Beziehungen vorgestellt (vgl. Kap. D, 3.2, S. 170 f.).

Weitere häufig verwendete Bezeichnungen:

g) *Eigenschaften* sind konkret wie das Objekt, das sie – das System
oder Komponenten von ihm – auszeichnen; sie beziehen sich auf
die Struktur und die Prozesse, letztere verstanden als Abfolge
von Ereignissen, die Zustände verändern. Wichtigste in diesem
Band verwendete Unterscheidungen sind:

Bei Individuen:

- *ontologische Eigenschaften:* Je nach Objekt lassen sich Eigenschaften unterscheiden nach Wirklichkeitsbereichen (ontologische Niveaus), nämlich nach physikalischen, chemischen,
  biologischen, psychischen, sozialen und kulturellen;

- *intrinsische Eigenschaften oder Dispositionen* gehören zum
  Objekt, bei *Individuen* interessieren biologische (Grösse,
  Blutdruck) und psychische (kognitive, affektive und motori-
  sche);

- *relationale Eigenschaften* sind diejenigen, die ein Objekt
  aufweist, weil es in Beziehung zu anderen Objekten steht,
  z.B. die Statusmerkmale wie Bildung, Beschäftigung und
  Einkommen, die mitbestimmend sind für die Interaktions-

und Positionschancen von Individuen in sozialen Systemen; auch Affiliation und Soziabilität (u.a. Beziehungs- oder soziale Kompetenzen –› Bindungen) gehören zu diesen Eigenschaften;

- *emergente* Eigenschaften entstehen aufgrund der Integration von mindestens zwei Komponenten zu einem neuen System; die Komponenten – die vor der Integration bestehenden Systeme – weisen diese Eigenschaften nicht auf (z. B. psychischer Prozess des Denkens als Ergebnis biologischer Prozesse; Kommunikation als Eigenschaft sozialer Systeme – einzelnen Individuen kommt diese Eigenschaft nicht zu); emergente Eigenschaften sind in der Regel auch relationale, jedoch nicht umgekehrt.
  Bei *sozialen Systemen* unterscheiden wir Struktur (Interaktionsstruktur, Positionsstruktur, d. h. horizontale und vertikale Differenzierung u. a.) und Kultur (Codes, Bilder und Werte) als emergente Eigenschaften.

h) *«Ausstattung» im Zusammenhang mit der SDF:* Die Eigenschaften einer Dimension (Ui, R, Ue, E/M und A) werden als «Ausstattung» bezeichnet. So sind etwa die Körpergrösse, das Alter, das Geschlecht, die Hautfarbe u.a. je körperliche Eigenschaften und damit Aspekte der körperlichen Ausstattung (Ui). Oder der Bildungsabschluss, die Beschäftigung und das Einkommen stellen je sozioökonomische Eigenschaften (Güter) dar, mit denen sich die sozioökonomische Ausstattung eines Individuums differenziert beschreiben lässt (Ue). An dieser Stelle ist anzumerken, dass «Ausstattung» ontologisch missverständlich ist, weil der Begriff – unter Berücksichtigung seines sonstigen Gebrauchs – mit intrinsischen Eigenschaften gleichgesetzt wird. Durch pragmatische Verwendung im Zusammenhang mit der SDF wurde «Ausstattung» ausgeweitet, schliesst also die relationalen und emergenten Eigenschaften des Individuums ein.

i) *Probleme:* In diesem Band sind Probleme bewertete Abweichungen von (Soll-)Werten biologischer, biopsychischer und sozialer bzw. sozialkultureller Systeme. Es wird dann von Problemen geschrieben, wenn *Werte* bzw. *Bedürfnisse* sich dauerhaft nicht oder nur mit besonderen Anstrengungen und oft erst durch das Erschliessen professioneller Hilfe und externer Ressourcen realisieren lassen.

Ein *soziales Problem* in der Sicht des Systemtheoretischen Paradigmas der Sozialen Arbeit «ist a) ein praktisches Problem, das b) ein sozialer Akteur c) mit seiner interaktiven Einbindung und Position (Rollenstatus) in die sozialen Systeme hat, deren Mitglied er faktisch ist. Ein solches Problem äussert sich als Spannungszustand (= Bedürfnis) innerhalb des Nervensystems. Dieser ist die Folge einer Differenz zwischen Ist- und Soll-Wert: der im Organismus registrierte Ist-Wert in Form des Bildes oder internen Modells des Individuums in seiner Situation weicht von einem organisch repräsentierten Soll-Wert (= Bedürfnisbefriedigung) ab. Die Spannung kann mit den verfügbaren internen (Motivation, Wissen und Können) und externen Ressourcen vorderhand oder endgültig nicht reduziert werden (vgl. Obrecht, 2001:63 f.).

Soziale Probleme sind dann (primäre) *praktische Probleme*, wenn es Individuen dauerhaft nicht möglich ist, «eine in Frage stehende Bedürfnisspannung innert der erforderlichen Zeit, die durch die unterschiedliche Elastizität verschiedener Bedürfnisse gegeben ist, abzubauen. Eine zweite oder *sekundäre* Form praktischer Probleme liegt im Falle von Handlungen vor, die nicht auf die unmittelbare Bedürfnisbefriedigung wie das Stillen von Hunger oder Löschen von Durst ... gerichtet sind, sondern auf die mittelbare Bedürfnisbefriedigung, d.h. auf die Erzeugung, den Erhalt oder die Modifikation von Einrichtungen oder andere Ressourcen, die Bedürfnisbefriedigung auf (eine bestimmte) Dauer sicherstellen sollen ...» (Vorräte anlegen, Haus- und Werkzeugbau u. a.) (Obrecht, 2002:13).

Als *«Folgeprobleme»* bezeichnen wir solche, die aufgrund von primären Problemen in demselben oder in anderen Wirklichkeitsbereichen entstehen können, also z. B. biologische, psychische und soziale Probleme. Z. B., wenn der Langzeitarbeitslose (soziales Problem) an einer Depression (psychisches Problem) und an Beschwerden des Verdauungstraktes (biologisches Problem) zu leiden beginnt.

Zu ergänzen ist, dass sowohl «Defizite» wie auch «Überschüsse» zu Problemen führen können, zwei Bezeichnungen, die in diesem Band ab und zu Verwendung finden:

- *Defizite* bezeichnen eine Abweichung im Sinne eines «Zuwenig», gemessen an einem Soll-Zustand bzw. -Prozess. Defizite sind nicht als individualisierende moralisch-charakterliche Etikette zu verstehen, sondern als Ergebnis einer an Bedürfnissen orientierten Beschreibung und Bewertung einer Situation (z.B. Mangelernährung, zu tiefes Einkommen).
- *Überschüsse* als Problemursache bezeichnen eine Abweichung von einem Soll-Zustand bzw. -Prozess im Sinn eines «Zuviel», das zu sozialen Problemen führt (z.B. motorische Unruhe eines Kindes; Übergewicht; jemand entwickelt immer wieder unrealistische Zukunftsperspektiven oder zeichnet wiederholt utopische Lebensentwürfe, obwohl ihm oder ihr die intellektuellen Fähigkeiten und/oder ökonomischen Mittel fehlen, um sie zu verwirklichen, was zu demotiverenden Effekten führt).

j) *Ressourcen* sind in der Regel bisher zu wenig genutzte oder ungenutzte, für die Problemlösung relevante, *bewertete Möglichkeiten/Potenziale* eines Individuums (biologische, psychische, soziale [inkl. ökonomische] und kulturelle) oder eines sozialen Systems (Mitgliedschaften); die adressatenbezogene Ressourcenbestimmung entspricht stets der *Relation zwischen analysiertem Problem und verfügbaren systemeigenen Möglichkeiten zur Problemlösung.* In diesem Band wird der Begriff «Ressource» verwendet für:

- *Interne Ressourcen* im Sinne von Gesundheit, Kraft, Wissen, Intelligenz und Fertigkeiten, soziale Kompetenzen und ökonomische Mittel von Adressatinnen und Adressaten;
- *externe Ressourcen* – im Sinne des Subsidiaritätsprinzips – als Möglichkeiten
  - des sozial nahen Umfeldes, etwas zur Problemlösung beizutragen (Familie, Freunde, Bekannte);
  - als Unterstützungsmöglichkeiten des weiteren sozialen Umfeldes wie Arbeitgeber, Lehrer, Nachbarn, Freizeiteinrichtungen, Selbsthilfegruppen;
  - als Wissen, Fertigkeiten, Einfluss und ökonomische Güter von privaten und kirchlichen Instanzen, z.B. von anderen Professionellen, Hilfswerken, Fonds und Stiftungen;
  - Wissens- und ökonomische Ressourcen des staatlichen Systems sozialer Sicherheit hinsichtlich Existenzsicherung,

Wohnraum, Beschäftigung (Arbeits- und Wohnungsämter,
Sozialversicherungen, Sozialbehörden und -ämter («letztes
Auffangnetz»), aber auch des Gesundheitssystems.

Im Rahmen von Problemen, die im Laufe einer systematischen
Analyse festgestellt werden, geht es um die systeminternen,
ergänzt durch die *externen Ressourcen* der unmittelbaren sozialen Umwelt. So sind z.B. Mitgliedschaften, ein attraktiver Arbeitsplatz, die vertrauensvolle Beziehung zum Vorgesetzten, unterstüt-
zende Freundschaften oder auch eine Anwartschaft auf ein Erbe
als externe Ressourcen zu verstehen (kritische Ausführungen zum
Begriff «Ressourcen» bei Meinhold, 1998:196 f.).

k) Eine *soziale Beziehung* ist das Gesamt an sozialen Prozessen
(sozialen Interaktionen) zwischen mindestens zwei Individuen,
die wiederkehrend und rekursiv aufgrund von Bindungen unterschiedlichster Art ablaufen; die Beteiligten bilden so ein formelles oder informelles soziales System. Die Beziehung kann privater, betrieblicher oder öffentlicher Natur sein und hinsichtlich der
affektiven Bindungen unterschiedliche Intensität aufweisen: Das
«Beziehungsgefüge» wird z. B. zusammengehalten durch Bindungen aufgrund von Gefühlen (Zuneigung, Sympathie, Liebe), durch
moralische Verpflichtungen (Solidarität, Loyalität, Dankbarkeit)
und durch rechtlich verbindliche Verträge (Rechte und Pflichten
bzw. Leistungen und Gegenleistungen). Soziale Beziehungen sind
Bedingung zur Befriedigung sozialer Bedüfnisse wie z. B. demjenigen nach sozialer Anerkennung, jedoch auch Voraussetzung zur
Befriedigung der biologischen und psychischen Bedürfnisse.

In diesem Band werden Beziehungen dargestellt als a) idealtypisch horizontal strukturierte Tauschbeziehungen (Beziehung
aufgrund gleicher sozialer Rollen), b) idealtypisch vertikal strukturierte Machtbeziehungen (Beziehungen, die über ein formelles
Entscheidungs- und Kontrollzentrum verfügen) und c) Mischformen, die – entweder als Austausch- oder als Machtbeziehung –
sich durch Interaktionen auszeichnen, die auch Macht- bzw.
Tauschcharakter aufweisen.

l) *Transdisziplinarität:* In diesem Band verstehen wir darunter jede
kognitive Aktivität, die dazu dient, die Ontologie, die Erkenntnistheorie, die Axiologie und die philosophische Handlungstheorie
als metatheoretischen Bezugsrahmen zu nutzen. Dabei handelt es

sich um Wissen, das nicht *einer* bestimmten Disziplin zugeordnet werden kann. Insbesondere die Ontologie (Systemismus) stellt einen Code dar, der es erlaubt, Faktenwissen und erklärungstheoretische Fragestellungen unabhängig von Wissen von «Leitdisziplinen» zu verknüpfen – «verknüpfen» ist zugegebenermassen eine Metapher –, deshalb besser: zu integrieren. Durch «Integrieren» resultieren transdisziplinäre und damit konsequent systemtheoretische Erklärungen, die Aussagen über Gesetzmässigkeiten im Sinne von Mechanismen von und zwischen Objekten unterschiedlicher Wirklichkeitsbereiche (ontologische Niveaus) entsprechen.

So betrachtet – eine Idealvorstellung *sozialer* Aktivitäten! – teilen Mitglieder einer transdisziplinären Kooperation ein weitgehend übereinstimmendes, wissenschaftlich begründetes Menschen- und Gesellschaftsbild: Sie stimmen darin überein, dass eine *transdisziplinäre Erklärung menschlichen Handelns* mindestens die Berücksichtigung des biologischen Systems «Zentralnervensystem» enthält, dessen Funktionen sie als emergente psychische Prozesse verstehen; das handelnde Individuum sehen sie als biologische, psychische, soziale und kulturelle Bedürfnisse befriedigende und selbstwissensfähige Komponente von sozialen Systemen an einem bestimmten Ort und zu einer bestimmten Zeit. Gleichzeitig sind sie sich darin einig, dass *Zustände und Prozesse von sozialen Systemen* nur dann umfassend zu erklären sind, wenn man sowohl die Differenzierungen ihrer Struktur und Kultur wie auch ihre Komponenten versteht, nämlich Individuen als biopsychische Systeme mit Bedürfnissen, mit Selbstwissen und Wissen über ihre Umwelt, eingebunden in bestimmte Positions- und Interaktionsstrukturen, zudem in Relation zu externen bzw. übergeordneten sozialen Systemen (Makrostruktur).

Von *Interdisziplinarität* wird gesprochen, wenn Zustände und Prozesse von Objekten durch Beizug von Wissen aus mindestens zwei oder mehr Disziplinen erklärt werden: das disziplinäre Spezialwissen wird je als eigenständiger Beitrag zur Lösung von kognitiven Problemen gesehen und gewürdigt. Im Weiteren ist *interdisziplinäre Zusammenarbeit* von *interprofessioneller Zusammenarbeit* zu unterscheiden: die erstere dient der Bearbeitung *kognitiver* Probleme, die zweite jedoch der Bearbeitung *praktischer* Probleme – unter Beizug aktuellen Wissens.

Anhang 2
Allgemeines methodisches Professionswissen

Wissen über die Erhebung und Beschreibung von Fakten und über das Bestimmen von Problemen und Ressourcen von AdressatInnen Sozialer Arbeit (systemisches = ontologisches Wissen)
Die beschriebenen Fakten ergeben ein Bild der Situation. Die Bewertung von Bildern oder Bildausschnitten führt zur Problembestimmung und auf diese bezogene Ressourcen (der AdressatInnen). Soziale Probleme präsentieren sich oft als manifeste oder teilweise latente Mehrfachproblematiken (bereichsübergreifende Probleme). Notwendig ist systemisches Fakten-, Beschreibungs- und Erklärungswissen verschiedener Disziplinen (Begriffe). Realisierung mittels der SDF, gemäss a) *in Abb. 4, S. 86.*

> *Sozialökonomischer Bereich:* Soziale Positio (Bildung, Beschäftigung, Einkommen) und strukturelle Chancen hinsichtlich der aktuellen und zukünftigen Existenzsicherung – Wohnung, Konsum, Risikoabsicherungen, Renten – via Erwerbstätigkeit. –> Armutsrisiken.
>
> *Soziale Position, Mitgliedschaften und soziale Beziehungen:* Soziale Position/Statuskonfiguration –> Einfluss –> soziale Anerkennung vs. Verachtung. – Bedürfnisgerechte (Austausch-) Beziehungen und soziale Mitgliedschaften. Soziale Isolation bzw. einseitige/ungleichwertige Interaktionen. – Lösungspotentiale in Bezug auf praktische Probleme als Möglichkeiten, allfällige Probleme mit eigenen Ressourcen zu lösen.
>
> *Sozialkultureller Bereich:* Kulturelle Übereinstimmungen und Differenzen. Sprache als Bedingung für Kommunikation. Gültigkeit gesellschaftlich anerkannter Werte und Normen innerhalb des jeweiligen sozialen Kontextes. – Zugang zu kodifiziertem Wissen. – Nichterfüllung, willkürliche Erfüllung und Relativierung von gesellschaftlich anerkannten funktionalen Werten und Normen/Standards – mit sozial und individuell nachteiligen Folgen.
>
> *Sozialökologischer Bereich:* Beschaffenheit der physikalischen, chemischen und (nicht-human)biologischen Umwelt des Menschen: Luft, Wasser, Boden, Fauna und Flora. «Äusserliche» Qualitäten der natürlichen Umwelt und des geschaffenen Umfeldes im Sinne der öffentlichen Infrastruktur (Artefakte) – ihr Beitrag zu Wohlbefinden und Gesundheit (Siedlungsformen, Bodennutzung, aber auch unbebaute Landschaften, Wald, Gewässer u.a.).
>
> *(Human-)Biologisch-psychischer Bereich:* Geschlecht, Alter oder Hautfarbe als auch sozial relevante biologische Eigenschaften, eingeschlossen ästhetische (z.B. Schönheit). Gesundheit hinsichtlich körperlicher (Krankheiten/Behinderungen, Sucht, körperliche Verelendung) und/oder psychischer Funktionen (Wahrnehmen, Denken, Fühlen, Motivation, Handeln).

Wissen über das Dokumentieren professionellen Handelns
(Aktenführung, Berichte verfasssen, Sozialberichterstattung). *gemäss e) in Abb. 4, S. 86*

Allgemeines methodisches Professionswissen
als (selbst-)reflektiertes, integriertes Wisssen und Können.

Sozial nahes Umfeld der AdressatInnen
Angehörige, Freunde.

Problembeteiligte
Vermieter, Arbeitgeber, Gläubiger der AdressatInnen.

Nicht-Professionelle
Nachbarn, Freiwillige (Ehrenamtliche). Patronatspersonen. Schlüsselpersonen im Quartier. Gewerkschafter.

Anderen Professionelle
Lehrer, Ärzte, Psychologinnen, Rechtsanwälte.

Gesellschaftlich relevante Akteure
Gerichts- und Verwaltungsbehörden, Verwaltung, Polizei.

Öffentlichkeit/Schlüsselpersonen
Politische Parteien. Sponsoren. Medien.

Was? (inkl. Wer? Wo? Wann?)
Beschreibung der Situation. Vorläufig gültige Aussagen über nicht bewertete Fakten, Probleme und Ressourcen (benannt durch AdressatInnen).

Woher? Warum? (inkl. Wer? Wo? Wann?)
Vor- bzw. Entstehungsgeschichte. Hypothesen.

Wohin? (inkl. Wer? Wo? Wann?)
1. Prognose unter der Annahme, es werde durch S.A. nicht interveniert.

Was ist (nicht) gut? (inkl. Wer? Wo? Wann?)
(Nicht-realisierte) Werte bzw. Normen/Standards. *Zwischenbilanz: Welches sind die «wirklichen», prioritäten Probleme, welches relevante Ressourcen?*

Woraufhin? (inkl. Wer? Wo? Wann?)
Problem- und ressourcenorientierte Ziele.

Wie? Womit? (inkl. Wer? Wo? Wann?)
Spezielle Handlungstheorien: Methoden und Mittel
–> Beratungs-, Entwicklungs-, Projektplan.

Wohin? (inkl. Wer? Wo? Wann?)
2. Prognose unter der Annahme, der Plan werde realisiert.

Verfahrensentscheidung und Realisierung

Ergebnis- bzw. Evaluationswissen
Wirksamkeit, Wirtschaftlichkeit, Einfluss Dritter
–> Folgerungen

Allgemeines normatives Handlungswissen Wissen über das systematische Problemlösen. (W-Fragen bzw. Wissensformen) *gemäss b) in Abb. 4, S. 86*

Berufsethisches Wissen Werte und Normen (Moral und Berufsethik) *gemäss c) in Abb. 4, S. 86*

Kooperationswissen, einschliesslich Kommunikation und Koordination –
mit einer Vielzahl von Beteiligten in unterschiedlichen sozialen Positionen bzw. Rollen, mit unterschiedlichen Funktionen, Interessen, Erwartungen und Ressourcen (soziale Niveaus, multiperspektivische Sicht –> Vervielfachung der W-Fragen) – *gemäss d) in Abb. 4, S. 86.*

345

Quelle: Obrecht Werner (2000b:210 f.) – Auszug aus dem Originaltext

Folgende ontologischen Hypothesen lassen sich formulieren:

1) Die Welt besteht aus sich selbst heraus, d.h. unabhängig davon, ob man an sie denkt (oder sie erforscht).

2) Die Welt (die Wirklichkeit, der Kosmos) besteht ausschliesslich aus konkreten «Dingen», wenn auch nicht nur aus einer einzigen Art, wie dies der materialistische Physikalismus behauptet, sondern aus verschiedenen (vgl. Punkt 7).

3) Jedes Ding ist entweder ein System oder eine Komponente eines Systems; davon ausgenommen ist nur das Universum, weil es keine Umwelt hat.

4) Jedes Ding, ob einfach oder komplex, hat eine Reihe von Eigenschaften und diese sind so real wie die Dinge selbst («Formen» sind solche Eigenschaften und keine aus sich selbst heraus existierenden [platonischen] Ideen); jedes komplexe Ding oder System verfügt dabei über einige Eigenschaften, die nur ihm, nicht aber seinen Komponenten zukommen und die im Zuge der Integration seiner Komponenten zu einem System entstanden sind.

5) Alle Dinge gehorchen in ihrem Aufbau und ihrem Verhalten Gesetzen (es gibt zufälliges Zusammentreffen, aber keine Wunder).

6) Jedes System ist über (schwächere) Beziehungen (Bindungen; KG), die mindestens einige seiner Komponenten auch zu Komponenten in seiner Umwelt unterhalten (externe Struktur), mit seiner Umwelt verbunden. Alle Systeme, ausser dem Universum, unterliegen deshalb äusseren Einflüssen und verhalten sich dabeiselektiv; es gibt weder ganz offene noch ganz geschlossene(isolierte) Systeme, sondern nur Systeme mit unterschiedlichen Graden an Offenheit.

7) Es gibt gegenwärtig, zumindest auf der Erde, verschiedene Arten von konkreten Systemen (Niveaus oder Systemebenen), die ihrerseits zu Bündeln von Systemebenen zusammengefasst werden können, nämlich physikalische, chemische, biologische, psychische und soziale. Die Komponenten eines sozialen Systems sind physikalischer, chemischer, biologischer bzw.

biopsychischer Natur, die eines chemischen Systems sind physikalischer und chemischer Natur und die eines physikalischen nur physikalischer. Innerhalb dieser Arten gibt es eine Vielzahl unterschiedlichster Systeme, einige von ihnen wandeln sich schnell, andere nur langsam; einige vereinigen sich selbst, andere sind (von anderen Systemen) mit Absicht gemacht; einige sind geschlossen (aber nicht isoliert) und selbstreguliert, die meisten sind weder das eine noch das andere, einige haben eine räumliche Gestalt bzw. geometrische Grenzen, andere nicht – und so weiter.

8) Alle Dinge verändern sich: Sein heisst werden.

9) Jedes System einer bestimmten Art (Ebene) ist ein Glied in einer evolutionären Kette und hat sich durch Selbstvereinigung von Dingen der vorhergehenden Ebene (Klasse von Dingen) gebildet, d.h. jedem System einer bestimmten Art (Ebene) gehen dessen Komponenten zeitlich voraus.

10) Kein Ding entsteht aus nichts und kein Ding verschwindet ohne Spur in andern; Systeme zerfallen in ihre Komponenten und verändern darüberhinaus durch die dabei frei werdende Energie ihre Umgebung, oder sie werden als Komponenten in neue Systeme einbezogen; je komplexer ein System ist, desto zahlreicher sind die Schritte bei dessen Bildung und desto zahlreicher die Wege, auf denen es zusammenbrechen kann.

11) Mit den plastischen, d.h. den lernfähigen Nervensystemen ist eine neue Art von Fakten, nämlich erfahrungsabhängige Gehirnzustände, in die Welt gekommen, d.h. Wissen im Sinne von Selbst- und Umweltbildern und begrifflichen Systemen (kognitive Codes), sowie – auf ihrer Grundlage – eine neue Art von Prozessen, nämlich Phänomene (Erleben) und später bei Menschen – Erfahrung (reflektiertes Erleben) und methodisch kontrolliertes Erkennen (Philosophie und Wissenschaft). Mit ihnen in Koevolution sind humane Sozialsysteme entstanden, die einige Eigenschaften mit den Sozialsystemen von anderen höheren Primaten teilen, während andere für sie spezifisch sind (z.B. Multiniveaunalität und symbolische Kultur beruhend auf symbolischen Systemen).

12) Innerhalb der Evolution der Agrargesellschaften und ihren Subsystemen, die natürliche Systeme sind, ist eine neue, artifizielle Art von Systemen entstanden, die Organisationen, deren modernste Abkömmlinge (Transnationale Korporationen)

die anderen beiden Ordnungen der gegenwärtigen Weltgesell-
schaft dominieren: die Bevölkerungen und die Staaten
(Bornschier, 1998; Heintz, 1982), jener aktuellen Form von
Globalgesellschaft, deren Vorgeschichte zurück ins Jahr 1492
reicht (Kolumbus) und deren Geschichte mit dem Ende des
Zweiten Weltkriegs beginnt (Entkolonialisierung).

Wissensformen	**als Antworten auf**	

Phase 1: Situationsanalyse

1. Bilder (Beschreibungen, Beschreibungswissen)
   1a Gegenwartsbilder [I]
   1b Vergangenheitsbilder [II]
   1c Zukunftsbilder (› vgl. Punkt 3)

Was-, Wann-, Wo- u. Woher-Fragen
· Was-, Wann- und Wo-Fragen (1)
· Woher-Fragen (2)
· (Wohin-Fragen [› vgl. Pkt. 3])

2. Theorien (Erklärungen; Erklärungswissen)

  2a Beschreibungstheorien
    a1 nomologische Theorien [III]
    a2 nomopragmatische Theorien [IV]
  2b Erklärungstheorien [V]

Warum-(oder Weshalb)-Fragen (3)
(Aufgr. welcher Gesetzmässigkeiten?)
(Aufgr. welcher 1-Niveau-Gesetzmässigkeit?)
(· Akteurunabhängige Gesetze)
(· Gesetze bez. Wirkungen v. Handlungen)
(Aufgrund welcher Mechanismen?)

Phase 2: Bewertung und Problemdefinition

3. Werte (Wertwissen) [VI]

Was-ist-gut-Fragen (4)

4. Zukunftsbilder (Trends, Prognosen) [VII]

Wohin-Fragen (5)

5. Probleme (Problemwissen) [VIII]

Was-ist-nicht-gut-Fragen (Was ist das Problem?) (6)

Phase 3: Zielsetzung und Planung

6. Ziele (Zielwissen) und Probleme

Woraufhin-Fragen (7)

7. Interventionswissen
   7a Interventionstheorien1 [IX]
   7b Pläne [X]
   7c Fertigkeiten (Skills) [XI]

Wie-Fragen
· allg. (wertbezogene) Wie-Fragen (8)
· zielbezogene Wie-Fragen (9)
· planbezogene Wie-Fragen (10)

8. Wissen über materielle Ressourcen [XII]

Womit-Fragen (11)

9. Wissen über Handelnde [XIII]

Wer-Fragen (12)

Phase 4: Entscheidung und Implementierung des Planes

10. Wissen über Entscheidungen [–]
    Geordnete Abfolgen motorischer Operationen

Welche-Fragen (13)

Phase 5: Evaluation

11. Evaluationswissen

  11a Wissen über die Wirksamkeit von konkreten
    Interventionen [XIV]
  11b Wissen über die Wirtschaftlichkeit von
    konkreten Interventionen [XV]
  11c Wissen über die Wünschbarkeit von
    konkreten Interventionen [XVI]

Wirksamkeits-, Wirtschaftlichkeits- u.
Wünschbarkeitsfragen
Wirksamkeitsfragen (instrument. Rationalität) (14)

Wirtschaftlichkeitsfragen (ökonom. Rationalität) (15)

Wünschbarkeitsfragen (Wertrationalität) (16)

Die frühere Version der
Prozessual-systemischen
Denkfigur

Ue = Umwelt extern
Ui = Umwelt intern
E = Erkennen/Erleben
M = Modell
A = Aktivitäten

Bedeutungsstrukturen als
Eigenschaften in Bezug auf
verschiedene Arten von Wissen
wie Erfahrungen, Symbol-
gehalte, Ziele, Perspektiven,
Erklärungen, Ideologien,
Werte usw. als Aspekte der
inneren Struktur

*= Bedürfnis nach Verstehen,
nach Sinn/Orientierung im
Alltag, in der Welt = (Selbst-)
Bewusstsein.*

Eigenschaften der Informationsaufnahme und -verarbeitung
hinsichtlich der vorhandenen
oder fehlenden Erlebens- und
Erkenntnismodi (Empfinden,
Wahrnehmen, Fühlen, Denken
u.a.) als Aspekte des inneren
Verhaltens

*= Bedürfnis nach Erkenntnis und
Erkenntniskompetenz*

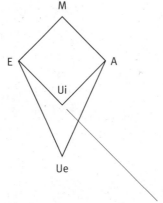

Eigenschaften des Handelns und
des äusseren Verhaltens

*= Bedürfnis nach gestaltender,
zweckgerichteter Aktivität bzw.
Handlungskompetenz*

Körperliche Eigenschaften, die
willentlich beeinflussbar oder nicht
beeinflussbar sind

= biologische Bedürfnisse

Sozioökonomische,
sozioökologische und soziokulturelle Eigenschaften

*= Bedürfnis nach materiellen
und immateriellen Gütern*

Anliegen bzw. Revisionspunkte:

· *Die Denkfigur ist kongruent mit dem Psychobiologischen Erkenntnis- und
Handlungsmodell des Menschen (PsybiEHM) (Obrecht).*
· *Demnach sind die bisherigen Eigenschaften der Dimension «E» (psychische
Prozesse) dem Modell «M» zuzuordnen; es enthält nicht nur biopsychische
Zustände (u.a. Wissensformen i.S. von Codes und Bildern), sondern auch die
biopsychischen Prozesse der Informationsverarbeitung und diejenigen als
Voraussetzung für Verhalten und Handeln.*
· *«Ersatz» der Dimension «E» durch den Rezeptor (Sensoren); hier treffen Reize
des Organismus und solche von ausserhalb auf den Organismus auf; je nach
affektiver Besetzung der entsprechenden Bilder bzw. der vorhandenen Codes
werden sie – via sensorischer Bereich – im Modell wahrgenommen oder nicht.*
· *Bedürfnisse sind nicht bei den Dimensionen der Denkfigur anzusiedeln,
sondern als «Bilder des Organismus» gehören sie zu «E/M» (Werte; sie sind
hier mit Bezug auf allenfalls problematische Zustände bzw. Prozesse der
Dimensionen zu beschreiben).*

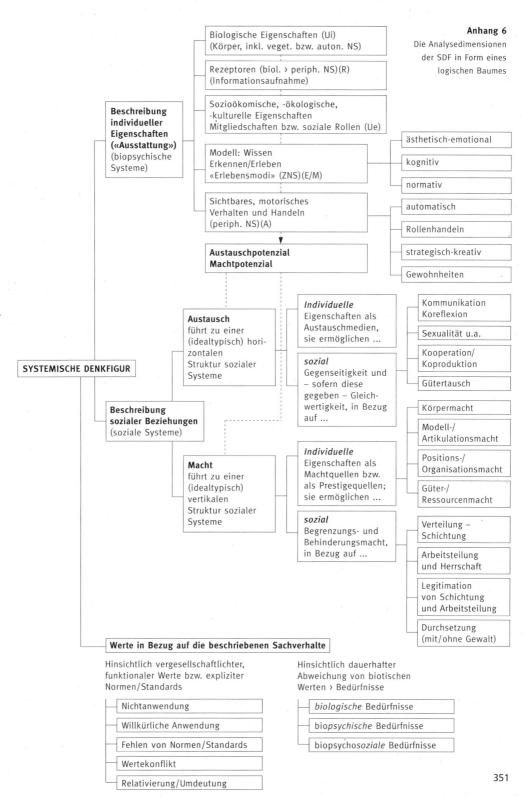

Biologische Eigenschaften (Ui)
(Körper, inkl. veget. bzw. auton. NS)

Rezeptoren (biol. › periph. NS)(R)
(Informationsaufnahme)

Sozioökomische, -ökologische,
-kulturelle Eigenschaften
Mitgliedschaften bzw. soziale Rollen (Ue)

Modell: Wissen
Erkennen/Erleben
«Erlebensmodi» (ZNS)(E/M)

**Beschreibung
individueller
Eigenschaften
(«Ausstattung»)**
(biopsychische
Systeme)

ästhetisch-emotional

kognitiv

normativ

Sichtbares, motorisches
Verhalten und Handeln
(periph. NS)(A)

automatisch

Rollenhandeln

strategisch-kreativ

Gewohnheiten

**Austauschpotenzial
Machtpotenzial**

Austausch
führt zu einer
(idealtypisch) hori-
zontalen
Struktur sozialer
Systeme

Individuelle
Eigenschaften als
Austauschmedien,
sie ermöglichen ...

Kommunikation
Koreflexion

Sexualität u.a.

sozial
Gegenseitigkeit und
– sofern diese
gegeben – Gleich-
wertigkeit, in Bezug
auf ...

Kooperation/
Koproduktion

Gütertausch

SYSTEMISCHE DENKFIGUR

**Beschreibung
sozialer Beziehungen**
(soziale Systeme)

Macht
führt zu einer
(idealtypisch)
vertikalen
Struktur sozialer
Systeme

Individuelle
Eigenschaften als
Machtquellen bzw.
als Prestigequellen;
sie ermöglichen ...

Körpermacht

Modell-/
Artikulationsmacht

Positions-/
Organisationsmacht

Güter-/
Ressourcenmacht

sozial
Begrenzungs- und
Behinderungsmacht,
in Bezug auf ...

Verteilung –
Schichtung

Arbeitsteilung
und Herrschaft

Legitimation
von Schichtung
und Arbeitsteilung

Durchsetzung
(mit/ohne Gewalt)

Werte in Bezug auf die beschriebenen Sachverhalte

Hinsichtlich vergesellschaftlichter,
funktionaler Werte bzw. expliziter
Normen/Standards

Hinsichtlich dauerhafter
Abweichung von biotischen
Werten › Bedürfnisse

Nichtanwendung

Willkürliche Anwendung

Fehlen von Normen/Standards

Wertekonflikt

Relativierung/Umdeutung

biologische Bedürfnisse

bio*psychische* Bedürfnisse

biopsycho*soziale* Bedürfnisse

I. **Biologische** Bedürfnisse im engeren Sinne

1. nach physischer Integrität, d.h. nach Vermeidung von Verschmutzung, das Wohlbefinden reduzierenden (schmerzhaften) physikalischen Beeinträchtigungen (Hitze, Kälte, Nässe), Verletzungen sowie der Exposition gegenüber (absichtsvoller) Gewalt;
2. nach den für die Autopoiese erforderlichen Austauschstoffen: 1. verdaubare Biomasse (Stoffwechsel); 2. Wasser (Flüssigkeitshaushalt); 3. Sauerstoff (Gasaustausch);
3. nach sexueller Aktivität und nach Fortpflanzung;
4. nach Regenerierung;

II. Bio**psychische** Bedürfnisse

5. nach wahrnehmungsgerechter sensorischer Stimulation durch a) Gravitation, b) Schall, c) Licht, d) taktile Reize (sensorische Bedürfnisse);
6. nach schönen Formen in spezifischen Bereichen des Erlebens (Landschaften, Gesichter, unversehrte Körper (ästhetische Bedürfnisse; nach ästhetischem Erleben);
7. nach Abwechslung/Stimulation (Bedürfnis nach Abwechslung);
8. nach assimilierbarer orientierungs- und handlungsrelevanter Information:
   a. nach Information via sensorische Stimulation (Bedürfnis nach Orientierung)
   b. nach einem der gewünschten Information angemessenen Code (Bedürfnis nach [epistemischem] «Sinn», d.h. nach dem Verstehen dessen, was in einem und um einen herum vorgeht und mit einem geschieht, insofern man davon Kenntnis hat (vgl. 8a). Im Bereich des bewussten Denkens entspricht diesem Bedürfnis das Bedürfnis nach subjektiver Sicherheit/Gewissheit bzw. nach «Überzeugung» in den subjektiv relevanten Fragen;
9. nach subjektiv relevanten (affektiv besetzten) Zielen und Hoffnung auf Erfüllung (Bedürfnis nach subjektivem «Sinn»);
10. nach effektiven Fertigkeiten (Skills), Regeln und (sozialen) Normen zur Bewältigung von (wiederkehrenden) Situationen in Abhängigkeit der subjektiv relevanten Ziele (Kontroll- oder Kompetenzbedürfnis);

III. Biopsycho**soziale** Bedürfnisse

11. nach emotionaler Zuwendung (Liebe, Freundschaft, aktiv und passiv) (Liebesbedürfnis);

12. nach spontaner Hilfe (Hilfsbedürfnis);

13. nach sozial(kulturell)er Zugehörigkeit durch Teilnahme im Sinne einer Funktion (Rolle) innerhalb eines sozialen Systems (Mitgliedschaft in Familie, Gruppe, Gesellschaft (Sippe, Stamm, «Ethnie», Region, Nationalstaat) (Mitglied zu sein heisst, Rechte zu haben, weil man Pflichten erfüllt) (Mitgliedschaftsbedürfnis);

14. nach Unverwechselbarkeit (Bedürfnis nach biopsychosozialer Identität)

15. nach Autonomie (Autonomiebedürfnis);

16. nach Fairness

17. nach Kooperation

18. nach sozialer Anerkennung (Funktion, Leistung, «Rang») (Anerkennungsbedürfnis);

19. nach (Austausch-)Gerechtigkeit (Gerechtigkeitsbedürfnis)

Quelle: Obrecht, 1998b, 2008

1. Allgemeines zum Begriff

Unter *Strukturieren* verstehen wir eine Abfolge kognitiver Operationen mit dem Ziel, neue Informationen in ein bestehendes Begriffssystem (Struktur) einzugliedern.

Auch alltägliches Erleben ist laufendes Strukturieren, nur dass es zum überwiegenden Teil mit kognitiven Mitteln geschieht, die ohne bewusste Kontrolle und Anstrengung arbeiten.

2. Arten des Strukturierens

Wir unterscheiden zwei grosse Gruppen von Strukturierungsprozessen, nämlich

1. Strukturieren im Sinne der «Verarbeitung» von Information (Lernen im engeren Sinn);
2. Strukturieren als Mittel der Darstellung von Erkenntnissen bzw. Wissen aus den Informationen.

Der zweite Prozess setzt den ersten voraus und wirkt gelegentlich auf diesen zurück.

Zu 1. Strukturieren im Sinne der «Verarbeitung» von Information.

Das Problem beim Lernen stellt sich allgemein ausgedrückt so dar, dass entweder

1. neue Inhalte in eine bekannte Struktur eingegliedert werden sollen («Assimilation») oder
2. neue Strukturen gebildet werden müssen, um bekannte Inhalte eingliedern zu können («Akkommodation»).

Ein konkreter Strukturierungsbedarf kann sich aus folgenden Ausgangslagen ergeben:

· *Beispiel zu 1:*
Informationen aus der Zeitung zu einem sozialen Problem können der Systemischen Denkfigur zugeordnet werden (Denkfigur = bekannter Begriffsapparat). Dieser kognitive Vorgang erfordert ein Vergleichen einer Information mit dem vorhandenen Begriffsapparat (Assimilation).

· *Beispiel zu 2:*
Berichterstattung an Behörden nach Gefährdungsmeldung oder die Abfassung einer Stellungnahme zur Kindeszuteilung im Auftrag des Gerichts.

Solche Aufträge erfordern – als kognitive Leistung – die Suche nach Kriterien, die die Bildung eines Begriffsapparates ermöglichen (Akkommodation). Gelingt dies nicht – oder wird dies gar nicht angestrebt –, werden entsprechende Informationen über bestimmte Sachverhalte (Zustände, Verhalten) als weniger relevant eingestuft oder gar «vergessen».

Strukturieren bedeutet hier die Suche nach Kriterien, die es erlauben, Informationen mit identischen oder ähnlichen Eigenschaften unter Oberbegriffe einzugliedern. Die Informationen werden auf diese Weise klassifiziert, was den Lernvorgang erleichtert: die einzelnen Teile des Ganzen werden einerseits überblickbar und andererseits sind die Beziehungen unter ihnen leichter zu erkennen.

Zu 2. Strukturieren als Mittel der Darstellung von Erkenntnissen bzw. von Wissen

Es stellt sich die Frage, wie Inhalte dargestellt werden können, damit der/die EmpfängerIn sie auch versteht. Durch eine geeignete Strukturierung des mitzuteilenden Wissens sollen die kognitiven Prozesse der HörerInnen und LeserInnen aktiviert werden, damit sie die für sie neue Information gut in ihre bestehende kognitive Struktur integrieren oder diese in der gewünschten Art erweitern können (s. unter 1!). Diese Art des Strukturierens spielt auch in der einfachsten Alltagskommunikation eine Rolle, in der präzise Information präzise übermittelt werden soll (z.B. Auskunft über den Weg zu einer gesuchten Strasse). Sie ist bei schriftlichen Arbeiten wie Gesuchen und Anträgen an Behörden unverzichtbar. Verschiedene Strukturen in der Vermittlung von Erkenntnissen dienen

· als inhaltliche Orientierungshilfen (z.B. Inhaltsverzeichnis)
· als formale Orientierungshilfen (z.B. chronologische Gliederung/ Dezimalklassifikation);
· als Ordnungs- und Gliederungshilfen (z.B. Raster für Berichte);
· als Kurzübersichten über komplexe Sachverhalte (z.B. logischer Baum, Mind-mapping).

Drei Techniken eignen sich allgemein zur Strukturierung:

1. Der *logische Baum* stellt eine Strukturierungshilfe im Sinne des effizienteren Lernens dar. Er kann aber auch dazu verwendet werden, Dritten die Übersicht über einen zu vermittelnden Stoff zu erleichtern. Das Prinzip besteht darin, ein Problem/Thema nach bestimmten Unterfragen zu verästeln. So wird eine bessere Übersicht über die Teilfragen, welche sich bei der Bearbeitung eines Themas stellen, gewonnen (vgl. Anhang 5).

2. Das *Zettelsystem* ist eine sehr effektive Technik, einen vorgesehenen Text zu strukturieren. Jeder Gedanke, jede Kapitelüberschrift, jeder Begriff wird auf einen Zettel geschrieben (nur eine «Idee» pro Zettel). Die Zettel werden auf einem grossen Tisch oder auf dem Boden ausgelegt, z.B. so, wie wir die schriftliche Arbeit aufbauen möchten. Diese beweglichen Zettel geben uns die Möglichkeit, die Darstellung fortlaufend zu ändern, die Zettel zu verschieben, sie anderen Kapiteln zuzuordnen, so lange, bis wir überzeugt sind, dass der Aufbau sachlogisch gegeben ist (dasselbe Prinzip der Textstrukturierung ist oft in Textverarbeitungs-Software integriert).

3. Das *Mind-mapping* als Technik, ein Hauptthema vom Zentrum aus in Subthemen und weitere Differenzierungen zu verzweigen, auf diese Weise auch optisch eine Übersicht zu schaffen (vgl. Svantesson, 1996).

· Freude spüre ich, wenn ...
· Sorgen habe ich wegen ...
· Ärgern tue ich mich über ...
· Angst habe ich vor ...
· Ich fühle mich zufrieden/unzufrieden ...
· Denken gelingt mir gut ...
· Schnelldenker bin ich hinsichtlich ...
· Zu begreifen vermag ich nicht, ...
· Meine Grundstimmung ist ...

· Meine Interessen (Familie, Beruf, Freizeit ...) sind ...
· Meine positivsten/negativsten Erfahrungen
  hinsichtlich ... sind ...
· Für meine Zukunft plane/wünsche ich ...
· Die aktuelle Situation kann ich beeinflussen,
  indem ich ... / kann ich nicht beeinflussen, weil ...
· Das Problem X vermag ich mir so zu erklären ... /
  kann ich mir nicht erklären ...
· Wichtig sind mir folgende Werte ...
· Es gelingt mir gut/nicht so gut, mich zu orientieren ...

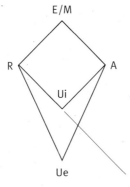

Meine Sinnesorgane
sind gesund/
in bestimmter Hinsicht
beschädigt ...

· Auf meine Situation reagiere ich konkret
  so, indem ich ...
· Meine Situation lähmt mich, weil ...
· Das kann ich sehr gut ... /ich beherrsche ...
· Folgende Fertigkeiten sollte ich mir noch
  aneignen ...
· In dieser Hinsicht handle ich sehr geschickt ... /
  sehr ungeschickt ...

· Ich bin gesund/krank ...
· Ich bin schlank/zu dick ...
· Ich sehe gut und hübsch aus/
  entspreche nicht dem Schönheitsideal ...

· Meine Ausbildung ist sehr gut/ungenügend ..., weil ...
· Über meine Weiterbildungen kann ich mich ausweisen ...
· Ich verfüge über die finanziellen Mittel ... /es fehlt mir das Geld für ...
· Ich besitze Arbeitszeugnisse, die ...
· Meine Arbeitsstelle ist sehr attraktiv ...
· Ich bin arbeitslos ...
· Mein Arbeitsplatz/meine Wohnung ist schön und ruhig .../mir fehlt ein
  ruhiger Arbeitsplatz/eine ruhige Wohnung ...
· Die Arbeits- und Wohnumgebung ist ruhig, verkehrsgünstig .../
  ist lärmig, abgelegen ...
· Ich bin Mitglied bei .../mir fehlen Mitgliedschaften bei ...
· Ich gehöre dieser Konfession und dieser Ethnie an ...
· Insgesamt betrachtet gehöre ich zu dieser/jener sozialen Schicht ...

Fazit: Mit diesen beschriebenen Eigenschaften bezüglich der fünf Ausstattungsdimensionen sind meine sozialen Chancen in Austausch- und Machtbeziehungen intakt, insbesondere in der sozialen Rolle als ... ; sie sind beeinträchtigt, insbesondere hinsichtlich der sozialen Rolle als ... (Bewertung hinsichtlich Austausch- und Machtpotenzialen)

- Denkt über …
- Erklärt, dass …
- Fühlt sich angesichts …
- Hat Angst, befürchtet …
- Beharrt darauf, dass …
- Seine Stimmung ist …
- Zeigt Flexibilität hinsichtlich …

- Weiss, dass … / Weiss nicht, …
- Die Situation zeichnet sich dadurch aus, dass …
- Hat Ziele in Bezug auf … / keine Ziele …
- Kennt Weg für Problemlösung … / kennt ihn nicht …
- Wünscht …
- Hat Erfahrung … / hat keine ….
- Sieht für die Zukunft …
- Orientiert sich an … / fehlt ihm an Orientierung …
- Erklärt sich motiviert … / nicht motiviert …

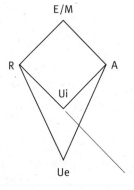

- Kann … / Kann nicht …
- Tut regelmässig … / Unterlässt …
- Verweigert …
- Kommt der Pflicht … nach / … nicht nach…
- Nimmt die Rolle als … wahr / nimmt sie nicht wahr …

- Geschlecht, Alter, Hautfarbe, Grösse, Gewicht …
- Ist gesund …/ krank …
- Sieht attraktiv aus … / unattraktiv aus …

- Bildung, Beruf, Einkommen, Vermögen
- Erwerbstätigkeit, Rollen und Funktionen
- Wohnung, Umgebung (Stadt, Land; Infrastruktur;
  Fauna, Flora, Luft, Wasser, Ruhe)
- Nationalität, Ethnie, Konfession
- Mitgliedschaften (Vereine, Kirchen)

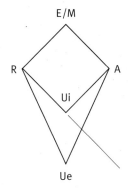

Biologische Eigenschaften (Ui)	Nicht bewertete Fakten	
Indikatoren für Probleme		Indikatoren für Ressourcen

Sozioökonom. Eigenschaften (Ue)	Nicht bewertete Fakten	
Indikatoren für Probleme		Indikatoren für Ressourcen

Sozioökolog. Eigenschaften (Ue)	Nicht bewertete Fakten	
Indikatoren für Probleme		Indikatoren für Ressourcen

Soziokulturelle Eigenschaften (Ue)	Nicht bewertete Fakten	
Indikatoren für Probleme		Indikatoren für Ressourcen

Mitgliedschaften (Ue)	Nicht bewertete Fakten	
Indikatoren für Probleme		Indikatoren für Ressourcen

Wissen (M) und Erlebensmodi (E)	Nicht bewertete Fakten	
Indikatoren für Probleme		Indikatoren für Ressourcen

Handeln/Verhalten (A)	Nicht bewertete Fakten	
Indikatoren für Probleme		Indikatoren für Ressourcen

Austauschpotenzial (bezogen auf ausgewählte Rolle/n)	
Machtpotenzial (bezogen auf ausgewählte Rolle/n)	

Analyse des Individuums – Nicht bewertete Fakten, Indikatoren für Probleme und Ressourcen – Informationen aus der Sicht des Klienten

W-Fragen › Wirklichkeitsausschnitte ›	Nicht bewertete Fakten	Indikatoren für Probleme	Indikatoren für Ressourcen
Biologische Eigenschaften (Ui)			
Soziale Eigenschaften (Ue)			
Psychische Eigenschaften Wissen Bilder und Codes (M) Erlebensmodi (E)			
Psychische Eigenschaften Aktivitäten Handeln/Verhalten (A)			
Austauschpotenzial			
Machtpotenzial			

Worüber informieren sich die Beteiligten? – In welcher Form?
Wie äussern sie sich – bezogen auf ein bestimmtes Thema?
Sind themen- und/oder situationsbezogen bestimmte Interaktionsmuster erkennbar?
Und: Wie bewerten die Beteiligten den Informationsaustausch insgesamt?
Ist ihnen Metakommunikation möglich?
(gegenseitig/einseitig bzw. gleichwertig/ungleichwertig)

Welche Aktivitäten teilen sie – in Familie, Beruf, Freizeit?
Besteht eine gemeinsame Produktion – von was?
Wie ist die Arbeitsteilung geregelt bzw. faktisch?
Und: Wie bewerten die Beteiligten die gemeinsamen Aktivitäten?
(beidseitige/einseitige und gleichwertige/ungleichwertige Beteiligung)

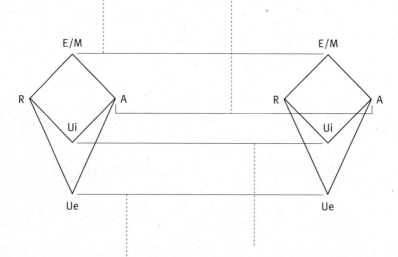

Pflegen sie körperliche Kontakte – welcher Art? In welchen Situationen?
Pflegen sie eine sexuelle Beziehung?
Und: Wie bewerten die Beteiligten die körperlichen/sexuellen Beziehungen?
(gegenseitige/einseitige bzw. gleichwertige/ungleichwertige Anteile)

Wie haben die Beteiligten den Gütertausch geregelt – in Bezug auf welche Güter?
Wer gibt faktisch wem was, wer erhält was von wem?
Und: Wie bewerten die Beteiligten den Gütertausch insgesamt?
(gegenseitig/einseitig bzw. gleichwertig/ungleichwertig)

Fazit: Wie beurteilen die Beteiligten die Beziehung insgesamt und über eine gewisse
Dauer – symmetrisch/asymmetrisch?

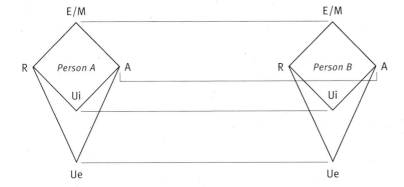

Person A Austauschmedien	Beschreibungen von Interaktionen (Beispiele)	Person B Austauschmedien	*Anmerkungen*
Wissen	Was ist der Inhalt der Informationen, die ausgetauscht werden, worüber informiert wer wen (nicht)? Wie sind welche Mitteilungen formuliert (argumentativ, emotional, normativ)? u.a.	Wissen	
Erlebensmodi		Erlebensmodi	
Handeln/Verhalten	Wie werden Informationen weitergegeben? Hören die Beteiligten aufeinander, gehen sie auf Voten des andern ein? Handelt es sich um Anweisungen? Was unternehmen A und B gemeinsam? Welche Aufgaben werden gemeinsam erledigt? u.a.	Handeln/Verhalten	
Gütertausch	Wer trägt welche Art von Gütern zur Gestaltung des Zusammenlebens oder zu gemeinsamen Unternehmungen bei? u.a.	Gütertausch	
Körper	Inwieweit berühren sich A und B, tauschen Zärtlichkeiten aus und/oder pflegen sexuelle Kontakte (in Paarbeziehungen)? u.a.	Körper	

Gesamtbeurteilung:
Erste Hypothesen für ausgewählte Probleme: ...

Vorläufige Bewertung der Beziehung: Gegenseitigkeit, Gleichwertigkeit (Symmetrieaspekt) – Klarheit und Akzeptanz von Austauschregeln.
– Sind auch Machtaspekte festzustellen, die sich behindernd oder begrenzend auswirken?

Wieweit vermag sie mit ihrem Wissen und ihren Ideen andere zu überzeugen oder ihr Wissen, ihre Ideen, auch gegen Widerstand als «richtig» durchzusetzen?

Wie weit kann sie auch «unausgegorene» Ideen oder gar objektiv nicht wahres Wissen z.B. rhetorisch gewandter verbreiten und als richtig und nützlich darstellen?

Gelingt es ihr, mit ihrem Wissen und ihren Ideen zu obsiegen, obwohl diejenigen der Person B eigentlich von besserer Qualität sind?

(Modell- und Artikulationsmacht)

Hat sie die Kompetenz (oder masst sie sie sich an) und macht davon Gebrauch, über andere Menschen zu verfügen, ihnen bestimmte Güter wie Bildung, Arbeit, Geld und Bewegungsfreiheit zuzustellen oder ihnen zu verweigern oder zu entziehen?

Muss sich Person B tatsächlich den Anweisungen, Verweigerungen und Eingriffen unterziehen, ohne sich dagegen wehren zu können? (Positionsmacht)

Gelingt es ihr, andere Personen gegen Person B zu mobilisieren?

(Organisationsmacht)

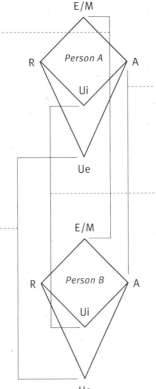

Wer von Person A und Person B verfügt über soviel (lebens-?)wichtige Ressourcen im Sinne von Gütern wie Geld, Arbeitsplätzen, Immobilien, Rohstoffen u.a., um sie künstlich zu verknappen, sie dem jeweils anderen vorzuenthalten – oder sie mit ihr zu teilen?

Wem von den beiden fehlen welche Güter, um den Existenzbedarf zu decken, sich gegen materielle Risiken abzusichern und sich entsprechend dem Wohlstandsniveau mit erstrebenswerten Gütern auszustatten? (Ressourcenmacht)

Wer von Person A und Person B verfügt über so viel körperliche Kraft und Ausdauer, dass sie die körperlich Schwächere durch Drohungen und/oder konkrete Handlungen an Gesundheit und Leben gefährden und sie sich allenfalls auch gefügig machen kann?

(Körpermacht)

Fazit: Entsprechend der Beschreibung wird die Frage nach der Legitimation der konkreten Machtausübungen und ihrer Durchsetzung gestellt. Gestützt darauf werden Machtbeziehungen nach den Kriterien «behindernd» oder «begrenzend» bewertet.

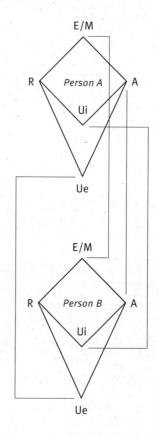

Anhang 18
Analyse einer Macht-
beziehung (Grafik)

Person A Machtquellen	Beschreibungen von Interaktionen (Beispiele)	Person B Machtquellen	Anmerkungen
Wissen	Wer vermag durch seine Meinung und hinsichtlich welcher Themen zu überzeugen? – Wer setzt seine Ideen, Meinung, Theorien, Ziele, Lösungsvorstellungen durch? Wer unterliegt? – Wer kann welche Inhalte in angemessener Weise (normativ, kognitiv, emotional) formulieren? u.a.	Wissen	
Erlebensmodi		Erlebensmodi	
(Modell- und Artikulationsmacht)		(Modell- und Artikulationsmacht)	
Handeln/Verhalten (Positionsmacht, evtl. Organisationsmacht)	Wer kann zuhören, nachfragen? – Wer setzt sich rhetorisch durch, «überfährt» den andern, hört nicht zu, verweigert Begründung u.a.? Wie zeigt sich die Unterlegenheit des andern? – Wer bestimmt die gemeinsamen Aktivitäten? Können andere für das eigene Anliegen gewonnen werden (Lobbybildung)? u.a.	Handeln/Verhalten (Positionsmacht, evtl. Organisationsmacht)	
Gütertausch (Ressourcenmacht)	Wer trägt welchen Teil welcher gemeinsamen Auslagen? – Wer verfügt über die finanziellen Mittel des andern, bestimmt über deren Verwendung? Wer muss welche rechtlichen Ansprüche erfüllen? Wer stellt Forderungen – unter welchem Titel? u.a.	Gütertausch (Ressourcenmacht)	
Körper (Körpermacht)	Wer zeigt sich wem gegenüber körperlich nahe bzw. distanzlos? – Wer kann sich nicht wehren gegen körperliche Übergriffe? u.a.	Körper (Körpermacht)	

Gesamtbeurteilung: Begrenzende bzw. behindernde Interaktionen. – Welche Behinderungs- bzw. Begrenzungsregeln sind vorhanden? Welche Begrenzungsregeln fehlen? – Sind auch Austauschaspekte festzustellen?

Erste Hypothesen für ausgewählte Probleme: …

Bewertung der Beziehung: …

Persönliche Machtanalyse – bezogen auf meine berufliche Rolle/Funktion

Machtquellen	*Hohes Potenzial* (in Worten)	*Mittleres Potenzial* (in Worten)	*Tiefes Potenzial* (in Worten)
Ressourcenmacht (soziale) (Art und «Menge»)			
Modellmacht Definitionsmacht (Wissen) (Art und «Menge»)			
Artikulationsmacht (Art und «Menge») (Artikulationsfähigkeit/ Rhetorik)			
Positionsmacht (individuell) Organisationsmacht (sozial) (Art und «Menge»)			
Körpermacht (Art und «Menge»)			
Wie beurteile ich mein Machtpotenzial insgesamt in Bezug auf meine Einflussmöglichkeiten in der Organisation?			
Was betrachte ich in Bezug auf mein Machtpotenzial als einflussmindernd, als problematisch?			

Ganz allgemein kann ich mir folgende Fragen stellen:

1. Über welche Art/Menge von Macht(quellen) verfüge ich?
2. Welche Macht setze ich in beruflichen Beziehungen mit welchem Effekt ein – Klientinnen, Kolleginnen, Vorgesetzte?
3. Welche Macht fehlt mir? Wozu wäre sie nützlich?
4. Welche Machtquellen möchte ich verstärken – und wie kann ich das tun?

Ausstattungs-dimensionen gemäss Denkfigur	Körper (Ui)	Sozioökonomische und -kulturelle (Ue)	Erlebensmodi (E/...)	Wissen (.../M)	Handeln (A)	
Machtquellen	Physische Ressourcenmacht	Sozioökonomische Ressourcenmacht	Artikulationsmacht	Definitions-/Modellmacht	Positionsmacht	Organisationsmacht
Akteure						
Person A						
Person B						

Anhang 21
Machtquellenanalyse in sozialen Beziehungen (nach M. Ulmann)

Kommentar:

+
bedeutet, dass sich die betreffende Person mit dieser Art von Macht durchsetzen kann.

–
bedeutet, dass die entsprechende Machtquelle nicht zugunsten der betreffenden Person genutzt wird/nicht genutzt werden kann.

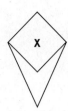

X

A   E/M   Ue   Ui

Einschätzung der Beziehung im Sinne der Kriterien
«gegenseitig»/«gleichwertig» bzw. «symmetrisch»/
«asymmetrisch» und «begrenzend»/«behindernd».

A   E/M   Ue   Ui

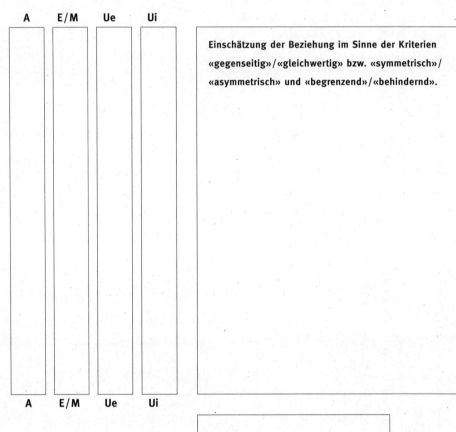

Y

X

Aspekt	Frage Vergangenheit	Frage Gegenwart	Frage Zukunft
Ui Biologische Eigenschaften	Seit wann sind Sie krank? Kennen Sie diese Symptome auch aus früheren Zeiten? In welchem Zeitraum hat sich Ihr Zustand verschlimmert? Wie viel verdienten Sie an Ihrer früheren Stelle?	Wie beurteilen Sie Ihre körperliche Gesundheit? Unter welchen Umständen fühlen Sie sich körperlich gesund, wann krank? Wie beurteilen Sie Ihr Aussehen?	Welches Ziel setzen Sie sich in Bezug auf Ihr Übergewicht? (> M) Wie beurteilt Ihr Arzt den weiteren Verlauf Ihrer Krankheit? (beides M in Bezug auf Ui!)
Ue Soziale Eigenschaften		Über welches Einkommen verfügen Sie? Wie hoch ist der Mietzins Ihrer Wohnung? Wie sind Sie krankenversichert? Beschreiben Sie mir bitte Ihren Arbeitsplatz!	Welchen Beruf möchten Sie noch erlernen? Wo möchten Sie wohnen? (beides M in Bezug auf Ue!)
M Psychische Eigenschaften Wissen	Welches Bild haben Sie sich damals von Ihrem Mann gemacht? Erinnern Sie sich noch: was hatten Sie sich damals von Ihrer Ehe erhofft? Mit welchen Erwartungen haben Sie damals die Stelle angetreten? Welches Problem haben Sie schon erfolgreich gelöst?	Welche Vorstellung macht Sie derart traurig? Sie sind offensichtlich sehr erschüttert, was ich sehr gut verstehen kann. Haben Sie eine Vorstellung davon, was die Situation in Ihrem Sinne verändern könnte? Was könnte Ihrer Meinung nach helfen, die Situation für alle Beteiligten erträglicher zu machen? Erzählen Sie mir einmal, welche Fantasien Sie bezüglich Ihres Partners haben? Angenommen, Sie könnten zaubern: Was würden Sie in Ihrem Leben sofort verändern?	Was müsste sich an Ihrer Situation ändern, damit Sie optimistischer in die Zukunft blicken könnten? (Entwicklung eines positiv besetzten Zukunftsbildes). Welchen Lebensplan haben Sie für sich entworfen? Wie möchten Sie leben, wenn Sie 50 sind? Können Sie sich vorstellen, auch noch in zwanzig Jahren dieselbe Tätigkeit auszuüben?

			Bemerkung:
E Psychische Eigenschaften Erlebensmodi	Wie haben Sie dieses Ereignis damals erlebt? Wie dachten Sie früher darüber? Können Sie sagen, weshalb Sie sich damals so schlecht gefühlt haben? Was hat Sie derart verletzt, damals?	Was fühlen Sie dabei, wenn Sie daran denken? Wie erleben Sie den Umstand, dass Sie Mühe haben, klar auszudrücken, was Sie beschäftigt? Welche Argumente führen Sie zu dieser Einschätzung? Wenn ich Sie richtig verstehe, gelingt es Ihnen nicht, sich auf die gemeinsamen Ferien mit Ihrem Partner (Zukunftsbild) zu freuen. Welche Gefühle spüren Sie dabei?	Hier geht es in der Regel um *Zukunftsbilder*, die *jetzt* bestimmte Gedanken und Gefühle auslösen. Wir können wohl Bilder, jedoch kaum zuverlässig Erleben «vorausnehmen». «Dass dieser oder jener Zustand eintreten könnte, macht mir jetzt Angst.» Teilweise bereits Beispiele in der linken Spalte.
A Psychische Eigenschaften Handeln	Seit wann macht Ihnen das Treppensteigen derart Mühe? Wo bzw. wann haben Sie sich diese Fertigkeiten erworben?	Welches sind Ihre Stärken und Schwächen, bezogen auf Ihre Berufsrolle? Welche Ihrer Fertigkeiten möchten Sie besser nutzen? Für welche Beschäftigung betrachten Sie sich als geeignet? Schildern Sie mir bitte einen normalen Tagesablauf an Ihrem Arbeitsplatz, mich interessiert, was Sie den ganzen Tag tun!	Welche Fertigkeiten möchten Sie sich noch aneignen? Welches Verhalten möchten Sie ändern? Angesichts Ihrer Krankheit: Was könnte diese auf längere Sicht hinaus für Ihre Berufstätigkeit bedeuten (> M/Zukunft)?
Austausch- und Macht- kompetenz	Erinnern Sie sich an die Zeit, als Sie mit Ihrem jetzigen Mann Bekanntschaft geschlossen haben: Welche Merkmale an Ihnen waren es Ihrer Meinung nach, die Sie für ihn attraktiv gemacht haben?	Welche Interessen bringen Sie in eine mögliche Partnerschaft mit (M)? Wie verhalten Sie sich in der Regel in der Zusammenarbeit mit Kolleginnen (A)? Welches sind Ihrer Meinung nach Ihre Stärken und Schwächen, die Sie in das Team an der neuen Stelle mitbringen würden?	Was müsste sich bezüglich Ihrer Einstellung, Ihrer Interessen (M), Ihrer Fertigkeiten (A) usw. verändern, damit Ihre Chancen, eine Partnerin zu finden, besser werden?

Aspekt	Frage Vergangenheit	Frage Gegenwart	Frage Zukunft
Austausch Horizontal strukturierte soziale Systeme	Welche Eigenschaften an Ihrem Mann haben Sie am Anfang Ihrer Beziehung fasziniert (offene Frage, alle Ausstattungs-dimensionen denkbar)? Wie hat sich die Arbeitsbeziehung zwischen Ihrem Kollegen und Ihnen im letzten Jahr entwickelt, was ist gleich geblieben, was hat sich verändert (Aufforderung zu einer differenzierten – über alle Ausstattungsdimensionen reichende – Antwort)?	Sie erzählen mir, dass Sie das Verhalten Ihres Partners Ihnen gegenüber – im Beisein gemeinsamer Bekannter – nicht mehr ertragen. Was müssten er Ihrer Meinung nach ändern? Was müssten Sie allenfalls ändern? Welche Vereinbarung möchten Sie mit ihm diesbezüglich treffen? Wie müsste sich Ihre Frau Ihnen gegenüber verhalten, damit Sie wieder Vertrauen in Ihre gemeinsame Beziehung haben könnten (zirkuläre Frage, in Gegenwart der Frau)?	Wie stellen Sie sich die Arbeitsteilung in der Familie vor, wenn Ihre Partnerin ausserhäuslich erwerbstätig sein wird? Welche Fragen der Zusammenarbeit sollen im Rahmen der vorgesehenen Team-Supervision angegangen und wenn möglich geklärt werden?
Macht Vertikal strukturierte soziale Systeme	Sie sagen, dass Sie sich heute noch von Ihrer Mutter abhängig fühlen. Vermögen Sie sich an Ereignisse in Ihrer Jugendzeit zu erinnern, die aufzeigen, dass Sie sich damals zu wenig für Ihre Interessen gewehrt haben?	Sie sagen, dass Sie sich durch Ihren Chef ausgenutzt fühlen? Können Sie mir dazu Beispiele schildern? Inwiefern ist es Ihnen möglich, Ihre Arbeit selbstständig einzuteilen? Offensichtlich haben Sie Angst davor, Ihrem Chef zu widersprechen, weil er Ihnen sonst kündigt. Trifft das zu? Was bedeutet es für Sie, dass ich als Vormund Ihren Lohn verwalte? Sind Sie bereits Mitglied einer Gewerkschaft?	Was müssten Sie sich im Laufe des nächsten Jahres an Fachwissen aneignen, damit Ihre Chancen zum beruflichen Aufstieg in der Firma besser werden?

Werte/Normen/Standards

Was war damals der gemeinsame Wert, der Sie miteinander verbunden hat?

Was war Ihnen beiden wichtig?

Sie behaupten, dass Ihr Arbeitgeber den Frauen weniger Lohn bezahlt als Männern mit der gleichen Aufgabe. Haben Sie sich schon bei der Gewerkschaft erkundigt (Gleichheitsartikel)?

Können Sie sich vorstellen, dass Sie und Ihr Partner aus diesem Konflikt heraus doch noch etwas gemeinsam Wichtiges finden könnten, das ein Zusammenbleiben ermöglichen würde (verbindender, gemeinsam als wichtig erachteter Wert)?

Sie erzählen mir, dass Sie wegen Ihrer Hautfarbe keine Wohnung finden, weil immer wieder Leute mit weisser Hautfarbe bevorzugt würden. Wann haben Sie das zuletzt erlebt (Willkür?)?

Für Sie scheint die Gesundheit an erster Stelle zu stehen, deshalb machen Sie sich Sorgen um Ihren Sohn. Ihr Sohn jedoch findet es wichtiger, mit den Kollegen jeden Abend zu «kiffen». Können Sie mit Ihrem Sohn über Ihre Sorge um ihn sprechen?

Sie befürchten, dass Ihr Vorgesetzter bei der nächsten Beförderung wieder einen anderen Kollegen bevorzugen wird, der keinesfalls über Ihre Qualifikationen verfügt, jedoch weniger auffällt, weil er alles schluckt, was von «oben» kommt.

Was möchten und können Sie unternehmen, um die Beförderungskriterien zu versachlichen und als verbindlich zu erklären (transparente Kriterien fehlen)?

Probleme und Ressourcen (Bewertung)

Situation von ...

Situation von Herrn Meier

Ui: 49-jährig; Atem-, Herz- und Magenbeschwerden, übergewichtig (?)

Ue: geschieden; arbeitslos; verschuldet (mindestens SFr. 16000.–),
Bezieht Leistungen der Arbeitslosenversicherung, eigene Wohnung
(SFr. 880.–), Vater einer 17-jährigen Tochter, für die er Alimente
zahlen sollte (was er akzeptiert), aber dazu nicht in der Lage ist.

E/M: Hat Erfahrung als Hilfsarbeiter/Magaziner. Sieht sich als
verlässlichen Arbeitnehmer. Findet Kündigung ungerecht. Trotz
Bewerbungen erhält er keine Stelle; seine Begründung: «die»
dächten, er sei dann häufig krank, was nicht zutreffe. Betr. seiner
finanziellen Situation sieht er keinen Ausweg mehr.

A: Bewirbt sich weiterhin um eine Stelle. Stempelt beim Arbeitsamt.
Freizeit: allein in seiner Wohnung. Kettenraucher. (Alkoholkonsum?)

Bank (Kleinkreditschulden), Steueramt (Steuerschulden) und
Arbeitsamt (stempeln) – je repräsentiert durch deren Sachbearbei-
ter/in – sind Instanzen, von denen er abhängig ist.

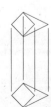

Zur geschiedenen Frau (angeblich) keine Beziehung.

Die 17-jährige Tochter wolle (angeblich) keinen Kontakt zu ihm,
sie wolle nichts von ihm wissen. (Immer vorausgesetzt, Hr. Meiers
Schilderung trifft zu, liegt hier auch eine Machtbeziehung vor
(behindernd): Die Tochter bestimmt allein, was an Kontakten
zwischen ihr und ihrem Vater möglich ist.

Probleme und Ressourcen (Bewertung)

Problem 1: Überschuldung
- Norm: Man gibt soviel aus, wie man einnimmt. Mangelt es an
  Geld für die «normalen» Verpflichtungen, geht man zum Sozialamt,
  nicht zur Bank.
- Werte: Pflicht, Verantwortung, Autonomie, Vernunft
  Bedürfnisse, soziale: nach Autonomie (ist abhängig von Gläubigern)
  und nach sozialer Anerkennung.
  Ressourcen: Akzeptiert Pflicht zur Rückzahlung.

Problem 2: Kann seine Tochter nicht sehen.
- Norm: Eltern pflegen Kontakte zu ihren Kindern.
- Werte: Familie, Respekt, Autorität.
  Bedürfnisse, soziale: nach Zugehörigkeit im Sinne einer Funktion
  (Vaterrolle), nach emotionaler Zuwendung.
  Ressourcen: Akzeptiert Pflicht, Alimente zu zahlen.

Problem 3: Herr Meier ist unfreiwillig erwerbslos.
- Norm: Ein 49-jähriger Mann hat Anspruch auf eine existenzsi-
  chernde Erwerbsarbeit.
- Werte: Beschäftigung, Sicherheit, Leistung.
  Bedürfnisse, psychisches: nach Kontrolle und Kompetenz; soziale:
  nach Zugehörigkeit im Sinne einer Funktion (Rolle als Arbeit-
  nehmer) und nach sozialer Anerkennung – abhängig von der
  Mitgliedschaft in einem Betrieb.

Verzeichnis der Abbildungen und Tabellen

1. Abbildungen

Abb.	Titel	Seite
Abb. 1	Die vier Elemente der SDF als Modell für eine Problem- und Ressourcenanalyse	27
Abb. 2	Mehrstufige Struktur des Systemtheoretischen Paradigmas der Sozialarbeitswissenschaft	42
Abb. 3	Problemklassen und ihre Beziehungen untereinander; Interaktions- und Positionsprobleme als Unterklassen; Beispiele von Arten von sozialen Problemen	63
Abb. 4	Komponenten des allgemeinen methodischen Professionswissens	86
Abb. 5	Schematische Darstellung des metatheoretischen und objekttheoretischen Rahmens als Grundlage für die SDF	89
Abb. 6	Komponenten des allgemeinen methodischen Professionswissens – ergänzt durch die SDF	91
Abb. 7	Die «Systemische Denkfigur» im Detail (Individuum)	95
Abb. 8	Illustration zu Ui	98
Abb. 9	Illustration zu Ue	101
Abb. 10	Illustration zu R	107
Abb. 11	Illustration zu E/...	110
Abb. 12	Illustration zu .../M	115
Abb. 13	Illustration zu A	124
Abb. 14	Beschreibung von Herrn Meier (umfassend)	133
Abb. 15	Stilisiertes Individuum	134
Abb. 16	Illustration zu Ue → R	136

Abb. 17   Illustration zu Ui –> R   137
Abb. 18   Illustration zu R –> E/M   138
Abb. 19   Illustration zu E/M –> A   139
Abb. 20   Illustration zu Ui –> A   141
Abb. 21   Illustration zu A –> Ui   142
Abb. 22   Illustration zu A –> Ue   143
Abb. 23   Zur «gedachten» Relation Ue –> A   144
Abb. 24   Illustration zu «gedachten» Relationen   145
Abb. 25   Illustration zur «gedachten» Relation Ue –> E/M   146
Abb. 26   Illustration zur «gedachten» Relation E/M <–> Ui   147
Abb. 27   Illustration zur «gedachten» Relation Ue –> Ui   147
Abb. 28   Illustration zur «gedachten» Relation Ui –> Ue   148
Abb. 29   Illustration zur «gedachten» Relation R –> A   148
Abb. 30   Schematische Darstellung möglicher System-
           bzw. Beziehungskonfigurationen   184
Abb. 31   Die Ausstattungsdimensionen der SDF als
           Austauschmedien   192
Abb. 32   Die Austauschbeziehung   192
Abb. 33   Beziehung zwischen Herrn und Frau Meier
           vor der Scheidung (Aussagen von Herrn Meier)   197
Abb. 34   Paarbeziehung: Drei Austauschdimensionen ...   200
Abb. 35   Paarbeziehung:
           Über zwei Austauschdimensionen ...   201
Abb. 36   Paarbeziehung: Gegenseitige Interaktionen ...   201
Abb. 37   Kollegialer Austausch über
           zwei Austauschdimensionen ...   202
Abb. 38   Die Ausstattungsdimensionen der Denkfigur
           als Machtquellen   211
Abb. 39   Die vertikal strukturierte Beziehung –
           Person A ist mächtiger als Person B   215
Abb. 40   Machtbeziehung zwischen Herrn Meier und
           dem Repräsentanten der Kreditbank   218
Abb. 41   Beschreibung und vorläufige Bewertung einer
           Paarbeziehung – horizontale und vertikale
           Interaktionen   239
Abb. 42   Beschreibung einer hierarchischen Beziehung,
           die zeitweise zu einer (informellen)
           Austauschbeziehung werden kann   241

Abb. 43   Beziehung zwischen Vater (V) und
          unmündigem Kind (K) – vertikale, horizontale
          und «schräge» Interaktionen innerhalb desselben
          sozialen Systems   242

Abb. 44   Umkehr der vertikalen Positionsstruktur:
          Elternteil (E) leistet den Unterhalt ihres
          20-jährigen Sohnes (S), dieser droht und übt
          Gewalt aus, wenn ihm seine Forderungen –
          z. B. nach Geld – nicht erfüllt werden   244

Abb. 45   Gesamtbild über die Probleme und Ressourcen
          von Herrn Meier   282

Abb. 46   Ausgangslage Situationsanalyse Familie ...   318

Abb. 47   Ausgangslage Quartierprojekt «Tempo 30»   320

Abb. 48   Fallbesprechung im Team
          (Visualisierung z. B. mit Flipchart)   322

Abb. 49   Illustration zum Arbeitsverhältnis zwischen
          Supervisorin und Supervisandin   324

2. Tabellen

Tab.	Titel	Seite
Tab. 1	Praxis, Theorie und Modell Sozialer Arbeit	71
Tab. 2	Illustrationen zum Zusammenhang zwischen E/... und .../M	121
Tab. 3	Beziehungsanalysen nach Phase bzw. Anlass	180
Tab. 4	Beziehung zwischen Herrn und Frau Meier vor der Scheidung (Aussagen von Herrn Meier)	198
Tab. 5	Entdeckungskarte betr. Machtquellen von Herrn und Frau Meier vor ihrer Scheidung	214
Tab. 6	Analyse einer Machtbeziehung (Arbeitgeber – Arbeitnehmer)	236
Tab. 7	Austausch- und Machtbeziehungen im (formalen) Vergleich	247
Tab. 8	Individuelle Ausstattung: Bedürfnisse und Werte	258
Tab. 9	Austauschbeziehungen bzw. ihre Interaktionen: Bedürfnisse und Werte	259
Tab. 10	Machtbeziehungen bzw. ihre Interaktionen: Bedürfnisse und Werte	260
Tab. 11	Theoretische Begründung der Methode zur Bestimmung von Problemen	265
Tab. 12	Darstellung der Analyse von Problemen, Normen/Standards und funktionalen Werten	269
Tab. 13	Prognostische Begründung der Problembestimmung	275
Tab. 14	Fragen zur Gesamtsituation von Herrn Meier – Zusammenfassung	278
Tab. 15	Die W-Fragen bzw. die Wissensformen als ihre Antworten	292
Tab. 16	Schematische Darstellung der Vervielfachung der W-Fragen ...	304
Tab. 17	Kriterien für eine vollständige Problem- und Ressourcenanalyse	326

Literatur

Abele Andrea/Gendolla Guido H. E. Soziale Informationsverarbeitung. In: Straub Jürgen/Kempf Wilhelm/Werbik Hans (1997). Psychologie. Eine Einführung. München: Deutscher Taschenbuch Verlag, S. 579–603

Allmendinger Jutta (1995). Die sozialpolitische Bilanzierung von Lebensläufen. In: Berger Peter A./Sopp Peter (Hrsg.). Sozialstruktur und Lebenslauf. Opladen: Leske+Budrich

Bayertz Kurt (Hrsg.), (1998). Solidarität. Begriff und Problem. Frankfurt a. M.: suhrkamp taschenbuch wissenschaft

Bellebaum Alfred (1984). Abweichendes Verhalten. Kriminalität und andere soziale Probleme. Hrsg. Winand Breuer/Franz Josef Floren u. a. Sozialwissenschaften, Band 6. Paderborn: Schöning

Bierbrauer Günter (1996). Sozialpsychologie. Stuttgart, Berlin, Köln: Kohlhammer

Bierhoff Hans W. Prosoziales Verhalten. In: Stroebe Wolfgang/Hewstone Miles/Stephenson Geoffrey (Hrsg.), (1996, 3. erweiterte und überarbeitete Auflage). Sozialpsychologie. Eine Einführung. Berlin, Heidelberg, New York: Springer, S. 395–420

Biermann Benno. Familien und familiale Alternativen: Prozesse, Institutionen und Instanzen der primären Sozialisation. In: Biermann Benno/Bock-Rosenthal Erika/Doehlemann Martin/Grohall Karl-Heinz/Kühn Dietrich (1994, 2. Auflage). Neuwied, Kriftel, Berlin: Luchterhand, S. 31–93.

Birbaumer Niels/Schmidt Robert F. (1996, 3. Auflage). Biologische Psychologie. Berlin, Heidelberg, New York: Springer

Bock-Rosenthal Erika. Soziale Ungleichheit und sozialer Konflikt. In: Bermann Benno/Bock-Rosenthal Erika/Doehlemann Martin/Grohall Karl-Heinz/Kühn Dietrich (1994, 2. Auflage). Soziologie. Gesellschaftliche Probleme und sozialberufliches Handeln. Neuwied, Kriftel, Berlin: Luchterhand, S. 173–228

Böhnisch Lothar (1999). Abweichendes Verhalten. Eine pädagogisch-soziologische Einführung. Grundlagentexte Pädagogik. Weinheim und München: Juventa

Bourdieu Pierre (1997). Das Elend der Welt. Zeugnisse und Diagnosen alltäglichen Leidens an der Gesellschaft. Konstanz: Universitätsverlag

Bourdieu Pierre (1999, 11. Auflage). Die feinen Unterschiede. Frankfurt a. M.: suhrkamp wissenschaft

Brack Ruth (1997, 4. Auflage). Methoden der Sozialarbeit. In: Fachlexikon der sozialen Arbeit. Deutscher Verein für öffentliche und private Fürsorge (Hrsg.). Frankfurt a. M.: Eigenverlag, S. 642–645

Brack Ruth (1998). Die Erschliessung von externen Ressourcen. In: Sozialarbeit. Die Fachzeitschrift für Sozialarbeit, Sozialpädagogik, Soziokulturelle Animation. Heft Nr. 5, März. Bern: Schweiz. Berufsverband Soziale Arbeit SBS (Hrsg.), S. 12–24

Brack Ruth (2003, 4. vollständig überarbeitete Auflage). EnitH-CH (Hrsg.). Minimalstandards für die Aktenführung in der Sozialarbeit. Vorschlag zur Vereinheitlichung der Erfassung von Merkmalen zu Klient- beziehungsweise Beratungsdaten. Luzern: Interact Verlag

Brack, Ruth/Geiser, Kaspar (2009, 4. überarbeitete Auflage). Aktenführung in der Sozialarbeit. Vorschläge für die klientenbezogene Dokumentation als Beitrag zur Qualitätssicherung. Bern, Stuttgart, Wien: Haupt

Brack Bernard/Seydel Stefan M. (1990). Macht/Prozessual-systemische Denkfigur (nach Staub-Bernasconi). Diplomarbeit. St. Gallen: Ostschweizerische Schule für Sozialarbeit

Brändle Markus (1989). Gewalt, Macht und Herrschaft: Thesen und Handlungsanweisungen zum Thema. Heft 3, März. Bern: Schweizerischer Berufsverband dipl. SozialarbeiterInnen und SozialpädagogInnen (Hrsg.), S. 15–37

Brändle Markus (1999, 10. überarbeitete Auflage). Sozialpsychologie. Ein Handbuch für Studierende. Zürich: Hochschule für Soziale Arbeit, 8. Lerneinheit

Bullinger Hermann/Nowak Jürgen (1998). Soziale Netzwerkarbeit. Eine Einführung. Freiburg i. Br.: Lambertus

Bunge Mario (1977). Treatise on Basic Philosophy. Volume 3. Ontology I: The Furniture of the World. Dordrecht, Boston, London: Reidel

Bunge Mario (1979). Treatise on Basic Philosophy. Volume 4. Ontology II: A World of Systems. Dordrecht, Boston, London: Reidel, S. 39–44

Bunge Mario/Ardila Rubén (1990). Philosophie der Psychologie. Tübingen: Mohr

Bunge Mario (1996). Finding Philosophy in Social Science. New Haven und London: Yale University Press

Bunge Mario (2003). Philosophical Dictionary. Enlarged Edition. New York: Prometheus Books

Bunge, Mario/Mahner, Martin (2004). Über die Natur der Dinge. Stuttgart und Leipzig: Hirzel

Buunk Bram P. Affiliation, zwischenmenschliche Anziehung und enge Beziehungen. In: Stroebe Wolfgang/Hewstone Miles/Stephenson Geoffrey (Hrsg.), (1996, 3. erweiterte und überarbeitete Auflage). Sozialpsychologie. Eine Einführung. Berlin, Heidelberg, New York: Springer, S. 363–394

Caritas Schweiz (1999). Trotz Einkommen kein Auskommen – working poor in der Schweiz. Ein Positionspapier der Caritas Schweiz. Positionspapier Nr. 7. Luzern: Caritas

Sozialalmanach 2007 (2006). Schwerpunkt Eigenverantwortung. Das Caritas-Jahrbuch zur sozialen Lage der Schweiz. Trends, Analysen, Zahlen. Luzern: Caritas

Changeux Jean-Pierre (1984). Der neuronale Mensch. Wie die Seele funktioniert – die Entdeckungen der neuen Gehirnforschung. Reinbek bei Hamburg: Rowohlt

Colemann J. S. (1986). Die asymmetrische Gesellschaft. Weinheim und Basel: Beltz

Cremer-Schäfer Helga (1992). Skandalisierungsfallen. Einige Anmerkungen dazu, welche Folgen es hat, wenn wir das Vokabular «der Gewalt» benutzen, um auf gesellschaftliche Probleme und Konflikte aufmerksam zu machen. In: Kriminologisches Journal, Heft 1, 1992. Weinheim: Juventa, S. 23–36

Damasio Antonio R. (1998, 3. Auflage). Descartes' Irrtum. Fühlen, Denken und das menschliche Gehirn. München: Deutscher Taschenbuch Verlag

Dechmann Birgit/Ryffel Christiane (1997, 10. neu ausgestattete Auflage). Soziologie im Alltag. Weinheim und Basel: Beltz Edition Sozial

Delhees Karl H. (1994). Soziale Kommunikation. Psychologische Grundlagen für das Miteinander in der modernen Gesellschaft. Opladen: Westdeutscher Verlag

Dietz Berthold (1997). Soziologie der Armut. Eine Einführung. Frankfurt a. M., New York: Campus

Dörner Dietrich (1991). Die Logik des Misslingens. Reinbek bei Hamburg: Rowohlt

Dreitzel Hans-Peter (1970). Die Einsamkeit als soziologisches Problem. Zürich: Arche

Durkin Kevin. Entwicklungssozialpsychologie. In: Stroebe Wolfgang/Hewstone Miles/Stephenson Geoffrey (Hrsg.), (1996, 3. erweiterte und überarbeitete Auflage). Sozialpsychologie. Eine Einführung. Berlin, Heidelberg, New York: Springer S. 49–78

Eisner Manuel (1997). Das Ende der zivilisierten Stadt? Die Auswirkungen von Modernisierung und urbaner Krise auf Gewaltdelinquenz. Frankfurt, New York: Campus

Elsen Susanne (1997). Gemeinwesen als Orte der Existenzsicherung. In: Ries Heinz A./Elsen Susanne/Steinmetz Bernd/Homfeldt Hans Günther. Hoffnung Gemeinwesen. Neuwied, Kriftel, Berlin: Luchterhand

Engelke Ernst (1992). Soziale Arbeit als Wissenschaft. Eine Orientierung. Freiburg i. Br.: Lambertus

Engelke Ernst (2003. Die Wissenschaft Sozialer Arbeit. Werdegang und Grundlagen. Freiburg i. Br.: Lambertus

Engelke, Ernst/Borrmann, Stefan/Spatscheck, Christian (2008). Theorien der Sozialen Arbeit. Eine Einführung. Freiburg i. Br.: Lambertus

Esser Hartmut (1996, 2. durchgesehene Auflage). Soziologie. Allgemeine Grundlagen. Frankfurt a. M.: Campus

Forgas Joseph, P. (1995, 3. Auflage). Soziale Interaktion und Kommunikation. Eine Einführung in die Sozialpsychologie. Weinheim: Beltz

Freire Paulo (1993). Pädagogik der Unterdrückten. Bildung als Praxis der Freiheit. Reinbek bei Hamburg: Rowohlt Taschenbuch Verlag

Galuske Michael (2002, 4. Auflage). Methoden der Sozialarbeit. Eine Einführung. Weinheim, München: Juventa

Geiser Kaspar (1990). Die prozessual-systemische Denkfigur als Arbeitsinstrument von Sozialarbeiterinnen und Sozialarbeitern, in: Sozialarbeit, Nr. 4, April. Schweizerischer Berufsverband dipl. SozialarbeiterInnen und SozialpädagogInnen, Bern (Hrsg.), S. 15–37

Geiser Kaspar (1997). Zur Komplexität Sozialer Arbeit. In: Hochstrasser Franz/von Matt Hans-Kaspar/Grossenbacher Silvia/Oetiker Hansruedi (Hrsg.). Die Fachhochschule für Soziale Arbeit. Bildungspolitische Antwort auf soziale Entwicklungen. Bern, Stuttgart, Wien: Haupt, S. 35–77

Geiser Kaspar (2006). Allgemeines methodisches Professionswissen als Ressource für die identitätsbildung. In: Schmocker Beat (Hrsg.). Liebe, Macht und Erkenntnis. Silvia Staub-Bernasconi und das Spannungsfeld Soziale Arbeit. Luzern: interact; Freiburg i. Br.: Lambertus, S. 242–269

Geissler Rainer (1994, 2. völlig neu bearbeitete und aktualisierte Auflage). Soziale Schichtung und Lebenschancen in Deutschland. Stuttgart: Enke

Gerber-Eggimann Katharina (1995). Welche Wissenschaft braucht die Sozialarbeit. In: Sozialarbeit, Nr. 5, März. Bern: Schweiz. Berufsverband dipl. SozialarbeiterInnen und SozialpädagogInnen (Hrsg.), S. 2–9

Germain Carel B., Gitterman Alex (1988, 2. unveränderte Auflage). Praktische Sozialarbeit. Das «Life Model» der sozialen Arbeit. Stuttgart: Enke

Geser Hans. Grundrisse einer allgemeinen (aber praxisnahen) soziologischen Theorie des Helfens. In: Staub-Bernasconi Silvia/von Passavant Christina/Wagner Antonin (Hrsg.), (1983). Theorie und Praxis der Sozialen Arbeit. Entwicklung und Zukunftsperspektiven. Festschrift zum 75-jährigen Bestehen der Schule für Soziale Arbeit Zürich. Bern, Stuttgart: Haupt, S. 217–245

Girgensohn-Marchand Bettina (1992). Der Mythos Watzlawick und die Folgen. Eine Streitschrift gegen systemisches und konstruktivistisches Denken in pädagogischen Zusammenhängen. Weinheim: Deutscher Studien Verlag

Gouldner Alvin W. (1984). Reziprozität und Autonomie. Ausgewählte Aufsätze. Frankfurt a. M.: suhrkamp taschenbuch wissenschaft

Grabitz Hans-Joachim. Kontrolle und Hilflosigkeit. In: Frey Dieter/Greif Siegfried (1997, 4. Auflage). Sozialpsychologie. Ein Handbuch in Schlüsselbegriffen. Weinheim: Beltz Psychologie Verlags Union, S. 227–230

Grawe Klaus (1998). Psychologische Therapie. Göttingen, Bern, Toronto, Seattle: Hogrefe

Häberle Pia/Ulmann Martina (1989). Spielend Theorie lernen. Die didaktische Umsetzung der prozessual-systemischen Problemdimensionen Sozialer Arbeit (nach Silvia Staub-Bernasconi). Abschlussarbeit. Abteilung Tagesschule. Zürich: Schule für Soziale Arbeit

Haupert Bernhard (1995). Konturen einer Sozialarbeitswissenschaft – Programmatische Überlegungen zur Gegenstandsbestimmung einer Theorie Sozialer Arbeit. In: Sozialarbeit, Nr. 5, März. Bern: Schweiz. Berufsverband dipl. SozialarbeiterInnen und SozialpädagogInnen (Hrsg.), S. 12–21

Heiner Maja. Reflexion und Evaluation methodischen Handelns in der Sozialen Arbeit. Basisregeln, Arbeitshilfen und Fallbeispiele. In: Maja Heiner, Marianne Meinhold, Hiltrud von Spiegel, Silvia Staub-Bernasconi (1998, 4. erweiterte Auflage). Methodisches Handeln in der Sozialen Arbeit. Lambertus, S. 138–219

Heiner Maja. Psychosoziale Diagnostik. In: Otto Hans-Uwe, Thiersch Hans (2001, 2. völlig überarbeitete Auflage). Handbuch Sozialarbeit/Sozialpädagogik, S. 253–265

Heiner Maja (Hrsg.) (2004). Diagnostik und Diagnosen in der Sozialen Arbeit. Ein Handbuch.
Berlin: Deutscher Verein für öffentliche und private Fürsorge

Heintz Peter (1968, 2. erweiterte Auflage). Einführung in die soziologische Theorie. Stuttgart:
Enke, S. 280–299

Heintz Bettina/Obrecht Werner (1980). Die sanfte Gewalt der Familie. Mechanismen und Folgen
der Reproduktion der traditionellen Familie. In: Weltgesellschaft und Sozialstruktur. Festschrift zum 60. Geburtstag von Peter Heinz. Herausgeber: Guido Hischier, René Levy, Werner
Obrecht. Diessenhofen: Rüegger, S. 447–472

Hewstone Miles/Fincham Frank. Attributionstheorie und -forschung: Grundlegende Fragen und
Anwendungen. In: Stroebe Wolfgang/Hewstone Miles/Stephenson Geoffrey (Hrsg.), (1996,
3. erweiterte und überarbeitete Auflage). Sozialpsychologie. Eine Einführung. Berlin, Heidelberg, New York: Springer, S. 177–218

Hollstein-Brinkmann Heino (1993). Soziale Arbeit und Systemtheorien. Freiburg i. Br.: Lambertus

Hollstein-Brinkmann Heino (1995). Zur Entwicklung des Systemdenkens in psychosozialen
Kontexten. In: Jahrbuch für Psychodrama, psychosoziale Praxis und Gesellschaftspolitik.
Opladen, S. 123–136

Hollstein-Brinkmann Heino (2000). Systemische Perspektiven in der Sozialen Arbeit. In: Blätter
der Wohlfahrtspflege. Sersheim: Deutsche Zeitschrift für Sozialarbeit. 147. Jg., Heft 3+4,
April, S. 49–52

Hollstein-Brinkmann Heino/Staub-Bernasconi Silvia (Hrsg.) (2005). Systemtheorien im Vergleich. Was leisten Systemtheorien für die Soziale Arbeit? Versuch eines Dialogs. Wiesbaden. VS Verlag für Sozialwissenschaften

Hondrich Karl Otto/Koch-Arzberger Claudia (1992). Solidarität in der modernen Gesellschaft.
Frankfurt a. M.: Fischer Taschenbuch Verlag

ICF (International Classification of Functioning, Disability and Health).
www.who.int/classifications/icf/en/

Jahoda Marie/Lazarsfeld Paul F./Zeisel Hans (1975). Die Arbeitslosen von Marienthal. Ein sozio-
graphischer Versuch. Frankfurt a. M.: edition suhrkamp

Karrer Dieter (1998). Die Last des Unterschieds. Biographie, Lebensführung und Habitus von
Arbeitern und Angestellten im Vergleich. Studien zu Sozialwissenschaft. Band 200. Opladen:
Westdeutscher Verlag

Kieser Alfred/Kubicek Herbert (1983, 2. neu bearbeitete und erweiterte Auflage). Organisation.
Berlin, New York: de Gruyter

Kissling, Hans (2008). Reichtum ohne Leistung. Die Feudalisierung der Schweiz. Zürich/Chur:
Rüegger

Krähenbühl Verena/Jellouschek Hans/Kohaus-Jellouschek Margret/Weber Roland (1991, 3. aktualisierte Auflage). Stieffamilien. Struktur – Entwicklung – Therapie. Freiburg i. Br.: Lambertus

Krech David/Cruchfield Richard S. u. a. (1992). Grundlagen der Psychologie. Weinheim: Beltz

Kreckel Reinhard (1992). Politische Soziologie der sozialen Ungleichheit. Frankfurt/New York: Campus

Kudera Werner. Lebenslauf, Biographie und Lebensführung. In: Berger Peter A./Sopp Peter (Hrsg.), (1995). Sozialstruktur und Lebenslauf. Opladen: Leske+Budrich, S. 85–105

Kühn Dietrich (1994, 2. Auflage). Organisationen sozialer Arbeit: Administrative Strukturen und Handlungsformen im Sozialwesen. In: Bermann Benno/Bock-Rosenthal Erika/Doehlemann Martin/Grohall Karl-Heinz/Kühn Dietrich. Soziologie. Gesellschaftliche Probleme und sozial-berufliches Handeln. Neuwied, Kriftel, Berlin: Luchterhand, S. 281–333.

Kutzner Stefan/Mäder Ueli/Knöpfel Carlo (Hrsg.) (2004). Working poor in der Schweiz – Wege aus der Sozialhilfe. Eine Untersuchung über die Lebensverhältnisse und Lebensführung Sozialhilfe beziehender Erwerbstätiger. Zürich: Rüegger

Lamnek Siegfried (1996, 6. Auflage). Theorien abweichenden Verhaltens. München: deutscher taschenbuch verlag

Langmaack Barbara/Braune-Krickau Michael (1987, 2. Auflage). Wie die Gruppe laufen lernt. Anregungen zum Planen und Leiten von Gruppen. Ein praktisches Lehrbuch. Weinheim: Beltz

Ledoux Joseph (2003, 2. Auflage). Das Netz der Gefühle. Wie Emotionen entstehen. München: Deutscher Taschenbuch Verlag

Leu Robert E./Burri Stefan/Priester Tom, unter Mitarbeit von Peter Aregger (1997, 2. überarbeitete Auflage). Lebensqualität und Armut in der Schweiz. Bern, Stuttgart, Wien: Haupt

Levy René/Dominique Joye/Guye Olivier/Kaufmann Vincent (1997). Tous égaux? De la stratification aux représantations. Zürich: Seismo – Gleiche Autorenschaft (1998) Deutschsprachige Zusammenfassung: Alle gleich? Soziale Schichtung, Verhalten und Wahrnehmung. Zürich: Seismo

Lotmar Paula/Tondeur Edmond (1999, 6. Auflage). Führen in sozialen Organisationen. Bern, Stuttgart, Wien: Haupt

Lüttringhaus M. (2000). Stadtentwicklung und Partizipation. Fallstudien aus Essen Katernberg und der Dresdner Äusseren Neustadt. Bonn: Stiftung Mitarbeit

Mahner Martin/Bunge Mario (2000). Philosophische Grundlagen der Biologie. Berlin, Heidelberg, New York: Springer

Manz Wolfgang. Dyadische Interaktion. In: Frey Dieter/Greif Siegfried (1997, 4. Auflage). Sozialpsychologie. Ein Handbuch in Schlüsselbegriffen. Weinheim: Beltz, S. 154–158

Matter Helen (1999). Sozialarbeit mit Familien. Eine Einführung. Bern, Stuttgart, Wien: Haupt

Meinefeld Werner (1995). Realität und Konstruktion. Erkenntnistheoretische Grundlagen einer Methodologie der empirischen Sozialforschung. Opladen: Leske+Budrich

Meinhold Marianne. Ein Rahmenmodell zum methodischen Handeln. In: Heiner Maja/Meinhold Marianne/von Spiegel Hiltrud/Staub-Bernasconi Silvia (1998, 4. erweiterte Auflage). Methodisches Handeln in der Sozialen Arbeit. Freiburg i. Br.: Lambertus, S. 220–253

Merten Roland (1995). «Sozialarbeitswissenschaft» oder «wissenschaftliche Sozialarbeit»?. In: Sozialarbeit. Schweiz. Berufsverband dipl. SozialarbeiterInnen und SozialpädagogInnen (Hrsg.). Nr. 5, März, S.22–30

Mühlum Albert (1996, 2. Auflage). Sozialarbeit und Sozialpädagogik. Ein Vergleich. Frankfurt a. M.: Eigenverlag des Deutschen Vereins für öffentliche und private Fürsorge (Dissertation).

Mühlum Albert/Bartholomeyczik Sabine/Göpel Eberhard (1997). Sozialarbeitswissenschaft – Pflegewissenschaft – Gesundheitswissenschaft. Freiburg i. Br.: Lambertus

Neuffer Manfred (2005, 2. Auflage). Case Management. Soziale Arbeit mit Einzelnen und Familien. Grundlagentexte Soziale Berufe. Weinheim und München: Juventa

Nolting Hans-Peter/Paulus Peter (1999, 8. korrigierte Auflage). Psychologie lernen: eine Einführung und Anleitung. Weinheim: Beltz

Nüse R., Groeben N., Freitag B., Schreier M. (1991). Über die Erfindungen des Radikalen Konstruktivismus. Kritische Gegenargumente aus psychologischer Sicht. Weinheim: Deutscher Studienverlag

Obrecht Werner (1990). Bilder, Codes und Erlebensmodi. Kapitel III. Ein Psychobiologisches Erkenntnis- und Handlungsmodell des Individuums. Das Zusammenspiel der Gehirnfunktionen. Skript. Druck: 16. 6. 1995

Obrecht Werner (1991). Zur Kritik des Radikalen Konstruktivismus oder: Eine realistische Art, systemisch zu denken. In: Zeitschrift für systemische Therapie, Nr. 9, 4, Oktober. Dortmund: verlag modernes lernen

Obrecht Werner (1992). Ein psychobiologisches Erkenntnis- und Handlungsmodell des Individuums. Unterrichtsskript. Schule für Soziale Arbeit Zürich, Abt. Tagesschule.

Obrecht Werner (1993). Sozialarbeit und Wissenschaft. Ein Beitrag zur Theorie der Sozialarbeit. In: Sozialarbeit, Nr. 9, September. Bern: Schweizerischer Berufsverband dipl. SozialarbeiterInnen und SozialpädagogInnen (Hrsg.), S. 23–38

Obrecht Werner (1995). Eine systemische Wirklichkeits- und Erkenntnistheorie (SWET). Unterrichtsskript. Schule für Soziale Arbeit Zürich, Abt. Tagesschule, Juni 1995; Druck: 1. 3. 1999

Obrecht Werner (1996a). Ein normatives Modell rationalen Handelns. Umrisse einer wert- und wissenschaftstheoretischen allgemeinen Handlungstheorie für die Soziale Arbeit. In: Verein zur Förderung der akademischen Sozialen Arbeit (Hrsg.). Symposium Soziale Arbeit: Beiträge zur Theoriebildung und Forschung in Sozialer Arbeit. Köniz: Soziothek, S. 109–201

Obrecht Werner (1996b). Sozialarbeitswissenschaft als integrative Handlungswissenschaft. Ein metawissenschaftlicher Bezugsrahmen für die Wissenschaft Sozialer Arbeit. In: Merten Roland/Sommerfeld Peter/Koditek Thomas (Hrsg.). Sozialarbeitswissenschaft – Kontroversen und Perspektiven. Neuwied, Kriftel, Berlin: Luchterhand, S. 121–160

Obrecht Werner/Staub-Bernasconi Silvia (1996). Vom additiven zum integrativen Studienplan. Studienreform als Verknüpfung der Profession der Sozialen Arbeit mit der Disziplin der Sozialarbeitswissenschaft an der Schule für Soziale Arbeit in Zürich/Schweiz. In: Engelke Ernst (Hrsg.). Soziale Arbeit als Ausbildung. Studienreform und -modelle. Freiburg i. Br.: Lambertus, S. 264–293

Obrecht Werner (1998a). Ein einfaches statisches Modell sozialer Systeme. 1. Soziale Systeme und Gesellschaft. Auszug aus Unterrichtsskript «Allgemeine Soziologie». Zürich: Hochschule für Soziale Arbeit

Obrecht Werner (1998b). Umrisse einer biopsychosozialen Theorie menschlicher Bedürfnisse. Geschichte, Probleme, Struktur, Funktion. Wirtschaftsuniversität Wien. Interdisziplinärer Universitätslehrgang für Sozialwirtschaft, Management und Organisation Sozialer Dienste (ISMOS). Skript zur gleichnamigen Lehrveranstaltung. Druck: 13.4.1999

Obrecht Werner (1999). Ontologischer, sozialwissenschaftlicher und sozialarbeitswissenschaftlicher Systemismus. Ein transdisziplinäres Paradigma der Sozialen Arbeit. Beitrag zum Symposium «Systemtheorien Sozialer Arbeit». Deutsche Gesellschaft für Soziale Arbeit. Bonn, 30.9.–2.10.1999

Obrecht Werner (2000a). Das Systemische Paradigma der Sozialarbeitswissenschaft und der Sozialen Arbeit. Eine transdisziplinäre Antwort auf die Situation der Sozialen Arbeit im deutschsprachigen Bereich und die Fragmentierung des professionellen Wissens. In: Pfaffenberger, H., Scherr, A., Sorg, R. (Hrsg.). Von der Wissenschaft des Sozialwesens. Wiesbaden: Sozial-Extra Verlag, S. 115–143

Obrecht, Werner (2000b). Soziale Systeme, Individuen, soziale Probleme und Soziale Arbeit. Zu den metatheoretischen, sozialwissenschaftlichen und handlungstheoretischen Grundlagen des «systemistischen Paradigmas» der Sozialen Arbeit. In: Merten, Roland (Hrsg.). Systemtheorie Sozialer Arbeit. Neue Ansätze und veränderte Perspektiven. Opladen: Leske+Budrich, S. 207–223

Obrecht Werner (2001). Das Systemtheoretische Paradigma der Disziplin und der Profession der Sozialen Arbeit. Eine transdisziplinäre Antwort auf das Problem der Fragmentierung des professionellen Wissens und die unvollständige Professionalisierung der Sozialen Arbeit. Zürcher Beiträge zur Theorie und Praxis Sozialer Arbeit. Nr. 4, September. Zürich: Hochschule für Soziale Arbeit

Obrecht Werner (2002). Umrisse einer biopsychosoziokulturellen Theorie sozialer Probleme. Ein Beispiel einer transdisziplinär integrativen Theorie. Überarbeitete Textversion eines Referats, gehalten an der Fachtagung «Themen der Sozialarbeitswissenschaft und ihre transdisziplinäre Verknüpfung» am 5. März 2002 an der Hochschule für Soziale Arbeit Zürich. (Ersetzt die in die Dokumentation der Tagung aufgenommene Fassung).

Obrecht Werner (2003). Transdisziplinäre Integration in Grundlagen- und Handlungswissenschaften. Ein Beitrag zu einer allgemeinen Handlungstheorie für Handlungswissenschaften und ihrer Nutzung innerhalb der professionellen Sozialen Arbeit. In: Sorg Richard (Hrsg.). SozialArbeit zwischen Politik und Wissenschaft. Münster, Hamburg, London: LIT VERLAG, S. 119–169

Obrecht Werner, Gregusch Petra (2003). Wofür ist Lösungsorientierung eine Lösung? Ein Beitrag zur sozialarbeitswissenschaftlichen Evaluation einer therapeutischen Methode. In: Archiv für Wissenschaft und Praxis der sozialen Arbeit. Schwerpunkt: Soziale Arbeit und Sozialarbeitswissenschaft. Heft 1/2003. Frankfurt a.M.: Eigenverlag des Deutschen Vereins für öffentliche und private Fürsorge, S. 59–93

Obrecht Werner (2005). Ontologischer, Sozialwissenschaftlicher und Sozialarbeitswissenschaftlicher Systemismus – Ein integratives Paradigma der Sozialen Arbeit. In: Hollstein-Brinkmann Heino/Staub-Bernasconi Silvia (Hrsg.) (2005). Systemtheorien im Vergleich. Was leisten Systemtheorien für die Soziale Arbeit? Versuch eines Dialogs. Wiesbaden. VS Verlag für Sozialwissenschaften, S. 93–172

Obrecht, Werner (2008). Was braucht der Mensch? Zur Struktur und Funktion einer naturalistischen Theorie menschlicher Bedürfnisse. Referat anlässlich des 100-jährigen Jubiläums der Ligue Médico-Sociale Luxembourg, 1. Oktober 2008. Zürich: Zürcher Hochschule für Angewandte Wissenschaften, Departement Soziale Arbeit

Osterkamp Ute. Kontrollbedürfnis. In: Frey Dieter/Greif Siegfried (1997, 4. Auflage). Sozialpsychologie. Ein Handbuch in Schlüsselbegriffen. Weinheim: Beltz Psychologie Verlags Union, S. 222–226

Pantucek, Peter (2006). Soziale Diagnostik. Verfahren für die Praxis Sozialer Arbeit. Fachhochschule St. Pölten, Band 1 (Hrsg.). Wien, Köln, Weimar: Böhlau Verlag

Priller Johann (1996). Anamnese, Exploration, Psychosoziale Diagnose. Schriftenreihe des Instituts für Soziale Praxis. Band 10. Sankt Augustin: Asgard-Verlag

Pinel John P. J. (1997). Biopsychologie. Eine Einführung. Heidelberg, Berlin: Spektrum

Popitz Heinrich (1992, 2. stark erweiterte Auflage). Phänomene der Macht. Tübingen: Mohr

Possehl Kurt (1993). Methoden der Sozialarbeit. Theoretische Grundlagen und 15 Praxisbeispiele aus der Sozialen Einzelhilfe. Frankfurt a. M.: Lang

Puch Hans-Joachim (1994). Organisation im Sozialbereich. Eine Einführung für soziale Berufe. Freiburg i. Br.: Lambertus

Puch Hans-Joachim/Westermeyer Katharina (1999). Managementkonzepte. Eine Einführung für soziale Berufe. Freiburg i. Br.: Lambertus

Puhl Ria/Burmeister Jürgen/Löcherbach Peter (1996). Keine Profession ohne Gegenstand. Was ist der Kern Sozialer Arbeit? In: Puhl Ria (Hrsg.). Sozialarbeitswissenschaft. Neue Chancen für theoriegeleitete Soziale Arbeit. Weinheim und München: Juventa, S. 167–125

Rauchfleisch Udo (1981). Dissozial: Entwicklung, Struktur und Psychodynamik dissozialer Persönlichkeiten. Göttingen: Vandenhoeck und Ruprecht

Rauschenbach Thomas, Züchner Ivo (2002). Theorie der Sozialen Arbeit. In: Thole Werner (Hrsg.). Grundriss Soziale Arbeit. Ein einführendes Handbuch; unter Mitarbeit von Karin Bock und Ernst-Uwe Küster. Opladen: Leske+Budrich, S. 139–160

Roth Gerhard (2003, neue, vollständig überarbeitete Auflage). Fühlen, Denken, Handeln. Wie das Gehirn unser Verhalten steuert. Frankfurt a. M.: suhrkamp taschenbuch verlag

Sahle Rita (2002). Paradigmen der Sozialen Arbeit – Ein Vergleich. In: ARCHIV für Wissenschaft und Praxis der sozialen Arbeit ArchsozArb. Vierteljahreshefte zur Förderung von Sozial-, Jugend- und Gesundheitshilfe. Heft Nr. 4. Frankfurt a. M.: Deutscher Verein für öffentliche und private Fürsorge, S. 42–74

Schandry Rainer (2003). Biologische Psychologie. Ein Lehrbuch. Weinheim, Basel, Berlin: Beltz (Programm PVU Psychologie Verlags Union)

Schäuble Gerhard (1994). Theorien, Definitionen und Beurteilung der Armut. Sozialpolitische
Schriften. Heft 52. Berlin: Duncker & Humblot

Schilling Johannes (1997). Soziale Arbeit. Entwicklungslinien der Sozialpädagogik/Sozialarbeit.
Neuwied, Kriftel, Berlin: Luchterhand

Schmocker Beat (Hrsg.). Liebe, Macht und Erkenntnis. Silvia Staub-Bernasconi und das Spannungsfeld Soziale Arbeit. Luzern: interact; Freiburg i. Br.: Lambertus

Schultz von Thun Friedemann (1994). Miteinander reden. Störungen und Klärungen. Reinbek bei
Hamburg: Rowohlt Sachbuch

Schweizerische Konferenz für Sozialhilfe SKOS (Hrsg.). Richtlinien für die Ausgestaltung und
Bemessung der Sozialhilfe. Ausgabe November 1998, mit seitherigen Änderungen. Bern: SKOS

Schweizerisches Zivilgesetzbuch (1993). Vollständige Textausgabe mit Normverweisungen und
Angaben zur Bundesgerichtspraxis. Giger Hans (Hrsg.). Zürich: Liberalis

Sennett Richard (1985). Autorität. Zürich: Ex Libris

Sidler Karaaslan Annatina/Leimbacher Inga-Sabine (1996). Modellveränderung auf grossem Fuss.
Theorien der Entstehung und der Veränderung von sozialproblematischen Bildern, Codes
und Werten & «Gesellschaftsorientierte Modellveränderung» am Beispiel des Neoliberalis-
mus. Diplomarbeit. Schule für Soziale Arbeit Zürich

Sidler Nikolaus (1989). Am Rande leben, abweichen, arm sein. Konzepte und Theorien zu sozialen Problemen. Freiburg i. Br.: Lambertus

Simmen René (1990). Coping-Beratung. Entwicklung und Erprobung eines Coping-Modells für
die Beratung von chronisch-kranken und behinderten Menschen – ein Projektbericht. Zürich:
Schweiz. Multiple Sklerose Gesellschaft. Schriftenreihe Nr. 9

Simon Fritz B. (1988). Unterschiede, die Unterschiede machen. Klinische Epistemologie: Grundlage einer systematischen Psychiatrie und Psychosomatik. Berlin, Heidelberg: Springer

Sommerfeld Peter. Soziale Arbeit – Grundlagen und Perspektiven einer eigenständigen wissenschaftlichen Disziplin. In: Merten Roland/Sommerfeld Peter/Koditek Thomas (Hrsg.), (1996). Sozialarbeitswissenschaft – Kontroversen und Perspektiven. Neuwied, Kriftel, Berlin: Luchterhand, S. 21–54

Spector Malcolm/Kitsuse John I. (1983). Die «Naturgeschichte» sozialer Probleme. In: Stallberg
Friedrich W./Springer Werner (Hrsg.). Soziale Probleme. Grundlegende Beiträge zu ihrer
Theorie und Analyse. Neuwied und Darmstadt: Luchterhand, S. 32–47.

Stallberg Friedrich W./Springer Werner (Hrsg.) (1983). Soziale Probleme. Grundlegende Beiträge
zu ihrer Theorie und Analyse. Neuwied und Darmstadt: Luchterhand

*Stamm Hanspeter, Lamprecht Markus, Nef Rolf, unter Mitarbeit von Dominique Joye und Christian
Suter* (2003). Soziale Ungleichheit in der Schweiz. Strukturen und Wahrnehmungen. Reihe
«Gesellschaft Schweiz». Herausgegeben vom Schwerpunktprogramm ZUKUNFT SCHWEIZ.
Zürich: Seismo

Stark Wolfgang (1996). Empowerment. Neue Handlungskompetenzen in der psycho-sozialen
Praxis. Freiburg i. Br.: Lambertus

Staub-Bernasconi Silvia (1983). Soziale Probleme – Dimensionen ihrer Artikulation. Diessenhofen: Rüegger

Staub-Bernasconi Silvia (1986). Soziale Arbeit als eine besondere Art des Umganges mit Menschen, Dingen und Ideen. Zur Entwicklung einer handlungstheoretischen Wissensbasis Sozialer Arbeit. In: Sozialarbeit, Nr. 10, Oktober (Sonderheft). Hrsg. Schweizerischer Berufsverband dipl. SozialarbeiterInnen und SozialpädagogInnen.

Staub-Bernasconi Silvia (1991). Systemische Sozialarbeit und Familientherapie. In: Zeitschrift für systemische Therapie, 9, 4, Oktober. Dortmund: verlag modernes lernen, S. 276–280

Staub-Bernasconi Silvia (1993a). Dimensionen Sozialer Arbeit – Annäherung an ihren Gegenstand. In: Staub-Bernasconi Silvia (1995). Systemtheorie, soziale Probleme und Soziale Arbeit: lokal, national, international – oder: vom Ende der Bescheidenheit. Bern, Stuttgart, Wien: Haupt, S.95–115

Staub-Bernasconi Silvia (1994). Soziale Arbeit als Gegenstand von Theorie und Wissenschaft. In: Wendt Wolf Rainer (Hrsg.). Freiburg i. Br.: Lambertus, S. 75–104

Staub-Bernasconi Silvia. Ist Soziale Arbeit zu einfach oder zu komplex, um theorie- und wissenschaftswürdig zu sein? In: Staub-Bernasconi Silvia (1995). Systemtheorie, soziale Probleme und Soziale Arbeit: lokal, national, international – oder: vom Ende der Bescheidenheit. Bern, Stuttgart, Wien: Haupt, S. 87–93

Staub-Bernasconi Silvia. Systemtheorie und Soziale Arbeit (Sozialarbeit/Sozialpädagogik) – Grundlagen einer wissenschaftsbasierten Sozialen Arbeit (1993b). In: Staub-Bernasconi Silvia (1995). Systemtheorie, soziale Probleme und Soziale Arbeit: lokal, national, international – oder: vom Ende der Bescheidenheit. Bern, Stuttgart, Wien: Haupt, S. 117–164

Staub-Bernasconi Silvia. Macht: altes Thema der Sozialen Arbeit – neues Thema der Frauenbewegung (1986/1987). In: Staub-Bernasconi Silvia (1995). Systemtheorie, soziale Probleme und Soziale Arbeit: lokal, national, international – oder: vom Ende der Bescheidenheit. Bern, Stuttgart, Wien: Haupt, S. 235–253

Staub-Bernasconi Silvia (1996). Gegenstandsbestimmung Sozialer Arbeit als Voraussetzung für die Förderung der Sozialen Arbeit als Disziplin und Profession. Historische und aktuelle Betrachtungen. In: Verein zur Förderung der akademischen Sozialen Arbeit (Hrsg.). Symposium Soziale Arbeit: Beiträge zur Theoriebildung und Forschung in Sozialer Arbeit. Köniz: Soziothek, S. 33–108

Staub-Bernasconi Silvia (1997a). Wann ist ein Problem (k)ein Problem? Soziale Arbeit zwischen allen Stühlen. In: Godenzi Alberto (Hrsg.). Konstruktion, Entwicklung und Behandlung Sozialer Probleme. Freiburg: Universitätsverlag, Reihe Res socialis, Band 2, S. 199–266

Staub-Bernasconi Silvia (1998, 4. erweiterte Auflage). Soziale Probleme – Soziale Berufe – Soziale Praxis. In: Heiner Maja/Meinhold Marianne/von Spiegel Hiltrud/Staub-Bernasconi Silvia. Methodisches Handeln in der Sozialen Arbeit. Freiburg i. Br.: Lambertus, S. 11–137

Staub-Bernasconi Silvia (2002). Soziale Arbeit und soziale Probleme. Eine disziplin- und professionsbezogene Bestimmung. In: Thole Werner (Hrsg.). Grundriss Soziale Arbeit. Ein einführendes Handbuch; unter Mitarbeit von Karin Bock und Ernst-Uwe Küster. Opladen: Leske+Budrich, S. 245–258

Staub-Bernasconi Silvia (2003). Soziale Arbeit als (eine) «Menschenrechtsprofession». In: Sorg Richard (Hrsg.). Soziale Arbeit zwischen Politik und Wissenschaft. Münster, Hamburg, London: LIT VERLAG, S. 17–54

Staub-Bernasconi, Silvia (2007). Soziale Arbeit als Handlungswissenschaft? Systemtheoretische Grundlagen und professionelle Praxis – Ein Lehrbuch. Bern, Stuttgart, Wien: Haupt

Stimmer Franz (2000). Grundlagen des Methodischen Handelns in der Sozialen Arbeit. Stuttgart, Berlin, Köln: Kohlhammer

Strahm Rudolf H. (1997). Arbeit und Sozialstaat. Analysen und Grafiken zur schweizerischen Wirtschaft im Zeichen der Globalisierung. Zürich: Werd

Streit Ruedi (1994). Individuelle Gesellschaftsbilder. Zürich: Seismo

Stroebe Wolfgang/Hewstone Miles/Stephenson Geoffrey (Hrsg.), (1996, 3. erweiterte und überarbeitete Auflage). Sozialpsychologie. Eine Einführung. Berlin, Heidelberg, New York: Springer

Svantesson Ingemar (1996, 3. Auflage). Mind Mapping und Gedächtnistraining. Offenbach: GABAL

Vollmer Gerhard (1995). Biophilosophie. Stuttgart: Reclam

Vollmer Gerhard (2003). Wieso können wir die Welt erkennen? Stuttgart, Leipzig: S. Hirzel

von Cranach Mario/Kalbermatten Urs/Indermühle Katrin/Gugler Beat (1980). Zielgerichtetes Handeln. Bern, Stuttgart, Wien: Huber

von Spiegel Hiltrud. Arbeitshilfen für das methodische Handeln. In: Heiner Maja/Meinhold Marianne, von Spiegel Hiltrud, Staub-Bernasconi Silvia (1998, 4. Auflage). Methodisches Handeln in der Sozialen Arbeit. Freiburg. i. Br.: Lambertus, S. 218–287

von Spiegel Hiltrud (2002). Methodisches Handeln und professionelle Handlungskompetenz im Spannungsfeld von Fallarbeit und Management. In: Thole Werner (Hrsg.). Grundriss Soziale Arbeit. Ein einführendes Handbuch. Opladen: Leske+Budrich, S. 589–602

Wacker, A./Kolobkowa, A. (1998). «Hin und wieder denke ich, dass ich gar nichts tauge». Arbeitslosigkeit und Selbstwertgefühl – eine neue empirische Vergleichsstudie befragte Arbeitslose nach ihrer finanziellen Lage und ihrer Selbsteinschätzung. Blätter der Wohlfahrtspflege. Sersheim: Deutsche Zeitschrift für Sozialarbeit, 145. Jg., Heft 7+8, Juli/August, S. 141–144

Watzlawick Paul/Beavin Janet H./Jackson Don D. (1985, 7. Auflage). Menschliche Kommunikation. Formen, Störungen, Paradoxien. Bern, Stuttgart, Wien: Huber

Willi Jürg (1993). Was hält Paare zusammen? Der Prozess des Zusammenlebens in psycho-ökologischer Sicht. Reinbek bei Hamburg: Rowohlt

Witte Erich H. (1989). Sozialpsychologie. Ein Lehrbuch. München: Verlags Union

Witterstätter, Kurt (2002, 2. überarbeitete Auflage). Soziale Beziehungen. Geesellschaftswissenschaftliche Grundlagen für die Soziale Arbeit. Neuwied und Kriftel: Luchterhand

Zimbardo Philip G. (1995, 6. neu bearbeitete und erweiterte Auflage). Psychologie. Berlin: Springer

Sachregister

Abhängigkeit, strukturelle 38, 66, 151, 203,
.... 207

Abhängigkeitsbeziehung 69, 80, 262

Adressaten Sozialer Arbeit 23, 36, 56, 62, 64
.... 68, 93, 151, 251, 302

Äquivalenz .... s. Gleichwertigkeit

Affekt ... 54, 60, 67, 108, 111, 114, 124, 139, 193,
.... 255

Affekthandlung 127, 141, 206

Affiliation 168, 190

Aktenführung 310

Akteurmodell 24, 54, 57, 74, 311

Aktivitäten 30, 55, 90, 123, 128, 139, 174
.... s. auch Handeln

Alltagstheorien 119, 297

Alter 59, 98, 160, 221

Analyse des Individuums 27, 93, 359

Anwendung der Denkfigur 31, 35, 135, 183,
.... 289, 331

Arbeitsteilung 45, 51, 69, 159, 220, 224,

Arbeitsweisen 298

Armut 59, 100, 104, 132, 147, 159, 213

Artikulationsmacht 212, 217, 224

Attraktivität 100, 129, 169, 181, 190, 219

Attribution 140, 168, 208

Aufmerksamkeit 123, 135, 137, 138

Ausstattung des Individuums 25, 29, 68, 69,
.... 94

Begriff 340

biologische 29, 98

psychische 108, 124

soziale 90, 101

soziokulturelle 105

sozioökologische 104

sozioökonomische 299

Ausstattungsprobleme 69, 232

Austausch 27, 193, 257, 299, 362

-beziehung 25, 169, 183, 187, 192, 200,
.... 235, 261

-medien 27, 129, 181, 193

-muster 28, 69, 193, 196

-potenzial 129, 172, 181, 190

-probleme 25, 59, 69, 196

-ressourcen 197

Autonomie 59, 60, 99, 131, 151, 169, 207,
.... 210, 257

Bedürfnis 49, 53, 55, 58, 60, 151, 169, 197,
.... 205, 254, 352

Bedürfnistheorie 23, 55, 253

Begrenzungsmacht .... s. Macht, begrenzende

Behinderung, körperliche 99, 101, 132

Behinderungsmacht .... s. Macht, behindernde

Beschreibung der Situation 35, 39, 87, 92,
.... 96, 187, 214, 218, 236, 239, 241, 290

Bewegung 30, 54, 55, 99, 124

Bewertung 24, 47, 52, 69, 188, 221,
.... 257, 265, 297

Bewusstsein.. 46

Bewusstseinsbildung.................................... 299

Beziehungen

  auflösen 171, 178

  ermöglichen 171, 172

  formelle 164

  hierarchische.......................... 165, 169, 187

  horizontal strukturierte ... 159, 163, 165, 174,
  .... 187, 192

  informelle 164

  komplementäre................................ 77, 189

  künstliche... 162

  natürliche... 162

  neu organisieren 175

  nicht-hierarchische 187

  soziale 23, 30, 44, 151, 343

  systemexterne................................... 50, 165

  systeminterne 50, 165

  unterstützen...................................... 171, 172

  vertikal strukturierte........ 159, 165, 174, 203

Beziehungs

  -analyse 173, 179, 181, 188, 191, 209

  -chancen.................... 38, 100, 102, 156, 181

  -hindernisse.. 167

  -potenzial .... s. Austauschpotenzial

  -ungleichheit .... s. soziale Ungleichheit

Bild und Code 51, 53, 108, 111

Bildung.......... 29, 38, 49, 52, 99, 102, 103, 210,
.... 213, 219

Bindung 44

biopsychische Prozesse............ 55, 72, 108, 109

biopsychische Zustände....................... 55, 115

Biopsychologie bzw. Psychobiologie 41, 46
.... 55, 57

Codes

nomologische 118

nomopragmatische 118

Defizite............................. 24, 58, 128, 213, 341

Differenzierung

  funktionale........................ s. Arbeitsteilung

  nach Alter 160

  nach Geschlecht...................................... 161

  niveaunale... 158

  territoriale... 160

  vertikale .... s. soziale Schichtung

Dimensionen der SDF.. 27, 87, 90, 93, 338, 371

Durchsetzungsmacht 220, 234

Eigenschaften

  allgemein..... 23, 93, 95, 129, 131, 202, 209,
  .... 252, 261, 339

  biologische 90, 94, 167

  emergente 45, 61, 313

  intrinsische.. 157

  ontologische................................. 44, 72, 94

  psychische... 168,

  relationale... 45

  soziale 156

  sozialer Systeme.................... 156, 157, 158

  soziokulturelle.................................. 50, 105

  sozioökologische 37, 104

  sozioökonomische 90, 103

Einkommen 103, 130, 225

Einstellung.............................. 52, 111, 119

Emergenz... 45, 55

Empowerment........................... 223, 229, 299

Entdeckungskarte................................. 213, 313

Erfahrung.................... 46, 54, 108, 111, 116, 117

Erkennen/Erleben, s. Erlebensmodus ....

Erkenntnistheorie 41, 43, 46

Erlebensmodus

  allgemein... 109, 111

  ästhetisch-emotionaler 112

  kognitiver... 112

  normativer... 111

Erwerbsarbeit................ 66, 102, 225, 228, 245

Ethnie............................ 105, 156, 158, 160, 221

Evolution............................ 43, 44, 53

Gedächtnis........................ 46, 54, 109, 116, 117

Gegenseitigkeit...... 169, 175, 182, 189, 219, 259

Gegenstand der Sozialen Arbeit.................... 64

Gerechtigkeit... 99, 130, 170, 174, 209, 231, 254

Geschlecht.................. 49, 59, 98, 161, 219, 221

Gewalt 49, 60, 127, 132, 140, 204, 206

Gleichgewicht

    des Organismus................. 55, 56, 124, 254

    sozialer Systeme............. 152, 175, 182, 190

Gleichwertigkeit.. 59, 69, 77, 174, 182, 187, 259

Grundstimmung.. 109

Güter

    -abwägung.. 255

    -macht .... s. Ressourcenmacht

    ökonomische .... s. Gütermacht

    symbolische 116, 203, 225

    -tausch 172, 174, 193, 194

    -verteilung .... s. soziale Schichtung

Handeln

    allgemein 53, 56, 67, 90, 124, 152, 208,

    254

    aus Gewohnheit 127

    automatisiertes 126

    individuelles 30

    kreativ-strategisches 126

    problemlösendes 35, 53, 66, 290

    professionelles 21, 66, 90, 194, 289, 290

    rationales... 66

    soziales 56, 61, 213

    zielgerichtetes 55, 290

Handlungs

    -kompetenz 30, 124

    -kompetenztraining.............................. 299

    -raum.. 127

    -theorie 23, 35, 39, 64, 66

    -wissenschaft 39, 41, 42

Hautfarbe 98, 211

Herkunft 217

Herrschaft.. 79, 205

Hypothesenbildung....... 123, 145, 281, 284, 309

Identität 47, 113, 116, 299

Individuum.................................. 29, 49, 54, 93

Informationsverarbeitung 30, 87, 108, 109

Infrastruktur 102, 105

Integration, soziale........... 38, 49, 51, 155, 203,

    .... 221, 253, 254, 299

Interaktionen

    gegenseitige............................. 50, 187, 188

    gleichwertige 59, 174, 187, 188

    interne (des Organismus) 45, 134

    komplementäre 189, 200

    soziale...... 23, 38, 49, 59, 69, 153, 171, 173,

    .... 179, 181, 193, 220

Interaktions

    -dichte.................................... 100, 166, 190

    -muster 153, 172, 182

    -regeln 152

    -struktur 27, 38, 50, 58, 154, 183, 203

Interventionsbereich................................... 300

Klient(system) 24, 37, 47, 167, 235

Kommunikation 45, 51, 153, 158, 167, 175,

    .... 193, 196, 299

Komplexität.............. 84, 86, 113, 117, 138, 166,

    .... 312, 318

Komponenten (sozialer Systeme) ... 44, 48, 155,

    .... 157, 202, 209, 313

Konflikt

    -bearbeitung................................... 170, 177

    -regelung 177

Konsum 101

Kontroll

    -konzept.. 128, 208

    -verlust 125, 141

Kontrollbedürfnis... 208

Kontrolle

    herrschaftliche 49, 206

    soziale.................. 38, 50, 59, 132, 160, 165

    über ökonomische Güter........... 49, 56, 131,

.... 204, 211

Kooperation..... 45, 172, 174, 176, 194, 195, 299

Koordination 172, 176

Koproduktion 176, 194

Koreflexion 193

Körper .... s. Organismus

Krankheit 99, 101, 104, 172

Kriterienprobleme .... s. Wertprobleme

Kultur 155, 158

    der Macht 209

    -veränderung 299

Lebens

    -bedingungen 36, 125, 140, 253

    -chancen 103, 156, 221

    -laufforschung 146

    -qualität 102, 103, 229

Legitimation 69, 159, 174, 206, 209

Leiden 21, 38, 57, 100, 157, 172, 196, 204,

.... 267

Leistungs

    -fähigkeit (körperliche) 99, 141

    -kriterien 222, 245

Lernen..... 45, 46, 54, 87, 108, 111, 116, 119, 154

Macht

    als Arbeitsteilungsproblem 220

    als Durchsetzungsproblem 220

    als Legitimationsproblem 220

    als Verteilungsproblem 220

    -analyse 215, 235

    -ausübung, institutionalisierte 205

    begrenzende 174, 221

    behindernde 174, 221

    -beziehung 153, 183, 203, 257, 276

    illegitime 56, 59, 205, 221

    legitime 182, 205, 220, 221

    physische .... s. Körpermacht

    -potenzial 131, 181, 209, 210

    -probleme 204, 221, 245

    -quellen 209, 210, 262, 300

    -quellenanalyse 316

    -strukturen 154, 208, 215, 221, 300

    -verteilung 220

Marktmacht .... s. Ressourcenmacht

Mehrfachproblematiken 310

Menschenbild 53, 120, 265

Menschenrechte 39, 300

Metatheorie .... s. Wirklichkeits- und

.... Erkenntnistheorie

Methode 35, 40, 65, 67, 298

Mitbestimmung 223, 228, 246

Mitgliedschaft 38, 59, 61, 66, 93, 102, 106,

.... 154, 190, 204, 299

Modell

    als Dimension der SDF 108, 116, 338

    der Beziehungsanalyse 170, 179, 181

    -macht 212

    Sozialer Arbeit 68

Modellveränderung 299

Motivation 53, 60, 67, 110, 111, 116

Nationalität 49, 157, 160

Nervensystem

    autonomes (vegetatives) 54, 55, 98, 107

    peripheres 54, 55, 107

    zentrales .... s. Zentralnervensystem

Netzwerke 36, 48, 174

Nutzen der Denkfigur 289

Objekttheorien 41, 48, 118

Ontologie .... s. Wirklichkeitstheorie,

.... s. Systemismus

Organisationsmacht 213

Organismus 55, 60, 94, 98

Paarbeziehung 187, 197, 315

Paradigma, systemtheoretisches 39

Pläne 117, 123

Positionsmacht 213

Positionsstruktur 38, 50, 58, 154, 183,

.... 203

Praxis Sozialer Arbeit 35, 36

Prestige 204, 217

Problem, Begriff 58, 340

Problembereich 37

Probleme

   betr. Austauschpotenzial 130

   betr. der Ausstattung 96

   betr. Machtpotenzial 132

   biologische 38, 99

   in Bezug auf Handeln 127

   kulturelle 105

   ökologische 105

   ökonomische 104

   psychische 113

Problem- und Ressourcenanalyse 22, 93, 181,

   .... 218, 239, 241, 276, 297

Professionswissen, allgemeines 86, 91

Prognose zur Situation 117, 266, 274, 297

Prozessual-systemische Denkfigur 22, 350

Psychobiologisches Erkenntnis- und

   Handlungsmodell 52, 108

Psychosomatik 147

Qualitätsstandards 310

Reize .... s. Stimuli

Ressourcen

   allgemein 342

   biologische 100

   in Bezug auf Handeln 128

   kulturelle 106

   ökologische 105

   ökonomische 104

   psychische 114, 120

   soziale 106, 156, 167, 181, 197, 204

Ressourcenerschliessung 173, 220, 276

Ressourcenmacht 211, 213, 219, 222

Ressourcenorientierung 58

Rezeptoren/Sensoren 54, 106

Reziprozität .... s. Gegenseitigkeit

Rollen

   -erwartungen 125, 128

   -handeln 125, 175, 299

   -status 69, 78, 80, 187, 203

Schwerhörigkeit 107

Sehschwäche 107

Selbstanwendung 309

Selbstbild 45, 47, 116, 119, 120, 290

Sensitivität 107, 137

Sinnesorgane 87, 99, 106

Situationsanalyse .... s. auch Problem- und

   .... Ressourcenanalyse

   Hilfsmittel zur 313

   im Rahmen der Fall-

   besprechung im Team 309

   im Rahmen der GWA/Projekte 318

   mit einer Familie oder Gruppe 316

   mit einer Klientin 315

Soziabilität 190

soziale

   Anerkennung 52, 60, 104, 106, 129, 155,

   .... 254, 256

   Ausschlussrisiken 52

   (Ein-)Bindung 49, 52, 58, 60, 152, 166,

   .... 170, 178, 311

   Isolation 59, 62, 66, 120, 130, 254,

   299

   Kompetenz 59, 130, 152, 166, 190,

   299

   Konflikte 51, 153, 170, 175, 256

   Kontrolle 38, 50, 221, 222, 228

   Position 38, 49, 93, 102, 104, 132, 152,

   .... 155, 203, 206, 208, 220, 224

   Probleme 57, 58, 99, 104, 154, 157, 190,

   .... 204, 221, 251

   Prozesse 45, 51, 179

   Rolle 45, 47, 50, 58, 102, 106, 125, 153,

   .... 159, 173, 175, 203

   Schichtung 45, 159, 220, 222, 224, 225

   Spannungen 164, 175

   Standards 256

   Struktur 36, 45, 48, 52, 60, 98,

   .... 155, 156

   Systeme 44, 151, 155, 157, 187, 203, 209,

   220

Ungleichheit 62, 156, 230, 232

Verachtung 60, 132, 155, 217, 254

Verhältnisse 36, 143, 144

Vernetzung .... s. Netzwerke

Soziale Arbeit

    als Ausbildung 39, 64

    als Disziplin 64

    als Praxis 64

    als Profession 64

sozialer

    Ausschluss 38, 52, 58, 59, 105, 204,

    217

    Status 49, 52, 56, 60, 66, 102, 103, 159,

    .... 203, 215

    Wandel 50, 51, 152, 153, 175

Sozialisation 45, 152, 216

Sozialmanagement 300

Spannungen

    anomische 152, 296

    strukturelle 152, 203, 296

Sprache 38, 41, 49, 54, 66, 125

Sprechen 55, 125

Status

    -konfiguration 49, 51, 102, 203

    -ungleichgewicht 51, 60, 66, 152

    -unvollständigkeit 152

Stimuli 46, 54, 87, 107, 111

Strukturieren 112, 120, 123

Subkultur 100, 105, 106, 125

Symmetrie in Austauschbeziehungen .. 187, 189,

    200

System (Definition) 44

System, biopsychisches .... s. Psychobiologisches

    .... Erkenntnis- und Handlungsmodell

Systemismus .... s. Wirklichkeitstheorie

Teilnahmeförderung 299

Theorie sozialer Probleme... s. soziale Probleme

Überschuss .... s. auch Probleme

    als Problem (Begriff) 342

Umwelt extern .... s. soziale Ausstattung

Unterlassung 52, 128, 139

Verantwortung 209, 224, 231, 253, 300

Vergessen 116, 117

Verhalten 49, 55, 56, 90, 123, 124

Vernetzung 167, 171, 172, 299

Verteilung ökonomischer Güter 45, 69, 103,

    .... 155, 156, 159, 206, 220, 224, 253, 256

Verteilungs

    -konflikt 176, 256

    -regeln 176, 245

    -ungleichheit 156

Wahlbeziehung 163

Wahrnehmung 46, 52, 54, 107, 109, 112, 123,

    127

Weltbild 43, 116, 120

Wert 52, 55, 56, 58, 66, 69, 95, 108, 114,

    .... 116, 251, 252, 298

Wert

    -konflikt 252, 255

    -problem 69, 257, 261, 262, 265, 263,

    .... 267, 310, 314

    -urteil 251, 255, 264

    -veränderung 300

Werte

    arationale (biotische) 253, 254, 257

    funktionale, s. rationale 253, 254

    nicht eindeutige 263

    nicht realisierte 263

    rationale, s. funktionale 253, 254

    relativierte 264

    soziale 264

    unterschiedliche 263

    vergesellschaftete 267

    willkürlich realisierte 263, 267

W-Fragen .... s. Wissensformen

Wirklichkeits- und Erkenntnistheorie 41, 43,

    87

Wirklichkeitsbereiche 43, 45, 58, 84, 86,

    .... 87, 88

Wissen

Alltags- 46, 116

empirisches 117

nach Wirklichkeitsbereichen 118, 120, 296

nach Zeitaspekten 117, 295, 298, 312

transdisziplinäres 42, 45, 61, 84, 117, 343

transempirisches 117

wahres bzw. nicht wahres 116

wissenschaftliches 46, 53, 64, 116, 343

Wissensformen 47, 68, 108, 116, 125, 291,
.... 302, 303

Wünsche 52, 116,

Zentralnervensystem 46, 49, 54, 99, 106

Ziele ... 49, 50, 117, 119, 120, 123, 125, 255, 298

Zukunftsperspektiven 109, 120, 140, 286

Zustände, (bio)psychische .. 53, 54, 55, 87, 108,
.... 115, 123, 258

Zwangsbeziehung 162, 163